AF559131

Georg Steinberger

In den Spuren Jesu

Gesammelte Schriften
Herausgegeben und überarbeitet
von Rudolf Kretzek

***„Und mein einz'ger Ruhm am Grabe,
Daß ich Dich geliebet habe."***

4. Auflage 2024

Herausgegeben und überarbeitet von Rudolf Kretzek

Satz: Rudolf Kretzek
Umschlag: Lucian Binder, Marienheide
Druck und Bindung: CPI books GmbH, Leck

Artikel-Nr. 256355
ISBN 978-3-86699-355-6

Inhalt

Vorwort 5

Die notwendigste Lebensfrage - Was muß ich tun? 7

In der Schwebe 16

Komm zum Kreuz! 25

Buße, ein himmlisches Geschenk 50

Der Gnadenstrom 71

Ohne Fühlen will ich trauen! 89

Ein Überwinder von innen heraus! 97

Das Geheimnis eines siegreichen Lebens 103

Der Weg dem Lamme nach 124

Kleine Lichter auf dem Weg der Nachfolge 175

Kreuzesgemeinschaft 175

Verborgenes Leben 177

Der Glaubenskampf 179

Nicht in Anfechtung fallen 181

Gebetsleben 183

Innere Erfahrungen 185

Überfließendes Leben 187

Unheiligkeiten andrer 189

Der Ausweg 191

Gesegnetes Bibellesen 193

Das Examen 195

Die Ruhe im Kreuz 197

Grundsatz des Kreuzes 199

Ein Segen sein und Segen empfangen 201

Praktische Heiligung 203
Christus – auch der Letzte 205
Sabbatruhe 207
Schritthalten mit Gott 209
Umgestaltung und Hoffnung 211
Die zuvorkommende Gnade 213
Das „Ja" des Geistes 215
Vergebung und Reinigung 217
Führungen 219
Wer überwindet! 221
Verborgene Opfer 223
Die wiederherstellende Gnade Gottes 225
Anfechtungen 227
Reinigung und Dienst 229
Hingabe und Segen 231
Unsre Zusammengehörigkeit mit Christus 232
Der Geist der Selbstentsagung 234

Bleibt in Meiner Liebe! 236
Lebst du in der Gegenwart Gottes? 248
Eine wunderbare Begegnung 256
Alttestamentliche Vorbilder der Braut des Lammes 266
Anleitung zum segensreichen Bibellesen 301
Heilsgewißheit 323
Aus dem Nachlaß von Georg Steinberger 330
Steinbergers Leben und Wirken 364

Vorwort

Georg Steinberger (1865-1904) war Ende des 19. Jahrhunderts ein bekannter und begnadeter Schriftsteller und Seelsorger. Nach seiner Ausbildung auf St. Chrischona, Schweiz, war er zunächst als Prediger und Evangelist tätig und folgte im Jahre 1899 einem Ruf in das schweizer Erholungsheim Rämismühle bei Zürich. Immer wieder war er nicht nur in der Schweiz zu Evangelisationen und Bibelstunden unterwegs, sondern auch in Deutschland. Seine Kontakte zur Deutschen Zeltmission führten zur Gründung der Schweizer Zeltmission.

In seinem kurzen Leben wurde er vielen Menschen durch seinen Dienst und seine Schriften zum Segen. Das vorliegende Buch ist eine Zusammenstellung seiner bekanntesten Bücher wie „Der Weg dem Lamme nach", „Kleine Lichter auf dem Weg der Nachfolge" sowie Schriften, die es wert sind, gelesen zu werden. Eine kurze Biografie über sein Leben zeugt, wie auch seine geistliche Hinterlassenschaft, von der Prägung der Heiligungsbewegung und von einem Lebensstil, dem er seit seiner Bekehrung treu geblieben ist: Glauben, Vertrauen, Gehorsam, Selbstverleugnung und Leidensbereitschaft. Dieses Zeugnis eines Lebens, in dem Christus der Mittelpunkt war, ist auch in unserer heutigen Zeit glaubensstärkend und ermutigend.

Steinbergers Schriften werden noch heute viel gelesen. Sie sind dem Suchenden ein Wegweiser und dem Erretteten eine Stärkung. Gar manches Traktat anderer Verfasser ist bereits in Vergessenheit geraten, warum nicht auch Steinbergers Schriften? Sie haben dem Menschen von heute noch etwas zu sagen.

Georg Walter

Die notwendigste Lebensfrage

Was muß ich tun, um errettet zu werden?
Apg. 16,30

Diese Frage ist eine Lebensfrage, nicht eine Sterbensfrage, eine Frage für die Gegenwart, nicht fürs Alter. Sie ist auch die wichtigste Frage. Viele wichtige Fragen gibt es, aber die wichtigste von allen bleibt die: „Wie werde ich selig“ oder auch wörtlich – „gerettet“? Ein Mann, der in eine Grube gefallen ist, mag viele wichtige Fragen im Blick auf Frau und Kind, auf Geschäft und Zukunft haben; aber sie alle werden zurücktreten vor der Frage: „Wie kann ich gerettet werden?“ Die Schrift sagt uns in Psalm 40, daß wir alle in eine grausame Grube des Verderbens und in den Schlamm der Sünde gefallen seien. Wie können wir gerettet werden? O welch eine wichtige Frage! Gibt es eine Frage, die so hoch, so weit, so alles überragend ist als gerade diese? Was wird es dir oder mir bald ausmachen, ob wir in dieser Welt gingen oder fuhren, ob man uns grüßte oder mißhandelte, ob man uns achtete oder hinausstieß, ob wir reich waren oder arm? Aber darauf wird es ankommen, ob unsere Seele gerettet ist oder nicht, ob unsere Übertretungen vergeben sind oder nicht, ob unsere Sünden bedeckt sind oder nicht, ob wir Jesus, den Bürgen und Mittler, haben, der vor Gott die Sache unserer Seele führt, oder ob Er uns sagen wird: „Ich kenne dich nicht!“ *Die Seele verloren, alles verloren!*

Laß uns recht einfach zu Werke gehen mit dieser ungeheuer wichtigen Sache und zuerst fragen:

Was muß ich nicht tun, um selig zu werden?

1. *Man muß seine Sünden nicht zudecken wollen durch Vergessen.* Wir haben alle eine Vergangenheit. Vieles ist in unserm Leben geschehen! O, könnte ich es gutmachen! Aber da steht das schwarze Gespenst, das uns begleitet auf allen unsern Gängen, das mit uns ißt und trinkt, das in der Stille der Nacht an unser Lager tritt und den Schlaf von unsern Augenlidern verscheucht. Bemühe dich, es zu vergessen, und siehe, ob du es fertig bringst. Themistokles, ein griechisches Staatsoberhaupt, soll gesagt haben: *„Die größte Kunst auf Erden ist*

das Vergessen." Aber ich glaube, daß diese große Kunst auf Erden nur wenige fertigbringen und in der Ewigkeit nicht ein einziger. Da wacht bei allen das schlafende Gewissen auf, und sie müssen erfahren, daß dasselbe alles ganz *gewiß weiß*. Und das wird der Wurm sein, der nicht stirbt, und das Feuer, das nicht verlöscht. Der reiche Mann nahm nicht seinen Reichtum und sein Wohlleben mit in die Hölle; aber sein Gewissen nahm er mit. Das Gewissen ist ein Buch, das jede böse Tat, jedes böse Wort, jeden bösen Gedanken aufzeichnet. Und in Offenbarung 20 wird uns gesagt, daß *alle* die Bücher am Tage des Gerichts aufgetan werden vor Gott, vor Engeln und vor Menschen. Und wehe dir, wenn da die Handschrift bei dir nicht ausgetilgt ist!

Viele meinen, weil sie ihre Sünden nicht erkennen, hätten sie keine. Aber dein Gewissen wird auf einmal aufwachen und lebendig werden, wie z. B. bei einem Ertrinkenden, dem in der Todesstunde in wenigen Sekunden sein ganzes Leben vor die Seele tritt. Die Sünden deiner Vergangenheit, die Menschen, die du belogen, betrogen und hintergangen hast, werden dir vor die Augen treten und dich nie mehr verlassen. Ich las von einem Mann, der im Zorn einen andern ermordet und seinen Leichnam in die Erde verscharrt hatte. Aber es schien ihm, als liege der Ermordete beständig in seinem Hause; das Bild des Toten wollte ihm nicht aus den Augen kommen. Der Mann wurde vor Gericht gestellt und zum Tode verurteilt, und während er im Gefängnis saß, hörte er beständig die Stimme des Ermordeten, und es war ihm eine Wohltat, hingerichtet zu werden. Er wollte lieber sterben als leben. Das Gewissen fing an, sein furchtbares Werk der Verdammnis zu tun, und wird es tun für alle Ewigkeit.

Die Brüder Josephs wollten auch ihre Sünden vergessen, und es gelang ihnen auch wohl zwanzig Jahre lang. Aber da zogen sie eines Tages nach Ägypten an den königlichen Hof, und siehe, da trat die Sünde, die sie an ihrem Bruder begangen hatten, plötzlich wieder vor ihre Seele, und Juda ruft in großer Seelenangst: „Das haben wir an unserm Bruder verschuldet!" Viele Leute wollen Gras über ihre Sünden wachsen lassen, und es gelingt auch scheinbar, aber da wird ein Wort geredet, tritt irgendein Vorfall ein, und siehe, die Schuld, die alte Schuld, die alte Klage: „Ich habe mich verschuldet!" ist wieder da.

Einmal traf ich in der Bahn mit einer Lehrerin zusammen, die mir von ihren Lebensidealen erzählte. Ich sagte ihr: „Ihre Ideale sind sehr schön und anerkennenswert; aber was machen Sie mit Ihren Sünden?" „Nun, die werde ich eben vergessen müssen", erwiderte sie. „Können Sie das?" fuhr ich fort. Ihre Antwort auf diese Frage war eine Träne in ihren Augen. O wie viele bemühen sich, ihre Sünden zu vergessen! Aber das ist alles nutzlose Anstrengung. Es gibt etwas weit Besseres als Vergessen, *es gibt eine Vergebung.*

2. *Man muß seine Sünden nicht mehr zudecken wollen durch Entschuldigungen.*

Ich glaube, die größte Arbeit hat Gott mit dem Menschen, bis Er einen Sünder aus ihm gemacht hat. Sünder sind seltene Leute. Darum sagt auch Jesus: „Ich bin gekommen, die Sünder zu *suchen.* „Muß man die suchen? Ja, die muß man suchen. Jesus kam in eine Stadt, und da war *eine* Sünderin. Er ging durch Jericho, und viel Volk folgte Ihm nach; aber da war nur *ein* Sünder, dem Heil widerfahren konnte. Unter diesen großen Hut: „Wir sind allzumal Sünder", stellen sich die Leute noch gern; aber sobald man persönlich wird und sagt: *„Du bist der Mann!"* da hat alle Willigkeit ein Ende. Nun, solange wir keine Sünder sind, können wir nicht selig werden; denn nur Sünder macht der Heiland selig. Es fragte einmal eine Dame, ob sie denn erst recht sündigen müsse, um eine Sünderin zu werden. Ach, sie wußte nicht, daß es auch von dem besten unter den Menschenkindern heißt: „Von der Fußsohle bis zum Scheitel ist nichts Gesundes an ihm, sondern eitel Striemen und Eiterbeulen."

Der König Saul gab zu, daß er gesündigt habe; aber sofort entschuldigte er seine Sünde. Solange wir unsere Sünden entschuldigen, kann uns nicht geholfen werden. Bei unserm Gott ist viel Vergebung, aber nur da, wo man seine Sünde *erkennt, anerkennt und bekennt* und, wo man an Menschen gesündigt hat, auch vor Menschen bekennt.

Du hast gelogen; aber du sagst: *„Ich war gezwungen.* Ich konnte doch nicht die Wahrheit sagen. Wie wäre das herausgekommen? Und was hätte das für Folgen gehabt?"

Allerdings hätte dich die Wahrheit in schwierige Dinge hineingebracht. Aber weißt du, wo dich die Lüge hinbringt? In den Feuerpfuhl! Denn „aller Lügner Teil wird sein in dem Pfuhl, der mit Feuer und Schwefel brennt." Unser Gott entschuldigt keine Notlüge und keine Geschäftslüge. Nicht bei Gott wird dein Teil sein, sondern bei dem Vater der Lüge.

Du hast gestohlen, und du sagst: „Ach, der ist noch reich genug, der spürt es nicht.“ Ja, der reiche Mann wird es nicht spüren; aber du wirst es in der Ewigkeit spüren als ein Brandmal in deinem Gewissen. Andere wollen ihre Diebstähle damit entschuldigen, daß sie den Betrag in die Missionskasse oder in die Opferbüchse werfen. Aber das sind *„räuberische Brandopfer“* (Jes. 61,8), die Gott, der das Recht liebt, haßt. Diese Dinge lassen viele nicht nur hier, sondern auch in der Ewigkeit nicht zur Ruhe kommen. Der göttliche Weg ist hier: „Wer seine Sünden bekennt und läßt, dem wird es gelingen.“

Du hast mit andern gesündigt, und du sagst: „Ich wurde verführt; ich wurde mitgezogen. Meine Umgebung, meine Verhältnisse waren derart, daß ich nicht anders konnte. Überhaupt kann es nicht so schlimm sein; denn was ich tue, tut fast jeder Mensch.“ Lieber Freund, tröstet es dich, verbessert es deine Lage, wenn du auf sinkendem Schiff dem sichern Tode entgegensehen mußt und dir sagen kannst: Nun, es sind ja noch dreihundert andere mit mir in derselben Lage? Sieh, wie eitel deine Entschuldigungen sind! Höre auf damit; denn solange du dich entschuldigst, kann dir nicht vergeben werden. Es heißt: „So wir unsere Sünden bekennen, so ist Er treu und gerecht, daß Er uns die Sünden vergibt.“

Aber furchtbarer als alles ist, wenn man seine Sünden damit entschuldigen will, daß man alle Festtage das heilige Abendmahl genießt und nach wie vor in seinen Sünden weiterlebt. In den vorhin erwähnten Fällen hast du dich an Menschen versündigt, hier aber an dem heiligen Leib und Blut des Herrn. So oft du das Abendmahl genommen hast ohne Erneuerung des Herzens, ohne dein Leben Dem hinzugeben, der Sein Blut und Leben für dich gelassen, hast du es zum Gericht genommen. Setze dich einmal hin und zähle nach, wie oft du seit deiner Konfirmation am Abendmahl teilgenommen hast, ohne dein Leben wirklich zu ändern. Wisse es, du hast es jedes Mal dir zum Gericht empfangen; denn „wer unwürdig ißt und trinkt, der ißt und trinkt sich selbst Gericht, indem er den Leib nicht unterscheidet.“ (1.Kor. 11,29). Du wolltest mit diesen heiligen Dingen deine Sünden entschuldigen und hast dadurch nur Schuld auf Schuld gehäuft.

3. *Man darf Buße und Bekehrung nicht aufschieben bis zur letzten Stunde.*

Es sagt jemand: „Ich glaube bestimmt, daß aus hundert Bekehrungen auf dem Sterbebett neunundneunzig nichts wert sind." Von wie vielen unter allen Personen, deren Sterben in der Bibel erwähnt wird, lesen wir, daß sie sich in der letzten Stunde bekehrten? Von fünfzig? Nein! Vierzig? Nein! Dreißig? Nein! Zwanzig? Nein! Zehn? Nein! von *einem* Menschen, *nur von einem,* um zu zeigen, daß es eine Möglichkeit der Bekehrung in der letzten Stunde gibt, daß es aber sehr unwahrscheinlich, furchtbar unwahrscheinlich ist! Wenn du es jemals gesehen hast, wie ein Mensch versucht, sich in der letzten Stunde zu bekehren, so hast du etwas überaus Trauriges gesehen. Von dem Augenblick an, in welchem der Mensch geboren wird, bis zu dem letzten Augenblick gibt es dazu keinen ungünstigeren Augenblick als die Todesstunde. Da steht der Arzt mit seinen Mitteln, da steht der Rechtsanwalt mit seinem halb geschriebenen Testament, da ist die ganze bestürzte Familie, die ganze Vergangenheit steigt vor uns auf. O, der Mensch ist ein Narr, der seine Bekehrung bis zur Todesstunde aufschiebt!

Nicht einmal bis zum nächsten Tag dürfen wir unsere Bekehrung aufschieben. Nur das „Heute" gehört uns, nicht das „Morgen." Nicht einmal bis zur nächsten Stunde dürfen wir aufschieben. Ein treues Kind Gottes erzählte mir vor nicht langer Zeit: In unserm Dorfe wohnte auf einem Gut eine reiche Dame, der ich von Zeit zu Zeit christliche Schriften brachte, sie einlud in unsere Bibelstunden und ihr auch hie und da sagte, daß sie sich bekehren müsse. Eines Sonntagnachmittags trieb es mich innerlich, die Dame wieder zu besuchen und sie noch einmal ernstlich einzuladen. Als ich den Hof betrat, stand eine feine Karosse da mit zwei mutigen Pferden, und als ich die Treppe hinaufging, begegnete mir die Dame, bereit zum Ausfahren. Ich lud sie wieder freundlich ein und sagte ihr unter anderem, daß sie doch auch etwas für ihre unsterbliche Seele tun müsse, wenn sie in den Himmel kommen wolle. „Ach was Himmel!" sagte sie, und sich wendend und auf ihre Karosse deutend, fügte sie hinzu: „Sehen Sie, das ist mein Himmel!" Mit diesen Worten ließ sie mich stehen, ging die Treppe hinunter, stieg in den Wagen und fuhr fort. Nach einigen Stunden lief die furchtbar traurige Nachricht durch unser Dorf:

Die Gutsbesitzerin Frau H. ist tot! Sie wurde von den scheuen Pferden aus dem Wagen geworfen und an einen Stein geschleudert und wurde dort tot aufgehoben. O teurer Leser, schicke niemand weg und verachte niemand, der sich um deine unsterbliche Seele bemüht. Es ist vielleicht ein Bote Gottes und vielleicht der letzte.

Es hat einer gesagt: Der Teufel fängt die meisten Seelen durch die „lange Bank“, d.h. durch das Aufschieben. Die Bibel sagt: „Heute, wie gesagt ist, heute, so ihr Seine Stimme hören werdet, so verhärtet eure Herzen nicht.“ Die Bibel sagt: „Jetzt ist der Tag der Annahme, jetzt ist der Tag des Heils.“ Der Teufel sagt: „Morgen ist es auch noch Zeit; jetzt lege dieses Büchlein beiseite; schlage dir jetzt die beunruhigenden Gedanken aus dem Kopf, denke morgen darüber nach!“ Wem wirst du glauben, wem wirst du folgen?

Laß mich noch kurz sagen,
was man tun muß, um selig zu werden.

Nun, die Antwort ist sehr einfach. Aber gerade, weil sie so einfach ist, scheint es dem Menschen schwer zu sein, sie zu verstehen. Paulus antwortete dem Kerkermeister auf diese Frage: *Glaube an den Herrn Jesus Christus!* Ganz einfach: *Glaube!*

Wenn man in unserer Christenheit fragt, was man tun müsse, um selig zu werden, erhält man fast durchweg die Antwort: „Man muß beten.“ Sagte Paulus dem Kerkermeister, er müsse ernstlich beten und weinen und trauern und mit lauter Stimme zu Gott rufen? Nein! Dies alles mag in Begleitung der Bekehrung und des Glaubens sein; aber das ist nicht glauben und nicht das, wodurch wir gerettet werden. Viele Christen wundern sich, daß dieser Heide so schnell glauben konnte. Ich denke darum, weil er in Sündennot war. Überhaupt ist in der Bibel der kurze Befehl: „Glaube!“ nur an zerbrochene und zerknirschte Herzen gerichtet. Wer nicht zerbrochen ist, kann mit dem Glauben einfach nichts anfangen. Aber laßt die Leute einmal in Sündennot kommen, dann hören sie bald auf zu sagen, glauben sei zu einfach und zu leicht. Dann braucht man ihnen auch nicht mehr zu erklären, was glauben ist, ebenso wenig wie man einem Ertrinkenden sagen muß, wie er das Rettungsseil fassen muß.

Ich predigte einmal an einem Ort, und da wurde auch eine Frau erweckt. Sie kam zu mir, und ich betete mit ihr und ermahnte sie zu glauben. Am nächsten Abend brachte man die Frau wieder mit der Bitte, ich sollte mit ihr beten. Ich sagte: „Nein, das tue ich nicht, die Frau soll glauben." Aber ich betete *für sie*. Sie brachte auch ihr Kind mit in jene Versammlung, und auch das Kind wurde erweckt und sagte am nächsten Morgen zur Mutter: „Aber Mutter, wenn wir verloren gingen! Geht das Feuer in der Hölle nie aus? Muß man da immer brennen und kann nie verbrennen?" Die Mutter mußte dem Kind sagen: „Nein, das Feuer geht nie aus; man muß ewiglich brennen." Das Kind fuhr fort: „Ja, Mutter, willst du dich nicht bekehren?" „Gewiß", sagte die Mutter. Nach einer Stunde fragte das Kind wieder: „Mutter, bist du jetzt bekehrt?" „Nein", sagte die Mutter, „wenn ich nur wüßte, wie ich es anfangen sollte!" Eine Stunde später fragte das Kind wieder: „Mutter, bist du jetzt bekehrt?" „Ach nein, Kind", seufzte die Mutter. „Aber Mutter, wenn du in die Hölle kämst und müßtest brennen und könntest doch nicht verbrennen!" sagte das Kind. Da brach die Mutter zusammen und schrie laut: „Heiland, was muß ich tun? Ich nehme meine Zuflucht zu Dir, Du bist für die Gottlosen gestorben und auch für mich." Und siehe, da zog Friede und Ruhe in ihre Seele ein. Sie wurde in jenem Augenblick Jesu Eigentum und freut sich heute mehr denn je, daß sie es ist.

Siehe, lieber Leser, das ist Glauben, wenn man als Mühseliger und Beladener zu Jesus kommt und aus Seiner Hand die Vergebung empfängt. Nicht vergessen sollst du deine Sünden, sondern vergeben will sie dir Gott. Gott haßt die Sünde, aber Er liebt den Sünder. Trotzdem der verlorene Sohn sein Gut umgebracht mit Prassen, bleibt ihm doch das Vaterhaus offen, das Vaterherz ihm zugetan und die Vaterliebe so brennend, daß sie dem Verlorenen entgegeneilt, sobald sie ihn umkehren sieht. Man hat mit Recht gesagt, daß der Ruf Gottes an Adam: „Wo bist du?" ein Ruf tiefen Schmerzes gewesen sei. Gott hat zuerst den Verlust empfunden und deshalb auch den ersten Schritt getan. Gott hat immer den ersten Schritt getan, auch den ersten Schritt zur Versöhnung mit uns.

„Gott war in Christus und versöhnte die Welt mit Sich selbst"

Er hat Den, der von keiner Sünde wußte, für uns zur Sünde gemacht, auf daß uns in Ihm die Gerechtigkeit zuteil würde, die vor Gott gilt. Denn wie wir ohne unser *Dafürkönnen* durch den ersten

Menschen, Adam, verloren gingen, so sind wir ohne unser *Dazutun* durch den zweiten Menschen, Christus, wieder gerettet. Wir gingen alle in der Irre, waren blind und unbekümmert um unsere Seelen, taten nichts und konnten nichts tun für ihre Rettung. Aber da trat Gott ein. *„Der Herr warf unser aller Sünde auf Ihn"* (Jes. 53,6). Gott selbst hat unsere Sünde in Seine Hand genommen und hat sie mit Seinen eigenen Händen auf Seinen Sohn geworfen. Nicht du mußt deine Sünden auf den Sohn werfen. Nein, das tat Gott (Römer 8,3).

Ein Ungläubiger las einmal Jesaja 53 und rief verwundert aus: „Wenn das wahr ist, dann bin ich auch erlöst, und zwar von Gott selber." Der Ungläubige hatte mehr Licht über die Erlösung als viele, die sich Gläubige nennen. Er hat recht: wir sind erlöst, und zwar von Gott selber.

Die Vergebung ist da; sie ist ein Geschenk von Gott bereitet für jeden. Die Bibel redet von einer Vorbereitung für den Himmel, aber nicht von einer Vorbereitung, um zum Heiland zu kommen. Die einzige Vorbereitung hierzu ist, daß wir wollen versöhnt und erlöst sein. Ein Mädchen, das wegen seiner Sünden sehr beunruhigt war, fragte mich einmal: *Darf ich denn so von heute auf morgen glauben an die Vergebung?* Ich sagte: *Nein!* Die Bibel hat ein *doppeltes Nein* auf deine Frage. Erstens ein „Nein" auf dein: *„Darf ich?"*, denn es ist Gottes Gebot, daß wir glauben an den Namen Seines Sohnes (1.Joh. 3,23), und ein zweites „Nein" auf dein *„von heute auf morgen"*; denn Gott sagt: Heute, wie gesagt ist: heute (Hebr. 4,7) und noch bestimmter: *Jetzt ist die angenehme Zeit* (2.Kor. 6,2). Das Kind empfing in jener Stunde Vergebung und Frieden. Um die Vergebung anzunehmen im Glauben, brauchst du nicht Tag und Stunden. Du kannst dies während des Lesens dieser Zeilen. Der Kerkermeister, dem diese Worte: „Glaube an den Herrn Jesus Christus, so wirst du und dein Haus selig", zuerst galten, kam in dem Augenblick, als er diese Worte hörte, zu Jesus und empfing Vergebung.

Dieser Glaube *trennt* auch von der Sünde. Als Mose am Hofe der Tochter Pharaos glauben lernte, sagte er dem Sündenleben am Hofe rein ab und erwählte die Schmach Christi. Der Kerkermeister, als er glaubte, hörte auf mit seiner Gewalttat und wusch den Knechten Gottes die Striemen. Wahrer Glaube trennt von der Sünde und verändert das ganze Leben eines Menschen. Und wenn dich dein Glaube nicht von der Sünde geschieden hat, so kannst du dich jeden Augenblick von deinem Glauben scheiden; denn er ist nichts wert.

Dieser Glaube rettet auch vom kommenden Zorn. Wer an den Sohn glaubt, kommt nicht ins Gericht. Es gibt einen zukünftigen Zorn, aber nicht für den Gerechten, sondern für den Gottlosen. Wir lesen Offenbarung 6, daß Zeiten kommen werden, wo Könige, Große, Oberste, Reiche, Starke, Knechte und Freie die Berge und Felsen anrufen: Fallt auf uns und verbergt uns vor dem Zorn des Lammes! Dann werden wehklagen alle Geschlechter der Erde. Hunger und Tod, Schwert und Pestilenz werden die Erde bedecken; die Menschen werden verschmachten vor Furcht und vor Warten der Dinge, die da kommen sollen. Aber wer Jesus im Glauben besitzt, ist geborgen. Kein Zorn kann ihn treffen, denn der Richter ist sein Freund. Nichts kann ihn in die Hölle verdammen; denn Jesus ist sein Bürge, der für ihn eintritt.

O Freund, was mußt du tun, um Vergebung deiner Sünden, Ruhe für dein Gewissen, Befreiung von deiner Sünde, Errettung vom zukünftigen Zorn zu erlangen, um selig zu werden? Du mußt Jesus haben! Denn wer den Sohn hat, hat das ewige Leben und kommt nicht ins Gericht, sondern er ist vom Tode zum Leben hindurchgedrungen.

In der Schwebe

Wie lange hältst Du unsere Seelen in der Schwebe?

Joh. 10,24. engl. Übers.

Auf einem Bahnhof in der Schweiz sah ich vor einiger Zeit, wie eine Frau mit einem Kind auf dem Arm über die Schienengleise sprang, trotzdem ein großes Schild den Reisenden sagte: „Das überschreiten der Gleise ist verboten!“ Voll Erregung und Angst rief ihr der Portier zu: „Halt! es kommt ein Zug!“ Aber statt stehenzubleiben oder zurückzugehen, sprang sie vorwärts und fiel mitsamt dem Kind auf die Schienen, auf denen etwa fünfzig Meter entfernt ein Zug daherfuhr. Durch Gottes wunderbare Fügung waren gerade vor ihr auf dem Bahnsteig einige kräftige Männer, die Geistesgegenwart genug besaßen, die Frau samt dem Kind auf den Bahnsteig hinaufzureißen. Und kaum war dies geschehen, so fuhr der Zug über dieselbe Stelle, wo noch vor einigen Augenblicken die Frau gelegen hatte. Ich zitterte vor Schreck mit dieser Frau. Und niemand war auf dem Bahnhof, der nicht Mitleid gegen sie bezeugte. Selbst der Portier ging in einer andern Richtung fort, damit er nicht mit der Übertreterin schelten müsse.

Als ich dann im Bahnwagen saß, bewegten mich die ernsten Gedanken: Wie viele unsterbliche Seelen um dich her sind, ähnlich dieser Frau, in der Schwebe! Gleich jener sind nur noch einige Sekunden zwischen Leben und Tod, zwischen Zeit und Ewigkeit, zwischen Gerettetwerden und Verlorengehen. Zitterst du auch für sie? fragte ich mich. Bezeugen auch andere Mitleid gegen sie? Ach, wer kümmert sich auch um das Seelenheil seiner Mitmenschen! Wer bangt für ihre Zukunft? O, wie sind wir Christen so tief gefallen! Wie sind wir so hart und kalt geworden gegeneinander! Wer würde noch glauben, daß Christen Brüder sind untereinander! Wir interessieren uns gegenseitig für alles andere mehr als für unsere unsterbliche Seele. Und was hülfe es dem Menschen, wenn er die ganze Welt gewönne und nähme doch Schaden an seiner Seele? Und was kann der Mensch geben, damit er seine Seele wieder löse? Nichts! Die Schuld der Sünde ist zu groß, der Fall zu tief, die Ketten und Fesseln Satans zu stark, als daß wir uns selber retten könnten! Das kann nur *einer, Jesus, der Er-*

retter der Seelen. Er hat auf sich genommen die Last unserer Sünden und hat ihre Macht gebrochen. Er ist für uns in das Gericht gegangen und hat uns frei gemacht von der Obrigkeit der Finsternis und der Gewalt des Satans. Denn, wen der Sohn frei macht, der ist recht frei. Er schenkt ihm alle Schuld.

Teurer Leser, hast du Vergebung für deine Sünden? Ist deine schuldbefleckte Vergangenheit zugedeckt mit dem Blute des Lammes? Weißt du dich in Jesu Händen als Sein Eigentum? Hast du eine Stunde in deinem Leben, wo du dich deinem Heiland mit Seele und Leib für Zeit und Ewigkeit zurückgegeben hast? Was nützt es dir, zu wissen: Jesus vergibt Sünden, wenn deine Sünden nicht vergeben sind? Was hilft es dir, zu bekennen: Jesus nimmt die Sünder an! wenn du nicht sagen kannst: Auch mich hat Er angenommen? Sieh, du bist gleich jener Frau noch in der Schwebe. In wenigen Sekunden kann dein Lebensfaden abgeschnitten werden, und nicht ein Eisenbahnunglück, nicht ein Unglück für deinen Leib steht dir bevor, sondern vielmehr ein Unglück für deine unsterbliche Seele. Darum, gleich jenen Männern auf dem Bahnsteig, möchte ich dich fassen mit starken Worten der Liebe und innigen Erbarmens und dich suchen, dem drohenden Verderben zu entreißen. Ich möchte dich auf das Plätzlein bringen, wo man dem an uns vorüberrasenden Verderben mit Ruhe und Sicherheit zusehen kann. Und dieser Platz ist unter dem Kreuz auf Golgatha.

Aber diese Zeilen gelten ja vor allem solchen, die mit Agrippa sagen müssen: *„Es fehlt nicht viel, und ich würde ein Christ"*, die gleich den Juden sich vor die ernste Tatsache gestellt sehen, sich entweder *für* oder *gegen* Christus zu entscheiden. „Wie lange hältst du unsere Seelen in der Schwebe?"

Mit dieser Frage oder, besser gesagt, mit diesem Vorwurf umringten die Juden Jesus in der Halle Salomos. Sie hatten des Johannes Zeugnis gehört: „Siehe, das ist Gottes Lamm, welches der Welt Sünde trägt"; sie hatten Jesu Forderung vernommen: „Es sei denn, daß jemand von neuem geboren werde, so kann er nicht in das Reich Gottes kommen"; sie hatten Sein Zeugnis von Ihm selbst gehört; sie hatten Seine Wunderwerke gesehen; sie hatten Sein heiliges Leben beobachtet, und doch waren sie immer noch in der Schwebe. Darum gibt Jesus ihnen ihren Vorwurf zurück mit einem andern: „Ihr glaubet nicht; denn ihr seid meine Schafe nicht!“ Das heißt auch: Ihr wollt nicht, denn ihr seid doppelherzig; ihr könnt nicht, denn ihr seid doppelhörig und menschengefällig. Wie könnt ihr glauben, die ihr Ehre voneinander nehmt, und die Ehre, die vor Gott allein gilt, sucht ihr nicht? Bist du nicht in ähnlicher Lage? Hast du nicht auch alles dies noch viel besser *gehört, gesehen und beobachtet,* und doch – was hält dich in der Schwebe? Das gleiche, was jene Leute hielt? Wenn nicht, so laß mich hier einiges aufzählen, vielleicht findest du das deinige darunter.

Du hältst deine Seele in der Schwebe durch *Unentschiedenheit.* Der Tod ist der Sünde Lohn; die Gabe Gottes aber ist das ewige Leben. Eins von beiden mußt du wählen. Die Bibel ist ein entschiedenes Buch. Vom ersten bis zum letzten Blatt ruft sie dir zu: Entscheide dich, entscheide dich heute, entscheide dich jetzt! Eine neutrale Stellung kennt die Bibel nicht. Gott steht da mit offenen Armen und ruft: Komm! Aber an dir ist es, Schritte zu tun. Gott kann nicht für dich Buße tun, nicht für dich glauben, sich nicht für dich entscheiden; das ist allein deine Sache. Jeder, der durch die Tore des Himmels eingehen will, muß den Weg, der zum Himmel führt, selbst unter die Füße nehmen. Durch bloßes Wünschen kommt man nicht an einen Ort; man muß sich auf den Weg machen. Gerade das hast du bis jetzt versäumt, und deshalb hältst du deine Seele in der Schwebe, bis der Lebensfaden abgeschnitten ist, wo es dann für ewig zu spät ist, um noch Schritte zu tun. Ich kannte einen sehr intelligenten jungen Mann. Er wurde erweckt durch den Geist Gottes und war entschlossen, sich zu bekehren; aber da traten seine Freunde und die fromme Welt dazwischen und sagten: „Was machst du? Ein junger, braver, achtbarer Mann wie du, will sich zu den Pietisten halten? Das tut doch kein vernünftiger Mensch. Laß dir nicht den Kopf verdrehen; du bist gewiß recht; wären nur alle Leute so wie du!“ Und der Jüngling folgte. Allmählich erlosch das Feuer wieder in seinem Herzen; er glaubte, daß er nicht so schlecht sei wie andere und daß er somit seine Sache mit seiner Seele auch schneller in Ordnung habe als ein anderer. Aber was geschah? Sieben Jahre später wurde der junge Mann plötzlich schwer krank, und mit der Krankheit wachte auch das eingeschläferte Gewissen auf. Aber ehe er zur Klarheit über seinen Seelenzustand kommen konnte, wurde er bewußtlos, und in diesem bewußtlosen Zustand ging er in die Ewigkeit hinüber, um dort mit dem Schreckensruf und mit dem Gewissensvorwurf aufzuwachen: „Ich habe meine Seele so lange in der Schwebe gehalten, bis sie verloren war.“ Das ist der Fluch der Unentschiedenheit.

Du hältst deine Seele in der Schwebe durch *Sündenliebe*. Die Sünde ist gleich dem Gelde des Judas, wofür er seinen Herrn verkaufte. In den Händen schimmert's, in dem Herzen wimmert's. Der Teufel stößt seine Knechte von dem offenen Grab in die offene Hölle hinunter. Solange du nicht brechen willst mit jeder erkannten Sünde, versuchst du den Teufel, dich zu versuchen. Du sagst: „Nur eine Sünde, das kann doch nicht so schlimm sein!“ Eine Sünde kann ebenso gut in die Hölle bringen als eine Million Sünden. Um einer Sünde willen wurden die ersten Eltern zum Paradiese hinausgestoßen, um einer Sünde willen verlor Esau sein Erstgeburtsrecht, um einer Sünde willen verlor Saul sein Königreich. Nur eins fehlte dem reichen Jüngling; er war nicht los von seinem Besitz. Nur eins fehlte den törichten Jungfrauen; sie hatten kein Öl in ihren Lampen. Gewiß gehen viele Seelen hinüber in Nacht und Qual, und wenn wir sie fragen könnten: „Warum seid ihr hier?“, sie würden antworten: „Ach, nur eins war schuld!“ Denke nicht, du habest nur eine oder zwei ganz kleine Sünden. Achan wurde um einer Sünde willen gesteinigt. Ich fuhr vor Jahren in ein Bergwerk hinunter, um zu sehen, wo und wie die Bergleute arbeiten. Meinst du, es wäre uns gleichgültig gewesen, wenn es plötzlich geheißen hätte: „Es ist ein Glied an der Kette des Fahrkorbs gebrochen; aber nur eins!“ Hätten wir uns im Fahrkorb trösten können, daß von den tausend Ringen nur einer gebrochen ist? O, gewiß nicht! Es wäre für uns gewesen, als ob sie alle gebrochen wären. Und Tod und nichts als Tod wäre unser Teil gewesen. Und hättest du in Wahrheit nur eine Sünde, was wäre deine Aussicht? Die Tiefe, die Finsternis. Auch eine Sünde scheidet von Gott.

Du hältst deine Seele in der Schwebe durch *Aufschieben*. Du sagst wie Agrippa oder Felix: Es fehlt nicht viel, und ich würde ein Christ; aber gehe hin für diesmal – ein andermal dann! Wir haben nicht gehört, daß Felix ein andermal sich bekehrt hat. Er hätte es tun sollen in jenem Augenblick.

Denn da wirkten Gottes Geist und Wort mächtig in seinem Herzen. Niemand kann sich selbst bekehren, „doch muß man auf es eingehen“. Es gibt einen Zug des Vaters hin zum Sohne, ein Erwecken und Treiben des Heiligen Geistes, und wenn man da nicht folgt, ist wenig oder keine Hoffnung für eine Bekehrung vorhanden. Du denkst: „Aufgeschoben ist nicht aufgehoben!“ Mit vielen Dingen ist es so, zum Beispiel mit deinen Sünden, aber nicht auch mit deiner Bekehrung. Mit tiefem Schmerz spreche ich es hier aus, daß ich eine ganze Anzahl Seelen gekannt habe, bei denen in Wahrheit: Aufgeschoben auch aufgehoben war. In einer Stadt Deutschlands wohnten zwei fromme Leute. Sie hatten ein einziges Töchterlein, namens Berta. Die Eltern beteten viel für ihr Kind und mahnten es zur Umkehr. Aber das Kind dachte: „Ich bin noch so jung und soll schon fromm werden und die Welt fliehen, die doch so schön ist. Das kann ich nicht!“ Der Winter kam, und es wurden 14 Tage lang Bekehrungsversammlungen gehalten in der Stadt. Die Eltern gingen auch hin mit ihrem Kind. Der Prediger forderte in feierlich-ernster Weise auf zur Entscheidung für Jesus. Auch Berta wurde berührt und kam in die Schwebe, was sie tun sollte. Sie wußte, daß sie sich entscheiden sollte. Auf dem Weg und zu Hause kämpfte sie mit dem Gedanken: Soll ich, oder soll ich nicht? Und um sich zu beruhigen, schrieb sie, bevor sie ins Bett ging, auf ein Zettelchen: „In sechs Wochen will ich mich bekehren.“ Aber das Gewissen war noch nicht befriedigt und das Herz noch nicht still; darum schrieb sie: „In vier Wochen will ich mich bekehren.“ Aber noch war's nicht still, und sie schrieb: „In vierzehn Tagen will ich mich bekehren.“ Und noch mahnte sie die freundliche Hirtenstimme des Heilands, und sie schrieb noch einmal: „Morgen will ich mich bekehren.“

Aber den gab es nicht mehr für sie; denn in jener Nacht wurde, ohne daß sie es merkte, ihr Lebensfaden abgeschnitten und sie vor Den gestellt, für Den sie sich nicht entscheiden konnte. Am Morgen fanden die Eltern ihr Kind *tot* im Bett. Ein Herzschlag hatte ihren Lebensfaden zerrissen. Aber was den Schmerz der Eltern noch vergrößerte und fast unerträglich machte, war das Zettelchen auf dem Nachttisch mit der Aufschrift: Morgen will ich mich bekehren!

Du hältst deine Seele in der Schwebe durch *Feigheit.* Feige Leute wissen den Weg und wissen auch, daß sie diesen Weg gehen müssen; aber sie suchen ihre Feigheit zu decken mit Ausreden. Dem einen ist das Amt im Wege, dem andern das Geschäft, einem dritten der Vater, einem vierten die Freunde usw. Ferne sei es von uns, die Schwierigkeiten, die dem einen oder dem anderen im Wege liegen, gering zu schätzen. Hätte doch den reichen Jüngling die Bekehrung sein ganzes Vermögen gekostet – eine niederschmetternde Wahrheit für alle, die da meinen, man könnte fromm sein, ohne dabei etwas einzubüßen. Wir geben zu, daß der Weg zu deiner Bekehrung dicht besät ist mit Schwierigkeiten; aber Gott, der dich erschaffen, versöhnt, ernährt, mit Geduld getragen hat, hat ein Recht, zu verlangen, daß du um Seinetwillen alle Hindernisse durchbrichst. Der Mensch hat nur auf Einen Rücksicht zu nehmen, und dieser Eine ist Gott. Jeder, der bekehrt ist, hat sein Gewissen zu Wort kommen lassen. Feiglinge aber schlagen ihr Gewissen tot mit ihren fluchwürdigen Ausreden und bilden sich dann ein, es stehe recht mit ihnen. In dem furchtbar schwarzen Register der Verlorenen (Offb. 21,8) stehen obenan die Feiglinge. „Draußen sind die Feiglinge!“ Feiglinge wählen den „goldenen Mittelweg“ und sagen: Nicht so fromm und nicht so gottlos, so kommt man am besten durch. So mag man am besten durchkommen in der Welt; aber nicht vor Gott. Von einem goldenen Mittelweg weiß die Schrift nichts; sie kennt nur solche, die Gott angehören und die Ihm nicht angehören. Von Abraham, Mose und andern lesen wir: „Er wurde gesammelt zu seinem Volk.“ Welches hier dein Volk ist, wird es auch drüben sein. In Offenbarung 14,1 lesen wir: „Und ich sah das Lamm stehen und mit Ihm hundertvierundvierzigtausend“, das ist ein Volk! Im 11. Vers lesen wir: „Und der Rauch ihrer Qual wird aufsteigen von Ewigkeit zu Ewigkeit, und sie haben keine Ruhe Tag und Nacht.“ Das ist ein anderes Volk! In Offenbarung 7,14 lesen wir: „Sie haben ihre Kleider gewaschen und helle gemacht im Blute des Lammes; darum sind sie vor dem Stuhl Gottes.“ Das ist ein Volk! In Offenbarung 6,16 lesen wir: Sie sprachen zu den Bergen und Felsen: „Fallt auf uns und verbergt uns vor dem Angesicht dessen, der auf dem Thron sitzt, und vor dem Zorn des Lammes.“ Das ist ein anderes Volk! Zu welchem von diesen beiden gehörst du?

Du hältst deine Seele in der Schwebe durch *falsche Frömmigkeit.* Viel mehr Leute, als wir meinen, halten ihre Seele in der Schwebe durch Religiosität. Ihre Religionsübungen setzen sie an die Stelle von Buße, Glauben und Herzenserneuerung. Auf die Sakramente setzen sie mehr Vertrauen als auf Christus. Kürzlich fragte ich einen solchen Mann: „Was machen Sie mit Ihren Sünden?“ „Ich gehe jedes Jahr zweimal zum Abendmahl, da finde ich Vergebung“, war seine Antwort. Ich sagte: „Erstens vergibt das Abendmahl nicht die Sünde; denn es ist nur Gedächtnismahl für die, welche durch den Glauben an den Gekreuzigten Vergebung der Sünde erlangt haben, und ein Stärkungsmahl für die, welche dem Heiland nachfolgen,“ und zweitens, sagte ich: „Angenommen, Sie würden zwischen beiden Abendmahlstagen sterben, wo bleiben dann Ihre Sünden?“ „Nun, dann würde ich mir eben noch schnell das Abendmahl reichen lassen“, erwiderte er. So macht man das Abendmahl zum Freipaß für den Himmel und bleibt dabei in Sünde und Schande stecken bis an sein Ende. So versündigt man sich nicht nur am Abendmahl, sondern bringt auch seine Seele durch diesen Betrug ins Verderben. – Andere halten ihre Seele in der Schwebe durch ihre Selbstgerechtigkeit. Du sagst: Ich bin nicht so schlecht wie der und die. Täusche dich nicht! Du bist so besudelt und befleckt wie jeder andere, wenn auch nicht mit Zöllnerschmutz, so doch mit Schmutz der Pharisäer. Der Selbstgerechte ist wie ein zugeschneiter Dunghaufen. Wer andern die Ehre stiehlt, ist nicht besser als der, welcher Geld stiehlt, und wer seinen Bruder haßt, ist ein Totschläger, sagt die Schrift.

Du hältst deine Seele in der Schwebe durch deinen *Unglauben.* Würdest du es nicht unverantwortlich finden, wenn ein Mensch, der in Todesgefahr schwebt, fortwährend die Rettungsversuche von Seiten seiner Freunde ausschlagen würde? Und siehe, machst du es nicht ähnlich mit deiner unsterblichen Seele? Es geht dir gleich dem Pharao, der durch Unglauben sein Herz verhärtete und so seine Seele und die Seele seines Volkes verderbte. Niemand geht verloren um seiner Sünde willen, sondern einzig und allein um seines Unglaubens willen. Die Sünde hat Gott mit Seinen eigenen Händen aus dem Wege geräumt, sie ist also kein Hindernis mehr. Gott hat alles getan, was Er tun konnte. Gott hat sich selbst versöhnt mit uns und bietet uns nun die Versöhnung an. Gott hat uns alle Sünden geschenkt und bietet uns nun die Vergebung an als ein Geschenk. Das Handeln ist nun auf unserer Seite. Gott kann nicht für uns Buße tun, nicht für uns glauben, nicht für uns das Heil annehmen. Das ist unsere Sache. Darum ist Unglaube die schändlichste Sünde; denn er macht Gott zum Lügner. Durch Unglauben hältst du deine Sünde in deinem Gewissen, in deiner Seele fest. Und so bleibst du:

In der Schwebe im Angesicht des Todes! Wenn du den großen Schritt machen mußt aus der Zeit in die Ewigkeit, weißt du nicht, wohin du deinen Fuß setzen sollst. Alles schwindet unter deinen Füßen, alles zerrinnt in deinen Händen. Petrus sagt: „Auf daß ihr das Ende eures Glaubens davonbringt, nämlich der Seelen Seligkeit." Und wenn du diese nicht davongebracht hast, was nützt dir alles andere? Ist es nicht wahr: Die Seele verloren, alles verloren!? Und das merken viele erst in der Stunde des Todes. Darum die Todesangst. Sie verlieren im Tode alles. Mit jenem reichen Mann müssen sie ausrufen: Ich habe alles hinter mir und nichts vor mir! Auch ist die Todesangst in vielen Fällen nichts anderes als ein Vorbote der Hölle. Der Mensch empfindet, wenn auch unbewußt, wie die guten Geister weichen und die bösen ihren Platz einnehmen. Vor Jahren kam ich an das Sterbebett eines alten Mannes. Die Todesangst stand auf seiner Stirn geschrieben. Ich fragte: „Großvater, ist es Ihnen angst?" „Ja!" war seine Antwort. Ich fragte: „Wie alt sind Sie?" „Vierundachtzig Jahre". Ich hätte blutige Tränen weinen mögen, daß ein Mensch in unserer Christenheit mit vierundachtzig Jahren aus der Zeit in die Ewigkeit gehen muß ohne Vergebung der Sünden, ohne Frieden mit Gott, ohne Hoffnung und Gewißheit des ewigen Lebens.

In der Schwebe am Tage des Gerichts! Wenn der Himmel zurückweicht und für die Erde keine Stätte mehr gefunden wird, wenn der große weiße Thron (Offb. 20) an der Stelle des Himmels steht und um denselben her alle Geschlechter der Erde, Tote, beide groß und klein, stehen, wenn das Buch des Lebens des Lammes aufgetan wird und die Namen derer aufgerufen werden, die ihre Kleider gewaschen und helle gemacht haben im Blute des Lammes und die dem Lamme nachgefolgt sind, wo Es irgend hingegangen ist, o, in welche Schwebe werden dann die kommen, die sich hier nicht für Jesus entschieden und die dort Er nicht kennt, deren Namen Er nicht aussprechen mag! An einem Ort, an dem ich einmal Bekehrungsversammlungen hielt, kam auch ein junger Mann in den Saal, aber nicht um sich zu bekehren, sondern um die andern zu stören. Er fluchte und beunruhigte fortwährend die andern. Wir beteten für ihn, und in jener Nacht träumte er, der Tag des Gerichts sei gekommen. Alle Menschen wurden versammelt vor dem Thron Gottes. Vor dem Throne war ein kleines Brett, auf das jeder treten mußte. Blieb das Brett fest, so durfte der Betreffende hinüber in den Himmel. Bei den meisten aber neigte sich das Brett auf die Seite, und der darauf stand, fiel hinunter in eine schaurige Schlucht. Endlich nach langem, langem Warten kam auch die Reihe an ihn. Er mußte hervortreten, und schon als er einen Fuß auf das Brett setzte, fing es an, sich zu bewegen. Er stieß einen furchtbaren Schrei aus, der ihn aus der schrecklichen Situation befreite. Wird es nicht in Wahrheit so gehen am Tage des Gerichts? werden da nicht alle in diese furchtbare Schwebe kommen, die heute ihre Seele nicht dem anvertrauen, dem sie gehört, der sie mit Seinem Blut erkauft und mit Seinem Leben bezahlt hat? Gewiß! Aber nur mit dem Unterschied, daß dort Wirklichkeit sein wird, was hier nur Traum war.

Teurer Leser! Gewiß hast du schon gehört von einem Präriebrand, wo oft auf unerklärliche Weise das dürre Wüstengras in Brand gerät und mit Windeseile um sich frißt und alles verdirbt, was in seine Nähe kommt. Weißt du auch, wie sich die Wüstenbewohner gegen dieses furchtbare Verderben retten? Sie zünden schnell das um sie her stehende dürre Gras an, und wenn dann die Feuerwelle dahergerast kommt, findet sie keine Nahrung mehr, denn das Feuer hat schon sein Werk getan. So schneiden sie dem Feuermeer den Weg ab und bleiben verschont. Jedem unbekehrten Menschen droht das höllische Feuer, das vom Odem des Allmächtigen angezündet ist und das nie erlöscht. Und gibt es auch ein Plätzlein, wo dieses Feuer nicht brennen kann? Gottlob, ja! Unter dem Kreuz auf Golgatha ist dieses Plätzlein. Dort ist das Zornfeuer des Gerichts über den Sohn Gottes gegangen. Und nun ist eine sichere Zuflucht bei Ihm, eine Zuflucht vor dem Ungewitter, ein Schatten vor der Hitze. Komm unter das Kreuz, da ist die Freistatt für den todeswürdigen Sünder, da fließt der Born wider alle Sünde und Unreinheit, da nehmen die heiligen Gotteshände dir deine Last ab und strecken sich dir hin zum Friedensbund, und so kommt deine Seele aus der Schwebe.

Komm zum Kreuz!

Komm zum Kreuz mit deinen Lasten,
Müder Pilger du.
Bei dem Kreuze kannst du rasten.
Da ist Ruh'.
Da stillt Er dcin hciß Vcrlangcn,
Heilet deinen Schmerz.
Frieden wirst du da empfangen,
Müdes Herz.
Trost, Vergebung, ew'ges Leben
Fließt vom Kreuz dir zu.
Bei dem Kreuz wird dir gegeben
Himmelsruh'.

Zum Kreuze möchte ich dich führen, lieber Leser, damit du da Heilung für deine Wunden, Ruhe für dein Gewissen, Frieden für deine Seele, Vergebung für deine Sünden und Kraft zu einem neuen Leben finden möchtest. Unter dem Kreuz, und nur da, können der Heilige Gott und der Sünder einander begegnen; dort wird der Friedensbund geschlossen zwischen dem Sünder, dem seine Sünden, wie eine schwere Last, zu schwer geworden sind, und dem gnädigen und barmherzigen Gott. Dort legen sich die durchgrabnen Hände des Heilands auf das wunde Herz des armen Sünders; dort reinigt Er das schuldbeladene Gewissen mit dem Blute der Versöhnung, so daß man es glauben lernt:

Sein Kreuz bedeckt meine Schuld,
Sein Blut macht hell mich und rein.

Komm, stelle dich unter das Kreuz und sieh, höre, finde und empfange, was deine Seele entlastet und dein müdes Herz erquickt und aufrichtet. – Mein Wunsch ist erfüllt, und diese Zeilen haben ihren Zweck erreicht, wenn die Herrlichkeit des Kreuzes Christi so dein Auge anzieht, deine Seele erfüllt und dein Herz gefangennimmt, daß du wie Paulus hinfort nichts andres mehr zu rühmen weißt als allein das Kreuz unseres Herrn Jesu Christi, und wie Zinzendorf nichts andres mehr bewundern kannst als allein das geschlachtete Lamm.

Tritt unter das Kreuz nicht als kalter Beobachter wie das Volk, nicht als Feind wie die Pharisäer, nicht als Spötter wie der Schächer zur Linken, nicht wie die Kriegsknechte, die nur Kleidung suchen, sondern wie die Frauen, die sehen, wie ihr Herr stirbt. Steh und sieh auf zu dem Baum des Lebens und lebe! Denn der bloße Blick nach dem Kreuz ist Leben rettend, wie 4.Mose 21 von der ehernen Schlange, dem Vorbild des Kreuzes, geschrieben steht: „Wenn eine Schlange jemand gebissen hatte, und er schaute auf zu der ehernen Schlange, so blieb er am Leben." Und damit du recht sehest, möchte ich dir hier mit einigen Winken zu Hilfe kommen und dir zuerst sagen:

1. Unter dem Kreuze sehen wir Gottes Vaterliebe zu uns in ihrem Höhepunkt

Gott hat uns drei Bücher gegeben, worin wir Seine Liebe lesen können: *Das Buch der Natur, unser eigenes Leben,* zu dem uns jedes neue Jahr einen neuen Band hinzulegt, *und das teure Bibelbuch*. Wir finden Gottes Liebe auf jedem Schritt in der Natur; wir finden sie in unserm Leben überreichlich. Aber wir brauchen mehr als Schöpferliebe, mehr als fürsorgende und bewahrende Liebe. Wir tragen eine unsterbliche Seele in uns, die ein Hauch aus Gott ist, und die wir mit Sünden beladen und mit Ungerechtigkeit befleckt haben, eine Seele, die nach Freiheit, Frieden und Ruhe seufzt, und die auf alle unsre Bemühungen, sie zu befriedigen, die stete Klage hat:

Gebt mir alles, und ich bleibe
Ohne Gott doch arm und leer.

Es gibt Leute, die sagen: „Wenn ich Gottesdienst tun will, gehe ich hinaus in Gottes Natur. Da ist der Wald mein Dom, das Rauschen in den Wipfeln der Bäume mein Gesang, und die singenden Vögel sind meine Prediger." Haben diese Leute recht? Kann man in der Natur Gott finden? Ganz gewiß! In jedem hohen Baum und jedem kleinen Pflänzlein, in jedem Vöglein in der Luft und jedem kleinen Fischlein im Wasser, in jedem gewaltigen Felsblock und jedem kleinen Steinchen am Wege tritt uns die Schöpferliebe Gottes entgegen. Aber kann die Natur die Seele befriedigen? Nein! Im Gegenteil! Die Harmonie in der Schöpfung läßt uns die Disharmonie in unserm Innern nur um so stärker fühlen, und es erwacht der Schrei nach Erlösung. Was unsre Seele befriedigt, ist allein die rettende, versöhnende und beseligende Liebe Gottes, geoffenbart und verbürgt mit dem heiligen Buch, dessen Kristall der Spruch ist: „Also hat Gott die Welt geliebt, daß Er Seinen eingeborenen Sohn gab, auf daß alle, die an Ihn glauben, nicht verloren werden, sondern das ewige Leben haben.“ Diese Liebe ist es, die unsre Seele sättigt und uns mit ihren Seilen wieder an Gott, unser Element, bindet. Früher fürchtete ich Gott immer als einen zürnenden Richter, der mich in Seinem Zornesfeuer wie Stroh verzehren würde, wenn nicht Christus zwischen mir und Ihm Versöhnung tun würde, bis ich unter das Kreuz trat und dort sah und las: *Gott* hat also geliebt, daß Er Seinen Sohn gab für die Welt – *Gott* war in Christus und versöhnte – *Gott* wirkt Wollen und Vollbringen zu unsrer Rettung – *Gott* gab den Heiligen Geist als Tröster, Lehrer und Führer zu Seiner Herrlichkeit – *Gott* erwählte in Christus vor Grundlegung der Welt uns zu Seinen Kindern! So, sagte ich, *das tat Gott?* Schon vor Grundlegung der Welt beschäftigte Er sich mit mir, dachte Er darüber nach, wie Er mich glücklich und selig machen könnte? Schon vor Grundlegung der Welt hat Er Seinen Sohn auserwählt als Lamm, das an meiner Statt Fluch und Strafe tragen sollte? Und als die Zeit erfüllt war, gab Er Ihn und warf auf Ihn meine Schuld und meine Sünde, verschloß in Gethsemane vor Ihm Sein Ohr, verbarg auf Golgatha vor Ihm Sein Angesicht, ließ aus Ihm den Allerverachtetsten machen, so verachtet, daß Er selbst seufzen mußte: „Ich bin ein Wurm und kein Mensch!“? Und das alles, um mich Wurm aus dem Kot der Sünde aufzuheben, damit der Feind mich nicht gar zertrete? Tat das *Gott? Ja, das tat Gott!* Ach, da erweiterte sich mein Herz! Denn:

Könnt ich hier noch fühllos sein,
O, so wär' ich mehr als Stein!

Da trat an die Stelle der Furcht Liebe, an die Stelle des knechtischen Geistes der kindliche Geist; da lernte ich rufen: „Abba, Vater!“ Ich kann die Heiden verstehen, die den Missionar, der ihnen diese Botschaft bringt, in einem Ton der Freude, aber auch des Schmerzes fragen: „Habt ihr dieses Evangelium schon lange?“ Und auf das „Ja“ des Missionars ihm sagen: „Warum habt ihr es uns so lange vorenthalten?“ Ich kann mit jenem Mohammedaner fühlen, der, als er zum erstenmal ein Neues Testament in seine Hände bekam und den Spruch Johannes 3,16 las, ausrief: *„Das ist es, was ich brauche! Das ist es, wonach ich mein Leben lang vergeblich gesucht habe! Dieser Gott ist mein, und ich bin Sein!"* Und dieser Mann hat es mit der Tat bewiesen; denn er hat um dieses Evangeliums willen alles verlassen und ist jetzt Missionar, um diese Lebens- und Friedensbotschaft: „Gott hat uns lieb" denen zu bringen, die noch sitzen in Finsternis und Schatten des Todes.

Teurer Leser, kennst du deinen Gott auch so? Kennst du Ihn als den Gott der Liebe? Oder ist dein Herz noch kalt gegen Ihn? O, ich bitte dich, komm unter das Kreuz und sieh, wie deinem Gott über deiner Herzenshärtigkeit das Herz gebrochen ist! Sieh so lange hin, bis das Feuer Seiner Liebe dein Herz schmilzt. Der Glaube kommt durch Hören, aber die Liebe durch Betrachtung. Denn die Liebe zu Gott wird geboren aus der Liebe Gottes zu uns. Gott gibt Seinen Sohn und offenbart dadurch Seine Liebe und erzeugt so die unsre. O, daß Seine Liebe so dein Herz entzünde und deinen Willen bestimmen könnte, daß du mit dem Dichter rühmen müßtest:

Von Gott geliebt, fühl' ich die Flamm'
Der heißen Gottesliebe glühn,
Von Ihm erwählt, noch eh' die Zeit begann,
Erwählt' ich wiederum auch Ihn.

Kürzlich las ich von einer Mutter, deren Tochter eine Stelle in einer Großstadt angenommen hatte, daß eines Tages der Mutter die Nachricht gebracht wurde: „Marie ist nicht mehr in ihrer Stelle; sie ist auf den Pfad der offenen Schande und des Lasters gezogen worden." Sobald die Mutter dies vernahm, machte sie sich auf, um ihre Tochter aufzusuchen und heimzuführen. Doch das war ein schweres Unternehmen. Sie fand sie nicht, so sehr sie sich auch Mühe gab und fast Tag und Nacht umherirrte, das verlorene Kind zu suchen. Endlich mußte sie sich schweren Herzens entschließen, die Heimreise anzutreten. Aber da kam ihr plötzlich noch ein Gedanke. Sie ging zu einem Photographen und ließ sich ihr Bild machen, und sobald sie mehrere Abzüge desselben hatte, ging sie damit in die besuchtesten der verrufenen Wirtschaften und bat um die Erlaubnis, ihr Bild an die Wand hängen zu dürfen. Man gestattete ihr solches, und nunmehr reiste sie heim. – Nicht lange Zeit nachher kam die unglückliche

Tochter mit einer ihrer traurigen Gefährtinnen in eine dieser Wirtschaften. Ihr Blick fiel auf das kleine Bild an der Wand. „Die sieht aus wie meine Mutter“, rief sie erstaunt und prüfte die Züge genauer. Unter dem Bilde standen einige Worte. Ach, sie waren von der Mutter selbst geschrieben und hießen: *„Marie, ich liebe dich noch immer.“* Das war zu viel! Das hatte sie nicht erwartet, vielmehr Verachtung und Haß. Der Gedanke, daß die Mutter hier gewesen sei, um die Verlorene in den Schlupfwinkeln der Sünde aufzusuchen und heimzuführen, überwältigte sie. Sie dachte nun zurück an ihre glückliche Kindheit, an ihrer Mutter Gebete, Lehren und Tränen. Sie seufzte: „Ach, wo bin ich hingekommen? Soll ich wieder heimkehren? Wie wird man mich zu Hause empfangen?“ Doch die Worte: „Marie, ich liebe dich noch immer“ trugen den Sieg davon. Ihr Herz war gewonnen; sie machte sich los von ihren Genossinnen und kehrte heim.

Geliebter Leser, der du nicht des Herrn Eigentum bist, rührt dich nicht die Liebe dieser Mutter? Aber was ist sie im Vergleich zu der Liebe Gottes, geoffenbart in Jesus Christus, dem Gekreuzigten? Nur ein Fünklein von der Liebesglut, die auf Golgatha brennt. Dort hat auch Gott dir Sein Bildnis gegeben, über dem lesbar geschrieben steht: „Ich liebe dich noch immer!“ Sage, was müßte dein Gericht sein, wenn du solche Liebe gering achtest, dieses Heil verschmähst oder doch versäumst? Es gibt eine Frage, die man weder im Himmel noch auf Erden noch unter der Erde beantworten kann, sie heißt: Wie wollen wir entfliehen, so wir eine solche Seligkeit nicht achten?

2. Sehen wir unter dem Kreuze, was Stellvertretung ist,

d. h. wie Christus an unsrer Statt unsre Sünde und damit auch unsre Strafe trägt. Für unsre Schuld mußte eine Zahlung geleistet und für unsre Sünde eine Sühne gebracht werden, um der Gerechtigkeit und Heiligkeit Gottes Genüge zu tun. Und wer wäre imstande gewesen, diese Sühne zu leisten, diese Schuld zu bezahlen? Kein andrer als Jesus, das Lamm Gottes, welches der ganzen Welt Sünde auf sich nahm. Er wurde der Mittler zwischen Gott und den Menschen, der vor Gott die Sache unsrer Seele führt. Er ist der Bürge, der Seinen letzten Blutstropfen für uns einsetzte. In Hesekiel 22,30-31 lesen wir:

„Ich suchte unter ihnen, ob sich jemand zur Mauer machte und wider den Riß stünde vor Mir wider dies Land, daß Ich es nicht verderbte. Aber Ich fand keinen. Darum schüttete Ich Meinen Zorn aus über sie, und mit dem Feuer Meines Grimmes machte Ich ihrer ein Ende und gab ihnen also ihren Verdienst auf den Kopf, spricht der Herr, Jahwe." Für Israel fand sich kein Mann, der in den Riß getreten wäre und die Gerichtsfluten aufgehalten hätte, obwohl Gott danach suchte. Für uns hat sich gottlob ein Mann gefunden, nicht unter den Engeln, nicht unter den Menschen; denn kein Bruder vermag den andern zu erlösen. Gott ging wohl auch die Reihen der Cherubim und Seraphim durch; Er sah sich wohl auch um unter den Starken und Mächtigen der Menschenkinder, ob einer imstande wäre, für das sündige Menschengeschlecht eine Sühne zu bringen und so Rettung zu schaffen. Aber dort fand sich keiner. Nur an einen konnte Gott noch denken, und das war Sein einziger Sohn. Sein Blick fiel auf Ihn, und zu Ihm gewandt, mag Er gesprochen haben: „Mein Sohn, Ich habe keinen gefunden, der den Kaufpreis bezahlen könnte für das verlorene, verschuldete Menschengeschlecht." Sogleich war der Sohn bereit und sprach zum Vater: „Vater, Deinen Willen tue Ich gern (Ps. 40, 9); gib Mir einen Leib (Hebr. 10,5); laß Mich Mensch werden, und Ich will hingehen und Dir das Verlorene wiederbringen." Und der Sohn versprach nicht nur, sondern Er kam und nahm auf sich unsre Schuld und hat durch Seinen Opfertod die große Kluft zwischen uns und unserm Gott überbrückt und hat Leben und unvergängliches Wesen ans Licht gebracht.

Er trug unsre Sünden, die Gott auf Ihn legte.

Kürzlich las ich von einem Inder, dessen Gewissen durch den Geist Gottes aufgeweckt war und der nach Ruhe und Frieden suchte, sie aber nicht finden konnte. In seiner Gewissensnot fragte er hin und her, was man denn tun müsse, um zum Frieden zu kommen. Fast ausschließlich sagte man ihm: „Du mußt beten!" Und so betete er: Aber er fand nicht Frieden. Weil er meinte, die Ursache, warum er nicht zum Frieden kommen könnte, sei die, daß er noch nicht lange und ernstlich genug gebetet und gerungen habe, ging er eines Tages in den Wald, um dort ernst und laut schreien zu können. Nachdem er sich müde gebetet hatte, suchte er sich ein Plätzlein unter einem

Baum, um ein wenig zu ruhen. Bevor er sich niederlegte, hing er seinen Hut an einen abgebrochenen Ast. Während er nun so dalag und zum Baum hinaufschaute, einmal die Äste betrachtete, ein andermal auf seinen Hut blickte, durchfuhr ihn plötzlich der Gedanke: „Wie mein Hut nicht zu gleicher Zeit an dem Ast und auf meinem Kopf sein kann, so können auch meine Sünden nicht zu gleicher Zeit auf mir und auf Christus sein." „Aber wo sind sie nun?" fragte er sich. Ebenso schnell trat das Wort Jesaja 53, 5 in sein Bewußtsein: „Der Herr warf unser aller Sünde auf Ihn." Da wurde es ihm auf einmal sonnenklar: „Wenn Gott meine Sünden auf den Sohn geworfen hat, dann ist der Platz, den Gott meinen Sünden gegeben hat, nicht mein Gewissen, sondern die Schultern Jesu." Vor Freuden sprang er auf, eilte heim zu seiner Frau und rief ihr schon von ferne zu: *„Frau, ich hab's, ich habe Frieden gefunden!* Sieh, Gott warf schon vor 1800 Jahren alle unsre Sünden auf Seinen Sohn! Weißt du, Gott warf! Gott warf!" Nachdem er ihr den ganzen Hergang erzählt hatte, fiel er mit seiner Frau auf die Knie und betete: „Vater im Himmel, ich danke Dir, daß Du alle meine Sünden auf den Sohn geworfen hast. Und ich danke Dir, Du Lamm Gottes, daß Du meine Sünden getragen hast, und daß ich nicht auch noch tragen muß, was Du getragen hast."

Er ging für uns ins Gericht.

Jesus ging hinein in die Tiefen des Zornes Gottes, der uns hätte treffen sollen. Er setzte sich den Flammen des Gerichts aus und ließ sich verzehren, damit wir für ewige Zeiten dem Gericht entnommen wären. In der Nähe von Buffalo, einer Hafenstadt Nordamerikas, steht ein Marmorkreuz, vor dem man oft einen gebeugten Greis mit tränenden Augen sitzen sah. Als man ihn fragte, warum er so gerne hier weile und das Kreuz anschaue, erzählte er folgende Geschichte: „Vor vielen Jahren fuhr ich auf einem Schiffe namens Schwalbe hierher. Eines Tages brach plötzlich Feuer aus auf dem Schiff. Einige Tonnen Teer, die dasselbe mit sich führte, gerieten in Brand. Eine große Verwirrung entstand unter uns Passagieren. Wir schrieen den Kapitän an: ‚Wie weit ist es noch nach Buffalo? Können wir noch gerettet werden?' ‚Es sind noch dreiviertel Stunden', antwortete der Kapitän, ‚und wenn's dem Steuermann möglich ist, seinen Platz am Steuerrad zu behaupten, so können wir alle gerettet werden' Der

Steuermann setzte nun seine ganze Kraft ein, um möglichst allen Passagieren das Leben zu retten. Der besorgte Kapitän, welcher wußte, daß der Steuermann der Feuersgefahr am meisten ausgesetzt war, rief nach einigen Minuten durch sein Sprachrohr: ‚John Maynard!‘ (dies war nämlich der Name des Steuermanns). ‚Ja, ja, Herr!‘ war die Antwort des Steuermanns. Nachdem wir wieder eine kurze Strecke gefahren waren, rief der Kapitän zum zweitenmal: ‚John Maynard!‘ ‚Ja, ja, Herr!‘ war wieder die Antwort. Als aber der Kapitän zum drittenmal rief, erhielt er nur noch ein dumpfes, leises ‚Ja, ja, Herr!‘ zurück. Schon war die rechte Hand des treuen Steuermanns verbrannt, aber mit seiner linken hielt er noch fest am Steuerrad und steuerte, bis er uns glücklich ans Land gebracht hatte. Daselbst angelangt, sprangen wir in größter Eile aus dem Schiff. Und der treue Steuermann setzte noch seinen Fuß aufs Land. Aber in demselben Moment fiel er zu Boden und war eine Leiche. Das Feuer hatte sein Werk an ihm getan. Aus Liebe und Dankbarkeit haben wir ihm dies Marmorkreuz errichtet mit dieser Inschrift:

Dem treuen Steuermann der „Schwalbe“
JOHN MAYNARD
von seinen dankbaren Passagieren gewidmet.
Er starb für uns!

„Er starb für uns!“ Ist das nicht auch die Inschrift des Kreuzes auf Golgatha? Ist Jesus nicht der Treue, der vor der Hitze der Anfechtung, vor dem Feuer der Trübsal und vor den Schrecken des Gerichts nicht zurückwich? Er blieb wie jener Steuermann auf seinem Platz, bis Er uns hindurchgebracht hatte in den sichern Hafen des Friedens. Was wäre aus jenen Schiffspassagieren geworden, hätte der treue Steuermann nicht die Flammen erduldet? Ihr Los wäre die Tiefe gewesen, ein furchtbares Verderben und Umkommen. Und o, was wäre unser Los gewesen, wenn Jesus durch Seinen Tod das Gericht nicht von uns abgewandt hätte? Nichts andres als tiefe Finsternis, ewige Qual und unauslöschliches Feuer. Willst du nicht auch, wie der Greis, dich von diesem Kreuze anziehen lassen? Willst du nicht auch mit der Liebe und Dankbarkeit aufblicken zu diesem Kreuz auf Golgatha und es durch den Heiligen Geist tief in deine Seele legen lassen: *„Er starb für mich!“*?

Er ging für uns in den Tod und gab uns so das Leben.

Seit dem Sündenfall ist Tod und ewiges Verderben unser Teil; es hat sich vor uns ein gähnender Abgrund ewiger Finsternis aufgetan. So gewiß wir Sünder sind, so gewiß sind wir dem Tode verfallen. Wir haben alle ein trauriges Besitztum mit in die Welt gebracht, das ist die Sünde und mit ihr – der Tod. Und dieses unser trauriges Erbe haben wir, durch unsre eigenen Übertretungen, zu einem ungeheuren Kapital aufgehäuft, haben hinter uns nichts als Tod, vor uns nichts als Tod, in uns nichts als Tod und um uns nichts als Tod. Die Bibel sagt: „Wir sind tot in Sünden und Übertretungen." Wer darum nicht von seinen Sünden erlöst ist, sinkt hinunter von Tod zu Tod; denn der Lohn der Sünde ist der Tod. – Kannst du dir vorstellen, lieber Leser, wie furchtbar es wäre, wenn wir sonst nichts wüßten und sonst nichts hätten als dies? Wenn wir den Lebensfürsten nicht kennen würden, der Sein Leben in den Tod gab und uns so das Leben wiederbrachte? – In der Nähe von Cuxhaven ging vor Jahren ein Schiff unter. Sämtliche Insassen, mit Ausnahme zweier Matrosen, sanken in die Tiefe. Diese zwei hatten glücklicherweise ein Brett erreicht, auf dem sie sich zu retten gedachten. Aber gar bald merkten sie, daß das Brett zu leicht sei, sie beide zu tragen. Der ältere von ihnen, der ein Christ war, wandte sich zu dem andern und sprach: „Kamerad, das Brett ist zu leicht! Sage, wer wartet zu Hause auf dich?" „Eine Frau und fünf Kinder", war die Antwort. „So nimm das Brett für dich und rette dich", erwiderte der Alte, „ich habe daheim niemand mehr als zwei Söhne, die in den Wegen Gottes wandeln, und auch ich selbst bin durch meines Heilands Tod vom ewigen Tod errettet." Mit diesen Worten überließ er das Brett dem Kameraden und sank in die Tiefe, während der andre glücklich ans Ufer gelangte und heimkam zu den Seinen. Und als die Seinen ihn umringten und ihn fragten: „Wie war es möglich, daß du allein gerettet wurdest?", sagte er tief bewegt: „Um des Opfers willen, das der Bruder für mich brachte." Auch später, so oft man ihn um diese wunderbare Rettung befragte, war seine stete Antwort: „Um des Opfers willen, das der Bruder für mich brachte!" Nicht wahr, lieber Leser, wir bleiben tief bewegt stehen vor der edlen Tat dieses alten Mannes und fragen: „Ist das möglich?" Aber sehen wir nicht eine viel größere Liebe und eine viel größere Rettung unter dem Kreuz? Nicht ein Mensch stirbt für den andern, sondern Gott, nicht ein Freund für den andern, sondern Gottes Sohn für Seine Feinde, Gottes Sohn für dich. – Ein kleines Mädchen, das sehr krank in seinem Bett lag, ließ sich von ihrer Schwester ihr biblisches Geschichtsbuch geben. Sie wendete die Blätter um, bis sie zu dem Bild kam, das Jesus am Kreuz hängend darstellt. Nachdem sie es eine Weile liebevoll angeblickt hatte, hielt sie das Bild zum Vater empor und sagte: *„Für dich, Vater!“* Dann zeigte sie es auch der Mutter und sagte: *„Für dich!“* Zuletzt drückte sie es an ihr Herz und flüsterte: *„Und für mich!“* Und, lieber Leser, *auch für dich!*

Er gab für uns Sein Blut zum Lösegeld.

Wir lesen in Hebräer 9, daß Christus erschienen ist vor dem Angesicht Gottes mit Seinem Blut und so für uns eine ewige Erlösung erfunden hat. – Zur Zeit Oliver Cromwells, eines englischen Staatsoberhauptes, wurde ein Mann wegen Rebellion zum Tod verurteilt und sollte am Galgen sterben. Als seine Frau diese Nachricht erfuhr, eilte sie zu Cromwell, fiel ihm zu den Füßen und bat ihn unter heißen Tränen, doch die Strafe aufzuheben. Aber der strenge Mann antwortete ihr: „Er ist ein Rebell gegen den Staat, und die Gerechtigkeit fordert seinen Tod. Morgen abend, wenn die Glocke läutet, kannst du kommen und sehen, wie dein Mann stirbt“ Tief bewegt ging sie von dem Angesicht des strengen Richters fort und sann darüber nach, ob es nicht doch einen Ausweg gebe, ihren Mann vom Tode zu erretten. Da kam ihr der Gedanke: „Ich steige auf den Turm und halte den Glockenschlegel fest, denn“, sagte sie, „solange die Glocke nicht geläutet hat, muß mein Mann nicht sterben.“ Sie stieg wirklich hinauf auf den Turm und faßte den Schlegel, so daß statt des Schlegels ihre Hand an die Glockenwand schlug. Nachdem die eine Hand blutig zerschlagen war, nahm sie die andre und hielt so lange den Schlag auf, bis der taubstumme Küster, in dem Gedanken, sein Werk verrichtet zu haben, endlich aufhörte. Mit ihren blutigen, zerschlagenen Händen ging nun die Frau zu Cromwell und sprach: „Mein Herr, die Glocke hat nicht geläutet, mein Mann muß nicht sterben! Siehe, ich habe mit meinen Händen die Schläge aufgehalten!“ Und als sie ihm die blutigen Hände zeigte, trat eine Träne in das Auge Cromwells, und er sagte: „Ja, du hast deines Mannes Schuld gesühnt und sein Leben gerettet! Er ist frei!“ Gerade das, mein Freund, ist die große

Tat unsres teuren Erlösers. Für uns, die Empörer und Verbrecher, die zum ewigen Tod verurteilt waren, ist er in den Riß getreten, hat mit Seinem Blut unsre Schuld gesühnt und uns losgekauft vom ewigen Gericht. O, daß du dies erkennen und verstehen und ein Todeslohn für Seine Todesarbeit werden wolltest!

Aber nicht nur Gottes Vaterliebe und des Sohnes Hingabe sehe ich unter dem Kreuz, sondern auch

3. Wie sündig die Sünde ist

Ich sehe unter dem Kreuz, wie unermeßlich der Sünde Schuld, wie furchtbar ihre Strafe, wie verabscheuungswürdig sie in den Augen Gottes sein muß, wenn ihre Sühnung den schmerzlichsten und schmählichsten Tod des heiligen Gottessohnes notwendig machte. Wir können

ihre Macht

in unserm und in dem Leben andrer täglich erfahren, und zwar nicht nur beim armen Trinker, den der Branntwein unter das Tier entwürdigt hat, nicht nur an den bleichen Gestalten, die ihre Lebenskraft durch Unkeuschheit und Ausschweifung vergeudet haben, deren Auge ohne Glanz, deren Gesichtsausdruck so fahl und gemein ist, sondern auch in den Palästen hinter den seidenen Vorhängen. Ich weiß von einer Dame, die von ihren Angehörigen in eine Anstalt für Nervenleidende gebracht wurde, weil man sie für irrsinnig hielt. Hier lag sie jahrelang auf dem Bett, ohne auch nur einen Augenblick Ruhe zu haben weder für ihre Seele noch für ihren Leib. Eines Tages sagte sie zu der sie pflegenden Krankenschwester: „Ich bin nicht irrsinnig; ich sollte nicht einen Arzt, sondern einen Seelsorger haben, der meine Seele rettet. Sehen Sie, ich bin ein Judas; ich habe meine Seele verkauft und umgebracht. Als ich ein Kind von 16 Jahren war, wußte ich ganz bestimmt, daß ich mich bekehren sollte, und ich fragte meinen Vater: ‚Vater, ist es wahr, was in der Bibel steht?' Mein Vater antwortete: ‚Kind, laß dieses Buch beiseite; es macht die Leute nur verrückt', und ich habe ihm gefolgt. Sehen Sie, darum bin ich nun in diesem Hause, nicht weil ich Gottes Wort gelesen, sondern weil ich es verachtet habe. Nur mein Leib liegt auf diesem Bett; meine Seele wird von finsteren Geistern von einem Land zum andern und von einem Stern zum andern gejagt. O, bringen Sie mir einen Seelsorger, der mir Ruhe schaffen kann für meine Seele!“ An ihr ist das Wort schon hier wahr geworden: „Sie haben keine Ruhe Tag und Nacht“ (Offb. 14,11).

Aber nicht nur unter den ausgesprochenen Weltleuten, sondern auch vielfach unter solchen, die als gottesfürchtig gelten, können wir die Macht der Sünde sehen. Ich kannte einen Mann, der regelmäßig alle 14 Tage zur Kirche ging, aber auch regelmäßig jeden Abend in den „Ratskeller.“ Da, am Bierglas, wurde er vom Schlag getroffen. Man trug ihn heim und legte ihn aufs Bett, wo er noch mehrere Tage im heftigen Todeskampf lag. Beständig schlug er mit der Hand, als ob er nach jemand schlagen wollte, und flehte bitterlich zu den Seinen: „Haltet mich! haltet mich! Ich versinke, ich versinke in die Tiefe!“ O, welch eine Macht übt die Sünde aus an den Menschenkindern! Wie oft habe ich schon gewünscht, daß Leute, die so wenig an die Macht der Sünde glauben und meinen, im letzten Augenblick ihres Lebens so schnell mit derselben fertig zu werden, einmal an dem Sterbebett eines solchen Unglücklichen stehen möchten, um zu sehen, wie die Sünde eine Last ist, die ihre Opfer hinunterzieht in ewige Nacht und ewige Qual!

Nicht nur aber sehen wir ihre Macht im täglichen Leben, sondern wir können auch ihre

Schuld

empfinden, wenn wir hinsichtlich ihrer die Gebote Gottes betrachten; denn es steht geschrieben: „Wer einen Buchstaben übertritt, ist das ganze Gesetz schuldig“ (Jak. 2, 10), und: „Verflucht ist jedermann, der nicht bleibt in alledem, was geschrieben steht im Buch des Gesetzes, daß er es tue“ (Gal. 3, 10). Wir können die

Größe

ihrer Schuld ermessen, wenn wir an die Strafe denken, die der gerechte Gott auf sie gelegt hat.

Wenn Gott Seine eigenen Geschöpfe in einen Pfuhl, der mit Feuer und Schwefel brennt, werfen muß, wenn verlorene Seelen in bodenlose Tiefe und ewige Qual versinken müssen – „sie werden von dem Wein des Zornes Gottes trinken, der lauter eingeschenkt ist in Seines Zornes Kelch, und werden mit Feuer und Schwefel gequält werden vor den heiligen Engeln und vor dem Lamm, und der Rauch ihrer

Qual wird aufsteigen von Ewigkeit zu Ewigkeit, und sie haben keine Ruhe Tag und Nacht“ (Offb. 14, 10-11) – o welch entsetzliches Ding muß dann die Sünde sein! Aber wer wissen will,

wie sündig die Sünde ist,

nein, ich muß sagen, wer empfinden will, – denn wir können niemals die Tiefen der Sünde ergründen – der trete unter das Kreuz, der wende seinen Blick nach Gethsemane und Golgatha, der sehe hier einen Mann, der so mit Schmerzen ringt, daß Sein ganzes Haupt, Sein Haar und Sein Gewand mit Blut benetzt ist. Die Sünde war es, die also auf Ihm lastet; die Sünde war es, die den Stärksten wie einen Wurm krümmen machte. Ja, wir müssen Christus sehen, wie Sein Schweiß in großen Blutstropfen zur Erde fällt. Wir müssen Ihn anblicken, wie Sein Rücken von den blutigen Geißeln zerrissen wird. Wir müssen Ihm folgen auf Seinem Leidensweg durch Jerusalem. Wir müssen Ihn dahinsinken sehen unter der Last Seines Kreuzes. Wir müssen Ihn betrachten, wie die Nägel durch Seine Hände und durch Seine Füße dringen, und wie Er mit den Qualen des Todes ringt. Wir müssen sehen, wie die Finsternis des Gottverlassenseins Seine Seele umlagert. Wir müssen jenen Schrei ausstoßen hören, bei dem die Erde bebte: „Eli, Eli, lama sabachthani!“ Erst dann und nur dann werden wir imstande sein, zu empfinden, was Sünde ist. Hier, und hier allein werden wir die Buße finden, die sonst nirgends zu finden ist, als unter dem Kreuz zu den Füßen des Meisters. Sinai zerschmettert das Herz, aber Golgatha zerschmilzt es.

Und wer so unter dem Kreuz gestanden hat, der kann von der Sünde nicht mehr reden als von einem Fehler, der jedem Menschen mehr oder weniger anhaftet. Folge dem Gekreuzigten von Gethsemane bis nach Golgatha und siehe und höre, was Menschen imstande sind zu tun an dem größten Wohltäter des Menschengeschlechts, und sage mir dann, ob Sünde ein entschuldbarer Fehler sei. Denn nirgends wird der Mensch in seiner Sündenhäßlichkeit so offenbar und tritt seine Empörung gegen Gott so klar zutage, als gerade hier. Nicht genug, daß die Verlorenen ihren Retter von sich gestoßen und an das Kreuz geheftet haben, nein, sie spotten auch noch Seiner Leiden, Seines Durstes, Seines Gebets, ja sogar Seiner Gottheit. Hast du schon gehört, daß man solches jemals dem ruchlosesten Mörder tat, der auf dem Schafott starb? Und doch tat man es Dem, der aus Liebe zu den

Verlorenen von dem Himmel auf die Erde stieg, Dem, der nur Gutes tat, und in dessen Mund kein Betrug erfunden ward. Und nicht die schlechten Juden, wie mir einmal jemand sagte, taten dies, nein, sondern wie der Dichter klagt:

„Ich, ich und meine Sünden",

oder wie jener Alte sagte: „Wenn ich Christus gekreuzigt sehe, so fällt mir ein, daß meine Sünden Ihn getötet haben. Ich sehe nicht mehr Pilatus, sondern mich selbst an des Pilatus Stelle, wie ich Christus um der Ehre vor Menschen willen verkaufe. Ich höre nicht das Geschrei der Juden, sondern ich höre meine eigenen Sünden rufen: Kreuzige Ihn! Kreuzige Ihn!' Ich sehe keine Nägel von Eisen, sondern meine Missetaten, wie sie Ihn ans Kreuz nageln. Ich sehe keinen Speer, sondern meinen Unglauben, der Seine Seite verwundet; denn ihr, meine Sünden, meine grausamen Sünden, habt Ihn am meisten gemartert. Jede meiner Sünden ward ein Nagel zu diesem Kreuz und mein Unglaube der Speer, der Ihn durchbohrt hat." Es gibt Leute, die, wenn man sie auffordert, Buße zu tun und sich zu Gott zu bekehren, einen verwundert anschauen. Sie können gar nicht verstehen, wie man dazu kommen kann, eine solche Aufforderung an sie zu stellen, sind sie sich doch gar nichts Schlechtem bewußt. O, es handelt sich hier gar nicht um Deine Vergangenheit, nicht wie viel oder wie wenig Sünde du getan habest! Die Apostel redeten auch nicht von der Vergangenheit, sondern sagten einfach: „Den habt *ihr* gekreuzigt, *ihr* seid schuldig am Tod des Herrn." Und bist nicht auch du schuldig? Ist diese Schuld nicht groß genug? O komm unter das Kreuz und siehe, was du verbrochen hast, damit dir Gott Buße gebe zum Leben.

Neben diesem sehe ich unter dem Kreuz auch

4. Die Größe der Gnade

Ist das Kreuz, das *in* der Erde, *auf* der Erde, *über* der Erde aufgerichtet ist, nicht ein Bild davon, wie allumfassend die Versöhnung durch das Kreuz geworden ist? (Kol. 1,20; 1.Petr. 1,18-19). Wollen uns die ausgebreiteten Arme nicht sagen, daß der Gekreuzigte *alle, alle* umfassen will? Auch dich! Will nicht das geneigte Haupt dem zagenden Sünder die Zuneigung des Gekreuzigten kundtun? Und das brechende, blutende Herz, ruft es nicht jedem, der kalt vorübereilen will, zu: *„Für dich verblutet!"* Denn wir lesen in der Schrift, daß Christi Blut redet, und daß es besser redet als Abels Blut. Abels Blut schrie gen Himmel um Rache; von dem Blut Christi aber sagt der Dichter:

Da Christi Blut beständig schreit:
Barmherzigkeit, Barmherzigkeit!

Abels Blut trieb Kain unstet und flüchtig auf der Erde umher; aber Christi Blut ruft den gottflüchtigen und ruchlosen Sünder wieder zurück zum Herzen Gottes.

O preist Seiner Liebe Macht, rühmt Sein Blut!

Ja, die Größe der Gnade sehen wir unter dem Kreuz. Wir sehen Maria Magdalena stehen unter dem Kreuz. Wer war sie? Sie war die Frau, von dem Jesus sieben Teufel ausgetrieben hatte. Sie war eine siebenfache Sünderin; aber es war Platz für sie unter dem Kreuz. Ich sehe, daß unter dem Kreuz Platz ist für siebenfache Sünder. Du sprichst vielleicht in deinem Zagen: „Unendlich ist meine Schuld" – aber auch unendlich ist die Gnade. Du seufzest: „Unendlich sind meine Vergehungen" – aber auch unermeßlich ist das Verdienst Christi, welches sie alle bedeckt. Und wenn auch deine Sünden höher wären als der Himmel – Christus ist höher als der Himmel, und wenn sie tiefer wären als die Hölle – Christi Versöhnungswerk reicht noch tiefer hinab; denn schon Hiob sagt Kapitel 11,8 von Ihm: „Er ist tiefer als die Hölle." Ich predigte einmal an einem Ort über dieses Wort. Da war eine Person in jener Versammlung, die viele Jahre unter den furchtbarsten Gewissensqualen litt und die Tag und Nacht keine Ruhe und keinen Frieden finden konnte. Als aber in jener Stunde der Geist Gottes ihr dies Wort ins Herz legen konnte, ach, da wichen ihre Zweifel und ihre Unruhe wie der Nebel vor der Sonne. Sie verließ als eine, die Frieden gefunden hatte, als eine, die sich an Ihm aufgerichtet hatte, jenen Saal. In ihrer Freude wußte sie lange nichts andres mehr als das eine: *„Er ist tiefer als die Hölle."* Und wenn hie und da der Feind versucht, ihr die Last wieder aufzulegen, so eilt sie unter das Kreuz und schaut auf zu Ihm und sagt mit kindlichem, dankbarem Herzen: *„Du bist tiefer als die Hölle."*

Unter dem Kreuz wird niemand weggestoßen. Wir hören den zum Kreuzestod verurteilten Schächer flehen: „Herr, gedenke mein, wenn Du in Dein Reich kommst!“ Und der Gekreuzigte denkt augenblicklich sein und versichert ihm: „Heute noch wirst du mit Mir im Paradiese sein.“ Und Jesus ist gestern und heute derselbe. Ein Bote des Evangeliums erzählt: „Vor einigen Jahren wurde ich ins Krankenhaus gerufen zu einem kranken Mann, der sich in seinem Bett wie ein Rasender hin und her warf und, während sich seine Finger in den Kalkputz der Wand einkrallten, in einem Ton, der mir durch Mark und Bein fuhr, schrie: *‚Ich gehe verloren, ewig verloren‘* – Nachdem ich den Kranken einen Augenblick stillschweigend betrachtet hatte, beugte ich mich über ihn und erkundigte mich freundlich nach seinem Befinden. *‚Es geht mir nicht gut, mein Herr‘*, antwortete er, *‚ich bin sehr krank‘* ‚Und wie steht es mit Ihnen in Bezug auf die Ewigkeit?‘ fragte ich weiter. Als ich das Wort Ewigkeit aussprach, war es, als ob ein scharfer Pfeil sein Herz durchbohrt hätte, und mit einem durchdringenden Schrei rief er: *‚Ewigkeit! – Ewigkeit! – o dieses schreckliche Wort! – Ich gehe verloren!‘* Nachdem er sich ein wenig beruhigt hatte, sagte ich zu ihm: ‚Wenn das wahr ist, mein Freund, daß Sie ein verlorener Sünder sind, so hat Gott mich zu Ihnen gesandt, um Ihnen eine frohe Botschaft zu bringen, um Ihnen in Seinem Namen zu sagen, daß Er, so wahr Er lebt, keinen Gefallen hat an Ihrem Tod, sondern daß Er Sie liebgehabt hat, daß Er Seinen eingeborenen Sohn für Sie dahingab, um Sie von dem ewigen Verderben zu erretten‘ Kaum hatte ich diese Worte gesprochen, als er seine großen Augen verzweiflungsvoll auf mich richtete und in höchster Seelenangst keuchend ausrief: *‚Für mich? Gott sollte mich liebhaben?* Er sollte mich erretten wollen? Niemals, niemals! Es ist unmöglich! nein, für mich gibt es keine Gnade! Sie kennen mich nicht; ich habe zwei Frauen zu Tode gequält, – ich habe ...‘ Leser, meine Feder sträubt sich, das schreckliche Bekenntnis niederzuschreiben, welches jetzt von seinen Lippen floß. Niemals, nein, niemals habe ich ähnliches vernommen. Es war mir, als hörte ich die hoffnungslosen, verzweifelten Selbstanklagen eines für ewig Verdammten. – Ich besuchte ihn von nun an öfter und verkündigte ihm die frohe Botschaft von der rettenden Liebe Gottes. An einem Freitagabend, nachdem ich klar erkannte, daß seine Tage hienieden gezählt seien, sprach ich sehr ernst mit ihm über sein herannahendes Ende und fragte unter anderem: ‚Glauben Sie jetzt, daß der Herr Ihnen alle Ihre Sünden vergeben hat?' Einen Augenblick schwieg er. Dann aber schluchzte er unter einem Strom von Tränen: *‚Vergeben hat? Vergeben hat?* Ach, ich kann es beinahe nicht glauben! Meine Sündenschuld ist zu groß und schwer!' Ich nahm meine Bibel zur Hand und las: ‚Kommt und laßt uns miteinander rechten, spricht Jahwe, wenn eure Sünden wie Scharlach sind, wie Schnee sollen sie weiß werden' (Jes. 1,18). Und das Neue Testament aufschlagend, fuhr ich fort: ‚Die Gesunden bedürfen nicht des Arztes, sondern die Kranken. Ich bin nicht gekommen, Gerechte zu rufen, sondern Sünder zur Buße' (Luk. 5,31-32). ‚Der Sohn des Menschen ist gekommen, zu suchen und zu retten, was verloren ist' (Luk. 19.10). Nachdem ich dann noch gebetet, verließ ich ihn. Am folgenden Montag besuchte ich ihn wieder. Und dieser Tag war ein Tag unaussprechlicher Freude. Der Jubel einer erretteten und durch Jesus erlösten Seele tönte mir schon entgegen, als ich die Tür zu dem Krankenzimmer öffnete. Nie in meinem Leben bin ich Zeuge eines solchen Schauspiels gewesen. Der Gegensatz zwischen diesem und meinem ersten Besuch war wie der Gegensatz zwischen Himmel und Hölle. Nie habe ich einen Sünder seinen Heiland so preisen und erheben hören wie an diesem Tag. Er ergriff meine beiden Hände und bedeckte sie mit unzähligen Küssen, während die Tränen der Freude unaufhaltsam die Wangen herabströmten. Dann pries er wieder aufs neue mit den zärtlichsten Worten den teuren Heiland als seinen Erretter und Erlöser, und so ging er hinüber in die Räume ewiger Ruhe und ungestörten Friedens."

Unter dem Kreuz sehen wir, daß, wo die Sünde überströmend geworden, die Gnade noch überschwänglicher ist (Röm. 5,20). Ein Missionar predigte einst über die sühnende und reinigende Kraft des Blutes Christi. Nachdem die Predigt zu Ende war, trat aus den Reihen seiner Zuhörer ein Mann zu ihm, der ihn mit ängstlichen Augen ansah und mit zitternder Stimme sagte: „Massa, darf ich dich etwas fragen?" Und auf das freundliche „Ja" des Missionars sprach er mit halberstickter Stimme, während er die Augen niederschlug: „Reicht Jesu Blut auch hin, eine Mordtat zu sühnen?" Durch die Antwort des Missionars sichtlich erleichtert, aber doch noch nicht befriedigt, fuhr er fort zu fragen: „Reicht Jesu Blut auch hin, zwei Mordtaten zu sühnen?" „Auch zwei Mordtaten sühnt Jesu Blut", antwortete der Missionar. „Ach", sprach der Arme weiter, „entschuldige, noch einmal muß ich dich fragen: Reicht Jesu Blut auch hin, drei Mordtaten zu sühnen?" Nachdem der Missionar einige Minuten schweigend vor sich hingeschaut hatte, sagte er mit innerer Bewegung: „Auch für drei Mordtaten reicht Jesu Blut hin." Der Heide, von der Antwort des Missionars tief ergriffen, fuhr nach einigen Augenblicken fort: „Verzeihe, Massa, ich muß noch einmal reden: Reicht Jesu Blut auch hin, zwanzig Mordtaten zu sühnen?" Nunmehr wurde es dem Missionar sehr schwer, ihm zu antworten. Doch, gestützt auf Gottes Wort, konnte er ihm sagen, daß Jesu Blut auch imstande sei, zwanzig Mordtaten zu sühnen. Unter einem Strom von Tränen bekannte er nun dem Missionar, daß er zwanzig unschuldige Menschen hingemordet habe, daß er zwanzig Mordtaten auf dem Gewissen habe. Nach kurzem Schweigen fragte er noch einmal: „Darf ich denn wirklich auf Vergebung und Frieden hoffen? Darf ich denn gewiß von heute an meiner Schuld los sein? Gern will ich mich dem Gericht stellen und den Lohn für meine Taten empfangen, wenn ich nur Ruhe finde für mein Gewissen." Nachdem der Missionar ihm noch einmal versichert hatte, daß Jesu Blut völlig hinreiche, seine Schuld zu sühnen, daß ja auch der Schächer, der den Kreuzestod verdient habe, mit Jesus ins Paradies gegangen sei, konnte er dies fassen und glauben und fand Frieden in Jesu Blut. Mit glücklichem Herzen ging er nun hin und lieferte sich dem Gericht aus und bekannte seine Schuld. Er wurde zum Tod verurteilt; aber er starb mit vollem Vertrauen auf die sühnende Macht des Blutes Jesu.

Das am Kreuz vergossene Blut, und das allein reicht hin, dem Gewissen Ruhe und der Seele Frieden und dem Herzen Trost zu geben. Ein katholischer Priester erzählt: „Ich hatte einst als Gefängnisgeistlicher die Aufgabe, einen Mörder auf seinen Gang zum Schafott vorzubereiten. Aber das war für mich nicht leicht. Denn als der Mann sein Todesurteil vernommen hatte, brach er zusammen. Eine furchtbare Seelenangst bemächtigte sich seiner. Ich suchte ihn zu trösten und aufzurichten und der Vergebung zu vergewissern, indem ich ihm alle die durch die Kirche mir zur Verfügung stehenden Gnadenmittel zuteil werden ließ. Aber alles war vergeblich. Er konnte keinen Trost und keine Hoffnung fassen und hatte auf alle meine Bemühungen nur immer die Frage: ‚*Haben Sie nicht noch etwas andres?*' Ich hatte in Wahrheit nichts andres und kam dadurch in große innere Not. Es schien, als ob sich die Seelenangst und Trostlosigkeit des Verurteilten auch auf mich legen wollte. In dieser Not schrie ich zu Gott um einen Ausweg und um ein Mittel, das dem Trostlosen helfen möchte. Als ich nun eines Tages über die Straße ging, sah ich im Straßenkot ein zerrissenes Blättchen, auf dem die Aufschrift zu lesen war: ‚Das Blut Jesu Christi, des Sohnes Gottes, macht uns rein von aller Sünde' Wie ein Blitz durchfuhr mich der Gedanke: Das ist das ‚*Etwas*', was mein Pflegling im Gefängnis sucht. Ich hob das Blatt auf, eilte damit ins Gefängnis und sagte ihm: ‚Hier habe ich noch etwas!' Und während ich ihm diesen Spruch vorlas, rief er mit bewegter Stimme: ‚*Das ist es! Das ist es!*' Ich durfte ihm von nun an nichts andres mehr sagen als diesen Vers. Und als wir auf dem Weg zum Schafott waren, bat er mich, ihm nichts andres zu sagen als diese Worte: ‚*Das Blut Jesu Christi, des Sohnes Gottes, macht uns rein von aller Sünde.*'"

Wer bist du, lieber Leser? Bist du eine von den beladenen, zagenden Seelen? Ich bitte dich, komm unter das Kreuz und sieh auf zu dem blutigen Mann! Sieh, wie Er sterbend Seine Hände ausbreitet nach dir! Sieh, wie Ihm Sein Herz bricht um dich! O ich zweifle nicht daran, wenn du so unter dem Kreuz stehst, wenn du Ihn so betrachtest, daß in dir der Glaube und das felsenfeste Vertrauen aufgeht wie die alle Nebel verscheuchende Sonne, und du mit voller Glaubenszuversicht ausrufst: O, ich kann auf Ihn vertrauen. Er ist meines vollen Vertrauens wert! Ja, wenn ich hundert Seelen hätte, ich könnte mit allen auf ihn trauen. Denn solch ein Heiland „kann selig machen aufs völligste, die durch Ihn zu Gott kommen" (Hebr. 7,25).

Noch eins sehe ich unter dem Kreuz, nämlich

5. Wie furchtbar es ist, im Angesicht des Kreuzes in seinen Sünden zu beharren und verlorenzugehen

wie der eine Schächer. Beide hatten vielleicht miteinander geraubt und gemordet. Beide kamen miteinander ins Gefängnis. Beide wurden miteinander verurteilt zum Kreuzestod. Beide kamen auch miteinander ans Kreuz. Beiden war hier das Heil gleich nahe. – Da war kein Unterschied! Aber welch ein Unterschied nun! Angesichts des Gekreuzigten tut der eine Buße und sucht eilend Rettung und findet sie, während der andere nicht fertig zur Buße ist und in seiner Verstockung lästert und in seinen Sünden verharrt und so verlorengeht. Kein Unterschied im Leben! Aber welch ein Unterschied im Sterben: Der eine gerettet, der andre verloren! Der eine geht ins Paradies, der andre in die Hölle! Der eine steigt mit Christus auf zu Seinem Vater, um mit den Cherubim und Seraphim den dreimal Heiligen anzubeten und Ihm Lob darzubringen und mit den Seligen das Lamm und Sein Blut zu rühmen; der andre steigt hinab zu dem Fürsten der Finsternis und des Todes, zu dem Menschenmörder, wo er mit Heulen und Zähneknirschen und höllischem Spott empfangen wird, und wo er mit den *Feigen* und *Ungläubigen* und mit *Greuelbefleckten* und *Mördern* und *Hurern* und *Zauberern* und *Götzendienern* und allen *Lügnern* seinen Teil hat im Pfuhl, der mit Feuer und Schwefel brennt (Offb. 21,8). O welch ein Unterschied!

Man erzählt, daß auf dem Kirchhof in Venedig zwei Grabsteine nebeneinander stehen, die in Form und Aufschrift einander ganz ähnlich sind, sich aber doch durch einen Buchstaben in der Aufschrift unterscheiden. Auf dem einen steht geschrieben: *„Vergeben!"* Hier ruht die Hülle einer Seele, die mit der Gewißheit in jene Welt gegangen ist, und die mit der frohen Hoffnung auferstehen wird: „Vergeben!" Auf dem andern Stein ist dasselbe, nur um einen Buchstaben verlängerte Wort zu lesen: *„Vergebens!"* Hier wartet der Leib eines Menschen der Auferstehung entgegen, der mit dem Schrei der Verzweiflung diese Erde verlassen hat, und mit dem Schrei am Jüngsten Tag auferstehen wird: „Vergebens!" Tausende, ja Millionen sehen wir in unsrer Christenheit leben und sterben, über deren Leben und Sterben die furchtbaren Worte geschrieben stehen: *„Vergebens, vergebens!"*

Teurer Leser, was steht über deiner Vergangenheit geschrieben und was kann man dir einmal auf den Grabstein schreiben? *Vergeben?* oder *vergebens? Vergebens,* daß Jesus für dich starb – *vergebens,* daß dich Gott so manchmal warnte, strafte, segnete und dich mit Liebe und Zucht durch Seinen Vaterzug zum Kreuz ziehen wollte – *vergebens,* daß dir Gott eine betende Mutter, eine betende Frau gegeben hat, die ohne Unterlaß um deine Bekehrung flehte? O was für eine

Hölle muß der haben, der alle diese Gaben verachtet, der den Sohn Gottes mit Füßen getreten, der das Blut Jesu unrein geachtet, durch welches er erkauft ist, der den Geist der Gnade geschmäht, und der sich durch ein betendes Herz hindurch einen Weg in die Hölle bahnte! Wahrlich, er versinkt in die tiefsten Tiefen! Es gibt Grade in der Qual der Hölle; aber der höchste Grad wird für den aufbewahrt, sagt ein Gottesmann, der über die Gebete seiner Mutter in die Verdammnis springt.

Man hat mir schon oft gesagt: Warum gehen Sie nicht zu den Heiden, um dort zu missionieren? Meine Antwort ist gewöhnlich die: „Wenn ihr mir sagen könnt, daß ein unbekehrter Heide schlimmer daran ist, als ein unbekehrter Christ, der im Angesicht des Kreuzes sündigt und verlorengeht, dann gehe ich augenblicklich zu den Heiden. Unsre Christen gehen im Angesicht des Kreuzes verloren, die Heiden nicht. Für sie kann sich noch eine Tür auftun aus dem Totenreich, für die Christen nicht!"

Willst du im Angesicht des Kreuzes in deinen Sünden beharren und verlorengehen? Wäre es nicht besser, du stürbest wie ein Verbrecher im Kerker oder wie ein Tier im Graben, als daß du in deinen Sünden stirbst? Denn deine Sünden werden nicht, wie die Schulden eines Verbrechers, mit dem Tod ausgetilgt, nein, sie gehen mit dir vor das Gericht, um dort deine Ankläger zu werden; sie gehen sogar mit dir zur Hölle, um dort deine Peiniger zu sein. Willst du nicht Erbarmen mit dir haben? Würde es dir nicht das Herz zerreißen, wenn du eine Menge armer Geschöpfe sich abmühen und abarbeiten sähest, um Holz zu ihren eigenen Scheiterhaufen zusammenzuschleppen? Das aber ist die Arbeit der Knechte der Sünde. Sie tragen Holz zusammen zu dem Feuer, das sie verzehren soll, und gießen Öl in die Flammen, die sie brennen sollen. – Christ, willst du ein Feuerbrand für die Hölle werden? Vermagst du bei der ewigen Glut zu wohnen, wo du wie ein glühendes Eisen im Ofen sein wirst, wo dein Leib und deine Seele von den brennenden Racheflammen Gottes ergriffen werden wie Eisen im heißen Schmelzofen? Wie wird dir sein, wenn du fühlen mußt, was du jetzt liest?

Darum, was verziehst du, zu Dem zu kommen, der deine Seele zu erretten vermag von den Tiefen der Hölle? Was hält dich zurück vom Glauben an den Gekreuzigten? Was zögerst du mit deiner Hingabe an den Herrn, der dich mit Blut erkauft hat? Treffe heute, treffe jetzt deine Entscheidung! An dem Kreuz kommt man nicht vorüber, ohne sich zu entscheiden, weil jeder mit dem Kreuz im Zusammenhang ist, weil jeder schuldig ist am Tod des Gekreuzigten. Du wartest mit deiner Entscheidung, aber wisse: Keine Entscheidung ist auch eine Entscheidung. Kürzlich fragte ich einen jungen Mann, der jahrelang das Wort vom Kreuz gehört hat: „Haben Sie Vergebung der Sünden?“ Er sagte mir: „Ich kann nicht glauben.“ Ich sagte ihm: „Sie müssen die Wahrheit sagen. Ich kann nicht glauben, ist eine Lüge; denn kein Mensch kann einen Tag existieren, ohne zu glauben. Man kann nicht essen ohne Glauben, nicht auf der Eisenbahn fahren ohne Glauben, keinen Brief an einen entfernten Freund schreiben ohne Glauben. Wenn Sie die Wahrheit reden wollen, müssen Sie sagen: Ich kann *Gott* nicht glauben. Ich kann allen glauben, nur Gott nicht.“ Er sah nun ein, wie schändlich es sei, allen zu glauben, nur Gott nicht; aber zu gleicher Zeit hatte er ein neues Wort und sagte: „Ich kann mich nicht entschließen.“ „So“, sagte ich, „Sie können sich nicht für *Gott* entschließen? Denken Sie sich, ein Mensch hätte sich so schwer an Ihnen verschuldet, daß er, falls Sie ihn zur Anzeige bringen würden, viele Jahre ins Gefängnis müßte. Aber weil Sie sein Unglück nicht wollten, gingen Sie hin, ihm zu sagen: Freund, hier ist meine Hand, ich will dir alles vergeben; der Schuldige aber würde beide Hände in seiner Tasche lassen und sagen: Ich kann mich nicht entschließen. Was würden Sie von diesem Mann denken? Sehen Sie, dieser Mann sind Sie. Gott steht vor Ihnen und bietet Ihnen Seine Hand zur Versöhnung an, aber Sie sagen: „Ich kann mich nicht entschließen.“ – Leser, bist du einer von denen, die Gott nicht glauben und die sich nicht für Gott entschließen können, die an der ausgestreckten Versöhnungshand kalt vorübergehen?

Andre sagen: „Ich könnte mich wohl für Gott entschließen, wenn ich genug Glauben hätte.“ So kam einmal ein Jüngling zu mir und sagte: „Ich wollte mich auch gern bekehren, aber ich habe so einen schwachen Glauben.“ Ich antwortete ihm: „Lieber Jüngling, glaube mit dem Glauben, den du hast, wenn er auch noch schwach ist. Man kann ja auch mit einer zitternden Hand eine goldene Gabe empfangen.“ Er streckte seine schwache, zitternde Glaubenshand aus und empfing aus Jesu Hand die Vergebung der Sünden. Es kam bei ihm nicht auf den großen Glauben an, sondern auf den großen Heiland.

Noch andre sagen: „O ich wollte gern meine Sünden loswerden, wenn ich nur wüßte, wie ich es machen sollte." Ich fragte einen katholischen jungen Mann, ob er auch Sünden habe. „Ja", war seine Antwort. Ich fragte weiter: „Was machen Sie denn mit Ihren Sünden?" Schnell war seine Antwort: „Ich bringe sie dem Priester." Weiter fragte ich: „Was macht denn der Priester damit?" „Der bittet sie ab", war seine Antwort. „Ja", sagte ich, „kann der das?", worauf er sogleich erwiderte: „Wir haben zwei Priester in unserm Dorf." Ich fragte ihn noch einmal: „Glauben Sie denn, daß diese zwei Priester Ihre Sünden abbitten können?" „Fest konnte ich es noch nie glauben", war seine Entgegnung. „Ach", sagte ich, „ich will Ihnen aus der Bibel sagen, wie Sie Ihre Sünden loswerden können. Wir lesen in Jesaja 53, daß Gott unser aller Sünden auf Seinen Sohn geworfen hat, und zwar schon vor 1900 Jahren am Kreuz. Machen Sie jetzt mit Ihren Sünden, was Gott damit gemacht hat. Nicht die Hände der Priester, sondern die Schultern Jesu sind der Platz, den Gott unsern Sünden gegeben hat. Nicht der Priester, sondern Gott kann Sünde vergeben. In Kolosser 2 lesen wir, daß Gott uns die Vergebung der Sünden anbietet als ein Geschenk, und ein Geschenk kann man nur umsonst annehmen und wird unser eigen, sobald wir ‚danke' gesagt haben."

Oder bist du einer von denen, welchen der Gekreuzigte eine Torheit ist? Bist du einer von denen, die nicht *unter* dem Kreuz, sondern über dem Kreuz stehen? O laß nur die Stunde kommen, wo alles real und wahr vor deine Seele tritt, die Stunde, wo du den großen Schritt aus der Zeit in die Ewigkeit machen mußt, die Stunde, wo dir alles unter den Händen zerrinnt und wo deine Liebsten von dir fliehen und du *allein* übrigbleibst! Was ist dann dein Halt? Was bleibt dir, wenn du den Glauben an den Gekreuzigten nicht hast? Ein vom Schlafpulver des Unglaubens betäubtes Gewissen, das im Angesicht des Todes seine Rechte nur um so geltender macht, eine traurige Hoffnungslosigkeit und finstere Verzweiflung im Angesicht der Ewigkeit. Ohne Christus, der für unsre Sünden starb, und nachdem Er gestorben, wieder auferstanden ist, hat der *Glaube* keinen Halt, das *Gewissen* keine Ruhe, die *Hoffnung* keine Fernsicht, und der Mensch kennt weder sich noch Gott. Ist Trost, ist Kraft, ist Gewißheit, ist

Wahrheit in solcher Religion? Nein! Und wie arm, *unsicher* und *unwissend* solche Leute sind, denen das Kreuz eine Torheit ist, beweist folgender Fall, der ein Beispiel von Tausenden ist. Der bekannte Dr. Fletcher wurde einst an das Sterbebett eines Ungläubigen gerufen. Fletcher fragte: *„Nun sagen Sie mir doch, was Sie von Jesus Christus halten?"* „Ei", erwiderte er, „ich glaube ja, daß solch ein Mann gelebt hat, und ich halte Ihn auch für einen sehr guten und wahrhaftigen Menschen; das ist aber auch alles." – „Dann glauben Sie also, daß Jesus Christus ein wahrhaft guter Mensch war. Nun, meinen Sie denn, daß ein guter Mensch andre betrügen möchte, oder daß ein wahrheitsliebender Mensch eine Sprache führen möchte, durch die andre *irre*geleitet werden, und zwar gerade in den allerwichtigsten Lebensfragen?" – „Das natürlich nicht", erwiderte der Ungläubige. Da sagte Dr. Fletcher: „Ja, wenn Er also ein guter Mensch war, wie Sie zugeben, wie stimmt denn das damit, daß Er sagte: *‚Ich und der Vater sind eins'* (Joh. 10,30)? Und als sie Steine aufhoben, um Ihn zu töten, da widerrief Er es dennoch nicht, sondern behauptete auch ferner Seine Gottheit, und Er sagte: ‚Meine Schafe hören Meine Stimme, und sie folgen Mir, und *Ich gebe ihnen das ewige Leben'* (Joh. 10,27-28). Könnte ein Mensch oder auch ein Engel, ja der höchste Engel, so reden?" – *„Halten Sie ein!"* rief der sterbende Mann mit erregter Stimme, „halten Sie ein; so habe ich es noch nie betrachtet. Es geht mir ein ganz neues Licht auf; sagen Sie nichts weiter! Ich muß erst einmal darüber nachdenken." Dann hielt er seine Hand in die Höhe, als fürchtete er, selbst ein Hauch könnte ihm das neue Licht, das in seiner finsteren Seele dämmerte, wieder verdunkeln; sein Gesicht hellte sich auf und zeigte einen unbeschreiblichen Ausdruck, halb Erstaunen, halb Freude. Scharf waren seine Augen auf Dr. Fletcher gerichtet, und nach einer kurzen Pause, während ihm große Tränen seine Augen füllten, rief er: *„Herr Fletcher, Sie sind ein Bote der Gnade Gottes, Er hat Sie zu mir geschickt, damit meine Seele gerettet würde! Ja, Christus ist Gott, und Er starb für Sünder, ja, auch für mich!"*

O Tag des Heils, o neues Leben!
Es müsse mir, vergess' ich dein,
Die Zung' an meinem Gaumen kleben,

Mein müsse selbst vergessen sein!
Mir ist Erbarmung widerfahren!
Gern will ich, was die Wonne spricht,
In stillem Herzen still bewahren;
Nur Ihm verstumm, o Seele, nicht!

Lobsinge, preis, o meine Seele,
Rühm Ihn und bete dankvoll an!
Vergiß es nicht, mein Herz, erzähle,
Was Gottes Gnad' an dir getan!
Verloren war ich, tief verloren,
Kalt war ich, tot, ach, tot für Ihn;
Nun hat Er selbst mich neugeboren,
Nun soll Ihm meine Liebe glühn!

O Stunde, da mit offnen Armen
Mein Retter mir entgegenkam!
O Stunde, da mich Sein Erbarmen
In Seine Liebesarme nahm!
Da hat die Tröstung seines Mundes
Mich bis in jene Welt entzückt
Und mir ein Siegel ew'gen Bundes
Ins Herz und Leben eingedrückt.

Und tränk' ich auch in vollen Zügen
Der Erde Lust, des Lebens Glück:
Es kann der Seele nicht genügen;
Mir blieb ein leeres Herz zurück.
Was wär' ich ohne Deinen Frieden?
Nichts g'nügt dem Herzen, nichts hienieden
Und dort im Himmel nichts als Du.

An Dich soll sich mein Glaube halten
Im Sturm der Welt, im Sonnenschein,
Und bis die Lippen mir erkalten,
Sollst Du mein Lied, mein Alles sein.
Und bin ich dann dem Staub enthoben,
Mit aller Himmel Lobgetön
Will ich Dich ewig, ewig loben
Und Deines Kreuzes Ruhm erhöhn.

Buße, ein himmlisches Geschenk

Der Ruf Jesu ist ein Ruf zum Heil. Dieses Heil beginnt mit der Buße. Er sagt: *„Ich bin gekommen, die Sünder zur Buße zu rufen!“* Matthäus 9,13, und der Apostel sagt: „Er ist erhöht, zu geben Buße.“ Der „Anfang des Evangeliums von Jesus Christus, dem Sohne Gottes“, ist: Tut Buße! So lesen wir Markus 1,1-15. In allen vier Evangelien geht Johannes, der Bußprediger, dem Herrn Jesus voraus. Und dies muß eine praktische Erfahrung in der Seele eines jeden sein, zu dem Jesus kommen soll. Die Pharisäer und Jesus konnten aus diesem Grunde nicht zusammenkommen, weil die Pharisäer nicht bei Johannes gewesen waren. Wir lesen in Lukas 7,30: „Sie verachteten Gottes Rat gegen sich selbst.“ Und Gottes Rat war durch Johannes: „Tut Buße!“

Freilich hat auch die Buße ihre Stufen wie jede andere christliche Erfahrung. Die Tiefe der Buße wird zum größten Teil sich richten nach der Tiefe des Blickes, den man hat. Denn die Buße hält immer Schritt mit der geoffenbarten und erkannten Wahrheit. Darum predigte Jesus auf eine tiefere Weise Buße als Johannes, und die Apostel predigten auf eine tiefere Weise Buße, als Jesus es vor Seinem vollbrachten Erlösungswerk tun konnte. Die weiter geoffenbarte Wahrheit forderte auch eine weiter- und tiefergehende Buße. Und so ist es auch heute in der Erfahrung des einzelnen: tiefere Erleuchtung wird immer als erste Frucht tiefere Buße haben.

Wir finden im Neuen Testament sieben verschiedene Seiten der Buße:

1. Die Buße, wie Johannes sie predigte, die das Gewissen trifft und aufweckt.
2. Die Buße, wie Jesus sie predigte, die das Herz entdeckt und reinigt.
3. Die Buße, wie die Apostel sie predigten, die das eigene Ich entthront und Christus Raum macht.
4. „Die Buße zu Gott“, die uns Gott näher und näher bringt.
5. Die Buße für andere, wie Jesus und alle Heiligen sie taten.
6. Die Buße, wie der Gläubige sie nach jeder begangenen Sünde tun muß.

7. Die Buße, wie der erhöhte Christus sie fordert von den Rückfälligen.

Bis zum fünften Punkt ist das Werk der Buße fortschreitend, immer tiefer lotend und höher erhebend, in den letzten zwei Punkten hingegen ist es mehr zurückbringend und wiederherstellend.

1. Die Buße, wie Johannes sie predigte,

berührte zuerst mehr den äußeren Kreis des Lebens. Er sprach: „Wer zwei Röcke hat, gebe dem, der keinen hat ... und wer Speise hat, tue auch also ... fordert nicht mehr, als recht ist ... tut niemand Gewalt noch Unrecht" (Lukas 3). Mit unseren Worten würde das heißen: Bring deine „Kleidung", deinen „Tisch", dein „Geschäft", deinen „Umgang mit Menschen" in das göttliche Licht und laß die rechtschaffene Frucht deiner Buße darin gesehen werden, daß du diese vier Lebensgebiete nach dem Wohlgefallen Gottes und zum Heil deiner Mitmenschen einrichtest. O wie viele Kinder Gottes von heute haben das nicht getan! Darum erregen sie beständig Anstoß vor der Welt und müssen wie ungezogene Kinder fortwährend zurechtgewiesen werden von ihren Seelsorgern. Es dünkt sie fast lächerlich und scheint ihnen kleinlich, daß die Buße beim Kleiderschrank anfangen soll, und daß die Buße sich bekümmert um das Essen, und daß sie die Rechnungen des Geschäftes prüft und den Umgang mit Menschen ordnet. Und doch, wenn Buße nicht diesen Kreis unseres Lebens göttlich geordnet hat, wird immer Unordnung und Gelegenheit zum Fallen sein, und wir werden nie ein Zeugnis vor der Welt sein können von dem Wort unseres Herrn: „Siehe, Ich mache alles neu!"

Aber Johannes ging noch tiefer. Er wußte, wo bei jedem Menschen der tiefste Schaden sitzt. Die tiefste Not liegt bei allen Menschen in dem durch die Sünde verwundeten und befleckten Gewissen. Hierher legte vor allem Johannes seinen Finger. Wir lesen: „Sie bekannten ihre Sünden" (Markus 1,5). Und das ist ein Beweis, daß er ihre Sünden aufgedeckt hat. Unser Gewissen ist ein Stück der Gerechtigkeit Gottes, der heilige Rest von dem nach Gottes Bild geschaffenen Menschen, Gottes Autorität in unserem Inneren. Jeder, der zur Ruhe kommen will, muß sich vor Ihm beugen, muß auf Seine Stimme hören und auf Seine Forderungen eingehen. Und jeder, der sich bekehrt hat, hat vor allem sein Gewissen zu seinem Rechte kommen zu lassen. Darum richtet sich die Bußpredigt immer zuerst an das Gewissen. Eine Bußpredigt, die nicht das Gewissen als Beihilfe hat, bleibt wirkungslos. Aber wo die Predigt von außen dem gefangenen Gewissen zu seinem Recht und zu seiner Autorität verhilft, da ist der Mensch, diese gewesene Festung Satans, überwunden; das freigemachte Gewissen öffnet von innen die Tore dem außenstehenden Helfer, und so wird der Mensch besiegt, er bricht zusammen. Die Festung kommt sozusagen zwischen zwei Feuer; von außen die Predigt der Buße, von innen der mächtige Widerhall des Gewissens. So stehen zwei Zeugen gegen den Sünder, und er ist überführt. Und so kommt es nun zum Bußetun oder doch zum ersten Schritt in der Buße.

Was ist der erste Schritt in der Buße? Vielleicht sagt jemand: Brechen mit der Sünde; denn „nimmer tun" ist ja die beste Buße. Das ist wahr, wenn etwas anderes vorausgegangen ist, nämlich das Bekennen der Sünde. In Sprüche 28,13 lesen wir: „Wer seine Missetat leugnet, dem wird es nicht gelingen; wer sie aber bekennt und läßt, der wird Barmherzigkeit erlangen." Also bekennen und lassen ist der biblische Weg. In vielen Fällen kann man gar nicht brechen mit der Sünde – oder besser gesagt, sie bricht nicht mit uns –, bis wir sie bekannt haben. Kürzlich erzählte mir ein Kaufmann: „Ich war zehn Jahre bekehrt; aber etwas ließ mich des Heils nicht froh werden und brachte immer von Zeit zu Zeit Umdunklungen über mich, und einmal war ich sogar drauf und dran, den Weg der Nachfolge Jesu wieder zu verlassen. Die Ursache war ein Betrug, den ich in der Lehrzeit begangen und nie gutgemacht hatte. Mein Lehrmeister hielt mich für durch und durch aufrichtig, und darum wurde es mir so schwer, ihm zu sagen, daß ich ihn betrogen habe. Aber als die Unruhe ihren Höhepunkt erreicht hatte, entschloß ich mich, um jeden Preis dieses Unrecht zu bekennen und gutzumachen. Und ich wurde von da an meines Heils nicht nur völlig gewiß, sondern erlebte in der Versammlung, die in meinem Hause stattfand, eine Erweckung." Dieser Mann hat das Stehlen gehaßt und mit dieser Sünde gebrochen bis aufs äußerste. Aber die Sünde hatte nicht mit ihm gebrochen, bis er sie bekannt hatte. Die Sünde, die wir tun, geht als Lust aus unserem

Herzen, und wenn wir sie getan haben, geht sie als Last zurück in unser Gewissen. Und wenn sie dann mit Vorsatz zugedeckt wird, so wird sie zum dunklen Punkt, an dem der Feind in schweren Stunden seinen Zweifelshebel ansetzt und alles ins Schwanken bringt und unsere ganze Heilserfahrung in Frage stellt. Die Brüder Josefs hielten viele Jahre mit Bewußtsein eine Lüge aufrecht zwischen sich und ihrem Vater. Sie sagten: „Ein wildes Tier hat Josef zerrissen" – und sie hatten ihn doch verkauft! Und diese Lüge wurde zum Gespenst für sie, das sie fortwährend verfolgte. Als sie nach langen Jahren nach Ägypten kamen und der unbekannte Landesherr so hart mit ihnen redete und ihnen so tief ins Herz sah, als ob er sie alle kannte, da stand das Gespenst wieder da, und sie sagten: „Das haben wir an unserem Bruder Josef verschuldet" (1.Mose 42,21). Aber das war nicht genug, daß sie sich untereinander als schuldig bekannten, sie mußten bekennen und Buße tun, und so wich das Gespenst von ihnen. Hiob sagt (Kapitel 42,6): „Ich spreche mich schuldig und tue Buße." O wie viele sprechen sich in ihrem Herzen schuldig und verfluchen sich sogar wegen irgendeiner Sünde; sie bekennen sich auch vor Gott als schuldig und sagen Ihm, daß sie die Allerschlechtesten seien; aber Buße tun sie erst dann, wenn sie dies auch den Menschen bekennen, an denen sie gesündigt haben. Denn zu einer ganzen Vergebung gehört auch die Vergebung der Menschen, an denen wir gesündigt haben. Auch in ihrem Herzen muß die Erinnerung an unsere Sünden getilgt werden. Und dies geschieht durch Bekenntnis. In Jesaja 62, 10-11 lesen wir: „Räumt die Steine aus dem Weg ... Siehe, dein Heil kommt!" Vielleicht hast du neunundneunzig Steine aus dem Wege geräumt; aber einen Stein, den schwersten und größten, gerade den, den du zuerst hättest wegtun sollen, hast du liegenlassen und zugedeckt. Aber das ist nicht rechtschaffene Buße. Und so ist das Heil gehindert, zu dir zu kommen.

Als Israel hinüber in das Land der Ruhe geführt wurde, war das erste, daß sie an der Grenze des Landes haltmachten, das Lager aufschlugen und die Beschneidung vornahmen. Und erst nachdem Gott ihnen Zeugnis geben konnte: „Heute habe ich die Schande Ägyptens von euch gewälzt", konnten sie das Passah halten, das Korn des Landes essen und den Kampf aufnehmen mit den sieben Nationen des Landes (Josua 5). Du hast vielleicht mit der „Schande Ägyptens" den heiligen Boden der Nachfolge Jesu betreten; aber du wirst dich nicht des Blutes des Lammes freuen können, nicht Jesus, das Brot des Lebens, genießen können, nicht über deine angeborenen Leidenschaften den Sieg haben, wenn nicht die Sünden, mit denen du dich in deinem früheren Weltleben befleckt hast, von dir gewälzt sind. Und dies geschieht durch Bekenntnis dieser Sünden und durch Gutmachen des begangenen Unrechts. Wenn wir es wagen, zu unseren Sünden zu stehen, werden wir es bald erfahren, daß auch Gott zu Seiner Vergebung steht. (1.Johannes 1,9; Sprüche 28,13; 3.Mose 5,20-26) Das Hindernis, warum viele nicht zum Frieden kommen können, liegt vor allem darin, daß das Böse aus der Vergangenheit oder das Böse, mit dem sie noch gegenwärtig verknüpft sind, nicht herausgegeben und aufgegeben worden ist.

2. Die Buße, wie Jesus sie predigte,

traf das Herz. Legte Johannes seinen Finger auf das Gewissen, wo die begangenen Sünden niedergeschrieben sind, so legte Jesus Seinen Finger auf das Herz, in dem die Sünde entsteht und ihre Vorgeschichte sich abspielt. Denn jede Sünde, die nach außen zum Vorschein kommt, hat ihre Vorgeschichte im Herzen gehabt; die eine vielleicht nur eine minutenlange, die andere vielleicht eine jahrelange. Jede Sünde, die wir tun nach außen, haben wir zuvor im Herzen getan. Darum setzte Jesus mit Seiner Predigt hier ein und stellte die unreinen Bewegungen, Absichten und Begierden des Herzens ins Licht und machte sie zur Sünde. Die ganze Bergpredigt ist eine große Bußpredigt mit dem einschneidenden Thema: „Selig sind, die reines Herzens sind!" Hier konnte man sich nicht mehr entschuldigen mit dem: „Ich habe das nicht getan!" Jesus ging weiter und sagte: „Wer eine Frau ansieht, ihrer zu begehren, der hat schon die Ehe gebrochen mit ihr in seinem Herzen." So drang das lebendige Wort hinein und wurde Richter der Gedanken und der Gesinnung des Herzens. Es deckte das Herz mit seinen unordentlichen Lüsten und Begierden auf.

Wir hören oft den Ausdruck: Wir sind nicht tief genug geschieden von der Sünde. Richtiger gesagt hieße es: Wir sind nicht tief genug geschieden von der Lust. Die Lust ist der Mutterleib der Sünde, in dem die Sünde empfangen und geboren wird. Jakobus sagt, daß die Lust von innen und Versuchung von außen die Sünde zur Entstehung bringe (Jakobus 1,13-15). Darum sollte im Leben eines jeden Bekehrten „Reinigung von der Sünde“ eine ebenso bestimmte Erfahrung sein wie „Vergebung der Sünde“. Petrus sagt von den Neubekehrten, daß Gott ihre Herzen gereinigt habe durch den Glauben (Apostelgeschichte 15,9). Und von Hiskia lesen wir 2.Chronik 29, daß er im ersten Jahr seiner Regierung im ersten Monat die Türen des Hauses Jahwes öffnete und das ganze Haus reinigte und inwendig im Heiligtum damit anfing. Das sollte die Erfahrung einer jeden bekehrten Seele sein. Gleich im Anfang ihrer Bekehrung, sobald sie ein entlastetes Gewissen hat, sollte sie auch zu erfahren versuchen, was Paulus in Römer 6,14 sagt: „Die Sünde kann nicht herrschen über euch.“ Aber wie viele werden beherrscht von der Sünde, getrieben, geplagt und verzehrt von ihren Leidenschaften und bleiben ihr ganzes Leben darin stecken, ja bleiben nicht einmal mehr auf jenem Boden, auf dem man in Aufrichtigkeit seufzt: „Ich elender Mensch“, sondern bei manchen tritt sogar an die Stelle des Seufzens über die Sünde ein Sich-darüber-hinwegsetzen, ja sogar ein Scherzen über die Sünde! Und so ist nicht einmal mehr Raum in ihnen für die Gerichte Gottes, viel weniger für die Worte Gottes und den Geist Gottes. Alles ist immer wieder gescheitert, besudelt und verschlungen worden durch die grausame Grube des unreinen Herzens (Psalm 40,3). Die Buße hat das Herz nicht erreicht, und so ist es eine Mördergrube geblieben (Matthäus 15,18-20), eine Bilderkammer voll Scheusal und Gräuel (Hesekiel 8,7-12), ein salziger Teich und eine stinkende Lache, wie der Prophet sagt (Hesekiel 47), noch nicht durchflutet von dem Blute und dem Geiste Jesu Christi. Und das macht den Kampf so bitter und den Sieg unmöglich.

Der Kampf ist vielfach darum so bitter, weil wir die Sünde, die wir nach außen bekämpfen, noch bis auf einen gewissen Grad lieben und zu gewissen Zeiten ihr noch einen Platz im Herzen geben. So gleicht unser Herz einer Festung, die von außen und von innen hart bedrängt wird: von außen drängt die Versuchung, und von innen drängt die Lust. Und um den Sieg zu haben, müssen wir vor allem mit den inneren Feinden aufräumen, wie Jesus sie aufgezählt hat in der Bergpredigt: Unversöhnlichkeit, Unreinheit, Unlauterkeit, Rachsucht, einseitige Liebe, Geldgier, Sorgen, Richtgeist, Menschengefälligkeit usw. Du sagst: „Ich kann diese Feinde nicht überwinden!" Das glauben wir. Aber herausgeben kannst du sie ans Licht, damit sie im Licht sterben. Josua sagte zu den Männern, welche die fünf Könige in der Höhle Makkeda bewachten: „Macht auf das Loch der Höhle und bringt die fünf Könige zu mir!" (Josua 10,22) Und sie gaben sie heraus und setzten ihre Füße auf ihre Hälse, und Josua tötete sie. Hab nur Mut: Jesus, dein himmlischer Josua, wird schon fertig mit deinen Feinden, die du Ihm ausgeliefert hast! Gib sie nur heraus und sprich mit David: „Siehe, Herr, Deine Feinde, siehe, Deine Feinde müssen umkommen!" (Psalm 92,10)

Nicht eingeschlossene Feinde, nicht tributpflichtige Feinde, sondern umgekommene Feinde mußt du haben. Du mußt von deinen Leidenschaften sagen können wie Josaphat von dem großen Heer der Mohren: „Die Menge unserer Feinde ist zu Leichnamen geworden, und keiner ist entronnen." Aber viele Kinder Gottes machen es mit der Erlösung, die in Christus uns gegeben ist, wie die Kinder Israel es machten mit dem Lande Kanaan, das Gott ihnen gegeben hatte. Wir lesen in Richter 1 und 2, wo die Einnahme der verschiedenen Landesteile beschrieben ist, daß die Kinder Israel ihre Feinde nicht ausrotteten, sondern bei ihnen wohnten und sie tributpflichtig machten. Und weil Israel seine Feinde nicht ausrottete, hat auch Gott sie nicht ausgerottet (Richter 2,20-23). Und so sind die tributpflichtigen Feinde wieder erstarkt und sind ihnen zum Stachel in ihrer Seite geworden, wie Gott es vorausgesagt hatte.

Wenn die rechtschaffene Frucht der Buße, die Johannes forderte, darin bestand, daß die Dinge, die mit dem äußeren Leben zusammenhingen, göttlich geordnet wurden, so bestand die rechtschaffene Frucht der Buße, die Jesus forderte, doch gewiß darin, daß das Innere und Innerste der Menschen, die Ihm folgen wollten, gradlinig und wahr, lauter und durchsichtig würde, wie David es ausdrückte in Psalm 38,10: „Herr, vor Dir sind alle meine Begierden." Dann ist auch der Kampf um ein großes leichter. Denn unsere Begierden, mit denen wir, Fühlhörnern gleich, alles um uns her betastet haben, sind nun auf Gott gerichtet. Wir nehmen Licht auf, und Licht geht wieder von uns aus. Vorher nahmen wir Finsternis auf, und Finsternis und Unreinheit mußte wieder aus uns herauskommen.

Nach 2.Korinther 7,1 gibt es nicht nur eine „Befleckung des Fleisches“, sondern auch eine „Befleckung des Geistes“. Und die Befleckung des Geistes ist der Vollendung der Heiligung ebenso hinderlich wie die Befleckung des Fleisches. Wenn so viele unserer bekehrten Männer keine Lust haben zum Worte Gottes, keine Einsicht in Gottes Wege und keine Freudigkeit zum Gebet, so hat das seinen Grund in den meisten Fällen nicht in der vielen Arbeit und in den Geschäftssorgen, wie etliche sagen, sondern vor allem in der Unreinheit des Herzens. Denn ein unreines Herz hat keinen Geschmack an dem reinen Wort. Hier ist die Hauptursache zu suchen, warum so viele eine verschlossene Bibel haben. Denn nach Römer 12,1-3 geht Übergabe des Leibes und Erleuchtung Hand in Hand. Niemand hat Freudigkeit zum Gebet oder zum Wort oder zum Dienst, der zuvor seinen Geist befleckt hat und sein Herz verunreinigt hat mit Gefühlen des Zornes, des Neides, der Unreinheit usw. – Und wenn unsere Schwestern mit dem Alter wieder zurücksinken ins eigene Wesen hinein, kommt es nicht daher, daß sie sich nicht gereinigt haben von den Befleckungen des Geistes, womit sie sich und andere befleckt haben? Liebe Schwester, sooft du mit deiner Schwester lieblos geredet hast über andere, so oft hast du ihren Geist befleckt, hast du Gift in ihr Inneres gelegt. Mirjam redete zu ihrem Bruder Aaron über Mose und seine Frau, und Gott schlug sie mit Aussatz, um ihr und uns zu zeigen, wie Er das Reden und Richten über andere ansieht. O welch ein schauerliches Gebiet von den Befleckungen des Geistes! Und wer sich da nicht Licht geben läßt und Buße tut, der kann an ein Leben in der Heiligung und an ein Vollenden der Heiligung nicht denken.

3. Die Buße, wie die Apostel sie predigten,

traf das „eigene Ich“. Sie blieb nicht stehen bei dem belasteten Gewissen oder bei dem befleckten Herzen, sondern griff die Person an. Und das ist gut begreiflich. Es war mehr Licht gegeben, es waren größere Dinge geschehen: Jesus war gestorben am Kreuz. Das Kreuz gibt die eigentliche Buße. Denn das Kreuz offenbart nicht nur Gottes Liebe in ihrem Höhepunkt, sondern offenbart auch des Menschen Verderben in seinem Tiefpunkt. Erst am Kreuze wurde offenbar, und erst vom Kreuze aus konnte gesagt werden, wie schlecht der Mensch ist. Dort hat der Mensch seine ganze Verderbtheit besiegelt in dem, daß er seine Hand an seinen Gott gelegt hat, Ihn zu verderben. Darum faßte Petrus, als er an Pfingsten predigte, alle Sünden des Volkes zusammen in die Tat: „Den habt ihr durch die Hand der Gesetzlosen ans Kreuz geheftet und umgebracht!“ Er wollte sagen: Seht, welch ein Zeugnis habt ihr euch ausgestellt von eurem Verderben und von eurer Gottfeindschaft, daß ihr Den, der unter euch erwiesen war durch Zeichen und Wunder als ein Mann von Gott und den Gott anerkannt und auferweckt und als Seinen Sohn gesetzt hat zu Seiner Rechten, daß ihr Den gekreuzigt und wie einen Verfluchten beiseite gesetzt habt! Da sie das hörten, drang es ihnen durchs Herz, und sie sprachen: „Was sollen wir tun?“ (Apostelgeschichte 2) Und Petrus antwortete ihnen: „Tut Buße!“ d. h. ändert eure Stellung Jesus gegenüber. Ihr habt Ihn getötet, nun sprecht das Todesurteil über euch selbst; ihr habt den Stab über Ihn gebrochen, nun brecht ihn über euch selbst. Das ist Buße, wie das Kreuz sie predigt und fordert.

Darum ist unter dem Kreuz auch kein Unterschied zwischen großen und kleinen Sündern; das Kreuz stellt alle auf einen Boden als Verfluchte. Es kann nach dem sittlichen Urteil der Menschen ein Unterschied sein zwischen Sünder und Sünder; aber unter dem Kreuz fällt dieser Unterschied dahin. Da ist Johannes so schuldig wie der sterbende Schächer. Es handelt sich hier nicht um einige Taten, die der eine getan und der andere nicht getan hat, sondern es handelt sich hier darum, was der Mensch ist. Wenn ein Mensch wissen will, wie schlecht er ist, so muß er nicht in sein Gewissen schauen, auch nicht sein Herz fragen, sondern er muß sich unter das Kreuz stellen und das Kreuz fragen. Und das Kreuz sagt ihm: Du bist so schlecht, daß der Sohn Gottes für dich sterben mußte, sterben mußte eines so schmählichen Todes, weil du ein so schmählicher Sünder bist. So bricht das Kreuz über jeden ohne Ausnahme den Stab und schreibt auf alles, was aus der Natur des Menschen stammt, den Fluch. O wie wenig haben wir das Kreuz verstanden! Wir wollten das Kreuz brauchen, damit es uns helfe; aber das Kreuz will uns nicht helfen, sondern das Kreuz richtet uns in unserer Natur und setzt uns in unserem alten Wesen beiseite. Viele Kinder Gottes, die im Anfang ihrer Bekehrung einen gewissen Frieden und eine teilweise Heilsgewißheit hatten, haben diese wieder verloren, weil sie das Kreuz nicht so brauchten, wie es uns von Gott gegeben ist. Sie suchten beim Kreuz nur Vergebung; sie brachten dorthin nur ihre Sünden. Aber das Kreuz will mehr als unsere Sünden; es will vor allem unser Selbst, unser sündiges Ich, unseren „alten Menschen". Wer nur Vergebung sucht beim Kreuz, ohne sich selbst dem Kreuze hinzugeben als ein Gerichteter und Mitgekreuzigter, der sucht etwas aus dem Zusammenhang des Kreuzes herauszureißen, was der Heilige Geist nie versiegeln wird in seinem Innern. Und so bleibt es ihm trotz aller Versicherungen von anderen Menschen und trotz aller seiner Glaubensanstrengungen unklar und wird nicht sein Besitz.

Es ist ein Unterschied, ob der Mensch in seiner Bekehrung nur zu einzelnen dunklen Punkten kommt in seinem Leben und dafür Vergebung sucht, oder ob er zu sich selbst kommt. Wir lesen von dem verlorenen Sohn: „Als er aber zu sich selber kam ..." Da wurde es ganz neu mit ihm. Viele sind bei ihrer Bekehrung nicht zu sich selbst gekommen, darum sind sie auch nicht von sich weggekommen. Sie sind wie Kain, der versuchte, Gott sein Eigenes zu bringen und damit sagte, daß noch etwas Gutes in ihm sei, das Gott anerkennen müsse und das imstande sei, Gott zu versöhnen. Er nahm sein eigenes Leben in Schutz und ist ein Vater aller derer geworden, die durch ihre eigenen Anstrengungen und Erfindungen sich Gott angenehm machen wollen und die nicht begreifen können, daß ihr Leben gänzlich verwirkt sein soll. So ist auch die Buße vieler nichts anderes als ein verletztes Gerechtigkeitsgefühl, und ihre Tränen sind nichts anderes als Wirkung ihres gekränkten Selbst. Sie können es sich nicht verzeihen, daß sie sich da und dort so viel vergeben und bloßgestellt haben. Und so beweisen sie, daß sie noch nicht im Lichte des Kreuzes gesehen haben, wer sie sind. Denn wer im Lichte des Kreuzes sich erkannt und Buße getan hat, der sagt mit Paulus: „Hinfort kennen wir niemand nach dem Fleisch", d. h. wir kennen uns weder in dem, was wir in der „Herrlichkeit des Fleisches", noch in dem, was wir in der „Schande des Fleisches" gewesen sind (2.Kor. 5,16). Wir kennen nur noch den am Kreuz neugeschaffenen Menschen (Eph. 2,15).

Buße tun heißt nun: über sich selbst den Stab brechen, sich als einen Verfluchten beiseite setzen lassen und den Platz, den unser eignes Ich bis jetzt eingenommen hat, dem Gekreuzigten einräumen,

Ihm den höchsten Platz in unserem Leben geben, wie Gott Ihm den höchsten Platz gegeben hat zu Seiner Rechten. Unser Ich kann nur beiseite gesetzt werden durch das Ich des Gekreuzigten. Nur wenn Christus die Stelle deines Ichs einnehmen darf, wirst du befreit bleiben von deinem Ich. Die Schlange sprach zu den ersten Menschen: „Ihr werdet sein!“ Und in jenem Augenblick, als sie das glaubten, wurde das falsche Ich geboren. Darum mußte Gott mit der Gesetzgebung Sein „Ich bin!“ diesem „Ihr werdet sein!“ entgegensetzen. So war das Gesetz wohl ein Damm gegen diesen falschen Strom, aber keine Erlösung. Erst als Christus kam und Sein Ich ganz aufgeopfert hatte – lies nur Philipper 2, dort siehst du, wie Christus Sein Ich aufgeopfert hat –, hatte Er die Macht und das Recht, Sein aufgeopfertes Ich an die Stelle unseres selbstsüchtigen, rebellischen Ichs zu setzen. Das wäre ohne das Kreuz nicht möglich gewesen. Nun aber liegt in der aufgeopferten Liebe Christi für uns die Kraft, vom Schauplatz abzutreten und Ihm den Platz zu geben. Denn nur Opfer können dem gefallenen Menschen helfen, nur durch Opfer kann er überwunden und erlöst werden von seiner falschen Größe, in die er sich hineingesteigert hat. Durch den Fall ist der Mensch eine falsche Größe geworden, nicht ein „armer Sünder“ – das wird man erst wieder durch die Gnade. Und dieser falschen Größe konnte Gott nicht anders begegnen als durch das Kreuz. Christus, unser Haupt, mußte vor allem deswegen so tief hinuntersteigen, um uns von unserer Höhe herunterzuhelfen, damit es uns möglich würde, wieder hinaufzusteigen (2.Korinther 5,15). Das ist Buße, wie das Kreuz sie wirkt.

4. Buße zu Gott

ist die heilige Fortsetzung der Buße, wie das Kreuz sie gibt; sie ist nicht eine einmalige Erfahrung, sondern ein Zustand im Leben eines Gläubigen. Jedes Näherkommen dem Herzen, dem Willen, dem Bilde Gottes hat als Voraussetzung: gründlichere Buße! Denn Buße heißt den Widerstand aufgeben und Gott Raum machen; es heißt sich beugen unter alles, was uns heruntersetzt, was unsere Schande aufdeckt und uns klein macht. Sieben Jahre ließ David sich in den Felsen und Höhlen klein machen, so klein, daß er sagen konnte: „Ich bin ein Wurm und kein Mann!“ (Psalm 22,7) Und dann konnte Gott ihn groß machen, so groß, wie die Großen auf Erden sind (2.Samuel 7,9). Weil viele Menschen sich auf diesem Wege nicht klein machen lassen, muß Gott sie zerreißen wie den Ephraim (Hosea 5,14). Weil viele nicht durch Buße sich losmachen von sich selbst! Buße zu Gott ist das innere Selbstgericht, auch da, wo keine bewußten Sünden vorliegen. Die Buße zu Gott schließt in sich, was das Verslein sagt: „Durch Sterben los, vom eignen Wesen los!“ Sie schließt in sich die beständige Verleugnung alles Selbstischen; denn es ist ja Buße zu Gott, eine Hand, die uns herausführt aus uns selbst und uns hineinführt zu Gott. Darum kann Buße zu Gott nicht ein einmaliger Akt sein im Leben des Gläubigen, sondern sie ist eine Linie, die sich durch sein ganzes Leben hinzieht und die er mit jedem Tag verlängert. Vielleicht ist hier eine Ursache zu suchen, warum viele nicht vorwärtskommen auf dem betretenen Weg. Sie haben nicht mehr das, was den Weg reinigt und ebnet: die Buße zu Gott. Wenn Buße Sinnesänderung ist, so kann sie nicht vereinzelt dastehen in unserem Leben; den es gibt bei einem Menschen, der Gott näherkommen will, immer wieder Dinge, in denen er seinen Sinn Gott gegenüber ändern muß. Luther sagte, daß das ganze Leben des Gläubigen eine beständige Buße sein müsse. Ein Kind Gottes, das im Lichte wandelt, wird ebenso im Geiste der Buße zu bleiben suchen, wie es zu bleiben sucht im Geiste des Gebets. Nur so bleibt es bußfertig, d. h. kann sich sogleich beugen über jeden unerlaubten Gedanken, jedes ungöttliche Wort und über jedes Zukurzkommen Gott und Menschen gegenüber. Und so können sich nicht Untreue und Sünden aufhäufen, die das Herz verhärten, den Geist umdunkeln und das Heil ferne rücken. Sein Gebet bleibt:

Was noch flüchtig, sammle Du;
was noch stolz ist, beuge;
was verwirret, bring zur Ruh;
was noch hart, erweiche:
daß in mir
nichts hinfür
lebe noch erscheine
als mein Freund alleine!

Die Buße zu Gott ist aber nicht nur Beugung über das Ungöttliche und Mangelhafte in uns, sondern sie ist auch zugleich der Schrei nach dem, was noch fehlt. Alle die Ausdrücke in den Psalmen: „Meine Seele hungert“ – „meine Seele dürstet“ – „meine Seele verlangt und sehnt sich“ sind der Ausdruck der Buße zu Gott. Bei der Umkehr zu Gott ist die Seele sozusagen ihres bisherigen Inhalts entleert worden, ist aber nicht gefüllt mit der Gottesfülle, darum der Schrei nach Gott, das Schmachten nach dem neuen Lebensinhalt. Die Seele gleicht einem Glas, das luftleer gemacht worden ist und das nun in Gefahr steht, jeden Augenblick von der umgebenden Luft zerdrückt und zermalmt zu werden. So können wir es verstehen, warum Seelen trotz einer gründlichen Bekehrung – oder gerade weil sie eine gründliche Bekehrung durchgemacht und sich von allem ausgeleert haben – in solche Bedrängnis und Angst kommen können, wie sie es in ihrem unbekehrten Zustand nie erfahren haben. Das Gefäß ist geleert, aber nicht gefüllt. Und die Buße zu Gott ist der Kanal, durch den das geleerte Gefäß allmählich gefüllt wird. Viele haben Buße und Beugung nur an den Anfang ihres christlichen Lebens gelegt; darum haben sie allmählich die Eignung verloren, weitere und tiefere Segnungen zu empfangen. Denn nur solange wir in der Beugung sind, fließt der Segen, wie ja auch zu den tiefsten Stellen das Wasser am schnellsten fließt.

Die Buße zu Gott ist auch die heilige Kraft, die in der Beugung Gott fassen und überwinden lernt. Die Psalmen sind voll davon. Es ist uns bekannt, wie viele Psalmen mit tiefer Beugung anfangen und mit einem Triumph enden, mit dem Triumph, Gott auf seine Seite gebracht zu haben, Gott gewonnen zu haben zum Vergeben, zum Helfen usw. Und besonders oft finden wir diese Art Buße in den Geschichten der Männer der Bibel. Jakob sprach: „Ich lasse Dich nicht, Du segnest mich denn!“ Und Gott segnete ihn daselbst (1.Mose 32). Hiskia weinte und flehte zu Gott, und Gott gab seinem Leben fünfzehn Jahre hinzu (Jesaja 38). Ja sogar ein gottloser Ahab vermochte durch seine Buße Gott zu bestimmen, daß das angedrohte Gericht bei seinen Lebzeiten nicht hereinbreche (1.Könige 21,27-29). Hier stellt sich die Buße an die Stelle des Gerichts; sie nimmt das Gericht im voraus auf sich, beugt sich darunter und hebt so das eigentliche Gericht auf.

Auch das gehört zur Buße zu Gott – und es ist vielleicht der tiefste Punkt in der Buße –, wenn es der Seele klar wird, daß jede Sünde eine Sünde gegen Gott ist, wie David sagt: „An Dir allein habe ich gesündigt!“ (Psalm 51,6) Er hatte ja zuerst an Uria und Bathseba gesündigt; aber nun legt es sich mit überzeugender Gewalt auf ihn: Alle diese Sünden sind Sünden gegen Gott! Erst wenn dies Gefühl durch den Geist in uns geweckt ist, wissen wir, was Haß gegen die Sünde ist. Als Josef versucht wurde, sagte er nicht: Wie sollte ich das tun und das Vertrauen meines Herrn mißbrauchen!, sondern er sagte: „Wie sollte ich ein so großes Übel tun und gegen Gott sündigen!“ Was ihn in jener schweren Stunde bewahrte, war das erschütternde Bewußtsein: Ich würde gegen Gott sündigen! Du wirst es nicht genau nehmen mit der Sünde deinen Brüdern und Schwestern gegenüber, du wirst dein Urteilen und Richten, deine Lieblosigkeit immer wieder entschuldigen mit ihrer Verkehrtheit und Härte, die du bei ihnen gefunden hast, bis es dir im Lichte Gottes klargeworden ist, daß jede Sünde, an Menschen getan, eine Sünde ist gegen Gott. O möge es der Geist in dieser Stunde mit Flammenschrift in dein und in mein Herz schreiben: Jede Sünde ist eine Sünde gegen Gott!

5. Die Buße für andere

Soweit wir den göttlichen Sinn in uns aufgenommen und den königlichen Geist empfangen haben, soweit werden auch wir imstande sein, ja gedrungen werden, Buße zu tun für andere. Jesus, der los war von sich, der König war im eigentlichen Sinne, konnte und mußte Sein Leben geben als die eine „große Buße“ für die Menschen. Sein Leben war ja eine „große Buße“ für andere. Er fühlte von Jahr zu Jahr mehr die Sündenlast der Menschheit, die sich von selbst auf Ihn legte und die sich, wenn auch in anderem Sinne, von selbst auf jeden legt in dem Maße, wie er Buße getan hat zu Gott. Darum war Jesus der Mann der Schmerzen.

Buße für andere wird ein Hauptcharakterzug sein bei jedem gesegneten Arbeiter und bei jedem Kind Gottes, das ein Segen für andere ist.

Was war das Gebet Abrahams für Lot, das einundzwanzig Tage lange Fasten des Daniel und das vierzig Tage lange Stehen des Mose vor Gott für sein Volk, die Trauer des Nehemia über die zerfallene Mauer und der Seelenschmerz des Esra über den Abfall seines Volkes – war es etwas anderes als Buße für andere? Wie tief hat sich die kanaanäische Frau gebeugt, um Hilfe für ihre Tochter zu erlangen! Und wie tief muß sich Monika, die Mutter Augustins, gebeugt haben vor Gott für ihren verlorenen Sohn, wenn der fromme Bischof Ambrosius ihr versprechen konnte: „Der Sohn solcher Gebete geht nicht verloren!" O wenn der Geist der Buße sich wieder auf die Kinder Gottes legen könnte, wir würden Wunder erfahren in unseren Häusern, in unseren Gemeinden und in der uns umgebenden Welt! Als Jakob Buße getan hatte, gründliche Buße, wie er sie noch nie getan hatte (1.Mose 35), da fiel der Schrecken Gottes auf die umliegenden Völkerstämme. O wenn die Führer der Gemeinden Buße tun könnten, würden auch die Gemeindeglieder Buße tun – und dann auch die Welt! Sicherlich wären alle Kirchen und Kapellen gefüllt, wenn die Prediger dort Buße täten und dann auch Buße predigten. Denn der Mensch hat ein tiefes Bedürfnis nach Buße. Johannes predigte Buße, und es ging zu ihm hinaus ganz Jerusalem und alle umliegenden Länder.

Sind nicht in den meisten Fällen die Erweckungen in manchen Gegenden dadurch entstanden, daß einige trauerten über den geistlichen Tod und sich beugten und beteten? Gewöhnlich sind die Erweckungen da entstanden, wo vorher die Lauheit am größten war und wo eine oder einige Seelen waren, die den Schaden Josefs nicht mit ansehen konnten und Buße taten für die Gemeinde. Wollen wir es nicht auch so machen? Statt zu klagen über „dürre Zeiten" und „harten Boden", wollen wir lieber Buße tun und es machen wie das Lamm. Wie hat es denn das Lamm gemacht mit dem dürren Boden? Jesaja 53,2 lesen wir, daß Er war unter den Menschen wie eine Wurzel im Erdreich, aber nicht, um darin Sein Leben zu finden, sondern um Sein Leben hineinzulegen. Er legte das von oben empfangene Leben hinein in Seine tote Umgebung und verschlang so den Tod und weckte das Leben auf. Er hat Sein ganzes Leben ausgeschüttet, bis Er in dem dürren Erdreich der Menschheit einen Widerhall von Liebe und Leben empfunden hat. Das heißt: den empfangenen Segen recht gebrauchen. Viele verlieren die empfangenen Segnungen wieder, weil sie diese für sich behalten wollen, statt sie in Opfer umzusetzen. Nur der Segen bleibt und vermehrt sich, der umgesetzt wird in Opfer.

6. Die Buße, wie der Gläubige sie tun muß nach jeder begangenen Sünde,

hat mehr eine wiederherstellende Aufgabe. Sie ist nötig,

a) um das gestörte Verhältnis zwischen ihm und seinem Gott wiederherzustellen. Denn jede Sünde bringt eine Störung in unsere Gemeinschaft mit Gott. Und vielleicht rühren die Umdunklungen, in die manche Kinder Gottes immer wieder hineinkommen, vor allem daher, daß sie über die in der letzten Vergangenheit begangenen Sünden nicht Buße getan haben. Die Sünde, die ich begangen habe, muß sofort vor den „Fürsprecher", Jesus Christus, gebracht werden – und wenn nötig auch vor Menschen. Johannes sagt: „So jemand sündigt, so haben wir einen Fürsprecher bei dem Vater" (1.Johannes 2,1). Was muß man bei einem weltlichen Fürsprecher tun, der unsere Sache vor Gericht vertreten soll? Man muß ihm vor allem den Hergang der Sache haarklein erzählen. Und gerade so müssen wir es machen bei Jesus, unserem Fürsprecher vor Gottes Thron. Das ist der erste Schritt in der Buße, wie man sie tun muß nach jeder begangenen Sünde. Dann kann Er die Sache unserer Seele führen vor Gott. Denn auf jede Sünde hin, die ein Kind Gottes tut, erhebt der Feind Anklage bei Gott. Er ist der „Verkläger der Brüder", der die Brüder Tag und Nacht verklagt vor Gott, lesen wir Offenbarung 12,10. Dir mag es zu viel sein, wenn du in der Nacht gesündigt hast, aus deinem Bett aufzustehen und Buße zu tun über deine Sünde; aber dem Feinde ist es nicht zu viel, mitten in der Nacht deine Sünde dort zu melden. Wir sollten es deswegen schon genau nehmen mit der Sünde, weil es der Feind so genau nimmt, und wir sollten deswegen immer bereit sein zur Buße, damit nicht der Feind vor uns unsere Sünde melde dort oben. Tun wir das nicht, so bleibt die Sache einfach unerledigt, vor allem unerledigt in unserem Gewissen. Und diese unvergebenen Sünden, über die wir im Alltagsleben so kurz hinweggegangen sind, werden allmählich zu einer Scheidewand, über die wir nicht mehr hinüberschauen können zu unserem Gott und die ein Bollwerk wird, hinter dem der Feind eine große Macht ausübt.

b) Um nicht nur Vergebung, sondern auch Reinigung von dieser Sünde zu suchen. Gewöhnlich ist die Sünde, die uns immer wieder zu Fall bringt, unsere Sünde, d. h. die Sünde, die uns eigen ist, – denn jeder hat so seine Sünde –, und das sollte uns antreiben, nicht nur Vergebung für sie zu suchen, sondern auch Reinigung von ihr, damit wir sie nicht mehr tun. Denn Johannes sagt: „Wenn wir unsere Sünden bekennen, so ist Er treu und gerecht, daß Er uns unsere Sünden vergibt und reinigt uns von jeder Ungerechtigkeit" (1.Johannes 1,9). Der Vergebung der Sünde sollte die Reinigung von der Sünde folgen, sonst müssen wir vielleicht schon die nächste Woche wieder mit derselben Sünde kommen und so Jahr für Jahr. Gerade weil immer dieselben Sünden bei uns zum Vorschein kommen, sollte uns das in tiefere Buße bringen und uns erlösungsverlangender machen.

Der 130. Psalm, der diesen Zustand beschreibt, beginnt mit den Worten: „Aus den Tiefen rufe ich, Herr, zu Dir!" Was sind das für Tiefen? Es sind Bußtiefen! O in welche Not kann das eine Seele bringen, wenn dieselbe Sünde immer wiederkehrt! Und wie wir aus dem Zusammenhang und besonders aus den Schlußversen des Psalms merken, brachten den Psalmsänger seine immer wiederkehrenden Sünden in so große Not. Und was sucht er? Nicht nur Vergebung, sondern auch Erlösung. Er sagt: „Bei dem Herrn ist Gnade", d. h. immer wieder Begnadigung für immer wiederkehrende Sünden, „und viel Erlösung ist bei Ihm!" Er hat beides gesucht: Vergebung und Erlösung, und er hat beides erfahren, darum ermutigt er zuletzt auch andere und sagt: „Und Er wird Israel erlösen aus allen seinen Sünden." Ja, wo eine Seele es mit ihrer Sünde genau genommen und Buße getan hat, bis sie Erlösung von ihr gefunden hat, da gewinnt sie Mut, zu glauben, daß es eine Erlösung gibt aus allen Sünden. Aber auch umgekehrt, wo bei einer Seele immer wieder dieselbe Sünde wiederkehrt und oft sogar noch mit größerer Macht, da liegt die Gefahr nahe, daß eine solche Seele den Kampf zuletzt ganz aufgibt und gleichgültig wird, ja sogar über die Sünde, über die sie einst die bittersten Tränen geweint hat, ohne viel Schmerzen hinweggeht. Darum sagt David nicht vergeblich, als er von seiner Sünde auf so furchtbare Weise überfallen worden war: „Nimm den Geist Deiner Heiligkeit nicht von mir!" (Psalm 51,13) Gerade nach schweren Sündenfällen, denen jahrelange Kämpfe vorausgegangen sind, zeigt es sich oft, daß an die Stelle vorherigen Ernstes sich eine schreckliche Gleichgültigkeit und Empfindungslosigkeit gestellt hat. So ist es zu verstehen, warum Kinder Gottes, die einen tiefen Fall getan haben, so schwer zur Buße zu bringen sind. Sie stehen oft in einem Gefühl, als ob eine zu große Anforderung an sie gestellt worden wäre, als ob es mit ihrer Naturanlage gar nicht anders möglich gewesen wäre, als zu unterliegen. Freilich hat es bei manchen so den Anschein, und wir müssen vorsichtig sein bei unserm Urteil über solche, die erlegen sind, und selber es genauer nehmen mit jeder Regung zur Sünde, damit nicht auch wir fallen.

7. Die Buße, wie der erhöhte Christus sie predigt in den Sendschreiben der Offenbarung

Sie gilt den Rückfälligen, den rückfälligen Gemeinden, den rückfälligen Vorstehern, den rückfälligen Gliedern. Christus sagt: „Gedenke, wovon du gefallen bist!" (Offenbarung 2,5) Das ist Rückfall. Wir fragen gewöhnlich, wenn ein Christ gefallen ist: In was ist er gefallen? Aber Christus geht hier tiefer und sagt: „Gedenke, wovon du gefallen bist!" O wenn wir das übertragen auf unsere Gemeinden, wie viel Grund hätten wir da, in den Staub zu sinken und Buße zu tun vor Gott und Menschen! Wir halten Bekehrungsversammlungen für Ungläubige; aber wir sollten erst Umkehrversammlungen halten für die Gläubigen. Wir sind auf dem Punkte angekommen, wo wir das Letzte verzehren, was unsere Väter erarbeitet, erbetet und erlitten haben. Und dann!? Was lassen wir dem kommenden Geschlecht? Einen zertretenen Boden! Gewiß das erste Gebet in unserer Fürbitte sollte sein um eine geistliche Aufweckung und Neubelebung unserer Gemeinden. Mr. Morgan, der Nachfolger von Moody, sagte auf einer Predigerkonferenz: „In der Gemeinde fehlt der brennende Eifer, Seelen zu retten. Man wähnt die Zeit dafür vorbei. Die tiefen religiösen Gefühle sind der Gemeinde abhanden gekommen. Deshalb kann sie nicht mehr singen wie ehedem; deshalb weint sie keine Tränen mehr um verlorene Sünder; deshalb fühlt sie nicht den Schmerz, den brennende Liebe zu einer gefallenen Welt erzeugt; deshalb rauscht der Jubelsang nicht mehr durchs Lager. Die Gemeinde ist wunderbar organisiert. Schönere Kapellen haben wir nie gehabt. Wir sind fertig, eine mächtige Arbeit zu verrichten; aber dabei bleiben wir stehen." Daneben gibt es aber doch noch viele Seelen in den Gemeinden, die jahrelang sich schon sehnen nach einer Bewegung von oben, die die Armut in ihren Kreisen erkennen und sich tief darunter beugen und warten, bis der Geist der Buße kommen kann über die Gemeinden, anfangend bei den Vorstehern.

Denn den Vorstehern wird es in der Regel am schwersten, Buße zu tun. Darum richtet sich der erhöhte Christus auch immer zuerst an sie und sagt: „So tue nun Buße!" O wenn einmal die Vorsteher Buße täten, die Gemeinden würden bald folgen, und wenn die Gemeinden Buße täten, so würde die Welt nicht unberührt bleiben. Und gewiß – niemand hat es so nötig, Buße zu tun, wie wir Vorsteher. Laßt uns nur einmal darüber nachdenken, was unsere Gemeinden sein wollen, sein sollen und nicht sind! Hier könnten wir eine endlose Bußliste machen; denn der Schaden der Tochter Zion ist groß. Und daran sind vor allem wir Vorsteher schuld. Der Herr macht in den Sendschreiben die Vorsteher verantwortlich für die Schäden in den Gemeinden. Und das tut Er heute noch. Gewiß, viele geben das zu und haben sich schon lange gefragt: Wie kann das anders werden? Unser Herr sagt: „Tue Buße!" und: „Tue die ersten Werke!" Jede Bewegung und Neubelebung unter Gottes Volk hat angefangen mit Beugung. Es hat jemand gesagt: Die Gemeinde könnte eine Erweckung haben, wenn sie nur an ihre Untreue denken wollte, aufrichtig ihre Sünden bekennte. Aber es ist viel leichter für die Christen, leere Wiederholungen auszusprechen und die Verantwortlichkeit für die Verdammnis der Seelen auf Gott zu werfen, als sich zu demütigen, vor der Welt ihren rückfälligen und machtlosen Stand zu bekennen und die Gelübde zu erfüllen, die sie ihrem Gott gemacht haben. Gott will ein treues Volk haben, das Ihm von ganzem Herzen dient. Und wenn Er es hätte, würden bei manchem „Jericho" die Mauern fallen. O möge der Herr Seinem Volke den Geist des Schuldbewußtseins und der Buße senden! Möge Er ihm die Augen öffnen, daß es sehe, wovon es gefallen ist, damit es Buße tue, bis seine Missetat abgewaschen, seine Untreue vergeben und seine Lippen mit dem lebendigen Feuer berührt werden, das vom Altar Gottes genommen wird! –

Zuletzt wendet sich der Herr noch an die Glieder der Gemeinden. Auch ihnen gilt der Bußruf: „Gedenke, wovon du gefallen bist!"

Damit ist nicht ein Fall nach außen gemeint in eine bestimmte Sünde, sondern ein Fall im Innern, ein Rückfall im Herzen. Daß die Glut unserer Liebe abgenommen hat, daß unser Gewissen an Zartheit verloren hat, daß wir keine Macht mehr über die Sünde haben, daß unser Eifer für Gott einer kalten Nüchternheit Platz gemacht hat, daß uns der Geist der Freude und der Opferwilligkeit nicht mehr trägt, daß unsere Gemeinschaft mit Gott nicht mehr innig ist – ist das nicht ein Rückfall des Herzens, und haben wir nicht Ursache, uns tief zu beugen? Daß wir uns durch diese Diesseitigkeitsgesinnung so sehr der Welt angepaßt haben, daß uns eine gute Laufbahn, eine angesehene Lebensstellung in der Welt wichtiger ist als das Trachten nach dem Reiche Gottes und nach Seiner Gerechtigkeit – zeigt das nicht, wie weit wir abgekommen sind vom schmalen Weg der Nachfolge Jesu? Daß wir nicht die Kraft haben, gegen den Strom zu schwimmen und außerhalb des Lagers die Schmach Christi zu tragen – ist das nicht ein Zeichen geistlicher Erkrankung und Verarmung? „Gedenke, wovon du gefallen bist!" Es ist klar: uns fehlt der Geist der Buße. Wir meinen, wir seien reich und hätten gar satt, und wissen nicht, wie arm und leer wir sind!

Noch ein Wort für Bußfertige

Laß deine Buße gründlich sein, sage nicht wie Saul: „Ich habe gesündigt – aber ...!" (1.Samuel 15) Das ist geteilte Buße, wenn man hinter sein Bekenntnis gleich ein „Aber" setzt. Mach es nicht wie Israel, das zwanzig Jahre hinter Jahwe her wehklagte und doch nicht seine Götzen aufgab (1.Samuel 7). Die Buße ist eine Tat, wie die Sünde eine Tat war. Es heißt nicht: fühlt Buße, sondern tut Buße. Räume nicht neunundneunzig Steine aus dem Wege, während du einen, den größten, liegenlässest. Bekenne zuerst die Sünde, die dir das Bekennen am schwersten macht und die du am unliebsten sagst. Gib nicht das unrechte Gut, das in deiner Hand ist, in die Opferbüchse, das wäre ein räuberisches Brandopfer (Jesaja 61,8), sondern gib es dem, dem es gehört, mit einem „Fünftel" mehr zurück, so verlangt es die Schrift (3.Mose 5,21-24). Nur wenn die Betreffenden nicht mehr zu finden sind, ist es erlaubt, dieses durch Unrecht in unsere Hand gekommene Gut den Armen zu geben. Daniel sagt zu Nebukadnezar: „Mach dich los von deiner Ungerechtigkeit durch Barmherzigkeit gegen Arme“ (Daniel 4,24). Sei sehr treu in diesem Stück; denn unrecht Gut an sich zu bringen nennt die Schrift „Untreue begehen an Gott“ (3.Mose 5,21), und stehlen nennt sie: „Sich vergreifen an dem Namen Gottes“ (Sprüche 30,9). Achan vergriff sich an dem Verbannten und brachte sich in den Tod und ganz Israel in den Bann (Josua 7). Fürchte dich nicht vor einer rückhaltlosen Buße in diesem Stück; denn den Aufrichtigen läßt Gott es gelingen, und den Demütigen gibt Gott Gnade. Gott waltet in besonderer Gnade über Bekenntnissen. Freilich gibt es auch Fälle, wo es besser ist, wenn ein Bekenntnis unterbleibt. Wenn jemand willig ist, sich zu demütigen, aber sieht, daß er durch sein Bekennen nicht einen Schaden gutmachen, sondern nur noch einen neuen hinzufügen würde, so darf in solchen Fällen das Bekenntnis unterbleiben. Auf alle Fälle aber muß er diese Sache einer Priesterseele offenbaren, damit es auf diese Weise ans Licht gebracht und gestraft wird. Denn Heimlichkeit ist die Macht der Sünde.

Soweit der Geist mit uns zurückgeht, müssen wir alles geradelegen, worauf Er Seinen Finger legt. Dann können wir, wie in Hiob 11,13-19 gesagt ist: „Umschau halten ... und nichts wird uns mehr schrecken.“ Kannst du Umschau halten unter den Menschen, den Häusern, den Werkstätten usw., wo du hindurchgegangen bist, und schreckt dich nichts mehr? Kann im Blick auf deine Vergangenheit von dir gesagt werden wie von Noah: „Und Gott schloß hinter ihm zu!“? O wohl dir, wenn du den Segen eines gereinigten Gewissens genießen darfst! Du gehörst zu den Glücklichsten dieser Erde. Und du wirst es bezeugen, daß Buße ein himmlisches Geschenk ist.

Der Gnadenstrom

Hesekiel 47,1 – 12

Von einem Strom ist hier die Rede, der von der rechten Seite des Tempels herausquillt und mitten durchs Land fließt, und dessen Wasser alles gesund macht, wo es hinkommt. Im 9. Vers wird dieser Strom ein Doppelstrom genannt. In diesen Doppelstrom wurde der Prophet von dem Engel hineingeführt, um erstens selbst seine heilende und belebende Kraft zu erfahren, und zweitens, um den Reichtum der Lebenskraft dieses Stromes dem Volk verkündigen zu können.

Es dachte vielleicht manches beim Lesen dieser Verse: O hätten auch wir einen solchen Strom, wie gerne wollte ich hineingehen, um an Geist, Seele und Leib gesund zu werden! Gott sei gepriesen, wir haben auch einen solchen Strom! Er geht aus von dem Stuhl Gottes und des Lammes (Offb. 22,1). Von dem Stuhl des Lammes geht aus wie ein Strom die heilende Kraft Seines Blutes, und von dem Stuhl Gottes geht aus wie ein Strom der Heilige Geist – die Verheißung des Vaters. Und dieser Doppelstrom, den wir um der Einfachheit willen *„Gnadenstrom"* nennen wollen, fließt er nicht auch mitten durchs Land? Werden nicht auch heute noch, und gerade heute, Hunderte und Tausende in diesem Strom gesund? Und geht nicht heute der Ruf lauter denn je durch die Lande:

„O Seele, ich bitte dich, komm
und such' diesen herrlichen Strom;
sein Wasser fließt frei und mächtiglich;
o glaub's, es fließet für dich!"

Wir wollen, um des besseren Verständnisses willen, zuerst ins Auge fassen, *was von dem Strom selbst gesagt ist,* und dann *die vier Stationen, die viermal tausend Ellen, die der Prophet geführt wurde,* ein wenig näher betrachten.

Ich möchte euer Augenmerk zuerst auf das Wort *„Strom"* richten. Wenn die Schrift von der Gnade als von einem Strom redet, so will sie uns damit sagen, daß die Gnade weit über unsere Bedürfnisse hinausreicht. Es gibt viele zagende Kinder Gottes, die immer meinen, die Gnade reiche für sie nicht aus. Ich möchte sie bitten, darauf zu achten, daß Gott von Seiner Gnade redet als von einem Strom. Kannst du einen Strom ausschöpfen? Nein! Und wenn du es könntest, so kannst du doch niemals den Strom der Gnade vertrocknen machen. Nimm Gnade um Gnade aus diesem Strom, und es wird sein, als ob ein Mücklein im Rheinstrom sich satt getrunken hätte.

Wir einfachen, ungebildeten Leute tun überhaupt gut, wenn wir uns an die einfachen Ausdrücke der Bibel halten, statt uns durch dogmatische Lehrsätze Klarheit und Gewißheit verschaffen zu wollen. Nichts, was ich über Gnade und Begnadigung las, hat mein Herz so befestigt wie das Wort in 1.Petr. 1,13, wo dieselbe als *„angebotene Gnade"* bezeichnet wird. Ebenso lesen wir in Hebr. 6,18, wo von der Hoffnung als von der *„angebotenen Hoffnung"* geredet wird. Ich suchte kürzlich die Namen Jesu im Neuen Testament und schrieb mir dieselben in ein Büchlein und fand, was ich nie geglaubt hätte, etwa hundert Namen von Jesus. Wie groß wurde mir da der Heiland! Da merkte ich etwas von der Wahrheit des Wortes in Kol. 1,19: „Es ist das Wohlgefallen Gottes gewesen, daß in Ihm alle Fülle wohnen sollte." Der Herr wolle uns ein einfältiges Auge geben, zu sehen die Wunder in Seinem Evangelium, und ein einfältiges Herz, dem Er die Geheimnisse des Himmelreichs offenbaren kann. Er wolle uns Hände geben, die geschickt sind, aus Seiner Fülle zu nehmen Gnade um Gnade, damit wir nicht, wie Hagar, aus Kurzsichtigkeit neben dem Wasserquell beinahe verschmachten. Nach dem Reichtum Seiner Herrlichkeit möchte uns der Vater geben über Bitten und Verstehen; von Seiner Fülle möchte uns Jesus schenken alles, was zum Leben und gottseligen Wandel Not ist.

Das zweite, worauf ich eure Aufmerksamkeit lenken möchte, sind die Worte: *„Überall, wo dieser Strom hinkommt, soll alles gesund werden."* Alles gesund! Es seufzt vielleicht manches bei diesem herrlichen Wort und denkt: Ach ja, gesund werden, wie lange schon wünsche und suche ich das!

O Seele, ich bitte dich, steige im Glauben hinein in diesen Doppelstrom; geh hinein, so tief, bis der Strom dich ganz umgibt; tauche dich wie Naeman siebenmal in diese heilende Flut, und es wird auch von dir heißen wie von Naeman (2.Kön. 5): „Und sein Fleisch ward wieder erstattet wie das Fleisch eines jungen Knaben, und er ward rein." Das teure Blut des Lammes Gottes ist das einzige Heilmittel gegen unseren Sündenaussatz. Es ist die Salbe aus Gilead, die auch den tiefsten Schaden heilt (Jer. 8,22); es ist der Born, der alle Sünde und Unreinheit abwäscht (Offb. 7,13-17); es ist der Quell, der unser Gewissen reinigt von den toten Werken (Hebr. 9,14).

Wenn ein Mensch versöhnt ist durch das Blut des Lammes, so ist dem Heiligen Geist Bahn gemacht in ein Herz. Nun fängt die Erziehung an. Der Geist, diese himmlische Tinktur, möchte jedes Teilchen unseres Wesens durchdringen, jedes Gebiet unseres Lebens durchheiligen, uns durch und durch gesund machen. Von Natur sind wir so salzige, ungenießbare, trübe, stinkende Teiche und Lachen, voll Schlamm und Ungeziefer. Erst wenn dieser Doppelstrom „Blut und Geist" uns durchflutet wird dieser Morast weggespült. An die Stelle der Unreinheit tritt Reinheit, an die Stelle der Unheiligkeit tritt Heiligkeit. Mit den Gliedern, mit denen wir früher dem Tode Frucht gebracht, machen wir jetzt das Leben Jesu offenbar. Wie wir früher ein Fluch waren, so sind wir jetzt ein Segen; wie wir früher ein Todesgeruch waren, so sind wir jetzt ein Lebensgeruch.

Aber nicht nur Geist und Seele, sondern gewiß hat auch der Leib Anteil an diesem Segen. Der Leib, der ein Tempel des Heiligen Geistes geworden ist, darf bald die göttliche Kraft erfahren, die er aufgenommen hat.

Ein weiterer Punkt, der unserer Beachtung wert ist, sind die Worte in Vers 12, wo von den Bäumen an den Ufern dieses Stromes gesagt ist: *„Sie bringen alle Monate neue Früchte, denn ihr Wasser fließt aus dem Heiligtum."* Sie sind fruchtbar! Und warum? Ihr Wasser fließt aus dem Heiligtum. O wie außerordentlich wichtig sind diese Worte! Welchen Blick öffnen sie uns für ein fruchtbares Leben! Frucht, neue Frucht bringen nur die, die ihr Wasser, d. h. ihre Kraft, aus dem Heiligtum haben, die ihre Wurzeln in Jesus haben, die in Jesus sind, die sagen können mit dem Psalmisten: „Alle meine Quellen sind in Dir." Frucht ist mehr als Erfolg. In der Frucht ist Leben, das sich fortpflanzt. Neue Frucht bringen will sagen: Immer neue Schönheiten des Bildes Christi sollen an uns offenbar werden; immer weitere Grade in der Gnade sollen an uns zu sehen sein; immer größere Einfalt, Reinigung und Heiligung soll an uns bemerkbar sein. Das kann aber nur der Fall sein, wenn Jesus stündlich und augenblicklich der Arbeiter in unserer Seele ist; „denn wir werden verklärt in dasselbe Bild als vom Herrn, der der Geist ist“ (2.Kor. 3,18). Jesus in uns, die Hoffnung der Herrlichkeit! Jesus in uns, das Geheimnis des Sieges und der Fruchtbarkeit!

Wollen wir, die wir an anderen arbeiten, nicht ein wenig vor diesem Verslein stehen bleiben? Wo sammeln wir, wenn wir leer sind? Wo sind unsere Quellen, aus denen wir schöpfen? Wo bereiten wir die Arznei für die Kranken? Wo suchen wir das Brot für die Hungernden? Im Heiligtum? Aber das Geheimnis der Fruchtbarkeit ist nach diesem Vers nicht sammeln für andere, sondern für sich und geben von dem, was wir für uns aus dem Heiligtum empfangen haben, und was an uns sozusagen reif geworden ist. Der Herr wolle uns in so enge Verbindung mit sich bringen, daß stündlich Seine Kraft durch uns fließen kann und Christus in uns der Gebende wird.

Das letzte, was ich von diesem Strom erwähnen möchte – und was zu unserem eigentlichen Thema führt –, ist, daß der Prophet in diesen Strom *hineingeführt* wurde. Er sollte nicht schöpfen aus dem Strom, noch viel weniger sein Wasser nur versuchen, sondern er sollte hineingehen, und zwar immer tiefer, bis der Strom ihm unergründlich und er von demselben getragen würde. Was will uns das sagen? Es will uns sagen, daß Gnade unser Element werden muss, daß Gnade vor uns, hinter uns, über uns, unter uns sein soll, daß wir in der Gnade leben und weben. Freilich hat das seine Stufen. Es gibt viele Grade in der Gnade. Es gibt im geistlichen Leben sehr viel Wachstum und Reifen. Was ausgewachsen ist, ist darum noch nicht ausgereift. Es gibt, wie wir hier sehen, Stationen; von 1000 zu 1000 Ellen wurde der Prophet geführt. Wir lesen: „Und der Mann ging heraus gegen Morgen und hatte die Meßschnur in seiner Hand, und er maß tausend Ellen und führte mich durchs Wasser, daß mir's an die Knöchel ging.“ Was heißt das für uns, bis an die Knöchel in den Gnadenstrom gehen? Ich denke, Vergebung der Sünden empfangen. Durch Vergebung sind unsere Füße auf den Weg des Friedens gestellt, sind wir auf den Boden der Gnade getreten. Vergebung der Sünden wäre somit

die erste Station

auf dem Gnadenweg, der erste Knoten in dem aufsprießenden Halm. Wenn wir einen Weizenhalm betrachten, so finden wir, daß er auf gewisse Längen immer wieder einen Knoten angesetzt hat, der dem Halm und der darauf ruhenden vollen Ähre den Halt gibt. Ähnlich ist es im Christenlauf. Es gibt sozusagen Knotenpunkte, wo irgendeine Heilswahrheit sich in uns abklärt und festsetzt und zugleich der Boden wird, auf dem weitere Wahrheiten und Erfahrungen sich gründen. Ein solcher Knoten – und ich möchte sagen der erste – in dem Halm ist die Gewißheit der Vergebung der Sünden, und zwar aller Sünden, das gläubige Erfassen der Versöhnung in Jesu Blut, der Augenblick, wo das, was Jesus am Kreuz vollbracht, uns aufgeht und uns zur unumstößlichen Tatsache wird, so daß man aus tiefster, persönlicher Überzeugung und Gewißheit mit dem Dichter jubeln kann:

„So wahr die Sonne am Himmel dort prangt,
so wahr hab' ich Sünder Vergebung erlangt!
Bis aufs Schwören kann ich's wissen,
daß der Schuldbrief ist zerrissen!"

Das ist die erste, bestimmte Erfahrung, die wir auf dem Glaubensweg machen müssen. Fehlt uns diese, sind wir hierüber in Unklarheit, so liegt überhaupt alles Weitere für uns im Nebel. Gott kann uns nicht weiterführen, und versuchen wir es selbst oder andere mit uns, so müssen wir nur zu bald erfahren, daß unser ganzes Christentum kein Rückgrat hat. Wir sind nicht aus Wasser und Geist geborene Leute, sondern von Menschen überredete Leute. Der Geist Gottes konnte an uns nicht Seine erste Arbeit tun. Und Seine erste Arbeit ist noch Johannes 16, 8, uns *von unserer* Sünde zu überzeugen. Hat Er diese Arbeit tun können, so tut Er auch die zweite, nämlich von der Gerechtigkeit in Jesu oder besser von Jesus als unserer Gerechtigkeit uns zu überzeugen. So bekommt man einen Halt, eine göttliche Gewißheit, weil man nicht von Menschen, sondern vom Heiligen Geist überzeugt und versiegelt ist. Und als Frucht dieser Gerechtmachung genießen wir nach Röm. 5,1 den Frieden mit Gott oder nach Hebr. 9,14 den Gewissensfrieden.

Aber Vergebung der Sünden ist nur das Eingangstor in das Land des Heils. Viel Land ist noch einzunehmen. Durch die Vergebung der Sünden ist die Scheidewand zwischen uns und unserem Gott hinweggetan. Jesus, der große Hohepriester, hat uns mit Seinem Blut nicht nur Gott versöhnt, sondern hat uns auch durch dasselbe einen neuen und lebendigen Weg bereitet zum Gnadenthron. Durch Ihn haben wir den Zugang zum Vater, und durch den Geist, der uns gegeben ist, rufen wir: „Abba, lieber Vater!“ So kommen wir in persönlichen Umgang, in persönliche Verbindung mit Gott. Und das ist

die zweite Station

auf dem Gnadenweg, der zweite Knoten, der sich bildet in dem Halm. Der „Christus für uns“ muss „Christus in uns“ werden. Christus muss in uns eine Gestalt gewinnen; Er muss aus uns widerstrahlen. Aber dies kann nur sein, wenn wir uns Ihm öffnen, wenn wir Seine Strahlen fassen. Dies können wir am besten in der Stille, auf den Knien. Da wird der Anfang gemacht. Wir lesen hier: *„Und er maß abermals tausend Ellen und führte mich durchs Wasser, daß mir's an die Knie ging.“* Was heißt das, bis an die Knie in den Gnadenstrom gehen? Es heißt ganz einfach: Unsere Knie in den Dienst der Gnade stellen, ein *Beter* werden, ein Mensch werden, der Kleines und Großes, Äußeres und Inneres wie ein Kind mit dem Vater bespricht, der weiß, wohin mit seinen Nöten und Verlegenheiten, der seine Stärke und Erholung auf den Knien sucht, dessen liebster Platz auf den Knien zu Jesu Füßen ist. Auf diese Weise bekommen wir ein persönliches Christentum.

Wir müssen lernen, selbst aus den Brunnen des Heils das Wasser des Lebens zu schöpfen, sonst kann es sein, daß wir sehr oft stagniertes Wasser trinken müssen; wir müssen lernen, selbst aus Jesu Fülle zu nehmen Gnade um Gnade, sonst kann es sein, daß wir sehr oft nur karge Teile oder gar Steine statt Brot erhalten; wir müssen in persönlichen Umgang mit Jesus, dem lebendigen Weinstock, treten, so daß Seine Lebenskraft aus Ihm direkt uns zuströmen kann. Und das kann nirgends besser geschehen als auf den Knien. Es sagte jemand: „Das Band, das uns mit Jesus unzertrennlich verbindet, wird auf den Knien geknüpft und gestärkt durch steten Gehorsam.“ Ich lese seit zwei Jahren oft die Bibel auf den Knien, und zwar so, daß ich aus jedem Vers ein Gebet mache. Und das sind meine segensreichsten Stunden. Bin ich müde und ausgeleert, hier finde ich Geist, Kraft und Leben; bin ich matt und hungrig, hier finde ich das lebendige Brot; bin ich elend und dürstend, hier finde ich das lebendige Wasser; bin ich schwach und krank, hier finde ich beides, Wein und

Milch. Hier fängt das verborgene Leben mit Christus in Gott an; hier ist es, wo man die Kräfte der zukünftigen Welt schmecken darf; hier, wie sonst nirgends, erfährt man, daß Jesus lebt und sich den Seinen naht. Jedes Nervlein darf die Kraft Seiner Gegenwart fühlen und die Erquickung Seiner Nähe genießen.

„Ich hab' sel'ge Stunden
oft bei Dir, o Herr,
aus Dir Kraft empfunden,
wenn mein Herz ward schwer!"

Beten ist ein Anrühren Gottes. Die blutflüssige Frau verstand dieses Anrühren. Das Volk drängte und drückte Jesus und empfing nichts; aber die Frau rührte Ihn an und empfing eine Kraft.

Haben wir dieses Anrühren Gottes für uns persönlich gelernt, so wird uns der Heilige Geist noch einen Schritt weiterführen und uns auch das Anrühren Gottes für andere lehren. Wir lernen die Stellung einnehmen, die in Offb. 1,6 beschrieben ist, wo es heißt: „Der uns geliebt hat und gewaschen von den Sünden mit Seinem Blut und hat uns zu Königen und Priestern gemacht vor Gott und Seinem Vater." Wir lernen verstehen, daß wir in erster Linie die Sache der Menschen *vor Gott* vertreten sollen und nicht die Sache Gottes *vor den Menschen.* Wir lernen die Nöte, Verlegenheiten und Fehler anderer in unseren Busen sammeln – nicht in den Kopf, um sie dann bei erster bester Gelegenheit anderen zu erzählen – und auf Händen des Gebets sie Gott zu bringen. Denn die Priester müssen heilig umgehen mit den Unheiligkeiten anderer.

Jesus hat diese Priesterstellung in vollkommenster Weise ausgefüllt. Und Er hat uns auch hierin ein Vorbild gelassen. Wir lesen schon in Jes. 53,11 von ihm: *„Darum, daß Seine Seele gearbeitet hat"* Jesu Seele hat gearbeitet; des Nachts allein auf den Bergen, in den öden Örtern, wohin Er sich immer wieder zurückzog, in Gethsemane, da hat Seine Seele gearbeitet, da hat Er Gebet und starkes Geschrei mit Tränen geopfert. Gebet ist Seelenarbeit. Und diese Seelenarbeit, diese Arbeit im Kämmerlein, muß jeder öffentlichen Arbeit vorausgehen, wenn sie gesegnet sein soll. Ich muß erst indirekt an einer Sache arbeiten, bevor ich sie direkt in Angriff nehme. Die fruchtbarsten Arbeiter im Reiche Gottes waren Beter. Am Tage der Offenbarung wird, zur Verwunderung vieler, zu manchem ungekannten und ungenannten Männlein oder Weiblein gesagt werden: *„Freund, rücke hinauf!"* Und auf unser Staunen und Fragen werden wir die Antwort erhalten: *„Darum, daß Seine Seele gearbeitet hat!"* Ich las von einem Arbeiter im Reiche Gottes, der Hunderten eine Ursache zur Bekehrung wurde, trotzdem er nie über die Schwelle seiner Tür kam und nie öffentlich redete. Er war viele Jahre von Gicht gelähmt. Aber seine Seele war nicht gelähmt, und mit dieser arbeitete er. Er betete um Erweckungen, und sie kamen. Niemand wußte, wie das zuging. Aber als der Alte gestorben war, fand man unter seinem Kopfkissen ein Notizbüchlein, das den Leuten das Rätsel löste. Da stand geschrieben: „Von dann bis dann um eine Erweckung gebetet; am soundsovielten eingetroffen." Darum, daß seine Seele gearbeitet hatte, durfte er seine Lust sehen und die Fülle haben.

Aber es sind noch tausend Ellen vor uns. Der Engel maß abermals tausend Ellen und führte den Propheten in das Wasser, daß es ihm bis an die Lenden ging. Was heißt das, bis an die Lenden in den Gnadenstrom gehen? Es will heißen: Seine Kraft und Fähigkeiten, überhaupt alles, was man ist und hat, in den Dienst der Gnade stellen. Das ist

die dritte Station

auf dem Gnadenweg, der dritte Knoten in dem Halm. In den Lenden ist der Sitz der Kraft. Als Gott den Jakob verrenken wollte, rührte Er seine Lenden an. Wer seine Kraft in den Dienst des Reiches Gottes gestellt hat, hat sie damit noch nicht in den Dienst der Gnade gestellt. Das wird erst dann der Fall sein, wenn wir mit unserer eigenen Kraft gründlich zuschanden geworden *sind*. Wir sind wohl schon oft zuschanden geworden; aber wir müssen einmal so zuschanden werden, daß wir alles aus unseren Händen geben, weil wir gründlich davon überzeugt sind, daß nur in *Seinen* Händen alles wohl gerät und in unseren Händen alles mißrät. Dann können wir Arbeiter, Werkzeuge Gottes werden, weil nicht wir, sondern Gott der Wirkende und Gebende ist, und weil wir mit unserer eigenen Person Gott und den Menschen nicht mehr im Wege stehen.

Wir haben schon oft das Lied gesungen: „So nimm denn meine Hände!" Wollen wir es heute wahr machen und unserem Gott *beide*

Hände geben? Wollen wir heute ein ganzes Opfer auf Seinen Altar legen? Nach 5.Mose 33,9 und 10 machen vier Dinge einen fruchtbaren Arbeiter aus: Selbstverleugnung, Gehorsam, Gebet und Hingabe. Wenn ich hier von Arbeitern rede, so meine ich nicht solche allein, die in irgendeiner Reichsgottesarbeit angestellt sind, sondern alle, die Jünger Jesu sein wollen. Jeder Jünger Jesu hat auch eine Jüngeraufgabe. Nach der Schrift sind die *Miterben* Jesu Christi auch *Mitarbeiter* Jesu Christi. Aber wir können erst dann Mitarbeiter Jesu Christi werden, wenn Jesus stündlich und augenblicklich der Arbeiter in unserer Seele ist. Und das kann Er nur bei Leuten, die alles ausgeliefert haben, die *mit der* eigenen Stärke zu Ende gekommen sind. In deren Herzen hat Gott nach Ps. 84,6 gebahnte Wege; in deren Herzen kann Gott nach 2.Kor. 6,16 wohnen und wandeln. Da ist es nicht mehr schwer, ein Arbeiter Gottes zu sein, weil *Gott* in uns und *durch* uns arbeitet.

Es ist für einen Arbeiter im Reich Gottes sehr wichtig, daß er seine Zusammengehörigkeit mit dem dreieinigen Gott klar erkennt. Die Fruchtbarkeit der Reben beruht auf Verbindung und Reinigung. Wenn wir lesen: „Ich will unter ihnen wohnen und wandeln", so will das soviel sagen: Gott will durch uns anderen Menschen begegnen – siehe z. B. Philippus und der Kämmerer, Apg. 8,26-29; Petrus und Kornelius, Apg. 10; – Gott will durch uns andere Menschen segnen und sich ihnen mitteilen – siehe z. B. die Händeauflegung: Apg. 14,3; 19,6; 19,11; Jak. 5,14-16; – Gott will durch uns strafend und vergebend sich anderen Menschen offenbaren – siehe z.B. Nathan und David, 2.Sam. 12,1-14. – Die Jünger in eins mit Ihm zu bringen, war die Arbeit Jesu und der erste Grund zur Sendung des Heiligen Geistes. „Daß auch sie in uns eins seien", war das Gebet Jesu zu Seinem Vater. Wir bilden mit dem Vater und Seinem Sohne Jesus Christus ein Ganzes, haben ein gemeinsames Interesse, nämlich die Rettung und Erlösung der Menschen und die Verdrängung der Finsternis auf dem Erdboden. Das ist jedem Kind Gottes klar, daß es in der Rettung der Menschen ein gemeinsames Ziel mit Gott hat. Aber dieses gemeinsame Ziel bezieht sich nicht nur auf die Rettung der Seelen, sondern auch auf die Befreiung leiblicher Gebrechen. Nicht nur vergebende, sondern auch heilende und rettende Kräfte will Gott durch uns anderen Menschen mitteilen. Freilich hat nicht jeder Baum die gleiche Frucht, das will sagen, es ist nicht jedermanns Aufgabe, die Hände aufzulegen. – Gott tut nichts unmittelbar, wenn Er es mittelbar, d. h. durch Vermittlung tun kann. Nicht der Weinstock selbst, sondern seine Reben bringen seine Kraft zum Ausdruck. Nicht der Stamm, nicht die Äste, sondern die schwachen Zweiglein geben des Baumes süße Frucht dem Menschen. Wie die Elektrizität einer Leitung bedarf, um sich mitteilen zu können, so bedarf auch die Gotteskraft einer Leitung. – Freilich bleibt Gott in allen Dingen souverän; wir sprechen auch nur von dem gewöhnlichen Weg. – Der Vater hat Seine Kraft durch den Sohn den Menschen mitgeteilt, wie Jesus sagt: „Der Vater, der in Mir ist, tut die Werke" (Joh. 14,10), und Jesus teilt Seine Kräfte durch Seine Gläubigen mit, wie Er in Joh. 7,38 sagt: „Wer an Mich glaubt, wie die Schrift sagt, von des Leibe werden Ströme des lebendigen Wassers fließen. Das sagte Er aber von dem Geist, welchen empfangen sollten, die an Ihn glauben." Nur durch den Heiligen Geist kann sich Jesus uns mitteilen, wie wir aus Eph.3,16 und 17 so klar sehen.

Ein Hauptgrund der Ausgießung des Heiligen Geistes war der, daß Jesus selbst sich Seinen Jüngern geben konnte. Und die Aufgabe des Heiligen Geistes ist keine andere, als Jesus uns zu geben. Wir dürfen darum nie den Heiligen Geist an die Stelle des Herrn Jesus setzen oder gar über Ihn, wie dies irrtümlich geschieht.

Verstehen wir diese Innewohnung Jesu, und ist sie bei uns zur Tat geworden, dann ist auch die Frage des Bleibens in Jesus und die Frage der Arbeit für Jesus eine gelöste. „Wer in Mir bleibt, der bringt viel Frucht." Wie viel stiller, getroster und erwartungsvoller würden wir unsere Arbeit tun, wenn dies bei uns zur Realität geworden wäre! Nicht nur Jesus, sondern auch Paulus nahm diese Stellung ein. Er glaubte an die Realität seiner Arbeit (Röm. 1,13), an die Realität seiner Gebete (Eph. 3,14-20), weil er an die Realität der Innewohnung Gottes glaubte.

Doch sind wir nicht fertig. Noch tausend Ellen sind vor uns. *„Da maß er noch tausend Ellen, und es ward so tief, daß ich es nicht mehr gründen konnte; denn das Wasser war zu hoch, daß man darüber schwimmen mußte und es nicht gründen konnte."*

Da ist

die vierte und letzte Station.

Nun kommt auf dem Halm die volle, reife Ähre zum Vorschein. Ich kann hier nicht gut weiterreden, weil ich selbst nicht so weit bin. Ich kann nur einige Andeutungen machen, nur einige Ahnungen aussprechen. So tief in den Strom der Gnade gehen, daß man schwimmen muß, wird sagen wollen: Die Gnade muß unser Element werden, in dem wir uns bewegen. Wie das Wasser den Schwimmer umgibt, so wird die Gnade uns umgeben, dann wird wahr geworden sein, was der Dichter sagt:

„Gnade, über alle Höhen,
Gnade, tiefer als die See.
Treuer Gott, nun ist's geschehen,
nun soll's heißen je und je:
Ganz für Dich und nichts für mich."

Hier vollendet sich die geistliche Reife. Wir wissen, daß ein großer Unterschied ist zwischen geistlichen Gaben und geistlicher Reife. Wir können geistliche Gaben haben, ohne damit auch die geistliche Reife zu haben. Hier ist wohl das Ausreifen der vollen Ähre. Hier ist nicht mehr Gärung, sondern Abklärung und Verklärung. Hier wird alles real, klar, rein, gemessen und taktvoll. Hier hat man gelernt, sich in den Grenzen der Gnade zu bewegen. Hier lebt man das verborgene Leben mit Christus in Gott. Hier ist man völlig in der Liebe. Hier wird in der Schmelze dem Golde der volle Glanz gegeben. Hier fallen die Blätter von der Traube, so daß sie von der Herbstsonne gar durchsüßt und dem Auge des Weingärtners zum Abnehmen sichtbar wird. Hier gibt der Meister durch die zarten Meißelschläge dem Bilde den vollen Ausdruck des Lebens. Hier ist der vollkommene Mensch Gottes zu allem guten Werk vollkommen geschickt. Hier ist Jesus alles in allem geworden.

Man kommt hie und da mit solchen Menschen zusammen, in denen sich des Herrn Klarheit mit aufgedecktem Angesicht spiegelt, in deren Worten ein Hauch aus der Ewigkeit liegt, in deren Nähe man sich wohl und frei fühlt, trotzdem uns ihre Gegenwart auch wie ein aufgehobener Finger gilt. Man spürt etwas von der Salbung, diesem himmlischen Siegel. Sie haben eine sanfte Gewalt, die Herzen gewinnt und Festungen hinweghebt. Man empfindet eine sanfte, liebliche, einfache, erquickende, göttliche Lebenswärme, die die Seele und das Herz heilig durchbebt und durchdringt. Da sieht man mit Augen: Heiligkeit allein ist Seligkeit.

Nun, ihr lieben Freunde, bleibt für uns die wichtige Frage: *Wo stehe ich?*

1. Leider bleiben schon viele auf der ersten Station stehen. Sie werden keine Gnadenmenschen, kein ganzer Halm mit voller Ähre. Sie haben nur die eine Seite der Gnade erfaßt, nämlich die, die unser vergangenes Leben gutmacht; aber die andere Seite der Gnade, die auch unser gegenwärtiges Leben gutmacht, die Gnade, die den ganzen Menschen durchdringt und in die göttlichen Bahnen bringt, kennen sie nicht.

Viele machen es wie der König Joas (2.Kön. 13,10-19), der anfing, als es bereits zu spät war (er fragte erst dann nach Elisa, als dieser am Sterben lag), und aufhörte, als es noch viel zu früh war. Statt fünf- oder sechsmal mit seinem Bogen zu schlagen, schlug er nur dreimal. So machen viele hinter die drei Erfahrungen – Vergebung der Sünden, Frieden mit Gott, Hoffnung des ewigen Lebens – einen Punkt. Sie haben genug! Sie lassen die Arme sinken, statt daß sie weiterschlagen würden, bis daß die Syrer, d. h. die Sünde kraftlos gemacht wäre. Darum bleiben sie wie Joas ein Leben lang im Streit und sind beständig die Überwundenen, statt die Überwinder. Ihr Leben ist ein Leben von Fallen und Aufstehen. Solche stehen noch auf eigenen Füßen, und wer auf eigenen Füßen steht, kann jeden Augenblick fallen. Sie sind nur bis an die Knöchel in den Strom gegangen. Das wenigste von ihnen steht in der Gnade. Je tiefer man in den Strom geht, desto geringer ist die Gefahr des Fallens. Und wer so tief hineingegangen, daß er getragen wird, der kann überhaupt nicht fallen. Aber ein Leben von Fallen und Aufstehen ist das Leben in den Kinderschuhen. Man nimmt es einem Kind von ein bis zwei Jahren nicht übel, wenn es am Tag zehnmal fällt; aber wenn es bei einem zehnjährigen oder gar noch älteren vorkommen würde, müßte man da nicht mit Recht sagen: Das ist ein anormales Kind?

Sie sind wie Ephraim „ein unweiser Sohn; denn wenn es Zeit ist, tritt er nicht in den Durchbruch der Kinder“ (Hos. 13,13).

Sie sind gleich den Israeliten, die in elf Tagesreisen von Horeb bis Kades-Barnea zogen, d. h. bis an die Grenze des Landes Kanaan, aber dann wieder umkehrten in die Wüste und in der Wüste starben, also nicht in das Land der Ruhe kamen. Ihr Leben ist ein Wüstenleben, statt ein Leben der Ruhe, des Genusses und des Sieges.

Diesen Stehengebliebenen läßt Gott heute sagen: „Ihr seid lang genug an diesem Berg gewesen; wendet euch und zieht hin. Siehe da, Ich habe euch das Land, das da vor euch liegt, gegeben; geht hinein und nehmt es ein“ (5.Mose 1,6-8).

Du fragst vielleicht: Wie kann ein Stehengebliebener vorwärtskommen? Durch Gehorsam, durch Gehen der Wege, die im Worte Gottes so klar gezeigt sind. Jesus kann nur denen helfen, die Ihm gehorsam werden (Hebr. 5,9). Warte nicht auf etwas Außerordentliches, sondern gehe sogleich mit deinem Herzen in den völligen Gehorsam ein. Gib Gott dein Ohr; gib Ihm den Willen deines Herzens; gib Ihm deine Hände, so wird Er dich tausend Ellen weiterführen in den Strom der Gnade.

2. Warum viele, die auf dem Wege zur zweiten Station sind, nicht in einen innigen Umgang mit Gott kommen, nicht ein Gebetsleben finden, ist der gleiche Grund wie bei den vorhin erwähnten, nämlich der *Ungehorsam.* Ihr Herz verdammt sie immer wieder, weil sie ungehorsam waren. Jeder Ungehorsam bringt Mißtrauen gegen Gott ins Herz. Nur gehorsame Kinder sind freudige Kinder, freudig auch im Bitten. Gehorsam fließt aus der Selbstverleugnung. Darum sagt jemand mit Recht: „Gebet und Selbstverleugnung sind zwei unzertrennliche Schwestern. Sowie du eine verlässest, verläßt dich die andere. Sobald eine verloren geht, kostet es auch der anderen das Leben.“ Nur wer in Harmonie mit Gott ist, betet gern.

Es kann auch sein, daß der Grund des Zurückbleibens, wie bei den Kolossern, Mangel an Erkenntnis ist. Zwei Dinge sind vor allem nötig, wenn man ein Beter werden will: erstens, daß ich klar erkenne, was Gottes Ziel mit mir ist, und zweitens, daß ich in voller Klarheit darüber bin, wie nahe oder wie ferne ich diesem Ziele in meinem praktischen Leben bin. Wo dies nicht der Fall ist, liegt überhaupt unser ganzes Gebetsleben noch im Nebel.

Andere werden darum keine Beter, weil sie von dem seligen Vorrecht der Fürbitte keinen Gebrauch machen. Es sagte mir einmal jemand: „Es kommt erst dann ein Zug in mein Gebet, wenn ich mit der Not anderer anfange.“ O wie viele, sonst liebe Kinder Gottes, stehen da noch müßig am Markt. Und der Herr möchte heute gewiß zu manchem sagen: „Gehe auch du hin in den Weinberg!“ Ist auch Fürbitte Arbeit im Weinberg? O ganz gewiß! Du kannst vielleicht nicht öffentlich arbeiten; aber arbeite im Kämmerlein; du arbeitest nicht umsonst (Matth. 6,6). Du kannst vielleicht nicht in den vordersten Reihen kämpfen; aber nimm deinen Platz im Hinterhalt; denn der Hinterhalt, d. h. die Beter, nehmen die Städte ein (Jos. 8; Richt. 20, 26-37). Du kannst vielleicht nicht mit Josua ins Tal gehen und stehen vor Amalek; aber stehe wie Moses vor Gott auf des Hügels Spitze und halte den Stab des Gebets in die Höhe; denn das Aufheben des Stabes entschied den Sieg (2.Mose 17,8-13). Baue nicht wie Lot nur deine Hütte, d. h. lebe nicht dir selbst, sondern baue wie Abraham dem Herrn einen Altar, auf dem geschrieben steht:

„Nicht nur für mich selbst zu beten
liege ich vor Deinem Thron.
Viele wollst Du noch erretten,
vielgeliebter Menschensohn.“

3. Was viele auf dem Wege zur dritten Station aufhält, ist das Hängen am eigenen Leben und die Furcht vor dem Bankrott. Die Hingabe an den Herrn, die ihre Stufen hat, ist umso völliger, je mehr die Seele ihr Elend erkennt. Wir haben an den bankrotten Ägyptern ein treffendes Beispiel hierfür (1.Mose 47,13-25). Da sehen wir, wie stufenweiser Bankrott sie zu stufenweiser Hingabe führte. Im Anfang der Teuerung brachten sie Joseph ihr Geld – das Selbstverständliche, was man sozusagen zum Weggeben hat –; dann, als die Teuerung wuchs, brachten sie ihr Vieh, das war schon mehr; dann ihr Feld, das war noch mehr; und zuletzt ihre eigene Person, das war nun alles. – So weit will es Jesus, der himmlische Joseph, mit uns bringen, daß wir Seine Leibeigenen werden, Menschen, über die Er volles Verfügungsrecht hat.

Wenn wir Jakobs Leben mit Aufmerksamkeit betrachten, tritt uns das eine besonders klar vor das Auge, wie sein Leben von Pniel an (1.Mose 32) ein ganz anderes wurde. Von da an war er ein Zeuge; von da an hatte er einen Altar; von da an hatte er Autorität in seinem Hause; von da an verstand er Gott und Seine Offenbarungen, was vorher nicht der Fall war. Vorher zeigte ihm Gott, z. B. auf seinem Wege Esau entgegen, Seine Engelheere, um ihm damit eine Versicherung zu geben, daß er sich nicht fürchten müsse und daß derer, die bei ihm sind, mehr sind denn derer, die bei Esau sind. Jakob sah die Engelheere und rief sogar aus: „Dies ist das Heerlager Gottes. Und er nannte den Namen dieses Ortes Mahanajim." Ist das nicht ein treffliches Bild von uns? Man sieht die Dinge, macht andere noch darauf aufmerksam, gibt der Sache sogar einen Namen; aber im Grunde hat man sie doch nicht und weiß nichts damit anzufangen, wie Jakob mit den Engelheeren. Die Beweise Seiner Gegenwart und Seiner Freundlichkeit gehen nutzlos an uns vorüber, solange man durch eigene Kraft in der Blindheit gehalten wird. Nur schwache Leute sind imstande, Gott in Seiner Kraft zu fassen. Der Hohe und Erhabene wohnt bei denen, die zerschlagenen und demütigen Geistes sind. Warum? Weil Gott da Raum hat und etwas tun kann.

4. Was ich Negatives über den Weg zur vierten Station zu sagen habe, ist schnell gesagt. Es darf auch hier kein Stehenbleiben geben, wiewohl nirgends die Versuchung zum Stehenbleiben größer sein wird als gerade hier. Denn der Feind ist schnell bereit zu sagen: Du hast so viel erbetet und hast dich müde gearbeitet; nun ist's genug! Gerade wenn dies der Fall ist, haben wir umso nötiger, wie die Jünger in Mark. 6,30 und 31, „besonders an einen stillen Ort zu gehen, um ein wenig zu ruhen", d. h. zu uns selbst zu kommen. Tiefer eindringen, muß auch hier unsere Losung bleiben. Ich führe hier an, was Simpson über dieses „tiefer eindringen" sagt:

Tieferer Friede und göttliche Freude. In den mächtigen Tiefen des Ozeans machen die Winde, die über die Oberfläche dahintoben, keinen Eindruck. Dort herrscht eine ununterbrochene und vollkommene Ruhe. So mag auch die Seele, die sich in Gott vertieft hat, weniger von der aufbrausenden Fröhlichkeit leicht erregbarer Naturen haben; aber sie ruht in dem Frieden Gottes, der allen Verstand übersteigt, und ihre Freude ist nicht die irdische Freude, die aus den Verhältnissen oder zusagenden Umgebungen entspringt, sondern eine wahre göttliche Freude, und diese wird oft am tiefsten und vollsten empfunden, wenn ringsumher alles öde ist wie eine Wüste und dunkel wie die Mitternacht.

Tieferer Glaube. Wie wir uns tiefer in Gott versenken, so hält sich unser Glaube nicht so sehr an die offenbaren Anzeichen der Erhörung unserer Gebete, sondern ruht mehr auf dem Unsichtbaren. Er nimmt Gott bei Seinem Wort ohne Zeichen oder Gefühl und lernt wie Abraham gerade dann am festesten glauben, wenn alles der Verheißung zu widersprechen scheint. Er versenkt sich in die Tiefen der geheimnisvollen Führungen Gottes und vertraut, wo er nicht ergründen kann, der Treue und Liebe Gottes, in der er ruht.

Tiefere Liebe. Dann lernen wir die Liebe, die langmütig und freundlich ist, die das Lieblose, das Unfreundliche mit Liebe umschließen kann, die im Glauben liebt, wo es im Schauen nicht möglich; denn diese völlige Liebe glaubt alles, hofft alles, duldet alles und „hört nimmer auf“.

Tiefere Geduld. Denn wenn wir in die Tiefen hinabsteigen, so kann die Geduld ihr vollkommenes Werk in uns haben und die krönende Tugend des gereiften Christenlebens werden, – Geduld Gott gegenüber, inmitten dunkler Führungen, Geduld gegen unsere Mitmenschen, auch in Beleidigungen und Verfolgung, Geduld, die freudig leiden und sich selbst des Leidens rühmen kann, weil sie über und in allem die Liebe Gottes und Seinen Endzweck, unsere Vollendung, sieht. –

Tiefere Kraft. Wie wir uns tiefer in das göttliche Leben einsenken, werden wir uns oft weniger unserer eigenen Kraft bewußt und sind zufrieden, in Seinem Wirken zu ruhen, auch wenn wir weder Kraft fühlen noch Frucht sehen. Gottes Macht zeigt sich oft in dem Verbergen Seiner Kraft, und Seine mächtigsten Werkzeuge sind mit dem Schatten Seiner Hände bedeckt. Wir lernen im Glauben auf Seine Gotteskraft rechnen und halten uns nur für Werkzeuge Seiner Hand, willig, ebenso wohl durch Schweigen als durch Reden oder tätigen Dienst von Ihm gebraucht zu werden.

Tiefere Arbeit. In dieser tieferen Arbeit in Gott sind wir nicht mehr mit uns selbst beschäftigt; aber unser Wirken mag wohl weniger offenbar werden als in unserer früheren Erfahrung. Die Arbeiter einer großen, mächtigen Brücke tun die schwerste Arbeit davon im Verborgenen. Tief unter dem Wasser werden die großen Grundsteine gelegt; aber sie sind auch das Fundament, das den ganzen Bau trägt. Dies war die Arbeit, die Moses tat, und Josua erntete die Früchte derselben. Der Prophet Jesaja tat solche Arbeit; aber zu seiner Zeit wurde er von niemandem darin verstanden. Es war die Arbeit des Herrn selbst, als Er auf Erden war, und bei Seinem Fortgang war nur in einer kleinen Schar ihr Resultat sichtbar; aber die folgenden Jahrhunderte haben ihre herrliche Frucht offenbart.

Tieferes Gebet. Denn wenn wir inniger mit dem Heiligen Geist vereint sind, so betet Er in uns, und Sein Gebet kommt aus der Tiefe, nicht mit lautem Ruf, sondern mit Seufzen, das nicht in Worten ausgesprochen werden kann. Unser Gebet wird manchmal auch zu einem schweigenden Versenken in Gott, einem Einssein, einer Anbetung, die zu heilig und zu tief ist, sie in Worte zu kleiden.

Tieferes Leiden. In dem Maße, wie wir dem Herrn näher kommen, werden wir, gleich Ihm selbst, empfindsamer für die Sünde um uns her, für den giftigen Atem des bösen Feindes, für die Leiden der Welt, die Gefahr unsterblicher Seelen, für die Leiden des Herrn selbst, die Er erduldete zur Errettung einer Welt, die Ihn haßte. Von unseren eigenen Wegen erlöst, können wir jetzt in die Gemeinschaft Seiner Leiden eintreten.

Tieferer Blick. Wir sehen jetzt mit einer göttlichen Klarheit in das Wort Gottes, in den Plan Gottes zur Erlösung Seiner Menschheit und in die herrliche Zukunft der Erscheinung Jesu Christi hinein. Wenn man sich in der Tiefe eines dunklen Abgrunds oder eines Brunnens befindet, so kann man selbst am hellen Tage von dort aus Sterne sehen. Wenn wir tief genug in Gott eingedrungen sind, können wir die Himmel schauen. Dann erglänzt uns das Wort Gottes in einem himmlischen Lichte, dann verstehen wir Seine Stimme in der Schrift und erfassen Seinen Gedanken für unsere Zeiten und Seinen Plan für die Arbeit und für die Welt.

Soli Deo Gloria!

Jeden Faden, den ich drehe,
jeden Fußtritt, den ich gehe,
jede Scholle, die ich grabe,
jede Arbeit, die ich habe,
alles meinem Gott zu Ehren,
hier und dort Sein Lob zu mehren.
Soli Deo gloria!

Alle Lasten, die ich trage,
alle Worte, die ich sage,
alle Werke, die ich tue,
alle Stunden, da ich ruhe,
alles meinem Gott zu Ehren,
hier und dort Sein Lob zu mehren.
Soli Deo gloria!

Jedes Tröpflein Blut im Herzen,
jede heiße Glut der Schmerzen,
jede lichte Freudenstunde,
jede bitt're Leidenswunde,
alles meinem Gott zu Ehren,
hier und dort Sein Lob zu mehren.
Soli Deo gloria!

Jede Speis', die ich genieße,
wenn ich andre freundlich grüße,
wenn ich nur ein Blümlein pflücke,
mich um einen Strohhalm bücke,
alles meinem Gott zu Ehren,
hier und dort Sein Lob zu mehren.
Soli Deo gloria!

Alles, vom Geringsten, Kleinsten,
bis zum Höchsten, Größten, Reinsten,
mag's die ganze Welt erbauen,
mag's nur still ein Engel schauen,
alles meinem Gott zu Ehren,
hier und dort Sein Lob zu mehren.
Soli Deo gloria!

Einst an meinem letzten Ende,
wenn mein brechend Aug' ich wende
hin zum Kreuz den Trost genieße
und dann still mein Leben schließe,
alles meinem Gott zu Ehren,
hier und dort Sein Lob zu mehren.
Soli Deo gloria!

Ohne Fühlen will ich trauen!

Deshalb umgürtet die Lenden eurer Gesinnung, seid nüchtern und hofft völlig auf die Gnade, die euch gebracht wird bei der Offenbarung Jesu Christi.

1.Petrus 1,13

Ist der erste Schritt zur Ruhe in Gott ein *gutes Gewissen,* so ist der zweite die Ordnung im Gemüts- und Seelenleben. Wir müssen unterscheiden lernen zwischen

Gefühl und Glauben.

Seine Stellung zu Gott, die Hoffnung des ewigen Lebens von seinen Gefühlen abhängig zu machen, ist sehr töricht und bringt der Seele viele Qualen. Und doch gibt es unzählige, die dieses tun. Haben sie ein freudiges Gefühl, tiefe innere Empfindungen, heilige Entschlüsse, so rühmen sie mit David: „Mein Berg steht fest, ewig werde ich nicht wanken!“ Werden aber diese beseligenden Gefühle durch niederdrückende verdrängt – was ja immer der Fall sein wird bei diesen Leuten –, so sitzen sie da und trauern wie Leute, denen mitten am Tage die Sonne untergegangen ist. Sie machen sich das Christentum sehr schwer, weil sie nur zu leben glauben, wenn die Gefühle befriedigt sind. Sie sind in den Versammlungen nur dann gesegnet, wenn sie durch ein Wort gerührt oder gar zu Tränen gebracht werden. Solche Christen bereiten sich selbst viele Qualen, und bevor sie aus diesem Nebelgeist des Gefühlslebens herausgebracht worden sind, ist es ganz unmöglich, daß sie zur Ruhe in Gott gebracht werden, daß sie einen tieferen Blick in das Geheimnis des Evangeliums und damit auch einen sicheren Boden unter ihre Füße bekommen können.

Solange man auf Gefühle achtet und auf Gefühle traut, kann man nicht zur Ruhe kommen. Man ist einem Schiffe gleich, das von einer Welle hoch in die Höhe und von einer anderen ebenso tief wieder hinuntergetragen wird und von einer dritten sogar aus dem Hafen verschlagen werden kann. In der Seele sind beständig Veränderungen. Sie ist gleich dem Firmament, das alle Stunden eine andere Gestalt haben kann, einmal helle Wolken, dann wieder dunkle. Sie ist wie ein lebendiger Spiegel, in dem tausenderlei Gegenstände der

Außenwelt aufgenommen und verarbeitet werden. Jede Disharmonie in dem Gemüt eines in unserer Umgebung weilenden Menschen wirkt schon drückend und beengend auf unsere Seele, von dem drückenden Einfluß der Finsternismächte gar nicht zu reden.

Es sagt jemand: „Mehr als viele ahnen, sind es oft körperliche Ursachen, die unser Gemüts- oder Seelenleben erregen oder beunruhigen. Wir sind eben noch keine reinen Geister, sondern arme Menschen von Fleisch und Blut, die auch von äußeren, leiblichen, oft scheinbar ganz geringfügigen Dingen abhängen. Ein überheiztes Zimmer, Mangel an Bewegung, ein sonnenloser Tag, körperliche Abspannung und anderes mehr, wie sehr wirkt das alles auf unsere Stimmung ein! Es ist freilich recht demütigend für uns, so von äußeren Dingen abhängig zu sein; doch ist dies eine leidige Tatsache. Gewiß, viele Seufzer und Tränen, Druck und Not und Beängstigungen sind bloß Folgen von Unordnungen im Leibesleben; sie rächen oft irgendeine Verletzung der Gesundheitsregeln. Sie kommen und gehen, steigen und fallen mit dem Quecksilber in der Röhre. Oft wirkt Körperliches und Seelisches zusammen.“ Eine alte Christin sagte mir einmal:

Müd, allein und *Nacht,* Da hat der Teufel Macht.

Einem treuen Kind Gottes, das jahrelang unter den eben beschriebenen Verhältnissen litt und beständig in Angst und Zweifel war, weil es jenen Druck auf dem Gemüt – und das ist bei Leuten mit schwachen Nerven sehr leicht der Fall – als eine Anfechtung des Teufels oder als ein Gottverlassensein ansah, sagte ich einmal: Sie haben kleine Kinder; macht es Ihnen nun Freude, den Kleinen, die anfangen zu laufen, auf den Kopf zu drücken, damit sie sich nicht von der Stelle bewegen können? Selbstverständlich nicht! war die Antwort. Ich fuhr fort: Wird Gott Ihnen, seinem Kind, tun, was Sie nie Ihren Kindern tun würden? Nein, entgegnete sie schnell. Gut, sagte ich, Gott tut es nicht, und der Teufel darf es auch nicht tun; denn wir können sicher sein, daß sich jede Anfechtung von Seiten des Teufels entweder auf ein Recht in uns oder auf eine Zulassung Gottes gründen muß. Sie malen durch diese Dinge den Teufel an die Wand, und wenn man ihn an die Wand malt, so kommt er. Sie öffnen dadurch der Anfechtung Tür und Tor. – Der Herr führte sie aus diesem Nebelgebiet heraus, und sie ist heute ein fröhliches Kind Gottes.

In 3.Mose 17,14 lesen wir: „Die Seele des Menschen liegt in seinem Blut“, ist also mit dem Leibesleben im engsten Zusammenhang. Ist der Leib müde, schwach und krank, so leidet darunter auch die Seele, wie ja auch Schwermut und Geisteskrankheit oft von zu schlechter Ernährung des Leibes herrühren. Die Schrift sagt darum nicht vergebens: Pflege des Leibes; denn wie ein gutes Haus ein guter Schutz ist gegen allerlei Witterungseinflüsse, so ist ein gesunder Leib ein wesentlicher Schutz gegen die uns umgebenden Finsterniskräfte.

Der Gerechte lebt aus Glauben, nicht aus Gefühlen. Der Glaube hat nichts mit Gefühlen zu tun. Sie sind der Zucker für die Kindermilch, der Stab für den Kranken, der noch nicht allein gehen kann. Gefühle sind nur der Vorhof, der Glaube das Allerheiligste. Es hat einer gesagt: „Gefühle können niemals göttliche Resultate erzielen. Sie gehören der Natur und der Erde an, während der Glaube Gott und dem Himmel angehört; sie sind mit sich selbst beschäftigt, während der Glaube mit Christus beschäftigt ist; sie schauen einwärts und niederwärts, während der Glaube auswärts und aufwärts schaut; sie lassen uns in Dunkelheit und Zweifel, während der Glaube zum Licht und zum Frieden leitet.“ Es sagte mir einmal jemand: Ich habe keinen Funken Gefühl in mir. Ich sagte: Das ist auch nicht nötig, daß Sie fühlen; denn es steht nirgends geschrieben: *Wer es fühlt,* sondern: Wer glaubt. Sie sagte weiter: Wenn ich aber gar nichts fühle, kann ich dann trotzdem glauben? Ich sagte: Glauben Sie, daß Sie als kleines Kind getauft worden sind? Ja! Fühlen Sie das? Nein! Ja, warum glauben Sie es denn? Das weiß ich eben. Woher wissen Sie es aber? Sie waren ja noch klein. Ich weiß es von meiner Mutter, und dann haben wir doch auch einen Taufschein. So, sagte ich, diese Dinge glauben Sie, ohne zu fühlen, und hat nicht auch in den Dingen Ihrer Seele der Vater dort oben gesprochen und sein Wort sogar mit dem Eide versiegelt? Gott sagt: Glaube es! Zuerst müssen wir glauben, und das Resultat des Glaubens wird das Fühlen, oder besser, Gewißheit und Erfahrung sein. Vier und drei sind sieben. Fühlst du das? Daß du es nicht fühlst, wird es nicht acht machen, sondern es wird sieben bleiben alle Tage deines Lebens.

Man hört oft den Ausdruck: Ich bin vor soundso vielen Jahren zum Glauben gekommen. Und das verstehen die Leute oft so, als ob es nun genug sei, daß sie es vor Jahren einmal gewagt oder sich angestrengt und geglaubt haben. Ach nein! Zum Glauben kommen ist ungefähr das gleiche, was für das neugeborene Kind der erste Atemzug ist. Weil es den ersten Atemzug getan hat, muß es den zweiten und dritten tun und atmen bis an sein Ende. Weil du einmal geglaubt hast, mußt du immer wieder glauben, leben aus Glauben, wie geschrieben steht Römer 1,17. Darum redet die Schrift von einem Kampf des Glaubens. Der Teufel geht vor allen Dingen darauf aus, uns von dem Boden des Glaubens herunterzubringen; denn dann sündigen wir ganz von selbst. Weil wir von Natur träge sind zum Kampfe, so möchten wir lieber fühlen und empfinden als glauben.

Ohne daß ich es wußte, durfte ich einmal jemand in diesen Dingen einen großen Dienst tun. Ich schrieb wie zum Zeitvertreib auf ein Stück Papier die Worte: Die Kraft des Blutes ist nicht eine spürbare Kraft in uns, sondern eine Kraft den Sünden unserer Vergangenheit gegenüber (Kol. 2,13), eine Kraft der Versuchung zur Sünde gegenüber (1.Kor. 6,19-20), eine Kraft den Anfechtungen des Teufels gegenüber (Offb.12,11) und auch eine Kraft Gott gegenüber, vermöge welcher wir Gott nahegebracht worden sind (Eph. 2,13) und vermöge welcher wir uns Gott nahen dürfen (Hebr.10,22) und Gemeinschaft mit ihm haben können (1.Joh.1,6.7). Wie zufällig bekam jenes Stück Papier jemand in die Hand, der sich unter der Blutskraft ein ganz besonderes Gefühl vorstellte, und weil das nicht vorhanden war, sehr traurig darüber war. Die Kraft des Blutes ist eine Kraft für den Glauben, nicht für das Gefühl.

Der Glaube hat es mit göttlichen Tatsachen zu tun, die außer uns *in Gott* ihren Ursprung haben. Der Gläubige weiß auf die Bürgschaft des Wortes hin, ungeachtet, was seine Gefühle sein mögen, daß er selig ist (Apg. 16,31), daß er Vergebung der Sünden (Eph. 4,32) und das ewige Leben hat (1.Joh. 5,13), und daß Gottes Macht ihn bewahrt zur Seligkeit (1.Petr. 1,5).

Ohne Zweifel wird der Glaube Gefühle und Empfindungen hervorrufen; aber das sind dann Wirkungen des Glaubens und dürfen nimmer mit dem Glauben selber verwechselt werden. Wir werden nicht ohne Gefühle sein, auch sie haben ihr Recht an ihrem Platz; aber wir legen absolut gar keinen Wert darauf, noch viel weniger *suchen* wir sie. Haben wir Gefühle, so ist es gut, haben wir keine, so ist es auch gut. Wir wissen, daß das Gefühlsleben das Kind Gottes fort und fort in einem niederen Zustand hält, nahe bei sich, nahe dem Zweifel, nahe dem Unglauben, nahe dem Fleische, nahe der Sünde.

Erstens lassen uns die Gefühle zu keiner *Gewißheit unseres Gnadenstandes kommen;* denn sie sind das gerade Gegenteil von etwas Gewissem. Ich weiß von einer aufrichtigen Christin, die sich viele innere Kämpfe und Nöte bereitete; sie suchte zwölf Jahre lang das Zeugnis des Geistes im Gefühl, bis man ihr sagte, daß es nicht ein Gefühl, sondern eine *Überzeugung, ein inneres Wissen sei.* Auf ihrem Sterbebett rief sie noch aus, nachdem sie das Zeugnis des Geistes in ihrem Geist gefunden hatte: *Sagt's doch allen, daß das Zeugnis des Geistes nicht Gefühl sei!*

Zweitens lassen uns die Gefühle zu keinem *dauernden Frieden kommen.* Denn solange wir unseren Frieden in unseren Gefühlen suchen, können wir ihn jeden Augenblick verlieren, weil unsere Gefühle sich jeden Augenblick ändern können. Der Grund unseres Friedens ist das geschlachtete Lamm Gottes. Den hat uns Gott gegeben (Jes. 53,3), und es ist Sünde, uns einen anderen zu suchen. Den Grund unserer Annahme bei Gott in uns selber suchen zu wollen, wäre ebenso töricht oder noch törichter, als wenn ein Schiff, das auf dem unruhigen Meer hin und her geworfen wird, seinen Anker statt auf den Meeresgrund oder an den Meeresstrand hinunter in den Schiffsraum legen würde.

Drittens lassen uns die Gefühle zu *keinem Fortschritt im Gnadenstand gelangen.* Denn solange die Frage über unsere Annahme bei Gott nicht ganz und vollständig gelöst ist, so lange werden wir nicht über den Anfang christlichen Lebens hinauskommen. Darum ermahnt uns der Apostel Petrus so ernstlich: „Umgürtet die Lenden eures Gemüts, seid nüchtern und setzt eure Hoffnung ganz auf die Gnade, die euch *angeboten* wird durch die Offenbarung Jesu Christi" (1.Petr. 1,13). Der Grund, worauf wir unsere Hoffnung setzen, ist nicht unser schwankendes Gemütsleben, sondern die in Christus geoffenbarte und uns von Gott *angebotene Gnade.* Merke, die Gnade ist eine von Gott *angebotene Gnade,* nicht eine Gnade, die man sich erbetet oder erarbeitet oder erglaubt. Diese angebotene Gnade ist der Anker für unsere Seele, der unser Glaubensschifflein so fest zu halten vermag, daß auch der mächtigste Sturm es nicht aus dem Hafen des Friedens schlagen kann.

Zu dem eben Besprochenen gehört auch die Vermischung von *Gefühlsleben* und *Geistesleben,* oder mit einem bekannten Ausdruck: Die Vermischung von seelischem Leben und geistlichem Leben. *Was ist seelisches Leben?* Es ist auch ein krankhaftes Gefühlsleben, aber hier nicht in Bezug auf die Gewißheit der Vergebung der Sünden und der Hoffnung des ewigen Lebens, sondern in Bezug auf die *Erbauung,* die *Andacht* und das *Wachstum* des inneren Menschen. Was ein seelischer Mensch ist, sagt uns am besten der Volksmund: *Heute himmelhoch jauchzend – morgen zum Tode betrübt!*

Der seelische Mensch ist ein armer Mensch; denn er ist nur gesegnet, wenn er allerlei rührende Gefühle und Empfindungen hatte. Und weil der Geist Gottes nicht den seelischen, sondern den geistlichen Menschen nährt, so geht er sehr oft leer aus. Er ist gleich dem Hungrigen, der träumt, er esse, wenn er aber aufwacht, so ist seine Seele noch leer, und wie ein Durstiger, der träumt, er trinke, wenn er aber aufwacht, so ist er matt und durstig (Jes. 29,8). Da ist dann Niedergeschlagenheit und innere Leere die natürliche Folge solcher Experimente. Seelisches Leben schraubt in die Höhe, aber nur, um ebenso tief wieder hinunterzusinken. Täusche dich nicht, Wonnegefühle sind nicht immer vom Geiste Gottes; auch ein unbekehrter Mensch hat solche. Wäre der nicht ein Tor, der alles Gelbe für Gold hielte? Stroh ist auch gelb und glänzt sehr schön; aber es ist doch nur ein Feuerbrand! Der Unterschied zwischen seelischem Leben und geistlichem Leben ist ungefähr derselbe wie zwischen Stroh und Gold. Gold bewährt sich im Feuer; Stroh verbrennt, und es bleibt nichts als ein Häuflein Asche. Geht es nicht ähnlich dem seelischen Christentum? Was bleibt in der Stunde der Feuerproben? *Ach, nur ein Häuflein Asche!*

Der seelische Mensch ist untüchtig, tieferes Licht und Leben aus Gott zu empfangen. Gefühle trüben wie angelaufene Fenster den Blick und verhärten das Herz gegen treuen Gehorsam. Man bleibt bei den Gefühlen stehen. Die Schrift sagt: Der seelische Mensch vernimmt nichts von dem, was des Geistes Gottes ist. Wie sehr sollen wir darum danach verlangen, daß uns der Geist Gottes aus diesem Nebelgebiet herausführt. Abraham machte ein Freudenfest, da sein Sohn Isaak entwöhnt war. David dichtete ein „Lied im höhern Chor", als er von seiner Seele sagen konnte: „Ich habe sie gesetzt und gestillt; sie ist mir gleich einem entwöhnten Kinde bei seiner Mutter" (Ps. 131,2). Viele halten den Tag ihrer Entwöhnung für den Tag des Todes ihres inneren Lebens, weil sie nicht wissen, daß sie Gott aus den Anfängen christlichen Lebens in die Vollkommenheit führen will. Sie sitzen wie Hagar und weinen und wünschen zu sterben, weil das Wasser im Schlauch ausgegangen ist, bis Gott ihnen einen Engel sendet, der ihnen die Augen auftut und ihnen den Wasserbrunnen zeigt, der in ihrer Nähe quillt. Kürzlich fragte mich jemand: Wie kann ich das Glück und die Seligkeit wiederfinden, die ich in dem ersten halben Jahr nach meiner Bekehrung hatte? Schon lange suche ich danach und kann es nicht mehr finden. Ich fragte: Haben Sie es durch einen Sündenfall verloren? Nein! ich habe es verloren; ich weiß nicht wie. Ich sagte: Da fragt es sich, ob Sie das, was Sie verloren haben, überhaupt wiederfinden sollen. Ich merke, daß Sie ein Gemütsmensch sind, und was Sie verloren haben, war nicht Glück und Seligkeit, denn das hätten Sie wohl schon längst wiedergefunden; es waren auf alle Fälle nur Ihre seligen Gefühle, in denen Sie schwelgten. Gott will Sie weiterführen und an die Stelle Ihrer Gefühle seinen Geist geben, der Sie aus dem Nebelgeist Ihres Gefühlslebens herausführt und auf den Weg des Glaubens bringt. Da geht man dann in seinem Glück immer fort und nie zurück, man ist auf dem Glaubenspfade und nimmt immer Gnad' um Gnade – *man lebt nicht vom Erleben.*

„Da ich ein Kind war, redete ich wie ein Kind und hatte kindische Anschläge; da ich aber ein Mann ward, tat ich ab, was kindisch war", sagt Paulus. Was wäre es, wenn wir allezeit Kinder blieben, immer hängend an der Brust himmlischer Tröstungen? Die ersten Wonnegefühle waren gut, um uns anzuziehen, um uns von dem groben und weltlichen Vergnügen loszumachen. Später tritt an ihre Stelle der Heilige Geist, der uns zu dem verborgenen Leben mit Christus in Gott leitet, wo wir dann sprechen lernen: *„Alle meine Quellen sind in dir!"* und wo wir unserem Gott vertrauen lernen auch in Dunkelheiten. Gibt es auch für das Kind Gottes dunkle Stunden und dunkle Wege? Ja! Nicht nur allen Knechten Gottes in der Bibel, sondern auch den Vollkommenen unter den Menschenkindern sind diese Stunden nicht erspart geblieben. Es ist etwas anderes, im Dunkel auf ihn zu vertrauen, als im Sonnenschein ihm zu folgen. Aber der Herr führt uns solche Wege, damit wir ihm vertrauen lernen, ihm allein, damit wir lernen wie Mose, uns an den Unsichtbaren zu halten, als sähen wir ihn, und sprechen lernen mit Asaph: „Dennoch bleibe ich stets bei dir!“ Wir sind gleich der Braut im Hohelied, die den Bräutigam einladet: „Komm, mein Freund, laß uns auf das Feld hinausgehen und auf den Dörfern bleiben ... zu den Weinbergen ... da will ich dir meine Liebe geben“ (Hohelied 7,12-13). Warum geht man von der Stadt auf die Dörfer?

Um Vergnügen zu haben! Warum geht man in den Garten? Um Genuß zu haben! Sie wollte ihm ihre Liebe geben, wenn er sie zu Vergnügen und Genuß führen würde. Machen wir es nicht auch so? Aber der Bräutigam ging nicht mit. Statt daß er sie in ihren Garten begleitete, führte er sie in die Wüste, wie wir lesen in 8,5: „Wer ist die, die heraufsteigt von der Wüste und lehnt sich auf ihren Freund?“ In der Wüste hat sie gelernt, *sich auf ihn zu lehnen, sich von ihm tragen zu lassen.* Da lernte sie ihn fürchten, auf seine Stimme hören, auf ihn vertrauen und auf ihn sich stützen, auch in der Finsternis und in der Einöde.

Das heißt seine Probe machen,
ob man fest im Glauben steht,
Wenn man in den schwersten Sachen
wie ein Kind dem Herrn nachgeht.

Ein Überwinder von innen heraus!

„Ein jeglicher aber wird versucht, wenn er von seiner eigenen Lust fortgezogen und gelockt wird. Danach, wenn die Lust empfangen hat, gebiert sie die Sünde".

Jakobus 1,14-15

„Wie kann ich Sieg über die Sünde erlangen, die bei mir immer wieder zum Vorschein kommt?", ist die oft gehörte Frage. Hier soll eine Ursache der Niederlagen gezeigt werden und auch ein Mittel, sie aus dem Weg zu räumen.

Lust von innen und Versuchung von außen gebiert die Sünde, sagt uns hier Jakobus. Wir können sicher sein, daß wir in den seltensten Fällen von einer plötzlichen Versuchung von außen zu Fall gebracht werden. Gewöhnlich haben wir die Sünde, die nun ganz unerwartet in Erscheinung tritt, schon vor Wochen, Monaten, auch Jahren in den Gedanken und Empfindungen begangen. Die Sünde war schon im Innern begangen und wartete nur auf den Augenblick, wo sie offenbar werden konnte. Darum sagt Jesus in der Bergpredigt: „Wer eine Frau ansieht, ihrer zu begehren, der hat schon die Ehe gebrochen mit ihr in seinem Herzen," d.h. im Herzen ist die Tat schon geschehen. David führt seinen Fall mit Bathseba nicht auf die plötzliche Versuchung zurück, sondern er sagt uns in Psalm 51, wo er seinen Fall beschreibt und bereut: „Du verlangst Wahrheit im Innern."

Damit gibt er die Ursache seines Falles an. Er sagt damit, daß nicht die plötzliche Versuchung, sondern die Untreue im Innern ihn zu Fall gebracht habe. Darum seine weitere Bitte: „Schaffe in mir, Gott, ein reines Herz!" Jede Sünde hat eine Vorgeschichte im Innern, manche eine jahrelange, manche eine wochenlange, manche nur eine solche von einem Augenblick. Aber die Entstehung einer Sünde geschieht im Innern.

Jakobus sagt: „Wenn die Lust empfangen hat, gebiert sie die Sünde." Zwischen empfangen und geboren werden liegt immer ein Zeitraum. Du redest hart gegen deinen Bruder, und du entschuldigst dich und sagst, du habest dich durch diese oder jene Veranlassung hinreißen lassen. O nein! Du warst vorher in deinem inneren Urteil, in deinen inneren Empfindungen diesem Bruder gegenüber nicht treu. Deine lieblosen Äußerungen waren nichts anderes als die Frucht deiner lieblosen Gesinnung. Du kommst in schwierige Verhältnisse und handelst falsch und entschuldigst dich dann, indem du sagst: Der schwierige Augenblick veranlaßte mich zu dieser Tat, sonst ist dies nicht mein Charakter. Nein!

Wir sind in Wahrheit gerade das, was wir in schwierigen Augenblicken sind. Nirgends so wie gerade hier wird unser wahrer Charakter offenbar. Wir haben hierfür einen treffenden Beweis an dem Streit zwischen den Hirten Lots und den Hirten Abrahams (1.Mose 13). Der Streit offenbarte, was ein jeder von diesen beiden Männern war. Abraham gab er Gelegenheit seinen Glauben vor Gott und den Menschen kundzutun, während er andererseits die Weltlichkeit zur Schau stellte, die in den geheimen Kammern des Herzens Lots verborgen war. Der Streit erzeugte in dem Herzen Lots ebensowenig die Weltlichkeit als in dem Herzen Abrahams den Glauben, sondern machte nur offenbar, was in der Tat in den Herzen beider vorhanden war. Lot trieb der Streit nach Sodom.

So ist auch der Fall Achans in Josua 7 nach dieser Seite hin sehr lehrreich für uns. Als Josua ihn fragte: „Warum hast du das getan?" antwortete Achan: „Ich sah, es gelüstete mich, und ich nahm es." Zwei Dinge gingen dem Diebstahl voraus. „Sehen" und „gelüsten lassen." Achan wurde von seiner eigenen Lust gelockt und fortgezogen zur Sünde. Er unterlag der Sünde, weil er die Lust in seinem Herzen hegte. Die Lawine, die im Tal großes Unglück und Verwüstung anrichtet, hat oft ihren Anfang genommen mit dem bißchen Schnee, den ein Vogel mit seinen Klauen losgerissen hat. Schwere Niederlagen haben in der Regel ihren Anfang genommen mit einem unerlaubten Blick, mit der Duldung eines unerlaubten Gedankens einer Empfindung.

Gott hat Lust zur Wahrheit im Innern. Wahrheit im Innern ist mehr, als keine unwahren Dinge reden, unwahre Handlungen begehen; es ist ein inneres Stehen und Wandeln vor Ihm, dem Heiligen und Reinen.

Gott wirkt immer von innen nach außen, ob in der Natur oder in der Erziehung Seiner Kinder – wir wirken in der Regel von außen nach innen. Unser Gott tut immer ganze Arbeit. Er baut nicht vom

Giebel aus, sondern legt Grund, der für und für bleibt. Er steigt hinab bis in die tiefsten Tiefen unseres Wesens. Er dringt mit Seinem Licht hinein in die Grundgesinnung, in das eigentliche Wesen unseres Herzens, bis an den Ort, wo die Gedanken entstehen und die Empfindungen geboren werden, und macht uns nicht nur unsere ungöttlichen Werke, Worte und Gedanken zur Sünde, sondern auch die verborgenen Empfindungen, die sich noch gar nicht zu Gedanken formuliert haben.

Als Hiskia den Tempel reinigen ließ, sprach er zu den Leviten: „Fangt inwendig an!“ (2.Chronik 29). Wenn Gott uns, Seinen Tempel, wieder herstellt, fängt Er auch inwendig an. Er öffnet wie Hiskia zuerst die Türen und gibt Befehl, allen Unflat aus dem Heiligtum zu tun, die Lampe anzuzünden, das Räucherwerk herzustellen, das Brandopfer darzubringen, den Schaubrottisch zu belegen und alle Geräte des Heiligtums, die besudelt sind, zu heiligen und sie vor den Altar Gottes zu bringen. Und wenn dann dies alles geschehen ist, macht sich der König früh auf, um in Seinem Hause einzuziehen. „Der Tempel Gottes, der seid ihr“, sagt Paulus. Aber bevor Gott in Seinen Tempel einzieht, heiligt Er ihn, wie Paulus weiter sagt: „Der Gott des Friedens heilige euch durch und durch, daß euer Geist ganz samt der Seele und dem Leib unsträflich behalten werde.“ Gott fängt allezeit Sein Werk im Innern an. Er legt den Sauerteig inwendig hinein, bis die drei Scheffel Mehl, d.h. Geist und Seele und Leib, ganz durchdrungen sind.

O, wie verkehrt sind wir auch in diesem Stück! Wir sind den Kindern gleich, die eine schöne Blume abpflücken, sie in ein Häuflein Sand stecken, sie mit viel Wasser begießen und meinen: Nun muß sie wachsen. Wir wirken von außen nach innen! Wir versuchen auch außen als Kinder des Lichts zu wandeln und dulden in unserem Innern die Finsternis. Wir trauern über den verdorbenen Weinberg und lassen doch die kleinen Füchse leben. Statt daß unser Christenwandel eine Frucht der inneren Verbindung mit Christus sein sollte, ist er sehr oft nur eine Arbeit, die aus „Zusammennehmen“ und „Inachtnehmen“ besteht. Aber von Arbeit wird man müde, vom Fruchtbringen nicht. Ich kann nach außen nicht in der Wahrheit wandeln, wenn ich nicht Lust zur Wahrheit habe, die im Verborgenen liegt. Ich kann nicht treu, aufrichtig, freundlich, liebevoll, keusch und rein sein, wenn ich es nicht im Innersten meines Wesens bin. Ich kann auf diesen Gebieten niemals ein Überwinder werden, wenn ich es nicht von innen heraus werde. Bei einer solchen entschiedenen Wendung bleiben wir dann nicht nur bewahrt vor vielen Niederlagen, sondern der Kampf verliert auch an Bitterkeit. Denn unser ganzer innerer Mensch ist ein für allemal auf die Seite Gottes getreten. Nicht der Kampf mit der Sünde macht die Bitterkeit des Kampfes aus, sondern der Kampf mit der geweckten, genährten und gepflegten Lust. Die Lust lockt und zieht zur Sünde, hat einen Zug zur Sünde, sagt uns Jakobus.

Man hat gesagt, der Herr Jesus habe sich darin geirrt, daß Er Sein öffentliches Auftreten mit der Bergpredigt eingeleitet habe; später habe Er gemerkt, daß diese Predigtweise dem Volke nicht entsprechend sei, und habe darum dann meistens in Gleichnissen gesprochen. Wir können das aber nicht annehmen, sondern glauben vielmehr, daß Er uns Menschen von vornherein zeigen wollte, daß Er nicht wie wir von außen nach innen wirke, sondern von innen nach außen. „Selig sind, die reines Herzens sind" ist das Thema der Bergpredigt. Und wenn uns der Geist Gottes etwas von dem inneren, verborgenen Leben zeigen kann, fangen wir auch an, die Bergpredigt zu verstehen und sehr dankbar dafür zu sein. Denn von Natur ist unser Herz eine Bilderkammer, wie sie in Hesekiel 8 beschrieben ist, voll tierischer Leidenschaften, voll Gräuel und allerlei Götzen. Und die Bergpredigt ist der Hesekiel, dem Gott den Auftrag gegeben hat, ein Loch durch die Wand dieser geheimen Kammer zu graben, damit der schändliche Bilderdienst in Phantasie, Gemüt und Herz ans Licht gebracht und gestraft werde. Denn Licht und Gericht gehen immer Hand in Hand.

David sagt in Psalm 27: „Der Herr ist mein Licht und mein Heil und meines Lebens Kraft." Wenn wir dem Herrn erlauben, unser Licht zu sein, wird Er auch unser Heil und unsere Kraft. Das ist die göttliche Reihenfolge. Höre auf, um Kraft zu schreien, solange der Herr nicht dein Licht sein darf!

Nicht nur ein neues Herz, sondern auch ein reines Herz bedürfen wir. Nicht nur die Vergebung der Sünden, sondern auch die Reinigung von Sünden müssen wir haben. In 1.Johannes 1,9 ist zwischen Vergebung der Sünden und Reinigung von Sünden ein Unterschied gemacht. Die Vergebung der Sünden sollte zur Reinigung von Sünden führen, d.h. zur Reinigung vom Sündigen. Wenn dies nicht der Fall ist, haben wir die Vergebung vergeblich empfangen, sagt Petrus (2.Petrus 1,9).

Es ist Zeit, daß wir dies verstehen und uns reinigen von jedem Zusammenhang mit der Sünde, auch von dem unscheinbarsten. Denn viel mehr, als wir meinen, sind es kleine, in uns liegende, von uns gepflegte Dinge, die uns die Niederlagen bereiten. Wir denken von diesen Dingen wie die Israeliten von dem Städtchen „Ai": „Es ist ja nur klein!" (Josua 7). Aber gerade hier hatten sie die Niederlage. Ahab hatte vielleicht eine Ritze in seinem Panzer, aber gerade in diese Ritze traf der Pfeil des Feindes und tötete ihn (2.Chronik 18,33.34). Machen wir nicht ähnliche Erfahrungen? Wir denken: Es ist ja nur klein! Es ist ja nur eine Ritze in der Waffenrüstung! Und siehe, das „Kleine" bringt uns die Niederlage. Statt daß Israel die Kanaaniter ausrottete, machte es sie tributpflichtig. Läßt du der Sünde noch einen Platz in dir und schreibst du ihr vor, wie weit sie gehen darf? Glaube es, sie wird eines Tages die Grenze überschreiten und dich wieder in Knechtschaft und Gefangenschaft führen wie die Kanaaniter Israel!

Freilich machen diese Dinge allein nicht einen Überwinder aus uns; sie sind nur eine Seite davon – aber eine wesentliche. Denn wer den Bach austrocknen will, muß die Quelle verstopfen, und wer nicht im Feuer umkommen will, darf nicht mit Funken spielen.

Alles gut! sagst du. Aber wie verstopft man die Quelle?

Kann man allein mit einem guten Willen, mit Entschlossenheit und Energie dies zustande bringen? Wir haben ja bereits gesehen, daß wir entschlossen sein müssen, aus allem herauszutreten, was irgendwie mit der Sünde im Zusammenhang steht; aber wir geben zu, daß wir mit dem allein nicht durchkommen. Es bedarf etwas mehr als guten Willen, es bedarf auch noch mehr, als sich der Sünde für tot „halten", es bedarf, sagt Paulus „des Geistes des Lebens in Christus" (Römer 8,2).

Der gleiche Lebensgeist, der in Christus wirkte, wirkt auch in mir, und durch ihn habe ich die Befreiung von dem Gesetz der Sünde gefunden, die Befreiung, die ich in Römer 7 durch eigene Kraft gesucht habe. Die Sünde wirkt in unsern Gliedern wie ein Gesetz. Wie in einem Gegenstand das „Gesetz der Schwere" wirkt, die den Gegenstand hinunterzieht auf die Erde, sobald du ihn aus deinen Händen läßt, so wirkt in uns das „Gesetz der Sünde“ und zieht uns beständig hinunter. Aber wie dieser Gegenstand vor dem Fallen bewahrt bleibt, weil ein anderes Gesetz auf ihn einwirkt als das Gesetz, das in ihm selbst ist, nämlich das „Lebensgesetz“ in deinem Arm, so bleiben auch wir bewahrt vor dem Fallen, weil ein stärkeres Gesetz als das Gesetz der Sünde auf uns wirkt, nämlich das Gesetz des Geistes des Lebens in Christus, und gleichwie dir außerordentlich viel daran gelegen ist, etwas Kostbares, das du in deinen Händen hältst, nicht fallen zu lassen, wie du besorgt bist, daß es nicht zur Erde – in den Schmutz fällt, so und noch viel mehr ist es des Heilands Verlangen, dich nicht fallen zu lassen, wenn du dich nur halten läßt. Ja, wir bleiben nicht nur bewahrt vor dem Fallen, sondern dieses Lebensgesetz zerreißt in uns auch das Sündennetz, zerstört den Sündennerv und damit auch das Sündengesetz. Denn solange wir noch von der Lust gelockt und fortgezogen werden können, haben wir noch nicht unsere Stellung als Mitgekreuzigte eingenommen, oder wir sind bereits wieder aus unserer Festung herausgetreten und haben den Wandel im Geist aufgegeben (Galater 5,16).

Folg nicht der Versuchung! Die Lust, sie betrügt! Lausch’ einmal dem Locken, Bald bist du besiegt.

Das Geheimnis eines siegreichen Lebens

Wohl keine Wahrheit der Heiligen Schrift ist den Kindern Gottes so verschlossen und verdeckt als die, daß sie in Christus die *volle* Erlösung haben von *allen ihren Feinden* und darum auch den *vollen Sieg über dieselben. Jesus ist mit allen unsern Feinden fertig geworden.* Er ist auf der ganzen Linie Sieger geblieben. Wir sind erlöst von der *Schuld der Sünde,* denn das Gotteslamm hat unsre Sündenschuld bezahlt (Jes. 53,10); erlöst von der *Macht der Sünde,* denn wir sind mit Christus der Sünde gestorben und durch Seinen Geist in ein anderes Lebenselement versetzt worden (Röm. 6,6; 8,2); *erlöst von der Obrigkeit der Finsternis,* denn wo die Sünde aufgehört hat, da ist auch des Teufels Macht zu Ende (Kol. 1,13); erlöst von dem *bösen Gewissen,* denn das Blut Christi hat unser Gewissen gereinigt von den toten Werken (Hebr. 9,14; 10,22); erlöst von der *Furcht des Todes,* denn Christus hat uns losgemacht von dem, dessen Knechte wir in Furcht des Todes sein mußten unser Leben lang (Hebr. 2,14. 15); erlöst von dem *zukünftigen Zorn,* denn wir stehen nicht mehr unter dem Zorn, sondern unter der Gnade (1.Thess. 1,10; Joh. 3,36); erlöst von dem *zukünftigen Gericht,* denn wir sind des Lammes Eigentum (Joh. 5,25; Offb. 20,11-15).

Jesus hat uns eine *vollkommene Freiheit* erworben, und Sein Knecht Paulus ermahnt uns nun: „So steht nun fest in der Freiheit, zu der uns Christus befreit hat“ (Gal. 5,1). Wir können und sollen uns nicht selber eine Freiheit erkämpfen, sondern in die von Jesus erkämpfte Freiheit hineintreten. Es ist sicher nicht biblisch und zeugt von mangelhafter Erkenntnis des Werkes Christi, wenn man jungen Christen, die eben erst zum Glauben an die Vergebung der Sünden gekommen sind, sagt: „Nun mußt du kämpfen und streiten und dich wehren bis aufs äußerste; denn du bist im Kampf gegen Sünde, Teufel, Welt und Fleisch.“ Ist das wahr? Muß ich selber wieder den Kampf aufnehmen mit diesen Riesenmächten? Bedeutet denn Erlösung nicht mehr als Vergebung der Sünden und dann einen Kampf auf Leben und Tod, von dem ich im voraus weiß, daß meine Feinde immer wieder den Sieg davontragen und mir nichts andres übrigbleibt als der Ruf der Verzweiflung aus einem kampfes- und todesmüden Herzen: „Ich elender Mensch! Wer wird mich erlösen?“ Hat denn der Sohn Gottes durch Seine Todesarbeit in Gethsemane und auf Golgatha nicht mehr erzielt? Reicht die Kraft des Blutes Christi nicht aus, mich vor meinen Feinden zu decken? Muß ich trotz der Erlösung ein Gebundener bleiben, um erst im Tode frei zu werden von den Ketten und Fesseln, die mich hier Tag und Nacht drücken und beengen? Ach dann bin ich der elendeste unter allen Menschen! Ich habe eine volle Erlösung erwartet, gemäß dem Wort Gottes, und nun soll ich ein Gebundener bleiben? Ich habe jahrelang nach Freiheit gedürstet, und doch soll ich ein Knecht der Sünde bleiben? Ich habe mich Tag und Nacht nach Ruhe und Frieden gesehnt, und nun soll Unruhe und Unfrieden mein Teil sein? Ist das wirklich wahr? Nein, nie und nimmer ist das wahr! Gottlob, der Kampf ist ausgefochten, der Sieg errungen, das böse Gewissen gestillt, die Macht der Sünde gebrochen*, Freiheit und Frieden werden uns geschenkt durch die Erlösung, so durch Jesus Christus geschehen ist. Meine Aufgabe ist nur die, im kindlichen Glauben diese vollkommene Erlösung anzunehmen und mich durch alles hindurch als einen Erlösten und Freigewordenen zu betrachten, der wie Zinzendorf zu Teufel, Sünde, Fleisch und Welt sagen kann: „Ich hab' nichts mehr mit dir zu tun und du nichts mehr mit mir!“ *Das ist der gute Glaubenskampf,* und der hat den Sieg. Wo man hingegen selbst noch kämpft und streitet, da ist Fleischeskampf, und der hat nur Niederlage. Denn wir können aus uns selbst nicht über eine einzige Sünde einen bleibenden Sieg erringen, auch nicht über die kleinste, sondern wir müssen den von Christus errungenen Sieg nehmen, wenn wir siegreich sein wollen. Es ist darum ganz falsch, zu beten: „Herr, erlöse mich von dieser Sünde und von jener Gebundenheit!“ Du kannst lange so beten; du wirst nicht erhört und nicht erlöst; denn Christus hat dich schon vor 1900 Jahren erhört und erlöst! Die Erlösung ist geschehen; du sollst sie *glauben*; der Sieg ist errungen; du sollst ihn nehmen.

Unter *„Sieg nehmen“* versteht das Wort Gottes: *So handeln, als wenn man den Sieg schon tatsächlich in der Hand hätte;* wie Josa-

---

* Wir sind erlöst von der *Herrschaft* der Sünde, aber *nicht* von ihrer *Gegenwart* und ihrem *Einfluß.*

phat (2.Chron. 20), der den Siegessang über die Mohren erschallen ließ, die doch noch vor ihm standen; oder wie David, der dem Goliath zurief: „Heute wird dich der Herr in meine Hand geben!" Er hatte ihn ja noch nicht in der Hand. Ebenso nahm Jesus den Sieg am Grabe des Lazarus über die Todesmacht, indem Er Seine Augen aufhob gen Himmel und dem Vater *dankte,* daß er ihn allezeit erhöre. Er hatte ja die Erhörung noch nicht! Ebenso war es bei der Speisung der Vier- und Fünftausend; Er nahm die Brote, dankte, fing an zu brechen und brach und brach, bis sie alle satt waren. *Das heißt man, den Sieg nehmen!*

Es ist gewiß sehr verkehrt, wenn man den Leuten immer und in allen Dingen nur den guten Rat gibt: „Sie müssen eben beten!" *So will man mit einer guten Sache seine Unwissenheit zudecken.* Wir müssen alles an seinem Platz lassen: Beten, wo wir beten sollen, und glauben, wo wir glauben sollen. Mose betete, wo er einfach glauben sollte, und Gott sagte ihm, nachdem er einen ganzen Tag auf seinem Angesicht gelegen hatte: „Steh auf! Was liegst du auf deinem Angesicht?" Das ist eine scharfe Rüge! *O wie viel Beten, das Gott nicht erhören kann!* Und da meint man noch wunder, was man für ein Beter sei, wie man ringe und kämpfe mit Gott. Ist denn unser Gott ein so harter Mann, dem man alles aus dem Herzen reißen und aus den Händen winden muß? Ich bin tief davon überzeugt, wir müssen Gott nicht bestimmen, daß Er uns gnädig und freundlich sei und doch etwas herausgebe, *sondern Gott möchte uns bestimmen, Ihm wie Kinder zu vertrauen und wie Kinder aus Seiner Gottesfülle zu nehmen. Ein Glaubensblick bringt mehr ein, als wenn man einen ganzen Tag mit Gott ringt in nur vermeintlichem Glauben.* Man betet schön und scheinbar gläubig, wie Jakob dort am Jabbok (1.Mose 32); aber man glaubt kein Wort davon wie Jakob. Denn wenn Jakob geglaubt hätte, was er gebetet hatte, so wäre er nicht von den Knien aufgestanden und hätte die Sache wieder selbst in die Hand genommen; er hätte nicht gehandelt, als ob er keinen Gott hätte. *Das ist der Fleischeskampf.* Für solche Leute muß, wie für Jakob, ein Pniel folgen, wo sie endlich einmal mit sich selber zu Ende kommen und sich wie Lahme an Gott hängen und ausrufen: „Ich lasse Dich nicht, Du segnest mich denn!" Auf diesem Weg wird man dann ein Israel, ein Gotteskämpfer, der nicht von Niederlage zu Niederlage, sondern von Sieg zu

Sieg, von Kraft zu Kraft geht. Erst wenn Gott mit uns gerungen und uns überwunden hat, können wir mit Gott ringen. Denn nur gebrochene Leute sind imstande, einen bleibenden Sieg über ihre Feinde zu erringen. Und dieses Siegesleben über *Satan, Sünde, Welt* und die *täglichen Schwierigkeiten* wollen wir im folgenden ein wenig näher betrachten.

Wir haben den *Sieg über den Satan!* Denn Christus hat ihn überwunden. Er hat diesen Riesenkampf siegreich ausgefochten. Wir sind errettet von der Obrigkeit der Finsternis, frei von der Gewalt des Satans, losgemacht von dem, dessen Knechte wir in Furcht des Todes unser Leben lang sein mußten. Der Teufel hatte ein Anrecht auf uns, denn wir hatten uns durch die Sünde ihm verkauft. Mit jeder Sünde, die wir begingen, gaben wir dem Teufel einen Pfandschein auf uns in seine Hand, verschrieben uns ihm, wurden seine rechtmäßigen Schuldner. Wir haben uns selber in Kerker und Gefangenschaft gebracht, haben freiwillig dem Satan die Herrschaft über uns abgetreten. Aber Jesus ist gekommen und hat uns losgekauft mit Seinem Blut, hat die Handschrift vernichtet, die wider uns zeugte, hat uns herausgeführt aus dem Kerker und der Gefangenschaft und Leben und vollkommene Freiheit uns geschenkt. Denn: „Wen der Sohn frei macht, der ist recht frei“ (Joh. 8,36).

Freilich dürfen wir nicht vergessen, daß der Sieg auf unserer Seite auch an Bedingungen geknüpft ist, auf die wir notwendig eingehen müssen, denn in der Bibel gibt's keine Verheißungen ohne Bedingungen. Und da wären vornehmlich drei zu beobachten:

Erstens muß unser ganzes vergangenes Leben unter der sühnenden Kraft des Blutes stehen; wir müssen vollkommen gedeckt sein durch das Blut. Unser vergangenes Leben muß unter dem Kreuz vollkommen in Ordnung gebracht worden sein. Zwar schickt uns der Teufel, wie ein betrügerischer Kaufmann, immer wieder falsche Rechnungen ins Haus, als ob diese und jene Schuld noch nicht bezahlt wäre; aber wir haben auch für jede Rechnung eine gute Quittung in der Hand, wie z. B. Kolosser 2,12 und viele andre. Von den Heiligen lesen wir in Offenbarung 12,11: „Sie haben ihn (den Satan) überwunden durch des Lammes Blut!“ Das will nicht sagen: Sie haben mit ihm gestritten, nein, sondern sie waren immer gewaschen, vollkommen gedeckt, so daß, wenn Satan kam, er keinen Flecken an ihnen fand, auf den er seinen Finger legen, keine offene Stelle, wo er sie angreifen und verwunden konnte. Aus meiner Knabenzeit kann ich mich einer Sage erinnern, die hier als Illustration für das eben Gesagte dienen mag.

In einem Schloßhain, an einem Born zwischen zwei Lindenbäumen, lag ein riesiger Drache. Alle Versuche, denselben zu töten, waren erfolglos, bis Junker Siegfried den Kampf mit ihm aufnahm und ihn tödlich verwundete, so daß sein Blut in Strömen floß und den ganzen Born blutrot färbte. Nun hatte der Junker gehört, wer sich im Blut eines Drachen bade, dessen Haut wurde unverwundbar gegen alle tödlichen Waffen. Darum entschloß er sich, in diesem Born zu baden. Aber während er badete, fiel ein Lindenblatt vom Baum und klebte sich auf seinem Rücken so fest, daß die Haut auf diesem Fleck ganz unberührt blieb von dem Drachenblut und er an dieser Stelle allein verwundbar blieb. Umsonst trachteten seine Feinde ihm nach dem Leben. Er war unverwundbar, bis ein Freund des Junkers seinen Feinden die verwundbare Stelle entdeckte; da erst gelang es ihnen, den Junker Siegfried zu töten.

Wir haben auch einen Born, der uns unverwundbar macht gegen die feurigen Pfeile des Bösewichts. Es ist der Born, von dem der Prophet Sacharja sagt, daß ihn Gott dem Hause Davids und den Bürgern zu Jerusalem gegeben habe; es ist das teure Blut des Lammes Gottes, in das wir uns im Glauben immer wieder hineintauchen dürfen. Aber wir müssen dafür sorgen, daß nichts an uns klebe, was das Blut hindert, uns ganz zu bedecken. Wir können dem Teufel sonst lang vom Blut reden und von dessen sühnender und reinigender Kraft sprechen; *wenn wir nicht in Wahrheit darunter stehen,* d. h. vollkommen rein sind, so lacht er uns nur aus und treibt sein Narrenspiel mit uns.

Zweitens dürfen wir in keiner Weise mehr mit der Finsternis zusammenhängen, d. h., es muß bei uns alles vollkommen klar und durchsichtig sein in Herz und Leben, in Handel und Wandel. Da darf nichts an dir gefunden werden, was der Finsternis angehört; denn in der Finsternis ist des Teufels Herrschersitz (Eph. 6,12). *Soviel Finsternis du in dir duldest, soviel Raum und Boden hat der Satan in dir, den er mit Recht sein eigen nennt.* Das ist die Ursache, warum viele vom Teufel so gequält werden. *Sie haben nie gründlich aufgeräumt,* sind mit ihren Finsternistaten nie ans Licht gekommen, haben nie ihre Sünden bekannt noch gutgemacht, was gutgemacht sein muß, haben sie nicht unter Jakobus 4,8-10 gestellt; darum können sie auch nicht, was in Jakobus 4,7 steht. (Unterwerft euch nun Gott. Widersteht aber dem Teufel, und er wird von euch fliehen). Der Teufel ist ihnen immer auf den Fersen. Und warum? Er hat noch immer ein Recht auf sie. Da sind Sünden, die sollten bekannt und gutgemacht werden. Aber man ist schon jahrelang fromm und soll noch einmal anfangen, Sünden zu bekennen und gutzumachen! Muß das sein? Ja, das muß sein. Solche Sünden sind wie Handhaben, wo der Teufel dich immer wieder fassen und dich herumschütteln kann. Sie sind wie Haken an dir, in die er bequem seine Stricke werfen kann, so daß er dich hin und her zerrt und schleift, wie er will. Da heißt es, abhauen und ausreißen, und wenn du dadurch ein Krüppel werden solltest (Mark. 9,45-47). Es ist dir besser so! Scheue dich nicht zu bekennen, alles zu bekennen. Einmal muß doch alles offenbar werden! Es muß alles ans Licht kommen, damit es vom Licht gestraft werde. „Denn alles, was offenbar wird, das ist Licht“ (Eph. 5,13). Wer sich scheut, sein Sündenleben zu bekennen, bleibt mit dem Teufel unter einer Decke, und da kann natürlich nicht von einem Sieg die Rede sein. Eine richtige Bekehrung ist eben ein Gericht vor Gott, vor Geistern und vor Menschen. *Und einmal müssen wir durchs Gericht.* Wer es hier im Leben scheut, hebt es nur auf für die Ewigkeit. Wir tun nichts, wovon wir sagen könnten: „Nur Gott weiß es.“ Es haben's noch viele Augen gesehen! Und darum müssen wir uns nicht nur legitimieren vor Gott, sondern auch vor der Geisterwelt. Siehe die Geschichte Hiobs.

Schon in Hiob (Kap. 11,14-19) finden wir eine treffliche Anweisung zu einem siegreichen Leben. Da heißt es: „Wenn du die Untugend, die in deiner Hand ist, ferne von dir tätest, daß in deiner Hütte kein Unrecht bliebe, so möchtest du dein Antlitz aufheben ohne Tadel und würdest fest sein und dich nicht fürchten. Dann würdest du der Mühsal vergessen und so wenig gedenken als des Wassers, das vorübergeht; und die Zeit deines Lebens würde aufgehen wie der Mittag, und das Finstere würde ein lichter Morgen werden; und dürftest dich des trösten, daß Hoffnung da sei; würdest dich umsehen und in Sicherheit schlafen legen; würdest ruhen, und niemand würde dich aufschrecken“ – selbst der Teufel nicht.

Drittens dürfen wir nicht mit dem Teufel streiten oder ihn etwa durch Selbstüberhebung reizen. Wer noch mit ihm kämpft und streitet, der versteht noch nichts vom Kampf. Wir können uns nicht mit ihm einlassen; er ist uns viel zu mächtig. Unsre Stellung ihm gegenüber ist nicht eine tätige, sondern eine leidende, d. h., der Kampf ihm gegenüber ist nicht ein aktiver, sondern ein passiver. Der Israelit stritt nicht mit dem Würgeengel, sondern strich sich einfach das Blut an seine Türpfosten und verhielt sich dann still, vertrauend auf Gott (2.Mose 12). Wir müssen gedeckt sein von Jesus und Seinem Blut. Wie die Feuersäule zwischen Israel und Ägypten stand, *so muß Jesus zwischen uns und dem Verderb stehen,* wie der Dichter sagt:

„Liebster Jesus, sieh, ich hülle mich in Dich hinein;
O, da bin ich gut geborgen, kann ich sicher sein!
Und steht Jesus mitten innen, bin ich aus dem Krieg;
Denn schon längst erfocht mein Jesus überall den Sieg."

Selbstverständlich ist unter diesem „in Christus sein" nicht gemeint, was viele darunter verstehen, nämlich Vergebung der Sünden haben, ein wenig Umgang pflegen mit Ihm, indem man hier und da zu Ihm aufblickt und Ihm dankt oder zu ihm seufzt, sich anstrengt, immer an Ihn zu denken, regelmäßig seine Bibel liest und sein Gebet verrichtet und daneben noch ein wenig fromme Gefühle hat. In Jesus sein, heißt: *Eins sein mit Ihm auf allen Gebieten. Und dieses Einssein mit Jesus fängt am Kreuz an;* d. h., wir sind mit Christus gekreuzigt, begraben und abgetan; Menschen, von denen man nichts mehr sieht und hört, die untergegangen sind in Jesus, die tot sind für alles, was nicht von Christus ist. Und mit toten Leuten kann niemand etwas haben, selbst der Teufel nicht. Soviel eigenes Leben du noch hegst und pflegst, soviel Macht räumst du dem Teufel freiwillig ein. *Soviel Selbstleben, soviel Fluchleben, soviel Leben für den Satan.* Sich selbst lebende Menschen versuchen den Teufel, daß er sie versuche. Soweit du Todesgemeinschaft mit Jesus hast, d. h. soweit du auf Seinen Tod eingegangen bist, so weit hast du Lebensgemeinschaft mit Ihm und auch kein Haar weiter. Da nützt alles Beten und Glaubenwollen nichts. Bei einem Kind Gottes handelt es sich mehr darum, Stellung einzunehmen, d.h. auf das von Gott Gegebene einzugehen, als um Beten. Das ist der Glaubenskampf. Das andre ist ein Kampf, der aus dem eigenen Willen und Fleisch kommt, wo man in einem

Moment meint, man könne es mit dem Teufel aufnehmen, und im andern Moment sich fürchtet vor einer schwachen Magd, wie Petrus es tat. Da gibts nur Schlappen. Denn nichts reizt den Teufel so sehr, als stärker sein wollen als er. Findet er uns dann noch außerhalb der Freistatt, so rächt er sich furchtbar an uns. Daher rühren dann die sonst unglaublichen Sündenfälle. Drei Waffen sind uns angewiesen in Offb. 12,11, die wir diesem mächtigen Feind gegenüber gebrauchen müssen, wenn wir siegreich sein wollen:

1. Sie haben ihn überwunden durch des Lammes Blut;
2. durch das Wort ihres Zeugnisses, und
3. sie haben ihr Leben nicht liebgehabt bis in den Tod.

Weiter haben wir den *Sieg über die Sünde!* Der Sohn Gottes hat uns ebenso wahrhaft erlöst von der *Macht der Sünde* als von der *Schuld* derselben. Was uns unmöglich war, das tat Gott und verdammte die Sünde im Fleisch. Wenn ich hier von der Sünde rede, so meine ich nicht unsre mit Sünden aller Art befleckte Vergangenheit, sondern ich meine die Sünde, die täglich unsre Glieder als ihre Organe gebrauchen will, um in unserm sterblichen Leib ihre Macht auszuüben. Wenn ich nun zu einem Kind Gottes sage: „Du hast nichts mehr mit deiner Sündenschuld zu tun, die hat Jesus bezahlt, als Er dort am Kreuz Sein Leben zum Schuldopfer für dich gab“, so stimmt es mir wohl freudig und glaubensvoll bei. Wenn ich aber noch einen Schritt weiter gehe und sage: „Du bist ebenso mit der Macht der Sünde, d. h. mit der Sünde, von der du täglich angelaufen wirst, fertig“, so schaut es mich traurig an und bekennt: „Leider ist dies meine Erfahrung nicht! Wohl kämpfe ich gegen die Sünde, und manchmal auch mit Erfolg, aber von einem beständigen Sieg über dieselbe weiß ich nichts. Ich habe bis jetzt nicht das gefunden, was die Bibel verheißt und was manche vorgeben zu haben. Ich weiß überhaupt nicht, ob der Christ in diesem Leben zu einer völligen Erlösung kommen kann.“

Liebes Kind Gottes, ich stand auch einmal so wie du. Ich wollte mich jedoch nicht mit einer teilweisen Erlösung zufriedengeben. Ich wollte eine ganze Erlösung haben, wie sie die Schrift verheißt, und kämpfte darum bis aufs Blut; aber umsonst, denn ich verstand nicht, was das heißt: *„Der Gerechte lebt aus Glauben“, er hat alles, was er hat, nur im Glauben und hört auf zu besitzen, sobald er aufhört zu* *glauben.* Noch wie gegenwärtig ist mir der Moment, wo ich vor Gott auf den Knien lag und ernstlich die Frage erwog: Soll ich so weitermachen, oder soll ich nicht lieber wieder zurückkehren? Denn ich habe ja doch nur Christentum genug, um unglücklich zu sein. Lieber will ich gar nichts, als so ein Leben von Fallen und Aufstehen, wo man die eine Stunde sündigt und die nächste bereut und wieder sündigt und wieder bereut. Es kam so weit, daß ich überhaupt an einer vollen Erlösung zweifelte und mit Mißtrauen diejenigen betrachtete, die davon redeten, weil ich mir sagte: Die haben es sicher auch nur in der Theorie, aber nicht in der Praxis.

Doch Gott, der da reich ist an Barmherzigkeit, erbarmte sich meiner und gab mir Licht durch Seinen Geist und durch Sein Wort, so daß ich heute bekennen darf: Mein Friede und meine Ruhe ist heute viel tiefer als vor Jahren mein Unfrieden und meine Unruhe. Und das ging so: Mein Blick fiel auf Römer 6, und es war, als ob zu gleicher Zeit ein Licht von oben auf dieses Kapitel fiele; was mir so lange dunkel und verschlossen gewesen, das wurde mir auf einmal wie durchsichtig, so leicht, so klar, so köstlich, daß es mir vorkam wie ein neues Evangelium. Jeder Vers war für mich verschmachteten und verirrten Menschen wie ein Stück Himmelsbrot, wie ein Lichtstrahl aus der oberen Welt. Ich saß und aß wie Jonathan im Wald von dem Honigseim, und meine Augen wurden immer heller. Es war mir sonnenklar: *„Hier und hier allein ist der Weg, auf dem man von Sieg zu Sieg geht, hier habe ich das Geheimnis eines siegreichen Lebens gefunden!“* Ohne Römer 6 zu verstehen und zu leben, kann man unmöglich ein Christ sein, „der mit Freuden singt vom Sieg in den Hütten der Gerechten.“ Und ich bin tief davon überzeugt, der Teufel hat es auf nichts so sehr abgesehen, als gerade diese Wahrheiten, die uns ein siegreiches Leben geben, zu verdecken. Er hat nichts dagegen, wenn man viel von Heiligung den Leuten predigt und diese Wahrheit in Römer 6 umgeht; er ist sicher, bald alle diese Heiligungsleute müde am Wege liegen zu finden. Denn es gibt nichts Ermüdenderes und Entmutigenderes, als aus eigener fleischlicher Kraft erringen wollen, was nur der heilige Gottessohn erringen konnte. Und eine solche Stellung ist sehr gefährlich; denn Entmutigungen verschließen das Ohr. Wir können die ganze Heiligungslehre in das Wort Pauli zusammenfassen: *„Sterben wir mit, so werden wir mitleben“*

(2.Tim. 2,11). Soviel wir Todesgemeinschaft mit Jesus haben, soviel Lebensgemeinschaft haben wir mit Ihm. So muß es also dem Kind Gottes nur um den Tod zu tun sein, d. h., *es muß allen Dingen wie ein Toter gegenüberstehen.* Und das ist auch der Mittelpunkt von Römer 6: Unser alter Mensch ist mit Christus gekreuzigt; wir sind mit Ihm der Sünde gestorben und darum gerechtfertigt von der Sünde, d. h. frei von ihr, und – *haltet* euch nun im Glauben in dieser Stellung.

Dieses mit Christus Gekreuzigt- und Gestorbensein will aber nicht so verstanden sein, als ob ein wirklicher Tod eingetreten wäre und als ob wir nun für die Versuchungen zur Sünde unempfänglich wären. Nein! Es ist eine Glaubensstellung. Das deutet uns auch klar der elfte Vers an, wo es heißt: *„Haltet euch dafür."* Da folgt dann der gute Glaubenskampf, der nicht selbst etwas erringen und erkämpfen will, sondern in das Errungene hineintritt und darinnen steht. Gekreuzigt sein heißt: außer Wirksamkeit gesetzt sein! Ein Mensch, der am Kreuz hängt, kann trotzdem leben; aber die sonst tätigen Hände und Füße sind außer Wirksamkeit gesetzt. Würde man einen solchen Menschen vom Kreuz herunternehmen, d. h. ihm Hände und Füße lösen, so würde er leben wie vorher. Gerade so ist es mit dem mit Christus Gekreuzigten. Sobald er aus seiner Stellung heraustritt, so ist er wieder, was er vorhin war. *Unser alter Mensch ist wie ein im Schnee Erstarrter.* Läßt man ihn liegen, so bleibt er im Tode; zieht man ihn aber hervor, trägt man ihm Rechnung, so erwacht er wieder zum Leben. „In Christus, dem Menschensohne, dem Haupt der Menschheit, sind wir der Sünde gestorben!" Aber wie schon oben gesagt: diese Stellung kann nur im Glauben bewahrt werden. Man bleibt darin nur, solange man sich im Glauben für gestorben hält. Man stirbt nicht alle Tage, sondern wie Christus *einmal* der Sünde gestorben ist, so auch wir mit Ihm. Wenn wir immer wieder sterben müßten, so müßten wir ja auch immer wieder den Stachel des Todes kosten, und das wäre sehr schwer. Nein, wie der Temperenzler, dem man den perlenden Wein anbietet, siegreich überwindet mit dem: „Ich bin Temperenzler; ich habe unterschrieben!" so spricht der mit Jesus Gekreuzigte: „Ich habe das Todesurteil des alten Menschen unterschrieben. Ich habe nichts mehr mit dem zu tun, was ihm angehört." Müßte der Temperenzler sich jedesmal vor dem schön schimmernden Weinglas wieder entscheiden, ob er trinken oder nicht trinken wolle, so würde ihn das jedesmal einen neuen Tod kosten, und gewiß würde er oft unterliegen. Aber das Bewußtsein: Ich habe unterschrieben, und der Glaube: Ich kann's ohne Wein noch besser machen, helfen ihm leicht über diese Versuchung hinweg. Freilich braucht es Übung, und man hat diese Fertigkeit auch nicht von heute auf morgen. Man muß auch lernen, mit sich Geduld haben und nicht vergessen, daß auch ein Abraham, der Vater der Gläubigen, lernen mußte, Gott zu vertrauen, wobei es auch mit ihm durch Fallen und Aufstehen ging (1.Mose 12 und 13). Aber dies soll uns nicht ein Ruhekissen sein, sondern ein Trost für Stunden der Entmutigung, der Verzagtheit. Wir dürfen nicht vergessen, daß auch Kinder Gottes als kleine Kinder geboren werden, die des Wachstums und der Erziehung bedürfen. – Hier seien noch einige Punkte erwähnt, die nicht umgangen werden dürfen, wenn wir einen bleibenden Sieg über die Sünde haben wollen.

Erstens müssen wir fest entschlossen sein, aus allem herauszutreten, was irgendwie mit der Sünde in Zusammenhang ist. Es genügt nicht, die Entweihung des Tempels unseres Herzens zu beklagen; wir müssen die Käufer und Verkäufer *hinaustreiben* und die Tische der Wechsler umstoßen. Unter dem Ausdruck „Sünde" sind hier auch Fleisch und eigenes Ich mit eingeschlossen; „denn fleischlich gesinnt sein, ist eine Feindschaft wider Gott", und das eigene Ich ist verflucht, und wer mit ihm zusammenhängt, der ist auch mit der Sünde verkettet. *Ichleben und Sündenleben sind unzertrennlich.* Warum erlangen viele keinen Sieg über die Sünde? *Sie lieben die Sünde noch.* Sie machen es wie Saul, sie schonen des Königs und der besten Schafe und Rinder. Sie folgen dem Geiste nicht. Auf diesem Weg verlieren sie, wie Saul, die Salbung wieder oder sind ungeschickt, eine solche zu erlangen. *Gehorsam gegen den Geist, den man hat, ist der Weg zur Fülle des Geistes.* Nur wenn man das Licht gebraucht, das man hat, gibt einem Gott noch mehr nach dem Gesetz: „Wer da hat, dem wird gegeben, daß er die Fülle habe." Gott gibt heute noch wie ehedem, wenn Er nur Gefäße findet. *Und welches sind die Gefäße, in die der Heilige Geist einzieht? Menschen, die durch den Heiligen Geist nicht groß gemacht sein wollen, die nicht als große Zahl dastehen wollen im Reich Gottes, sondern sich zu Nullen taufen lassen, die wachsen wollen wie ein Johannes, d. h. abnehmen* (Joh.

3,30), *die sich in Jesu Kreuzes- und Todesgemeinschaft hineinziehen lassen, die ganze Opfer auf den Altar legen. Gott gibt nur Feuer, wo ein Opfer auf dem Altar liegt. Feuer ist bedingt durch ein Opfer. Von Dem, der den Geist ohne Maß besaß, heißt es: „Er hat sich durch den ewigen Geist Gott geopfert"* (Hebr. 9,14). *Bist du bereit, die Opfer zu bringen, wirst du Gott mehr als bereit finden, Sein Feuer zu geben. Der Geist wird denen gegeben, die Ihm gehorchen.* Und ohne Geist Gottes ist es unmöglich, den Sieg über das Fleisch zu haben. Römer 8,13 sagt uns, daß wir durch den Geist die Geschäfte des Fleisches töten, d. h. das Fleisch im Tode halten sollen. Der Geist zeigt uns, daß das Fleisch nichts nütze ist, daß man von ihm nichts erwarten darf, daß es der Verwesung anheimfällt. Es ist eine große Torheit, durch eigene Energie das Fleisch überwinden zu wollen – da streitet ja Fleisch gegen Fleisch, und daß es da nur Niederlagen geben kann, liegt klar am Tage. *Noch größere Torheit ist es, von dem Fleisch etwas Gutes zu erwarten, und die größte Torheit wäre es, das Fleisch zu verherrlichen.* Wir sind aber nicht mehr Schuldner des Fleisches. Durch die Kreuzigung Christi sind wir dem Dienst des Fleisches enthoben. Im Grab, an dem dunkeln Ort, hat nun unser alter Mensch seinen Platz, ungekannt und ungenannt, in Vergessenheit bei uns selbst und bei andern. Wie viele glauben sich verpflichtet dem Fleisch gegenüber, bald dem eigenen, bald dem neben sich! Wer dem Fleisch huldigt, ist ein Feind Jesu. *Für sich sein heißt: gegen Ihn sein!* Von den Überwindern ist gesagt: „Sie haben ihr Leben nicht liebgehabt bis in den Tod", d. h., sie haben sich selbst verleugnet. Und wenn ich mich selbst verleugnen will, so muß ich sagen: „Ich bin nicht mehr da." Dienst des Fleisches bringt Tod; statt ein Gefäß des Geistes zu werden, wird man so ein Zerrbild von einem Christen, das die Unbekehrten zurückstößt, die Erweckten abschreckt, die unheiligen Elemente anzieht und mit der Sünde unter einer Decke steckt.

Zweitens müssen wir in Wahrheit unter der Gnade stehen, wie sie in Titus 2,11 beschrieben ist. Unser ganzes Wesen muß von der Gnade durchdrungen und durchwärmt sein, so daß, wenn Versuchungen und Anfechtungen auf uns einstürmen, sie in uns keinen Boden mehr finden. Wie der im Mai etwa noch fallende Schnee auf dem schon erwärmten Boden sogleich zu Wasser wird, so dürfen die kalten Schauer der Lieblosigkeit, der harten Urteile, der Schmach und Verachtung von Seiten der Menschen in dem durchwärmten Herzen keinen Boden mehr finden. Denn das ist Gnade, so jemand um des Gewissens willen zu Gott das Übel erträgt und leidet das Unrecht (1.Petr. 2,19). Wenn wir das als Gnade erkennen können, wieviel Niederlagen würden wir uns und andern ersparen! *Aber gerade hier ist das Spital des Frommen.*

Drittens müssen wir unter der zarten Zucht des Geistes stehen, d. h. im Geist wandeln. „Wandelt im Geist, so werdet ihr die Lüste des Fleisches nicht vollbringen" (Gal. 5,16). Es machen sich gefährliche Regungen geltend, aber gerade bei den ersten Regungen heißt es: Ich bin dir gestorben. Da ist der Boden, auf dem der Sieg erfochten wird. Nicht warten, bis es in uns brennt und lodert, sondern die *ersten Regungen ertöten,* der bösen Lust auf den Kopf treten, das Auge ausreißen, wenn es uns ärgert, ebenso Hand und Fuß abhauen, wenn sie zum Fall gereichen! Wir können uns das Leben leicht oder schwer machen, je nach der Art, wie wir kämpfen. Wer im Geist wandelt, bekommt einen Feldherrnblick; er weiß, in welche Situation uns eine einzige Bewegung, ein unerlaubter Gedanke oder Blick bringen kann.

Mit dem Sieg über die Sünde haben wir auch den *Sieg über die Welt;* denn das Wesen der Welt ist die Sünde. „Alles, was aus Gott geboren ist, überwindet die Welt, und unser Glaube ist der Sieg, der die Welt überwunden hat" (1.Joh. 5,4). Der Glaube hat uns eins gemacht mit dem Sohn Gottes, eins gemacht mit Ihm am Kreuz. Wir kommen immer wieder auf diesen Punkt zurück, weil es der Kardinalpunkt in der Nachfolge Jesu ist. Nur wer der Welt gekreuzigt ist wie ein Paulus, kann die Welt besiegen. *Ihre Lust kann ihn nicht anziehen und ihr Haß nicht abstoßen.* Der mit Jesus Gekreuzigte ist tot für das, was der Welt ihr Leben ist, nämlich: *„Augenlust, Fleischeslust und hoffärtiges Wesen."* Er braucht das nicht mehr. Denn erstens hat er keine Organe mehr für diese Dinge, weil sie mit Christus in den Tod gegeben sind und durch den Glauben darin erhalten werden, und zweitens hat er etwas Besseres in Jesu, der das eigentliche Leben ist. Wir haben alles, was die Welt meint zu haben, vollkommen in Christus. „Wer Ihn hat, ist still und satt; wer Ihm kann im Geist anhangen, darf nichts mehr verlangen." Der aus Gott Geborene lebt aus Gott. Wie der äußere Mensch, der von der Erde genommen ist, nur aus der Erde leben kann, so kann der innere Mensch, der aus Gott geboren ist, nur aus Gott leben. Gott ist die Liebe; Liebe nimmt der aus Gott Lebende in sich auf, Liebe wird sein Leben, und darum ist er eine Macht in der Welt. Er hat etwas, was die Welt nicht hat und wonach sie im Grunde doch dürstet. Die Liebe ist die siegreiche Waffe, mit der er die Welt überwindet.

Viele Kinder Gottes haben von dem, was es heißt, die Welt zu überwinden, eine ganz falsche Anschauung. Sie sind in der Regel nicht erlöst von dem Wesen der Welt, von deren Lust und Verführungen, und meinen, nun loszuwerden von diesen Dingen, wenn sie alles, was Welt heißt, hassen. Es gibt eine Welt, die sollen wir hassen aus tiefster Seele und in keiner Weise Kompromisse mit ihr machen. Aber es gibt *eine verlorene Welt,* die sollen wir lieben mit der ganzen Glut unsrer Liebe. Diese Welt hat Gott so geliebt, daß Er Seinen eingeborenen Sohn in sie hineingeben konnte; diese Welt hat Jesus so geliebt, daß Er Sein Leben für sie ließ; diese Welt haben die Apostel so geliebt, daß sie aus Liebe ihr Leben am Kreuz und auf Scheiterhaufen zu opfern vermochten. Unserm Herrn war die Welt nicht gleichgültig; sie lag Ihm am Herzen; Seine letzten Worte in der Welt galten ihr (Matth. 28,19; Mark. 16,15; Luk. 24,47; Joh. 17,18.21.23; Apg. 1,8). Die Jünger wurden ausgerüstet mit dem Heiligen Geist, damit sie der Welt dienen könnten. Denn ohne Geist Gottes wären sie ohne Liebe gewesen und darum unfähig, der Welt zu dienen. Wenn Jesus sagt: „Ihr seid das Licht der Welt", so meint Er gewiß nicht, daß wir mit dem Licht, das wir haben, die Fehler und Flecken der Welt aufsuchen sollen. Und wenn Er sagt: „Ihr seid das Salz der Erde", so will das nicht heißen, wir sollen beißende Reden gegen die Welt halten. Das Licht kann nicht anders leuchten als so, daß es sich verzehrt, und das Salz kann nicht anders salzen als so, daß es sich auflöst. So können wir auch der Welt nicht anders dienen, sie nicht anders besiegen als auf dem Weg der Selbsthingabe und Selbstverleugnung.

Jesus hat uns zu Königen gemacht; wir sollen herrschen, aber wir sollen herrschen auf den Knien. Auf den Knien, da üben wir unser Königtum aus. Wir haben eine große Macht auf Erden. Ein Kind Gottes hat, wenn es richtig steht zu seinem Gott, mehr Macht als irgendein Minister. Ich hatte das Glück, Hudson Taylor, den Gründer der

China-Inland-Mission, zu hören. Er erzählte, daß er Gott gebeten habe, Er solle ihm 18 Männer geben, die mit ihm nach China gingen, und für die 18 Männer das nötige Geld zur Ausrüstung und zur Reise, und dann sollte Er auch das Land China öffnen, das bis dahin für England verschlossen war. Und wie der Beter es erwartete: als er die 18 Männer hatte und das nötige Geld, unterzeichnete der erste Minister zu derselben Zeit den Vertrag, daß das Land forthin für England offen sei. Was kein Minister zustande brachte, das brachte das einfache Männlein auf seinen Knien zustande. Erst vor Wochen sagte mir ein Jüngling: „Ich mußte mich bekehren; denn Tag und Nacht umringten mich die Gebete meiner Mutter." Die Mutter hat den Sohn besiegt, aber auf den Knien. Liebe ist stärker als der Tod, mächtiger als die Hölle; viele Wasser können sie nicht ertränken. Liebe sind die feurigen Kohlen auf dem Haupt unsrer Feinde. Nur *eine* Waffe dürfen Kinder Gottes gegen ihre Feinde gebrauchen, und die ist: Liebe.

Jesus hat uns zu Priestern gemacht. Priester sollen andere auf dem Herzen tragen. Wie viele trägst du auf deinem Herzen? Vielleicht niemand? O, dann bedaure ich dich tief, du Kind Gottes! Was betest du denn? Betest du nur immer für dich? Ist das nicht furchtbar langweilig und tötend für dein inneres Leben, wenn du überhaupt solches hast? Siehe, wie Abraham stehenblieb vor Gott und sich beugte und für *Sodom* bat! Ich glaube, nächst der Willigkeit, den eigenen Sohn zu opfern, hat Gott an Abraham nichts so sehr gefallen wie die Fürbitte für Sodom. Das merken wir aus der Freundschaftserklärung, die Er ihm gibt in den folgenden Versen. Was hat Dorothea Trudels Leben zu einem so glücklichen und siegreichen gemacht? Sie war eine Priesterin. Sie trug Freund und Feind auf dem Herzen. Ihre drei letzten Stunden auf Erden waren drei Stunden heißen Gebetes und priesterlichen Flehens. Da hat man sehen können, was sie auf dem Herzen trug. Hudson Taylor nahm auf sein Herz ganz China mit seinen 400 Millionen Menschen. Und siehe, Gott gab es ihm. Er hat im Verlauf von 30 Jahren über 120 Missionsstationen errichtet mit über 700 Missionaren und hat auf diese Weise in ganz China da und dort ein Lichtlein angezündet, die zur Fackel werden und ganz China erleuchten können. Livingstone, einer der gesegnetsten Missionare Afrikas, starb auf den Knien! Sage, lieber Bruder und liebe Schwester, muß uns das nicht tief in den Staub beugen? Müssen wir nicht

Buße tun wegen des kalten Priester- und Levitensinnes, der so herzlos an dem Verlorenen und Elenden vorübergehen kann? Warum jammert uns nicht des Volkes? Warum haben wir keine Tränen für unsere verblendete Umgebung? Oder können wir auch sagen wie Petrus: „Was ich habe, das gebe ich dir"? Heißt es auch von uns wie von Maria: „Sie hat getan, was sie konnte"? Jesus sagt: „Siehe, Ich komme bald und Mein Lohn mit Mir!" Werden wir Lohn empfangen, wenn wir keine Arbeit getan haben? „Wer da schneidet, der empfängt Lohn und sammelt Frucht zum ewigen Leben" (Joh. 4,30). Tun wir solche Ewigkeitsarbeit? Sammeln wir Garben für die himmlischen Scheunen? Von Abraham heißt es: „Er baute dem Herrn einen Altar." Von Lot heißt es: „Er baute seine Hütten." Wie heißt es von uns? O teure Kinder Gottes, laßt uns nicht gleichgültig an diesem Punkt vorübergehen! Wir haben als Jünger Jesu eine Jüngeraufgabe, und die besteht darin, Jesu Werk auf Erden fortzusetzen und zu vollenden. Wir sollen mithelfen an der Erlösung unsrer Brüder und Schwestern. Beschämt es uns nicht tief, wenn wir von Nehemia lesen, daß er Tag und Nacht seine Kleider nicht auszog, sich keine Ruhe gönnte und kein Bad nahm, keine Erquickung begehrte, bis die Mauer vollendet war? Und er konnte ja nur tote Steine aufeinanderlegen; wir aber dürfen lebendige Steine zu dem geistlichen Tempel herzubringen und sind so bequem und träge! Sollten wir nicht auch sagen können wie eine Esther: „Wie kann ich zusehen, daß mein Geschlecht umkomme? Denn sie sind verkauft, daß sie vertilgt, erwürgt und umgebracht werden!" Wann können wir eine solche Stellung einnehmen? Antwort: Wenn wir Menschen sind, die, mit sich selber fertig geworden, nicht mehr sich selbst leben, sondern Dem, der für sie gekreuzigt und auferstanden ist.

Zum Schluß möchte ich noch einige Winke geben, wie wir diese Glaubensstellung auch in den täglichen Schwierigkeiten siegreich verwirklichen können. Das ist das erste: *Sei einfältig!* „Wenn dein Auge einfältig ist, so wird dein ganzer Leib licht sein!" Einfältig sein heißt: mit dem Auge nur auf eines sehen, es nur mit Jesus zu tun haben und nur nach ihm sich richten wollen. Abraham war einfältig; er rechnete nur mit Gott und Seiner Verheißung. Je kindlicher du sein kannst vor Gott, desto besser. Wenn du dich wie ein Kind zu Gott hältst, wirst du erfahren, daß Er sich wie ein Vater zu dir hält. Lerne alles tun wie ein Kind, auch die scheinbar größten Dinge. Sei kindlich vor den Menschen und wolle nie den Mann machen; sei kindlich vor Gott, auch wenn du gefehlt hast. Kinder rufen ja auch dann der Mutter, wenn sie hingefallen sind. Vergiß nicht, daß das ewige Recht heißt: Komm und laß dich reinigen, wenn du dich verunreinigt hast (4.Mose 19). Das Christentum der Bibel ist sehr einfach; es ist eine Kindersache. Gott verlangt nur eins von uns, nämlich Gehorsam; das andre macht Gott alles selber. Da fällt dann auch die Verantwortung hin, von der ja manche so viel reden. Allerlei Verantwortlichkeit haben wir nur, solange wir selbständig sind. Ein Kind hat nur die eine Verantwortung, zu gehorchen. Nur Kinder können sich im Reich Gottes bewegen. Nur schwache Leute sind imstande, Gott in Seiner Kraft zu fassen. Wir müssen Benjamine werden, die zwischen den Schultern Gottes wohnen dürfen (5.Mose 33). Kleine Leute haben Platz zwischen den Schultern Gottes. Die Großen, die groß sind in ihrem Geist, in ihrer Kraft und Energie, die kann Er nicht umfassen.

Eins nur wollen, eins nur wissen,
Jesum, Gottes Herrlichkeit,
Und die Weltlust fliehn und missen,
heißt vor Gott Einfältigkeit.
Ist ein Herz auf dies gestellt,
so gefällt es nicht der Welt.

Einfalt ist es, eins erblicken,
das dem Herzen ganz genug;
Das, was ewig kann erquicken,
nur verlangen, das ist klug.
Seist du vor der Welt alsdann
als ein Tor – was liegt daran?

Treuer Jesu! Meine Liebe
sei nur Dir, nur Dir geweiht;
Alle meine Herzenstriebe
laß doch nimmer sein zerstreut!
Dich nur wollen, Dich nur sehn,
heißt dem rechten Ziel nachgehn.

Tritt mir etwas vor die Augen,
das mir könnte schädlich sein
Und dem Geiste nicht kann taugen,
davon halte Du mich rein,
Daß es geh' an mir vorbei,
ob es nur so scheinbar sei.

Lieber aller Welt mißfallen,
als zum Himmel ungeschickt!
Wo ist in den Dingen allen
etwas, das den Geist erquickt?
Gar nichts ist in dieser Welt,
das der Einfalt wohlgefällt.

Wohne, Herr, in meiner Seele,
fülle meinen Herzensgrund!
Was ist's dann, das mir noch fehle,
wenn ich bin in Dir gesund?
Ja, durch Einfalt halte mich
Dir verbunden ewiglich!

Fürchte dich nicht vor einer rückhaltlosen Selbsthingabe an Gott. Sei gewiß, du legst deine Sache in die besten Hände. Teilweise Hingabe macht das Leben schwer, während rückhaltlose Hingabe es zu einem leichten macht. Mache es nicht wie viele, die sich Gott nur so provisorisch übergeben, nur so bei Gelegenheit, weil es so Mode ist, und die sich dann bei der ersten besten Gelegenheit Gott wieder nehmen, selbst wieder Herr und Meister sein wollen über sich, die mitgehen bis an den Tod, sich aber dann schnell retten. Das sind Leute, die möchten gern selig werden, möchten aber auch ihre eigenen Herren bleiben, wie Isaschar. Er ging ins Heilige Land, um Gott anzubeten, und wandte sich dann wieder den ägyptischen Genüssen zu und freute sich seiner Hütten und seiner Schätze, die er aus dem Sande grub. Darum wurde er auch kein Kind, sondern blieb ein zinsbarer Knecht.

Überlaß alles deinem Gott. Lerne es, alle deine Angelegenheiten und Anliegen dem Heiligtum anzuvertrauen und da liegen zu lassen, bis es Gott gefällt, deine Sachen auszuführen. Sei tief davon überzeugt, es darf dir niemand vor der Sonne stehen, wenn Gott will, daß sie dir scheine. Es kommt bei Gott alles an die Reihe. Er hat für alles einen Tag und eine Stunde; man muß nur warten. Solange man meint, man müsse sich verteidigen und sich rechtfertigen und die Sachen klarlegen, solange hat man nur viel Unordnung.

Sei zart gegen den Geist. Er ist der himmlische Elieser, der dich durch die Wüste dieses Lebens dem himmlischen Isaak entgegenführt. Wo der Geist betrübt wird, da nimmt die Liebe und Freude spürbar ab. Vieles überläßt Er deinem freien Willen, d. h., Er macht dich auf vieles nur aufmerksam. Nur in wenigen Fällen können wir die Leitung des Heiligen Geistes als ein „Treiben" bezeichnen, wie wir das Wort „treiben" verstehen. Dieses „Treiben" bezeichnet mehr die Wirkung des Heiligen Geistes im allgemeinen. Das zarte Wirken des Geistes lernt man aber verstehen, wenn man einfältig auf Seine Winke eingeht und nicht in eigener Meinung und eigenem Unglauben Ihm im Wege steht. Außerdem gilt hier in vielen Fällen das Wort: „Tue alles, was dir vor die Hand kommt!" (Pred. 9,10) In vielen Dingen haben wir die Leitung schon im Wort Gottes und suchen sie dann vergeblich durch innere Stimmen.

Lerne es, auch in äußeren Nöten und Schwierigkeiten mit Jesus zu rechnen. Er will uns alles sein. Bei Ihm ist nichts groß oder klein, leicht oder schwer. Philippus rechnete mit dem, was er hatte, und Andreas mit dem, was andre hatten, und beide mußten zu dem Schluß kommen: Es langt nicht! Jesus rechnete mit dem Vater, darum hat es bei Ihm immer gelangt und blieb noch übrig (Joh. 6). Auch in äußern Nöten und Verlegenheiten sollten wir uns beweisen als Kinder des Vaters im Himmel. „Auf daß sie eure guten Werke sehen", hat Jesus gesagt (Matth. 5,16). Die Welt kann nicht weiter gehen, als sie sieht. Wir lehren die Menschen am besten glauben durch unsern Glauben. Die Welt steht unter dem Eindruck: Gott ist hart. Wir sollten ihr zeigen, daß Gott die Liebe selber ist. Gott läßt sich wunderbar herab. Davon könnte ich hier manches Beispiel anführen. Nur einige sollen zu Seiner Ehre erzählt werden. Ich sollte einmal mit der Bahn verreisen und hatte kein Geld. Da ich nun grundsätzlich meine Verlegenheiten nur Gott wissen lasse, so war ich auch in dieser Sache ganz auf Ihn angewiesen. Der Tag der Abreise kam, aber kein Geld. Ich betete und schlug das Wort auf in 2.Könige 3,17, wo Elisa zu den drei verzagten Königen sagt: „So spricht der Herr: Ihr werdet weder Wind noch Regen sehen, und der Bach wird doch voll Wasser sein, daß ihr trinken könnt.“ Gott in Seiner Herablassung gab mir dieses Wort, um meinen schwankenden Glauben aufrechtzuerhalten. Denn ohne dasselbe wäre ich wahrscheinlich nicht durchgekommen. Um 2 Uhr mußte ich fahren; es wurde 12 Uhr, und ich sah noch keinen Wind, es wurde 1 Uhr, und ich sah noch keinen Regen; ich mußte zur Bahn gehen, und der Bach war noch leer. Erst auf dem Weg zur Bahn brachte mir jemand soviel, daß ich die Fahrt hätte dreimal bezahlen können. Auch die Geschichte in 2.Könige 4,1-7 durfte ich einmal fast wörtlich erfahren. Ich hielt einmal an einem Ort Versammlung; da kam auch eine arme Witwe zum Glauben an die Vergebung in Jesu Blut. Aber etwas ließ sie der Vergebung nicht froh werden. Sie hatte eine Gewissensschuld, die gutgemacht werden sollte, und sie hatte doch kein Geld und keine Aussicht auf solches, um diese Schuld gutzumachen. Ich sagte ihr: „Gott, der für Ihre Sünden Seinen eingeborenen Sohn gab, kann Ihnen auch die 200 Franken geben, daß Sie Ihr Gewissen entlasten können; beten Sie nur darum.“ Aber sie lachte mir ins Gesicht und sagte: „Woher soll ich 200 Franken bekommen? Das kann ich nicht glauben!“ Ist es schon schwer, einen Sünder dahin zu bringen, seine Sünden auf Jesus zu werfen, so scheint es fast unmöglich zu sein, ein Kind Gottes dahin zu bringen, seine *Sorgen* auf Jesus zu werfen. – Ich sprach dann zum Herrn: „Du siehst, daß die Frau keinen Glauben hat, und doch muß sie das Geld haben; Du könntest es mir geben, und ich würde es dann ihr geben.“ Und siehe, in drei Tagen hatte ich das Geld. Da bekam ich 100 Franken – soviel hatte ich noch nie bekommen auf einmal –, 30 Franken, 20 Franken, 10 Franken, 5 Franken und 5 Franken, bis die 200 voll waren und noch 15 darüber, daß ich meine Fahrt bezahlen konnte. „Habe Ich dir nicht gesagt, so du glauben würdest, du solltest die Herrlichkeit Gottes sehen?“ (Joh. 11,40)

Jesus ist auch unser Arzt. Manche Gnadenerfahrung könnte ich da erzählen. Dem, der unsern Seelenschaden gutmacht, ist es ein Geringes, uns von leiblicher Krankheit zu heilen. Nur das eine möchte ich hier bemerken, was ich auf diesem Gebiet sehr deutlich beobachtete, nämlich daß in der Regel Unbekehrte, wenn man für sie betet, schneller die Heilung erlangen als Gläubige, wahrscheinlich aus dem Grund: Gott will den Unbekehrten locken, den Gläubigen aber erziehen. Der Leidende (Jak. 5,13) und speziell der Kranke (V.14) darf und soll die gottgefälligen Schritte tun, um zu seiner Rettung und Heilung die Hilfe des himmlischen Arztes zu erfahren, der als solcher gern noch viel öfter sich verherrlichen möchte, wenn Er nur das notwendige Vertrauen bei uns fände. Warum an die Kunst der schwachen und kurzsichtigen Menschen so kindlich glauben, anstatt dem göttlichen Heiland sich zu Füßen zu werfen? (Jer. 17,14. 5-8)

Der Weg dem Lamme nach

Offb. 14,4

Aus Bibelstunden

Der Weg dem Lamme nach ist der einzige Weg, auf dem man vorwärtskommt, der Weg, auf dem man ein fruchtbares Leben findet, der Weg, auf dem man ein Überwinder wird, der Weg, auf dem man zur Herrlichkeit gelangt. Denn wer dem Lamme folgt, wo es irgend hingeht, kommt hin, wo das Lamm ist. Und das Lamm ist mitten im Thron. Nur sein Weg führt mitten in den Thron, kein anderer.

Wir haben euch eine volle Erlösung in Christus verkündigt – und dabei bleiben wir auch heute noch –, aber wir haben vergessen, euch den Weg zu zeigen, auf dem diese im Glauben erfaßte Erlösung Stunde für Stunde praktisch verwirklicht werden kann. Dieser Weg ist „der Weg dem Lamme nach." Denn wir verstehen unser Leben nicht, wir verstehen unseren Weg nicht, wir machen einen Luftstreich um den andern, solange wir nicht das Leben des Lammes und den Weg des Lammes verstanden haben. Petrus war ein eifriger und aufrichtiger Mann schon vor Pfingsten; aber er verstand den Lammesweg seines Meisters nicht, darum verleugnete er ihn. Wir haben es in erster Linie mit einer *Person* und nicht mit *Lehren* zu tun – ein *Vorbild* hat er uns gelassen. Man kann durch Lehren irregeleitet und müde werden, aber nicht durch den Wandel in seinen Fußstapfen. Ewig sei Anbetung dem Vater, daß er uns das Lamm nicht nur als *Opfer* für unsere Sünden, sondern auch als *Leuchte* für unseren Weg gegeben hat! Und wie tut uns das so gut, besonders für unsere Zeit, wo der eine ruft: „Hier ist Christus!" und der andere: „Da ist Christus!" Aber Lämmer gehen nur dahin, wo sie des Lammes Art und des Lammes Weg sehen.

1. *Der Weg dem Lamme nach ist vor allem ein geebneter Weg.* Er ist ein Weg, den sein heiliger Fuß einst selbst betrat. Wenn er auch nicht eben scheint, so ist er doch von ihm geebnet und gebahnt, und das ist uns genug. Er ist auch kein fremder Weg; denn wir finden überall seine Fußstapfen. In unseren Schwierigkeiten in der Familie, in der Welt, in Armut, in Niedrigkeit – überall finden wir seine Fußtritte. Er ist mit allen unseren Wegen vertraut (Ps. 139). „Denn worin

er selbst gelitten hat, als er versucht wurde, vermag er denen zu helfen, die versucht werden" (Hebr. 2,18). Auf diesem Wege klagt man nicht mehr: Ich werde nicht verstanden! Ich werde falsch beurteilt! Er, unser Hohepriester, versteht uns, und das ist uns genug. Das Schaf begehrt von niemand anderem erkannt und verstanden zu werden als von seinem Hirten; ihm ist es genug, wenn es seinen Fußtritt sieht und das Rauschen seines Gewandes hört. Wenn wir dem Lamme zu folgen begehren, steht uns nichts mehr im Wege.

Was wir bedürfen, um hinaufzuziehen nach Jerusalem (Matth. 21,1-3), d. h. was wir bedürfen, um den Sterbensweg zu gehen, läßt uns jedermann gern. Wenn wir begehren, dem Lamme nachzufolgen, werden überall unsere Pfade ebene Pfade sein; denn zu sterben dem eigenen Wesen, hat man auf jedem Weg und jedem Plätzlein Gelegenheit genug. Dann geht es einem immer gut. Man findet, was man sucht, und das ist ja das Glück.

Wer dem Lamme folgt, hat den eigenen Willen, die eigenen Wege ein für allemal aufgegeben. Er hat keine eigenen Ziele und Interessen mehr; alle seine Sterne sind untergegangen in seinem Lichte. Er erlaubt es seinem Hirten, ihm seine eigenen Wünsche und Wege zu durchkreuzen. Er merkt und versteht es, daß auf diesem Wege für das eigene Leben kein Raum ist, und wer bei sich das eigene Leben verurteilt und weggeworfen hat, der kann es bei anderen mit Geduld ertragen. Auf diesem Wege stößt man sich auch nicht mehr an anderen. Warum nicht? Man hat *den* vor Augen, der getragen hat, ohne sich zu stoßen. Solange wir uns stoßen, sind wir nicht auf seiner Spur, sind wir nicht Kinder des Tages, sondern Kinder der Nacht (Joh. 11,9. 10). Sagen: Der oder jener steht mir im Wege, ist ebenso lächerlich, als wenn man sagen würde: Der oder jener steht mir in der Sonne. Von den Kennzeichen eines Christen hat jemand gesagt: „Ein Christ fühlt sich nie unverstanden. Gegen einen Christen ist nichts versäumt worden. Ein Christ weiß, daß er täglich gegen andere vieles versäumt." Wer dem Lamme folgt, kann nicht erwarten, von allen verstanden zu werden. Es gibt Wege, die muß das Kind Gottes mit seinem Gott allein gehen. Als Abraham mit seinem Sohne auf den Berg Morija ging, um ihn dem Herrn zu opfern, ging er allein; seine Frau ließ er zu Hause und seine Knaben unten am Berge. Weder seine Frau noch seine Knaben hätten seinen Weg verstanden; darum sagte er es ihnen nicht, daß er hingehe, zu *opfern,* sondern daß er hingehe, *anzubeten! „Anbeten“* sagt er anstatt „opfern“! Wie sagen wir? Gestehen wir es uns: Wir haben keinen Sinn mehr für den Lammesweg! Wir sind den Kindern gleich, die beim Einzug Jesu in Jerusalem riefen: Hosianna! Hosianna! und nicht wußten, daß der König zum anderen Tor der Stadt hinaus mußte, um dort am Kreuz zu sterben, und daß er uns zu sich hinausruft, um seine Schmach zu tragen (Hebr. 13,13).

Die ersten Christen hatten für diesen Weg viel mehr Verständnis, weil sie viele solcher sahen, die diesen Weg *gingen,* die den Raub ihrer Güter mit Freuden erduldeten, die in Höhlen und Klüften wohnten, die nicht nur Hab und Gut, sondern auch ihr Leben nicht teuer achteten. Sie wollten nicht höher stehen als das Lamm. Sie waren mit seiner Gestalt und mit seinem Wege ausgesöhnt. Was die wahre Rebe kennzeichnet, ist vor allem die *Einheit* mit dem Weinstock. Schneide in den Weinstock, schneide in die Rebe, und überall fließt der gleiche Saft heraus. Was uns die Verbindung mit ihm, das Bleiben in ihm so schwer macht, ist, daß wir einen anderen Weg gehen wollen. Und doch gibt es keinen seligeren Weg auf Erden als den Weg dem Lamme nach. „Seine Fußstapfen *triefen* von Fett“ (Ps. 65,12).

2. *Auf dem Wege dem Lamme nach finden und bewahren wir dauernden Frieden, kommen wir zur Ruhe.* Schlachtschafe gehen in den Schafstall, sind zur Ruhe gebrachte Menschen. Es gibt einen Frieden ohne Wechsel, und diesen finden wir in seinen Fußstapfen. Wir werden gerade so viel Frieden haben, als wir ihm nachfolgen, und wir werden gerade *so lange* Frieden haben, als wir eins sind mit ihm. Dieser Friede ist nicht eine Sache, um die wir mühsam arbeiten oder beten müssen, sondern die uns zuteil wird, sobald wir sein Joch auf uns nehmen und ihm folgen (Matth. 11,29). Die Bibel spricht von einem „Frieden mit Gott“ (Röm. 5,1) und von einem *„Frieden Gottes“* (Phil. 4,7). Beides ist nicht dasselbe. Der Friede mit Gott oder der *Gewissensfriede* ist eine Gabe, die Gott dem Sünder gibt, sobald er zum Kreuze kommt; der Friede Gottes oder der *Herzensfriede* ist ein Segen, den man *findet* im Gehorsam gegen Gottes Gebote (Jes. 48,18), wie dies ja auch Jesus in seiner bekannten Einladung (Matth. 11,28.29) auseinanderhält, wo er von Ruhe spricht, die er dem *Kommenden* gibt, und von Ruhe, die der ihm *Folgende findet.*

Auf dem Wege dem Lamme nach finden und bewahren wir dauernden Frieden, weil wir es da lernen, ihn nicht nur zwischen uns und unsere Sünden, sondern auch zwischen uns und unsere täglichen Schwierigkeiten hineintreten zu lassen, mögen dieselben persönlicher oder familiärer Art sein, mögen sich dieselben in der „Gemeinschaft" finden oder in sonstiger Reichsgottesarbeit, in der wir stehen. So machte es Maria. Sie ließ Jesus zwischen sich und die Anklagen ihrer Schwester (Luk. 10,38-42), zwischen sich und die Beleidigung des Judas hineintreten (Joh. 12,1-5). Bekehrt sein und doch vom Sorgengeist, von Neid, von Empfindlichkeit usw. gequält werden, ist etwas ganz Unnormales. Solchen fehlt der Friede des Herzens, der nicht nur jeden Verstand, sondern auch jede Not übersteigt. Paulus sagt den Thessalonichern: „Er selbst aber, der Gott des Friedens, gebe euch den Frieden immerdar und auf alle Weise" (2.Thess. 3,16). Kann er das, immerdar und auf alle Weise und durch alle Mittel Frieden geben? Ja, gewiß! Er kann Frieden geben, sowohl durch Stürme als durch Stille, Frieden, sowohl durch Verlust als durch Gewinn. Dem wir folgen, *der ist der Herr des Friedens.* Solange wir unseren Frieden außer ihm suchen, können wir denselben jeden Augenblick verlieren oder kann er doch wenigstens *gestört* werden. Überhaupt ist der Friede, wenn er noch gestört werden kann, kein *bewährter Friede.* Unsere Jahre mögen wechseln, unsere Verhältnisse mögen sich ändern, aber niemals unser Friede. Derselbe ändert sich so wenig, wie sich Jesus ändert. Oh, daß wir an dem Besitz eines solchen Friedens niemals zweifeln möchten und auch den Weg nicht scheuen wollten, auf dem man diesen Frieden findet!

Dieser Weg heißt: *Dem Lamme nach!* Da lernen wir die Bedeutung des Kreuzes verstehen, die Kraft des Kreuzes erfassen und im Schatten des Kreuzes wandeln. Und die tiefste Bedeutung des Kreuzes ist die Aufhebung des „eigenen Ich." Wo dieser finstere Despot den Todesstoß erhalten, da kann ungestörter Friede walten. Denn wir wollen nicht mehr am Leben erhalten, was zum Tode verurteilt ist. Wir wollen nicht mehr die Meisterschaft haben wie Martha, sondern haben die Herrschaft auf die Schultern dessen gelegt, der „Friedefürst" heißt (Jes. 9,6), und so hat die Mehrung des Friedens kein Ende. Denn so weit *seine* Herrschaft reicht, so weit reicht *dein* Friede. Wenn deine „Ritterschaft" ein Ende hat, so ist auch deine

Mühsal zu Ende (Jes. 40,1). Jesus lebte nicht für sich, sondern für den Vater; darum blieb er im Frieden, als die Seinen ihn nicht aufnahmen, als man ihn steinigen wollte, ja als man ihn an das Kreuz schlug.

3. *Auf dem Wege dem Lamme nach findet man ein fruchtbares Leben.* Jesus diente uns mit seinen Worten; er diente uns mit seinem heiligen Leben; aber er diente uns vor allem als Lamm. Als Weizenkorn, das sich in die Erde legen ließ, bereit zu sterben, brachte er viele Frucht. Durch Leiden vollkommen gemacht und mit Leiden des Todes gekrönt, führte er viele Söhne zur Herrlichkeit (Hebr. 2). Als sterbendes Lamm wurde er ein vollkommener Heiland; ohne die Leiden des Todes wäre er es nicht gewesen. Denke dir aus seinem Leben die Lammesgestalt weg! Was bleibt dann noch übrig von ihm? Ein Prophet, mächtig in Taten und Worten, wie die Emmausjünger sagten. Aber als solcher konnte er uns nicht erlösen. Denke dir aus deinem Leben die Lammesgestalt weg! Was bleibt noch übrig? Nur als Lamm konnte Jesus dienen und erlösen. Nur als Lämmer können wir dienen und mithelfen an der Erlösung unserer Brüder und unserer Schwestern. Darum sandte Jesus seine Jünger als Lämmer aus. Die Lämmer sind fruchtbar, weil sie das Ihrige geben und das Ihrige sich nehmen lassen können. Ein Schaf läßt sich das Seinige nehmen, ohne den Mund aufzutun.

Frucht ist mehr als Erfolg. Frucht vermehrt sich. Ob unsere Lehre und unser Leben Licht ist, können wir daran sehen, wenn es bei anderen Leben wirkt und göttliche Frucht ausreift. Nur wo Leben ist, kann Frucht sein, und nach Johannes 6,47-59 ist nur da Leben, ewiges Leben, wo man auf die Todesgemeinschaft mit dem Lamme eingegangen ist. Denn das ist der größte Sieg für den Herrn, wenn er auf Erden Menschen findet, die seinen Tod ausleben. Solche geben Anschauungsunterricht, und das ist bekanntlich der wirksamste. Heute schrieb mir ein Prediger: „Ich kann nur dadurch ein Segen sein, daß ich den Leuten das Leben Christi vorlebe. Ich finde, das zieht am meisten an. An einer frischen Quelle labt sich gern jeder Dürstende. Und sollen wir nicht Quellen sein?" Ja, Quellen! (Joh. 4,14) Es ist nicht genug, daß wir Leben haben; wir sollen es überströmend haben (Joh. 10,11; 7,37). Aber Christi Leben können nur die offenbar machen, die gestorben sind und deren Leben verborgen ist mit Christus in Gott (Kol. 3,3). In Jesaja 53,11 ist von dem Lamm gesagt: „Darum, daß seine Seele gearbeitet hat, wird er seine Lust sehen und die Fülle haben." Hier ist *verborgene* Arbeit und *offenbare* Frucht. Die Lammesnachfolger können solche Arbeit tun, weil sie am liebsten verborgen sind und weil sie als Lammesnachfolger ein Herz haben, ein Hirtenherz. Was wir brauchen, sind solche Leute, die Seelenarbeit tun; diese geben unserer öffentlichen Arbeit den Halt, das Rückgrat und den Segen. Man merkt es einer Gemeinde bald an, wenn sie keine Beter hat. Es sagte mir jemand: „Ich wollte so gern für den Herrn etwas tun, aber ich bin taub und kann darum nicht mit den Leuten verkehren." Ich sagte: „Sprich zu deinem Gott von diesen Seelen, sprich zu ihm im Verborgenen, und er wird es dir vergelten öffentlich." Weißt du, wie das Lamm Samen bekam? Es gab sein Leben zum Schuldopfer (Jes. 53,10), d. h. es stellte sich unter die Schuld anderer und trug sie, als ob es seine Schuld wäre. So haben es auch Esra, Nehemia und Daniel gemacht: sie sprachen: „Wir haben gesündigt!" Das ist Lammesart. Als Lamm kann man jede Arbeit tun. Sie kennen keine niedrige Arbeit, weil sie alles, was sie tun, zu Gottes Ehre tun. Manche Tochter würde ihre Mutter schneller gewinnen für Jesus, wenn sie, statt der Mutter immer wieder zu sagen, daß sie sich bekehren müsse, der Mutter die Stube aufwaschen und ihr das Geschirr spülen würde, um ihr so zu beweisen, was Bekehrung ist. Um große Dinge zu tun, haben wir Leute genug; aber wer will die kleinen Dinge tun? Fange an, die kleinen Dinge zu tun, und du wirst nicht nur genug Arbeit, sondern genug Segen finden. In 2.Mose 12 lesen wir: „Jeder nehme ein Lamm für ein Haus." Jedes von euch muß dafür sorgen, daß das Lamm in euer Haus kommt. Und wie geschieht das? Wenn ihr eurem Hause das Lamm lieb macht. Wie macht man das? Wenn man selbst als Lamm einhergeht. Der Lammessinn zieht an, und die Lammesnatur überwindet alles. Wir lesen in Jesaja 42 von dem Lamme: „Er wird nicht ermatten und nicht geknickt werden, bis er das Recht auf Erden gegründet hat." Wie hat er das Recht gegründet? Nicht mit Worten, sondern mit einem Opfer; der, welcher Sünde nicht kannte, ließ sich für uns zur Sünde machen. Wie gründest du das Recht in deinem Hause? Wenn du dein eigenes Recht ohne Murren aufgeben kannst. Ich kenne eine Witwe mit zehn Kindern, und alle ihre zehn Kinder sind zu Gott bekehrt. Ihr Haus ist ein Stück Himmelreich auf Erden. Hier hört man kein Schelten, kein Kommando, kein Murren; eines tut dem anderen, was es ihm an den Augen absehen kann. Wie ist das Recht gegründet worden in diesem Hause? Nicht mit Worten; denn die Mutter hat zu keinem ihrer Kinder gesagt: *„Du mußt dich bekehren!"* Sie machte ihrem Haus das Lamm lieb durch ihre Selbstverleugnung und Selbstlosigkeit. Ich gehe in dieses Haus, so oft ich kann, aber nicht um zu predigen, sondern um zu lernen.

O Gotteslamm, du warst für mich verachtet,
Als Lamm hast du den Mund nicht aufgetan.
Verspottet warst du und für nichts geachtet,
Gingst tief verkannt die dunkle Todesbahn.
O schließ mir auf den Lammessinn,
Zeig mir im Sterben herrlichen Gewinn!

4. Auf dem Wege dem Lamme nach wird man ein Überwinder. Er hat als Lamm überwunden, nicht als Herr des Himmels und der Erde, der da spricht, und es geschieht, der gebietet, und es steht da. Als Lämmer sandte er seine Jünger unter eine gottentfremdete und gottfeindliche Welt hinaus, um sie zu überwinden – und sie überwanden sie. Als Jakob auf den Boden kam, überwand er und wurde ein Israel. Schwach sein heißt nicht straucheln und fallen, sondern heißt hilflos, wehrlos sein, heißt nichts sein und nichts können, und so wird der Kraft Gottes Raum gemacht. In 1.Korinther 1,25 sagt Paulus: „Das Schwache Gottes ist stärker als die Menschen." Das Schwache wird Gott zugeteilt. „Wenn ich unterliege, so hilft er mir", sagt David. Gott tritt immer auf die Seite der Unterliegenden. Es gibt auch ein *heiliges* Unterliegen. Es gibt ein Unterliegen vor Gott und ein Unterliegen um *Gottes willen,* und das ist heilig. Maria erlag vor ihrer Schwester Martha. Sie ertrug den Tadel. Hanna unterlag vor Peninna. Sie ließ sich peinigen. Jesu ganzes Leben war von dem ersten Tage seiner Geburt bis zum Tod am Kreuz nichts anderes als ein Unterliegen, aber ein Unterliegen um Gottes willen, das aber Schritt für Schritt den Sieg auf seiner Seite hatte. Darum war Gott so mächtig auf seiner Seite und half ihm. Und so erlangte er einen Sieg um den anderen. Und wo er am tiefsten hinabstieg, da erlangte er den herrlichsten und vollkommensten Sieg. Mit angenagelten Händen und Füßen, aber mit einem Herzen voll Gehorsam hat er Sünde, Welt und Hölle überwunden, wie gesagt ist:

> Lammesnatur hat die Hölle bezwungen;
> Löwennatur machte dich schwach wie ein Lamm,
> Stark für das Leiden, zu schweigen am Stamm!

Auf dem Berge Zion, auf dem er als der Verachtetste und Unwerteste *unterlag,* sieht ihn Johannes als Sieger *stehen,* mit der Frucht seines Todes an seiner Seite, hundertvierundvierzigtausend, welche seinen Namen und den Namen seines Vaters auf ihrer Stirne geschrieben haben. Da, wo du heute um seinetwillen unterliegst, wirst du früher oder später eine Siegesfrucht erhalten. Als Joseph in den Kerker gehen mußte und Daniel den Löwen preisgegeben wurde und seine Freunde in den Feuerofen geworfen wurden, sahen sie nicht aus wie Überwinder, und doch waren sie solche. Hier war *„das Schwache Gottes"* stärker als die Menschen, stärker als ein Königreich von 120 Ländern. Und was sah man dort im Garten Gethsemane, vor dem Hohen Rat, vor Pilatus, in den Händen der Kriegsknechte und am Kreuze? *„Das Schwache Gottes",* das stärker war als alle Menschen, ja stärker als die ganze Hölle. Im 11. Kapitel des Hebräerbriefes sind uns, wie bekannt, die Glaubenshelden gezeigt. Der erste hat durch den Haß seines Bruders sein Leben lassen müssen, und von den letzten lesen wir: „Sie wurden gesteinigt, zersägt, versucht, durchs Schwert getötet, gingen umher in Schafpelzen, in Ziegenfellen, hatten Mangel, Drangsal, Ungemach, sind umhergeirrt in Wüsten und Gebirgen, in Klüften und Höhlen der Erde." *Sind das Helden?!* Ja – nach dem Urteil Gottes. Und von diesen Helden wird gesagt: „Sie haben aus der Schwachheit Kraft gewonnen" (Vers 34). Was heißt das? Durch Leiden wurden sie vollkommen, zu leiden; durch Ertragen stark, zu tragen; durch Unterliegen geübt, zu siegen. Weil Jesus drei Jahre lang den *Judas getragen hatte,* konnte er vom Kreuze herab sagen: „Vater, vergib ihnen!" Weil er die Verkennung in seinem eigenen Hause getragen hatte, war er imstande, die Verkennung eines ganzen Volkes zu tragen. So ward aus dem Lamm ein Löwe.

O Gotteslamm, das siegreich überwunden
Und Löwenkraft empfing als hilflos Lamm!
Ach, daß im Lebensbuch ich werd' erfunden,
Zieh du mit Überwinderkraft mich an!
Ich möcht' in Schwachheit deine Stärke sehn
Und siegesfroh den Weg des Lammes gehn!

5. *Der Weg dem Lamme nach ist der einzige Weg zur Herrlichkeit.* Jesus brachte seine Herrlichkeit aus der Tiefe (Phil. 2). Vier Stufen *hinunter* führten ihn hinauf zur Herrlichkeit. Wir lesen:

1. „Er entäußerte sich selbst;
2. „Er erniedrigte sich selbst";
3. „Er ward gehorsam bis zum Tode";
4. „Ja bis zum Tod am Kreuz!"

„Darum hat ihn auch Gott erhöht und hat ihm einen Namen gegeben, der über alle Namen ist." Das ist sein Weg zur Herrlichkeit. Und für uns gibt es keinen anderen. Nur der Weg dem Lamme nach führt mitten in den Thron – kein anderer; Lammesherrlichkeit ist nichts anderes als Lammesähnlichkeit. Wir können ihm nicht gleich sein als Gottes Sohn, als Herr des Himmels und der Erde; aber wir sollen ihm ähnlich werden in der Lammesgestalt. Das ist das Modell, nach dem uns Gott bildet.

Als Gott daran dachte, Menschen zu schaffen, sprach er: „Laßt uns Menschen machen, ein Bild, das uns gleich sei." Ein Bild ihm gleich, ihm, dem Menschensohne, das ist Gottes Ideal. Und Gott ist nicht von diesem Ideal abgewichen. In Offenbarung 19 sehen wir Gottes Ideal verwirklicht. Dort sehen wir eine Schar an der Seite des Lammes als seine Frau, ein Bild ihm gleich. Wir sind bei der Rechtfertigung stehen geblieben. Aber da bleibt Gott nicht stehen. „Denn welche er berufen hat, die hat er auch gerecht gemacht, und welche er gerecht gemacht hat, die hat er auch herrlich gemacht." Und wie herrlich! „Daß sie gleichförmig sein sollen dem Bilde seines Sohnes" (Röm. 8). Und wie erlangen sie diese Gleichförmigkeit? Dies ist uns in demselben Kapitel in den Worten gesagt: „Wir wissen aber, daß denen, die Gott lieben, alle Dinge zum Guten mitwirken." *Sie wissen,* daß ihre Wege von seiner Hand so geordnet sind und daß er sie nur solche Wege führt, die zu ihrer Erziehung und Ausreifung notwendig sind. Sie wissen, daß an die Seite des Lammes nur die gelangen, die dem Lamme nachfolgen. Und diesen Weg gehen sie, und wenn es von ihnen heißen sollte: „Wie Schlachtschafe sind wir gerechnet." Sie suchen nicht Gaben und Seligkeit, sondern sie suchen ihn. Sie sprechen mit Asaph: „Wen habe ich im Himmel? Und neben dir habe ich an nichts Lust auf Erden" (Ps. 73).

Die Wüste war für das Volk Israel der Weg zur Herrlichkeit. Aber Israel hat seine Herrlichkeit verloren, weil es seinem Gott in Schwierigkeiten nicht folgen wollte. In dem Augenblicke, wo seine Herrlichkeit zum vollen Glanz kommen sollte, da murrte es und lehnte sich gegen Gottes Führung auf und betrübte seinen Heiligen Geist. Israel war berufen, allen kommenden Geschlechtern ein Exempel zu sein von der Treue, Liebe und Macht Gottes. Aber Israel hat sich um seine Herrlichkeit gebracht; es wollte seinem Gott nicht im Dunkeln vertrauen und darum auch nicht durch Schwierigkeiten folgen. Hat dich Gott in die Wüste geführt, hat er dir alles weggezogen, worauf du dich verließest? Oh, das sind heilige Dinge! Siehe zu, ob es nicht ein Weg ist, auf dem Gott dich herrlich machen will. Klage nicht um das Verlorene, sehne dich nicht danach zurück; denn das ist gerade so, als wenn Israel um Ägypten klagt und wünscht, dorthin wieder zurückzukehren.

Gott will dich weiterführen. Für die Fleischtöpfe gibt er dir Brot vom Himmel, und für das Wasser aus dem Nil gibt er dir Wasser aus dem Felsen. Aber vertrauen mußt du ihm, vertrauen auch in der Wüste, vertrauen auch im Dunkeln. Das können aber nur die, die alles Selbstvertrauen in dem Bankrott, in den Gott die Seinen *hineinlockt* (Hos. 2), aufgegeben haben. In diese Wege stößt Gott nicht hinein, sondern lockt hinein, wie er sagt: „Darum siehe, ich werde sie locken und sie in die Wüste führen und ihr zum Herzen reden, und ich werde ihr *von dort aus* ihre Weinberge geben und das Tal Achor zu einer Tür der Hoffnung, und sie wird daselbst singen wie in den Tagen ihrer Jugend und wird mich nennen mein Mann, und ich werde Bogen, Schwert und den Krieg zerbrechen und werde sie in Sicherheit wohnen lassen." Was fand Israel auf diesem Wege? Völligeren Besitz, lebendigere Hoffnung, ungetrübte Freude, tiefere Erkenntnis, völligeren Frieden, vollkommene Sicherheit, tiefere Reinigung und die innigste Vereinigung mit Gott. Ist das noch Wüste? Für die nicht, die wie Mose hinter der Schmach die Belohnung und wie David hinter dem Kelch den Herrn und wie Jesus hinter dem Kreuz den Thron sehen (Hebr. 12,2).

Was siehst du hinter der Schmach, hinter dem Leidenskelch, hinter dem Kreuz? Siehst du Herrlichkeit dahinter? Als Judas mit dem Entschluß hinausging, Jesus zu verraten, und somit der bitterste Tropfen in den Leidenskelch Jesu gefallen war, sprach Jesus: „Jetzt ist der Sohn des Menschen verherrlicht, und Gott ist verherrlicht in ihm" (Joh. 13,31). Verherrlicht durch Leiden! Jedes Umgehen eines Leidens, das Gott uns in den Weg gelegt hat, bedeutet soviel als das Umgehen einer Herrlichkeit. Gott gibt dem Demütigen Gnade. Sooft wir uns einer Demütigung entziehen, entziehen wir uns einer Gnade. Um wie viel Herrlichkeit und Gnade haben wir uns schon gebracht! Jesus ging nicht der schweren Stunde aus dem Wege, sondern legte sie in des Vaters Hand, damit ihm der darin liegende Segen nicht verlorengehen sollte.

In Johannes 17,1 sagt er: „Vater, die Stunde ist gekommen, verherrliche deinen Sohn." Was war das für eine Stunde? Es war die schwere Stunde von Gethsemane und Golgatha. Und was erwartete er von dieser Stunde? Verklärung, Herrlichkeit! Und hat er sie gefunden? O gewiß! Welch eine Klarheit haben ihm Gethsemane und Golgatha gebracht! Millionen rühmen heute mit Zinzendorf:

So wie du am verhöhntsten, so bist du mir am schönsten! und mit den Kreaturen im Himmel und auf Erden und unter der Erde und im Meer: „Das Lamm, das geschlachtet ist, ist würdig ...!" Hast du auch schwere Stunden? Was erwartest du von denselben? Daß sie so schnell wie möglich vorübergehen? Dazu sind sie nicht gegeben, sondern um dir ein neues Stück Herrlichkeit zu bringen. O, das sind heilige Dinge! Sei vorsichtig bei dir und anderen. Laufe dem himmlischen Schleifer nicht aus der Arbeit; denn Leidensstunden sind solche Stunden, wo dem Diamant ein neuer Kegel aufgeschliffen werden soll, um von nun an eine Klarheit mehr zu haben. Welchen Glanz und welche Klarheit haben dem Daniel die Löwengrube, seinen Freunden der Feuerofen, der Hanna ihre Geduld mit Peninna und der Maria ihr Schweigen gebracht!

In Sprüche 4,18 lesen wir: „Der Pfad der Gerechten ist wie das glänzende Morgenlicht, das stets heller leuchtet bis zur Tageshöhe."

Gewiß haben die Stufen, die Joseph hinunterstieg in den Kerker, viel mehr Glanz für uns als die Stufen hinauf zum Königsthrone! Was uns die Männer Gottes so groß und anziehend macht, sind nicht in erster Linie ihre Wunderwerke, sondern wie sie mit ihrem Gott durch Schwierigkeiten hindurchgingen, die Stunden, wo sie das Liebste gaben wie Abraham, das Schwerste taten wie Daniel und das beinahe Unmögliche wie Mose. So verherrlichten sie Gott. Und das ist Herrlichkeit, die ein Kind Gottes sucht – nicht Herrlichkeit für sich.

Das Lamm wird ihre Leuchte sein

Offb. 21,23

oder

Schritte auf dem Lammesweg

Laßt uns heute das Lamm zu unserer Leuchte setzen; denn in seinem Licht sehen wir das Licht. Laßt uns von heute an zu ihm in die Schule gehen; denn das Plätzlein, das Gott seinen Heiligen gegeben hat, ist zu Jesu Füßen (5. Mose 33,3). „Heilige" sind Gott gegebene und Gott ergebene Leute. Und als solche laßt uns zu ihm kommen und von ihm lernen und wandeln auf seinem Wege.

1. *Das Lamm lehrt dich lieben*

„Wie er hatte geliebt die Seinen, die in der Welt waren, so liebte er sie bis ans Ende" (Joh. 13,1). Wie hat er geliebt? Er hat die Seinen mehr geliebt als sich selbst. Und das ist eigentlich *„die Liebe Christi." Die Liebe, die aus der Natur kommt* liebt nach ihrer Neigung; die Liebe, die im Gesetz geboten ist, liebt, weil Gott es will; sie liebt aus Pflicht und liebt den Nächsten wie sich selbst (Luk. 10, 27); aber die Liebe Christi liebt andere mehr als sich selbst (1.Joh. 3,16). O wie weit sind wir noch zurück! Schon manchmal haben wir angefangen zu lieben, und wir sind wohl schnell mit unserer Liebe zu Ende gekommen. Aber wir haben nicht bis ans Ende geliebt! In seiner Schule lernen wir allein das *rechte* Lieben; da lernen wir *göttlich* lieben, lieben mit der Liebe, die in seinem Herzen ist. Es gibt kein Gebiet, auf dem so viel gesündigt wird wie gerade auf diesem. Man kann mit Haß nicht so viel verderben wie mit falscher Liebe. Man braucht die Stirn wie ein Kieselstein (Jes. 50) nicht für seine Feinde, sondern für seine Freunde. Am Ende haben uns unsere Feinde nicht so viel geschadet wie unsere sogenannten guten Freunde. Und wünschen wir, daß unser innerer Mensch wachse und gedeihe, so müssen wir da einmal eine Untersuchung anstellen und eine Reinigung vornehmen. Im Kapitel der Liebe heißt es: „Die Liebe freut sich der Wahrheit."

Liebe ist Wahrheit! Die Liebe hat bei dem Nächsten das Ewige im Auge, und darauf weist sie mit Zartheit hin, mit Ernst und, wenn es sein muß, mit Gewalt. Fleischliche Liebe ist blind; aber göttliche Liebe hat ein helles Auge für die Wahrheit. Fleischliche Liebe liebt, um wieder geliebt zu werden; wahre Liebe liebt, ohne einen Dank zu erwarten. Sie denkt nicht daran, was für sie dabei herauskomme, sondern was für ihren Herrn herauswachse. Wahre Liebe sucht bei Jesus nur ihn und bei Menschen nur ihre unsterblichen Seelen, nicht ihre Anerkennung, noch viel weniger ihr Geld.

Liebe ist Hingabe! Sie liebt bis in den Tod, und wenn man sie mit ihrem Meister ans Kreuz bringt. Fleischliche Liebe liebt auch bis in den Tod, aber nicht in den Tod Christi hinein, sondern in den geistlichen Tod. Wie manche Freundschaft führte in den geistlichen Tod hinein, brachte Wunden, die das ganze Leben hindurch nicht mehr heilen wollten. Da hat man aus Liebe alles einander gesagt, alles miteinander besprochen; man konnte nicht leben, wenn man einander an einem Tag nicht gesehen hatte. Und siehe, nach Jahren schlug die brennende Liebe in bitteren Haß um. Fleischliche Liebe mündet immer in Haß. – Wir verstehen unter fleischlicher Liebe nicht sinnliche Liebe, sondern falsche Liebe unter den Frommen.

Gott in seiner Gnade läßt es zu, daß eines Tages ein Platzregen von bitteren, ungerechten Vorwürfen kommt und ein eisiger, liebloser Nordwind an das Liebesgebäude stößt; das morsche Gebäude fällt dann ein und tut einen großen Fall, den man weithin hört. Wo man göttlich zu lieben aufhört, da fangen Ungerechtigkeit, Verwirrung und Tod an. Göttlich lieben lernt man nur in der Schule des Lammes.

Liebe ist Gehorsam! Wann und wie liebe ich göttlich? ist für viele die brennende Frage. In 1.Johannes 5,2 ist uns eine treffende Antwort gegeben: „Daran erkennen wir, daß wir Gottes Kinder lieben, wenn wir Gott lieben und seine Gebote halten." Wer Gott liebt, liebt andere zu Gott hin, nicht zu sich. Johannes freute sich, als seine Jünger ihn verließen und Jesus nachfolgten. Warum? Er liebte Jesus! Wer in Gottes Geboten wandelt, der liebt; denn er zieht durch seinen Gehorsam seine Brüder und Schwestern in Gottes Wege hinein, und das ist wahrhaftige Liebe. Und solche Liebe siegt zuletzt und wird anerkannt, auch wenn sie ihr Leben lang als Härte verschrien wurde. Jede Freundschaft, die nicht auf demselben Boden steht, ist Feindschaft. Überhaupt ist Freundschaft pflegen einer der schwierigsten Punkte. Da braucht es viel Gnade und Wahrheit von oben. Die wenigsten können wie jener Kirchenvater von sich und seinem Freunde sagen: „Wir kannten nur zwei Wege, einen zur Kirche und den anderen zu den Lehrern der Kirche; wir sprachen nur über zwei Dinge, über Gott und über sein Wort."

Liebe ist Leben! Ohne Liebe lebt man nicht. Wenn unser Geist zu erkennen geschaffen ist, so ist unser Herz um zu lieben geschaffen. Unser Herz ist ebenso für die Liebe gemacht wie der Vogel für den Flug. Liebe ist der Anfang und das Ende unseres Lebens. Liebe ist die größte Macht. Nur solange wir lieben, leben wir. Nur wo die Liebe erwacht, stirbt das Ich, der finstere Despot. Liebe ist das Band der Vollkommenheit. Liebe umfaßt alles – selbst Gott. Liebe ist das *einzige* Gebot, das der Herr den Seinen gegeben hat. Liebe ist das Kennzeichen der Wiedergeburt und der Beweis der Echtheit unseres Glaubens. Liebe ist die Frucht des Geistes und der Ersatz für die persönliche Gegenwart Jesu. Woher kommt die Liebesarmut unter den Kindern Gottes? Von der Geistesarmut! Wie bekommen wir mehr Geist? Wenn wir anfangen, mehr zu lieben. Dann ist der dreieinige Gott auf unserer Seite. Denn er ist ja vor allem der Gott der Liebe. *Ziehet an als die Auserwählten Gottes herzliches Erbarmen!* Zieh Erbarmen an, und es wird dir sein, als ob du mit Feierkleidern angetan, mit Freudenwein getränkt und mit Himmelsfrieden gelabt wärest, als ob deine Füße Hirschfüße und deine Arme Simonsarme wären. War wohl der barmherzige Samariter ein glücklicher oder ein unglücklicher Mann? Wer hat wohl an jenem Abend die Müdigkeit am meisten gespürt, der Priester oder der Samariter? Wer war wohl der Glücklichere, der den Groschen hergab oder der ihn in der Tasche behielt? O ihr armen Kinder Gottes, die ihr immer dasteht und auf Kraft von oben wartet, nach tieferem Frieden und nach völligerer Freude fragt! Fangt an zu lieben, und ihr fangt an zu leben. Die Korinther wollten gerne etwas Außerordentliches sein, und da zeigt ihnen Paulus einen außerordentlichen Weg, und der heißt:

„Die Liebe verträgt *alles!*"
„Sie glaubt *alles!*"
„Sie hofft *alles!*"
„Sie duldet *alles!*"

Nicht *einiges,* sondern *alles!* Wer wollte sagen, daß dies nicht etwas Außerordentliches sei! Und dazu haben wir alle Gelegenheit. Der Glaube ist der Anfang und die Liebe das Ziel des Lebens. Beide stammen aus Gott und führen zu Gott. Gott hat uns so viel Gelegenheit gegeben, glücklich zu sein, weil er uns so viel Gelegenheit gegeben hat, zu lieben. Alles, was auf unsere Liebe Anspruch macht, will unser Glück vermehren. Komm, laß uns zu dem Lamm in die Schule gehen, daß wir lernen, was Liebe ist! Laß uns ihn heute zu unserer Leuchte setzen, der liebte bis ans Ende!

Liebe führt zum Leiden! (Joh. 13,31) Ihn brachte seine Liebe ans Kreuz. Darum kann nur lieben, wer leiden kann. Solange wir einen Dank erwarten für unsere Liebe, lieben wir nicht aus reinem Herzen.

2. *Das Lamm lehrt dich dienen*

Dienen kann nur, wer sich seines Adels bewußt ist. Als Jesus wußte, daß er von Gott ausgegangen war und zu Gott ging, zog er seine Kleider aus, umgürtete sich mit einem Schurz ... und diente. Damit hat er jedem Dienst einen göttlichen Adel aufgedrückt. Paragraph 1 in seinem Lebensprogramm heißt: „Nicht daß ich mir dienen lasse, sondern daß ich diene!" Und wer von ihm geboren ist, der hat *seinen* Sinn, und wer zu ihm kommen will, an seine Seite, der geht *seinen* Weg. Dienen lernt man nur in des Lammes Schule. Denn dienen kann nur, wer demütig ist. Darum sagten die Alten statt Demut „Dienemut." Wozu sind wir bekehrt? Und zu dienen, sagt Paulus (1.Thess. 1,9). Wozu deine Fähigkeiten? Um zu dienen! Gewöhnlich machen die begabten Leute die größten Ansprüche in einer Gemeinde, ohne an ihre eigene Pflicht zu denken. Wozu dein Besitz? Um zu dienen! Oh, wenn das alle Bekehrten wüßten! Dann hätte alle Not der armen Missionsgesellschaften mit einem Schlag ein Ende. In zwei Gestalten ist uns Jesus vor allem gezeigt in der Bibel. In der

Knechtsgestalt und in der Lammesgestalt, d. h. im Dienen und im Tragen. „Siehe, das ist mein Knecht!“ ist Gottes Lieblingsname für ihn im Alten Testament.

Er diente uns mit seinen Worten. „Du hast Worte“, sagte Petrus. Er konnte die Müden erquicken, die Traurigen trösten, die Sicheren erschrecken, die Unaufrichtigen strafen, die Verkehrten unterweisen. Er hatte Worte ewigen Lebens. Was hast du für Worte? Kannst du nach jeder Unterhaltung wie er deine Augen gen Himmel aufheben, und kannst du sprechen wie er: „*Vater!* Vater, versiegle, was ich jetzt geredet habe, lege es in die Furchen der Herzen, laß es aufgehen und Frucht bringen!“ Oder mußt du sagen: „Vergib, decke zu, rotte aus!“ Was hast du für Worte? Sind sie tötend oder belebend? Keines deiner Worte ist in den Wind geredet; sie gehen bei dir oder bei anderen früher oder später in irgendeiner Gestalt auf. Mirjam redete zu Aaron von ihrem Bruder Mose, und zusammen haben sie wider ihn geredet. Erst redet man *von* seinem Nächsten, dann *wider ihn.* Mirjam legte Gift in die Seele des Aaron und half ihm zum Sündigen. O die Schwätzsucht, dieses Freßfeuer, ist die Seuche, an der Gottes Volk am meisten leidet! Wenn du mit deinem Bruder *wider* andere redest, so legst du Gift in seine Seele, das er nicht wieder ausspeien kann. Werden durch dein Stillesein, durch dein Zeugen die Sünden anderer aufgedeckt und vernichtet? Hilfst du mit an der Erlösung deiner Brüder und Schwestern? Oder werden durch deine Worte die Sünden und Leidenschaften anderer geweckt und genährt? Treibst auch du diese Teufelskolportage? Weil manche ihre Zunge nicht im Zaume halten können, und weil Gott keinen Strick hat, sie anzubinden, darum hängt Gott manchen so ein Gewicht an. Und Gottes Gewichte drücken, die spürt man. Mirjam wurde aussätzig. Hier gibt uns Gott die beste Auslegung, wie er das Reden wider andere ansieht, als eine eklige, stinkende Krankheit. Hier liegt das Geheimnis, warum so viele Kinder Gottes ein so sieches, totes Christentum haben, warum sie daliegen wie Tote. Ach, das Gift des Schwätz- und Richtgeistes hat sie getötet! Viel mehr als wir meinen, beflecken wir uns mit den Befleckungen anderer, weil wir nicht gelernt haben, heilig umzugehen mit den Unheiligkeiten anderer. Wir lernen es aber, wenn wir zu ihm in die Schule gehen, der zu Judas sagt: „Mein Freund!“ und der das Ohr, das Petrus dem Malchus abhieb, aufhob und anheilte.

Er diente uns mit seinem heiligen Leben. Seine Hinterlassenschaft an seine Jünger bestand *in einem Beispiel* (Joh. 13). Die Apostel und die vielen Märtyrer wären nicht gestorben um des Evangeliums willen, wenn ihr Herr nicht gestorben wäre. Niemand würde um des Evangeliums willen Leiden getragen haben, wenn nicht der Herr selbst die größten getragen hätte. Was hat dem Christentum unserer Tage so gar den Glanz und das Anziehende genommen? Gewiß das, daß in der Liebe, in der Geduld und in der Selbstverleugnung zwischen einem Weltkind und einem Gotteskind so wenig Unterschied ist. Das Leben ist das Licht der Menschen, nicht die Worte. Unsere Taten geben unseren Worten das Leben. Einige reden von Licht, andere geben Licht. Was unser Leben zu einer Macht werden läßt, ist ein gutes Beispiel. Paulus sprach nie mit größerer Autorität als da, wo er sagen konnte: „Seht auf mich!“ „Folgt mir!“

Zwei Dinge braucht Gott vornehmlich, um die Menschen zum Lichte zu bringen. Und diese zwei Dinge sind: sein heiliges Wort und heilige Leute, die geschickt sind, sein heiliges Wort darzustellen. Wenn das Wort Fleisch wird, das heißt Gestalt annimmt, dann sieht man Herrlichkeit (Joh. 1,14). Wir haben in unserer Christenheit fast in jedem Hause Gottes heiliges Wort; aber es ist an vielen Orten fast wie tot, bis zu dem heiligen Wort ein heiliger Mensch hinzukommt; dann wird es Geist und Leben. Paulus mag die Worte der Disputation, die er mit Stephanus in der Schule der griechischen Juden hatte, vergessen haben; aber dessen verklärtes Angesicht in der Stunde des Todes, die Freude, mit welcher er sein Leben zu den Füßen seines Meisters niederlegte, und die Bitte für seine Feinde waren wohl unauslöschlich tief in seine Seele eingegraben und erwiesen sich in den Verfolgungen, die er dann selbst erfuhr, als eine siegende Gotteskraft.

3. *Das Lamm lehrt dich tragen*

„Er trug!“ lesen wir zu wiederholten Malen, und noch öfter *sehen* wir es. Unter diesem *Tragen* meinen wir hier nicht den Moment, wo er als das Opferlamm die Sünde der Menschheit auf sich nahm und sie hinwegtrug ans Kreuz, sondern überhaupt seine Tragkraft, wie er sie bewies in seinem täglichen Leben. Nach seinem Selbstzeugnis bestand *seine* Macht darin, daß er sein Leben lassen konnte (Joh. 10,17); nicht darin, daß er redete, wie kein anderer Mensch geredet hat; nicht darin, daß er mit fünf Broten und zwei Fischlein fünftausend Menschen speiste; auch nicht darin, daß er die Toten wieder ins Leben rufen konnte. Dies alles war Macht. Aber seine Macht war, daß er sein Leben lassen konnte. Und zwar nicht erst am Kreuz, sondern sein ganzes Dasein war ein fortgesetztes „Lebenlassen." Er hat sich durch den ewigen Geist Gott geopfert, schon in den täglichen Schwierigkeiten. Und so wurde er reif, das große Opfer am Kreuz zu bringen. Von seinem Volk nicht aufgenommen, von seinen Jüngern nicht verstanden, von seinen Familienangehörigen für irrsinnig erklärt, von den Führern des Volkes als Verführer gestempelt zu werden – dies alles bedurfte großer Tragkraft. „Und wie er war, so sind auch wir in dieser Welt!" Darum sagt er Offenbarung 3,12: „Ich will dich machen zur Säule in meines Gottes Haus." Wozu braucht man eine Säule? Nicht zu einem Zierrat, sondern um eine Last zu tragen. Leute, die bewundert werden wollen, sind keine Säulen, die brechen zusammen, sobald es etwas zu tragen gibt. Leute, die empfindlich sind, sind keine Säulen, denn empfindlich sein, ist gerade das Gegenteil von tragen.

Sehr oft, wenn ich auf einem Bahnsteig stehe und die Eisenbahnwagen vor mir sehe, fällt mein Blick auf jene Ecke am Wagen, wo geschrieben steht: soundso viel tausend Kilogramm Tragkraft. Und es steigt gewöhnlich in mir die ernste Frage auf: *„Wieviel Tragkraft hast du?"* Wir brauchen Leute, die Tragkraft haben; ganz besonders brauchen wir solche in den christlichen Gemeinschaften, Leute, an denen sich der Geist der Empfindlichkeit und der Zertrennung bricht. Im Hause Gottes braucht man mehr Tragkraft als im Wirtshaus. Im Wirtshaus kann man davonlaufen, wenn es einem nicht gefällt, und man kann zusammenbrechen lassen, was zusammenbrechen will, aber nicht so hier. Da heißt es: *Drunter bleiben!* Unter der Last bleiben wie die Säule unter der ihrigen, das heißt Geduld haben.

Es kann ein guter Mensch auf Erden
Durch böse Menschen besser werden.

Wie überwand Jesus? Nicht anders denn als Lamm! Was charakterisiert das Lamm? Es heißt sowohl im Alten als auch im Neuen Testament: „Er trug!" Leute, die dem Lamme folgen, sind Leute, die Tragkraft haben. Wo diese fehlt, fehlt immer auch der Heilige Geist. Der Fels läßt sich schlagen und gibt lebendiges Wasser. Als man den

Felsen Christus schlug, schlug bis zum Tode, da floß lauter Liebe, lauter Leben von ihm. Was fließt von uns, wenn man uns schlägt? Wasser des Lebens oder Mara, bitteres Wasser? Als Stephanus von seinem Volke gesteinigt wurde, rief er mit *verklärtem* Angesicht gen Himmel: „Herr, behalte ihnen diese Sünde nicht!" Und als Paulus von seinem Volk ausgestoßen wurde, da konnte er sagen: „Ich habe gewünscht, verbannt zu sein von Christus für meine Brüder nach dem Fleisch" (Röm. 9,3). Das ist Tragkraft! Das ist Christentum! Das ist praktische Gnade!

Die Bibel spricht nicht nur von einer vergebenden, zuvorkommenden, wiederherstellenden Gnade usw., sondern auch von einer „praktischen" Gnade.

Fragen wir Petrus, was Gnade sei, so antwortet er uns: „Das ist Gnade, so jemand das Übel verträgt" (1.Petr. 2,19-21). Überhaupt handeln die beiden Petrusbriefe vornehmlich von dieser praktischen Gnade. Frage den Schaffner, der den eben eingefahrenen Schnellzug entlang springt und mit seinem Hammer an jedes Rad schlägt: „Warum schlagen Sie an das Rad?" „Um zu sehen, ob es gut ist", ist seine Antwort. „Woran erkennen Sie, daß es gut ist?" „Wenn der Ton voll und ruhig ist." Sich schlagen lassen und dabei ruhig bleiben, das heißt, seine Probe machen, das heißt der Welt das wunderbare Licht des Evangeliums verkündigen, das heißt ihr den Meister zu zeigen. Ein Prediger, dem jemand ein großes Unrecht zugefügt hatte, sprach erregt zu seiner Frau: *„Dem will ich den Meister zeigen!"* „Welchen Meister?" fragt seine Frau mit sanfter Stimme. Da erschrak der Prediger und sagte beschämt: „Ja, diesmal hätte ich ihm nicht den Meister, sondern mich gezeigt." Anderen den Standpunkt klarmachen – wie man zu sagen pflegt – kann man nur, wenn man einen Standpunkt hat in den Fußstapfen des Lammes, in seiner Liebe, in seiner Demut usw.

4. *Das Lamm lehrt dich demütig sein*

„Ich bin von Herzen demütig", sagt er – „lernt von mir!" „Wir haben unseren Hochmut von einem anderen; wir müssen auch unsere Demut von einem anderen haben", hat jemand gesagt. Nichts ist uns von Natur fremder und unverständlicher als Demut. Nichts besitzen wir von Natur weniger als Demut, und wir haben alle nötig, den Gebetsvers von Zeller immer wieder zu wiederholen:

Von dir lernen möchten wir
Deiner Sanftmut Milde,
Möchten ähnlich werden dir,
Deinem Demutsbilde,
Deiner stillen Tätigkeit,
Deiner armen Niedrigkeit,
Deines Wohltuns Milde.

Der sicherste Beweis, daß wir Demut besitzen, ist der, wenn wir den Demütigungen nicht mehr aus dem Weg gehen, wenn wir danken können für Demütigungen, wenn wir Gefallen haben an Demütigungen. Denn das Wort Pauli: „Ich rühme mich am liebsten meiner Schwachheit“, heißt auch: Ich finde Gefallen an allem, was mich demütigt. Diesen Standpunkt habe ich noch nicht erreicht. Noch wie gegenwärtig ist mir der Augenblick, wo ich vor noch nicht langer Zeit zum erstenmal dankte für Demütigungen von Seiten der Menschen. Sonst nahm ich sie bloß an und erduldete sie, weil es nun einmal nicht anders war. Paulus aber hatte *Gefallen* an allem, was ihn demütigte. Und Petrus sagt uns: „Gott gibt dem Demütigen Gnade.“ Sooft wir nun einer Demütigung aus dem Wege gehen, gehen wir einer Gnade aus dem Wege. Und o, um wie viele Gnaden haben wir uns da gebracht! Weiter sagt Petrus: „Bekleidet euch mit Demut!“ Demut ist der Mantel, der uns gegen Erkältung schützt.

Was ist Demut?

Demut ist nicht eine Tugend, sondern der Boden, auf dem alle anderen Tugenden gedeihen. Keine Tugend hat Bestand, die nicht auf diesem Boden gewachsen ist. Darum sagt Jesus zu den zu ihm Gekommenen, daß sie vor allem eins von ihm lernen sollen: seine Demut. Demut ist die Kraft, die allen dienen kann (Joh. 13). Demut ist die Kraft, die sich selbst vernichten kann. „Er machte sich selbst zu nichts“, lesen wir von ihm in Philipper 2. Die Demut führt uns in die Selbstvernichtung, bis wir nichts mehr sind und Gott alles ist. Demut ist die Kraft, die nicht Ehre für sich sucht noch annimmt, wo ihr solche angeboten wird. Sie weist die Ehre von sich ab wie jener berühmte englische Missionar, der nach der Lobrede, die der Bischof auf ihn hielt, vor seiner großen Gemeinde weiter nichts sagte als das Verslein:

Schau her, hier steh' ich Armer,
Der Zorn verdienet hat;
Gib mir, o mein Erbarmer,
Den Anblick deiner Gnad'!

Demut ist die Kraft, die ihr Tun eher verkleinert als vergrößert, damit sie nicht Aufsehen erregt und Stimmung macht für sich. Warum hat wohl Jesus bei der Auferweckung des Mägdleins des Jairus gesagt: „Sie ist nicht tot, sondern sie schläft"? Er wollte seine Tat nicht vergrößern; er wollte kein Aufsehen erregen. Wir machen die Sache in der Regel erst recht schwarz, damit sie dann um so weißer erscheine, recht klein, damit sie dann recht groß dastehe. Demut weiß von sich selbst nichts; sie weiß auch nicht, daß sie demütig ist. Demut ist die Kraft, die selbst nichts kann, die sich unterordnen kann, die abhängig sein kann. „Ich kann nichts von mir selber", sagt Jesus zu wiederholten Malen. „Der Vater ist größer denn alles", sagt er in Johannes 10. Und in Offenbarung 1,1 zeigt er seine Abhängigkeit vom Vater, auch nachdem er erhöht ist zur Rechten der Majestät Gottes und ihm gegeben ist alle Gewalt im Himmel und auf Erden, in den Worten: „Dies ist die Offenbarung Jesu Christi, *die ihm Gott gegeben hat.*"

Die größte Demut sehen wir bei dem dreieinigen Gott selbst. Der Vater und der Sohn bahnten das „Reich des Geistes" an, in dem wir heute leben; der Geist und die Braut sprechen: „Komm, Herr Jesus, komme bald!" Sie bahnen das Reich des Sohnes, das „Tausendjährige Reich" an. Und wiederum, der Sohn und der Geist und die Braut führen das „Reich des Vaters" herbei, wo Gott sein wird alles und in allem, wo er Vater sein wird über alles, was als Kinder im Himmel und auf Erden nach ihm benannt wird (Eph. 3,15). Darum können wir nur von Christus, dem geoffenbarten Gott, lernen, was Demut ist. Und *„demütig werden"* können wir nur durch den innewohnenden Christus, durch den wir in der Liebe eingewurzelt und gegründet werden, und diese eingewurzelte und gegründete Liebe ist eben die Demut. Darum heißt es von Jesus: „Wie er hatte geliebt die Seinen, die in der Welt waren, so liebte er sie bis ans Ende." Demut ist die Kraft, welche diejenigen, die weit unter ihr stehen, als Brüder behandeln kann. Er schämte sich nicht, seine Jünger, die in der schweren Stunde von ihm flohen, ja ihn sogar verleugneten, wie Petrus,

Brüder zu nennen. Demut ist die Kraft, die andere tragen kann. Weil sie selbst sich für das Allergeringste hält, verzagt sie nicht an anderen. Darum ist Demut die Schönheit des Lammes Gottes. O suche dir keine andere! Demut ist die Kraft, die demjenigen, der an ihr gefehlt hat, eine besondere Freundlichkeit erweisen kann, wie der Auferstandene dem Petrus: „Gehe hin und sage es meinen Brüdern und Petrus, daß ich lebe." Man demütigt nicht dadurch die Leute, daß man sich von ihnen zurückzieht, sondern daß man sie liebt und ihnen nachgeht, wie Jesus dem Petrus (Joh. 21), und ihnen so einen Weg macht, auf dem sie sich selbst demütigen können.

5. *Das Lamm lehrt dich Selbstverleugnung*

„Er machte sich selbst zu nichts", lesen wir von ihm in Philipper 2,7. Die tiefste Bedeutung des Kreuzes ist die Erlösung vom eigenen Leben, wie Paulus sagt: „Er ist darum für alle gestorben, auf daß die, so da leben, hinfort nicht sich selbst leben" (2.Kor. 5,15). Wir haben erst dann das Kreuz verstanden und die Kraft des Kreuzes erfahren, wenn wir mit Paulus sagen können: „Unser keiner lebt sich selber!" Der Fall der ersten Eltern bestand darin, daß sie sich selbst zum *Mittelpunkt* machten. Und wo dies heute eine Seele tut, muß sie es erfahren, daß Fall und Tod, Trennung und Feindschaft gegen Gott die Folge ist. In allem, was *selbstisch* ist, wirkt die Macht Satans, brennt das verborgene Feuer der Hölle. Solange wir das eigene Leben nähren, halten wir uns unter dem Fluche; denn Gott hat unser eigenes Leben verflucht in dem Kreuze. Für sich sein heißt gegen Gott sein. Das eigene Ich ist gleichbedeutend mit „Fleisch", und fleischlich gesinnt sein ist eine Feindschaft gegen Gott (Röm. 8,7). „Fleisch" ist der tief eingewurzelte Egoismus; der egoistische Mensch will alles für sich haben, sich überall und in allem zum Mittelpunkt machen; und wo ihm dies nicht gelingt, zieht er sich tief gekränkt zurück.

Das eigene „Ich" oder das „Selbst" wird uns in der Heiligen Schrift in sechs Hauptgestalten gezeigt, nämlich im Selbstvertrauen, in der Selbsthilfe, im Selbstgefallen, in der Selbstsucht, im Selbstwillen, in der Selbstherrlichkeit. Sonst wird es auch „das tausendköpfige Ungeheuer", „die Mutter aller Sünde und alles Elends", „der finstere Despot" genannt.

Wir betrachten die obengenannten sechs Gestalten:

„Selbstvertrauen"

Es ist nicht genug, daß wir uns Gott anvertrauen; er muß sich auch uns anvertrauen können. Wir lesen in Johannes 2,24: „Aber Jesus vertraute sich ihnen nicht, denn er kannte sie alle." Leuten, die nur schauen und empfangen wollen, kann sich Jesus nicht anvertrauen. Sich wundern ist noch kein Glaube. Jakob wunderte sich, als er die Himmelsleiter sah, über die Heiligkeit und Güte Gottes, glaubte ihr aber nicht. Welchen Leuten kann sich Jesus anvertrauen? Solchen, die sich selber nicht mehr trauen! Solchen, die ihm folgen bis ans Kreuz, die unter dem Kreuz stehen, die nicht mehr Gaben und Segnungen suchen, sondern ihn. Johannes ist der einzige Jünger, der Jesus gefolgt war bis zum Kreuz, und ihm vertraute der sterbende Meister seine Mutter an, sein Bestes, was er auf Erden hatte. Wir wissen gar nicht, wie tief das Selbstvertrauen in unserem Herzen sitzt, bis uns das, worauf wir uns bewußt oder unbewußt stützen, genommen wird. Weißt du, warum Gott die Israeliten in die Wüste führte? Damit sie lernten, nach oben schauen und von oben alles erwarten. Im Lande Gosen kam alles aus dem Boden, was sie brauchten; aber nun standen sie in der Wüste, hatten unter ihren Füßen nichts als dürren, heißen Sand, und so mußten sie sich sagen: Wenn uns geholfen werden soll, so muß uns von oben geholfen werden! Und siehe, von oben kam Brot, von oben kam das Fleisch (die Wachteln), von oben kam sogar das Wasser: „Mose schlug an den Felsen, da floß Wasser herab !" So zieht uns Gott alles unter den Füßen weg, bis uns nichts mehr bleibt als er allein. Gott hat immer das höchste Ziel im Auge: die Erlösung vom eigenen Leben.

Alles zielt darauf ab, daß wir lernen, ihm vertrauen. Und dazu gehören oft auch Niederlagen. Du kämpfst mit aller Macht gegen die Sünde oder in Verhältnissen, und du betest ernstlich und aufrichtig zu Gott: „Ach, Gott, hilf mir und steh mir bei!" Aber Gott tut, als ob er es nicht hören wollte. Du schreist noch ernstlicher um Hilfe; aber Gott stellt sich, als ob er kein Herz hätte für dich. Ist er wirklich unbarmherzig? Nein! Gerade weil er barmherzig ist, kann er dir nicht helfen. Denn sonst würdest du nicht erlöst von deinem Selbstvertrauen; du lerntest nicht kämpfen den guten Kampf des Glaubens, der den errungenen Sieg des Herrn nimmt; du lerntest nicht sprechen: „Jesus allein!“ sondern würdest bei deinem alten Thema bleiben: „Jesus und ich!“

Petrus, der Mann des Selbstvertrauens, konnte schließlich nicht anders erlöst werden als durch einen Fall. Und so brachte ihn der Herr dahin, daß er sich gürten und führen ließ und seine Hände ausstreckte nach den starken, treuen, zarten Hirtenhänden seines Meisters. Gewöhnlich erzählt man von Jakob, daß er mit Gott gerungen habe; wenn wir aber 1.Mose 32 lesen, so finden wir, daß geschrieben steht: „Da rang ein Mann mit ihm.“ Und als Jakob verrenkt am Boden lag, da rief er aus: „Ich lasse dich nicht, du segnest mich denn.“ Vorher hatte er immer sich selbst gesegnet. Nachdem Paulus blind und hilflos am Boden gelegen war, konnte er rühmen: „Ich vermag alles!“ Als er nichts mehr vermochte, vermochte er alles.

Eine andere Gestalt des eigenen Ichs ist die

„Selbsthilfe.“

Nichts scheint für unsere Natur schwerer zu sein als schweigen und warten; handeln scheint ihr viel leichter zu sein, und wenn sie dadurch auch noch so große Schwierigkeiten über sich bringt. „Willst du, daß ich mit dem Schwert dreinschlage?“ sagen wir mit Petrus; „sollen wir Feuer vom Himmel fallen lassen?“ sprechen wir mit Johannes. Sauls Fall fing damit an, daß er nicht warten konnte, bis Gott zu ihm gekommen wäre; nur noch einige Stunden Wartezeit, und Gott hätte sein Königreich bestätigt ewiglich.

Selbst Abraham, der wie kein anderer in der Schule Gottes warten gelernt hatte, verfiel in diesen Fehler, als er sich von seiner Frau Sara die ägyptische Magd geben ließ, um durch sie den verheißenen Samen zu erlangen. Darum schwieg Gott ihm gegenüber 13 Jahre; er hatte Gott die Leitung aus der Hand genommen. Er wollte die Wartezeit verkürzen in der Meinung, er müsse Gott nachhelfen. Daß wir nicht besser sind als Abraham, daran wird niemand zweifeln. Unzähligemal haben wir uns selbst geholfen oder doch wenigstens helfen wollen und haben uns so große Schwierigkeiten bereitet und unseren Gott betrübt.

In Psalm 37 finden wir drei Arten der Gebetserhörung:

1. „Habe deine Lust an dem Herrn; der wird dir geben, was dein Herz *wünscht.*"
2. „Befiehl dem Herrn deine Wege und hoffe auf ihn."
3. „Sei stille dem Herrn und warte auf ihn!"

Es gibt Dinge, die wir heute wünschen, und morgen gibt sie uns Gott; es gibt Dinge, die wir Gott anvertrauen, und wir dürfen erfahren, daß er handelt; es gibt Dinge, wo es nötig ist, unsere Seele zu beschwichtigen und ihr zu sagen: „Sei stille und warte auf ihn!" Von „Übergabe an Gott", „Hingabe an Gott" und „Überlassen an Gott" ist das letztere das Schwerste. Nur wer sich Gott *übergeben* hat, kann sich ihm *hingeben,* und wer sich ihm hingegeben, kann sich ihm *überlassen.* Man übergibt sich Gott nur einmal; aber man gibt sich Stunde für Stunde mit Bewußtsein ihm hin, und so lernt man es, sich Gott zu überlassen, zu überlassen auch im Dunkeln. Erst wenn wir Glauben *üben,* kann Gott unseren Glauben prüfen – vorher nicht! In 1.Mose 15 lesen wir von Abraham, wie sein Glaube geprüft wurde, indem er *warten* mußte bei seinem Opfer auf Gott.

Ein weiterer Zug der Selbsthilfe ist, daß wir den Schwierigkeiten aus dem Wege gehen. Wir versuchen immer das Kreuz, das uns der Herr gegeben hat, abzuschneiden und abzuhobeln, damit es leichter und bequemer werde. So machte es Jesus nicht. Er trug sein Kreuz. Und am Kreuz erkennt er seine Nachfolger. Wenn du nun Stück für Stück von deinem Kreuz abschneidest, so bleibt dir ja zuletzt nichts mehr von demselben; aber auch nichts mehr von dem Heiland. Du sagst: „Dieser und jener muß aus dem Hause; er verbittert uns das Leben!" Was heißt das anderes als das Kreuz verkürzen?

Du ziehst dich zurück, denn wie du sagst, versteht man dich nicht! Was heißt das anderes, als das Kreuz verkleinern? Trotzdem die Juden Jesus steinigen wollten, ging er wieder zu ihnen. Und als die Jünger ihn erstaunt fragten: „Willst du wieder dahin gehen?" antwortete er: „Wer des Tages wandelt, der stößt sich nicht" (Joh. 11). Winde dich nicht aus den rauhen Händen. Und rauhe Hände braucht Gott, um uns vollkommen und schön zu machen. Wir lesen von Jesus: Die Kriegsknechte flochten eine Krone von Dornen und setzten sie auf sein Haupt (Joh. 19). „Er hielt seinen Rücken dar denen, die ihn schlugen, und sein Angesicht verbarg er nicht vor Schmach und Speichel“ (Jes. 50). Er hätte die Macht gehabt, sich selber zu helfen; aber er hat es niemals getan.

Eine weitere häßliche Gestalt des eigenen Ichs ist die

„Selbstsucht.“

Was ist Selbstsucht? Wie das Wort sagt: *Suchen für sich selbst.* Sie ist das Gegenteil von Selbstlosigkeit. Der Selbstsüchtige ist ein Räuber; er stiehlt Gott das Seine und bringt an sich, was anderen gehört. Nicht nur auf dem Weltmarkt treibt die Selbstsucht ihr unseliges Spiel, sondern auch in den Versammlungen der Frommen, in den Hütten der Gerechten, in den Herzen derer, die dem selbstlosen Jesus nachfolgen wollen. Selbstsucht ist es, wenn man frömmer sein will als andere, schöner beten will als andere, wenn man beständig den Vorzug und Vorteil auf seiner Seite haben will. Die Schrift aber sagt: „Und verflucht sei, wer betrügt“ (Mal. 1,14).

Viel Trennung unter dem Volk Gottes rührt her von der Selbstsucht, diesem finsteren Despoten. Der Himmel wäre schon auf Erden, wenn die Selbstsucht von ihrem Thron entsetzt wäre.

„Gehe hin zur Ameise und lerne von ihr“, sagt Salomo. Was kann ich vor allem lernen? Selbstlosigkeit! Wie kann der Weinstock fruchtbar werden? Nur durch Selbstlosigkeit, indem er seinen Saft der Rebe gibt und sie ihn zur Frucht reift. O wie viele Kräfte, Gaben und Gnaden werden verschlungen von der Selbstsucht! Wie viele Arbeit bleibt ungetan um der Selbstsucht willen! Wie viele Seelen gehen verloren, wie viele Erweckte schlafen wieder ein um der Selbstsucht ihrer Führer willen!

Die Selbstsucht kann nur dann etwas tun, wenn es etwas Großes ist, und erwartet nur von großen Leuten etwas. Das Motto der Selbstsucht heißt: „Ich fühl’s, ich kann für *mich* nur sein’.“ Alles muß für mich sein, sonst hat es für mich keinen Wert. Aber wenn die Liebe in uns erwacht, dann stirbt die Selbstsucht, dann herrscht nicht mehr das Gesetz des Fleisches, sondern das Gesetz des Geistes. Und dieses heißt: „Ich fühl’s, ich kann für *dich* nur sein!“ Dann fragen wir nicht mehr: Wie viel *muß* ich aufgeben um Jesu willen?, sondern: Wie viel *darf* ich aufgeben für den, der mich geliebt und sich selbst für mich hingegeben hat? Selbstsucht ist das Gegenteil von Hingabe.

Es hat jemand gesagt: „Wahre Hingabe trachtet immer danach, aufgeben zu *dürfen,* und achtet alles für Verlust, was um Jesu willen nicht aufgegeben werden kann."

Selbstsucht ist es, wenn man das Mitleid der Menschen erregen will, wenn man noch beleidigt werden kann, wenn man Dank von Menschen erwartet, wenn man sich nicht dienen lassen will. Das eigene Ich spielt vor allem gern den *Selbstlosen,* der aber doch immer acht gibt, ob auch jedes Auge auf ihn sehe und jedes Ohr auf ihn höre, den *Dulder,* und der es doch nicht verstehen kann, daß ihn nicht jedermann bemitleidet. Das deutlichste Zeichen der Selbstsucht ist das Klagen über andere.

Weißt du, was das Geheimnis des Lebens Abrahams war, wie sein Lebensmotto hieß? Es besteht in drei Worten und heißt: *„Nichts für mich!"* (1.Mose 14,23). Wie er dies praktisch bewies in seinem Leben, ist uns zur Genüge bekannt. Da habt ihr auch die Lösung des Geheimnisses, warum Gott zu ihm sagt: „Ich will dir einen Namen machen!" „Durch dich und deinen Samen sollen gesegnet werden alle Geschlechter der Erde!" „Das Land, darauf du stehst, will ich dir und deinem Samen geben ewiglich!" Warum konnte Gott dies tun? Oh, Abraham suchte nichts für sich. Er war los von sich! Und das ist doch gewiß die schönste Frucht des Glaubens. Groß war sein Glaube, aber noch größer war seine Selbstlosigkeit. Selbstlosigkeit ist Liebe. Denn in der Liebe handelt es sich ja bekanntlich nicht um das „Ich", sondern um das „Du." Und wenn Paulus 1.Korinther 13 das Kapitel der Liebe schreibt, meint man fast, er habe die Gestalt Abrahams gezeichnet, ohne seinen Namen zu nennen. Denn die Summe dieses Kapitels:

„Die Liebe trägt alles,
sie glaubt alles,
sie hofft alles,
sie duldet alles",

auf wen paßt sie besser als auf ihn! O laßt uns heute das Motto seines Lebens zu dem unseren machen, und wir haben einen praktischen Segen aus dieser Stunde!

Die vierte Gestalt des „eigenen Ich" ist der

„Selbstwille."

Das Beste, was wir Gott geben können, ist unser eigener Wille. „Ich habe meine beste Kraft Gott gegeben; aber was es mir schwer macht, ist mein guter Wille", sagte mir kürzlich ein Reichsgottesarbeiter. „Nein", sagte ich, „da haben Sie Ihr Bestes noch nicht Gott gegeben, wenn Sie Ihren eigenen Willen noch haben. Das größte Opfer, das ein Mensch Gott geben kann, ist sein eigener Wille. An allen anderen Opfern hat Gott keinen Gefallen, solange wir im eigenen Willen beharren. Lesen Sie, bitte, Hebräer 10,6-10: ‚An Schlachtopfern und Speiseopfern und Brandopfern und Opfern für die Sünde hast du keinen Gefallen gefunden. Da sprach ich: Siehe, ich komme, um deinen Willen, o Gott, zu tun.' Nicht Opfer will Gott von uns, sondern unseren Willen. Wissen Sie, welches die erste Frage war, die Paulus an Jesus richtete: *‚Herr, was willst du?'"*

Die wahre Bekehrung besteht doch gewiß in nichts anderem als in dem Entschluß, ein für allemal den eigenen Willen aufzugeben und in allen Dingen Gottes Willen zu tun. Und unsere ganze Lebensaufgabe besteht doch darin, nicht dieses und jenes für Gott zu tun und zu geben, sondern Gottes Willen zu erfüllen.

O wie viel Eigenwille in der Arbeit für den Herrn, ja sogar in den Gebeten! Man macht Pläne und legt sie Gott vor und sagt: „Siehe, lieber Herr, das möchte ich jetzt für dich tun, unterschreibe es!" Nein, laß Gott die Pläne machen und laß dich von Gottes Geist in Gottes Wege führen. Die Bergpredigt handelt von der „tieferen Reinigung", und dort ist auch von der Reinigung von falschen Gebeten die Rede und uns ein Mustergebet gegeben, in dem es heißt: „Dein Wille geschehe wie im Himmel also auch auf Erden." Jakobus sagt nicht: „So der Herr es *zuläßt"*, sondern: „So der Herr *will!"* Darin liegt ein großer Unterschied. Auch ist ein Unterschied darin, ob ich mich Gottes Willen *unterwerfe,* ob ich mich darein *ergebe,* oder ob ich denselben mit *Freuden tue.*

Das Lamm lehrt uns den Willen Gottes mit Freuden tun. Es zeigt uns, daß wir nur darum einen Willen haben, um mit diesem Willen Gottes Willen zu tun. Gethsemane ist der Tiefpunkt und Höhepunkt seines Lebens, und da sprach er: „Vater, nicht mein Wille!" Er verließ die Freude und erwählte das Kreuz, weil es dem Vater so wohlgefiel (Hebr. 12). In allem sprach er: „Ja Vater, also ist es wohlgefällig gewesen vor dir; es gefällt mir, weil es dir gefällt.“ Er hatte nie einen Gedanken oder einen Wunsch, der nicht in vollkommener Übereinstimmung gewesen wäre mit dem Willen seines Vaters. Das war sein „Joch.“ Daher erfreute er sich einer ununterbrochenen, vollkommenen Ruhe. Und er lädt auch uns ein, sein Joch auf uns zu nehmen, damit auch wir Ruhe finden für unsere Seelen. „Ich ruhe auf einem dreifachen Kissen“, sagt Pearson, nämlich *„der unendlichen Liebe, Weisheit und Macht Gottes.“* Für ihn war Gottes Wille gleichbedeutend mit Gottes *Liebe, Weisheit und Macht,* darum seine tiefe Ruhe.

Wer gerne Frieden hätt',
der breche seinen Willen;
sonst kann dich weder Gott
noch alle Himmel stillen.

Israel nahm seinen Eigenwillen mit aus Ägypten, darum konnte es nicht zu *Seiner* Ruhe kommen (Hebr. 3). Denn etwas wollen, was Gott nicht will, bringt unserem Inneren viel Zerrüttung, Unruhe und Schmerz und bewirkt Trennung von Gott. Der eigene Wille ist nicht ein „Armes und Weniges“, wie es in einem Lied heißt, sondern ein Tyrann. Aus dem Eigenwillen kommt der Eigensinn, und aus dem Eigensinn der Irrsinn. Viel mehr, als wir meinen, hat der Eigensinn ins Irrenhaus gebracht. Der Eigenwille ist der Ruhestörer nicht nur in der Familie und in der Gemeinschaft, sondern auch im Herzen. Wie Gott den Eigenwillen ansieht, sehen wir aus 1.Samuel 15,23, wo Samuel zu Saul sagt: „Eigenwille ist Abgötterei und Götzendienst.“ Saul hat seinen Willen und Gottes Willen miteinander vermischt und hat dann gesagt: „Ich habe des Herrn Willen erfüllt!“ Darum wurde er verworfen. Der Eigenwille brachte ihn um sein Königreich.

Eine weitere Gestalt des „eigenen Ich“ ist das

„Selbstgefallen.“

In Römer 15,1-3 lesen wir: „Wir aber, die Starken, sind schuldig, die Schwachheiten der Schwachen zu tragen, *und nicht uns selbst zu gefallen.* Denn auch Christus hat sich nicht selber zu Gefallen gelebt.“

Nach diesen Versen hat das Selbstgefallen seine Wurzeln in der Selbstkraft und im Selbstkönnen. Petrus hat seine Netze aufgegeben und konnte sagen: „Wir haben alles verlassen!“ Aber sich selbst und besonders seine eigene Kraft hatte er nicht verlassen. Dies mußte er erst nach seinem Fall lernen. Es sagt jemand: „Wie wir mit unserer eigenen Gerechtigkeit zuschanden geworden sind bei unserer Bekehrung und die Gerechtigkeit Christi angenommen haben, so müssen wir früher oder später mit unserer Selbstkraft zuschanden werden, damit die Kraft Christi in uns wohne.“ O daß Kinder Gottes es verstehen möchten, daß einer ihrer größten Feinde ihre eigene Stärke ist! O daß Reichsgottesarbeiter es verstehen möchten, daß die eigene Stärke das größte Hindernis ist, für Gott Frucht zu bringen! Gottes Kraft kann niemals anders vollendet werden als in unserer Schwachheit (2.Kor. 12,9).

Gottes Kraft kann in einem gewissen Maß neben meiner Kraft und mit meiner Kraft zusammen wirken; aber *vollendet* wird sie erst dann, wenn wir das „Schwache Gottes“ geworden sind (1.Kor. 1,25). Darum sagt David: „Er zerbricht meine Kraft – und gürtet mich mit *seiner* Kraft.“ Gott führt solche, die er brauchen will, immer in Schwachheit hinein. Den Vollkommensten seiner Diener führt er in die größte Schwachheit. Tieferes als das Kreuz gab es nicht mehr, und dahin führte ihn Gott.

Wie sehr Christus von allem Selbstgefallen los war, sehen wir am besten, wenn wir Hebräer 1,3 und Jesaja 53,3 nebeneinander schreiben: *„Der Abglanz der Herrlichkeit Gottes“* und *„der Allerverachtetste.“* Die Macht, die Gott seinem Sohne gab, bestand darin, der Allerverachtetste zu werden, und sein Gebot, das er ihm gab, hatte den Inhalt, sein Leben zu lassen (Joh. 10,17. 18). Nun haben wir eine praktische Auslegung für den bekannten Spruch Johannes 1,12: „So viele ihn aber aufnahmen, denen gab er Macht.“ Was für eine Macht? Ihr Leben zu lassen! Ist das Macht? Ja, das ist des Lammes Macht! Und diese allein hat den Sieg davongetragen. Demnach bedeutet *„weiterführen“* nichts anderes als *„tieferführen“*, und wenn wir bitten: „Herr, stärke mich!“ muß der Heilige Geist vor dem Throne übersetzen: „Herr, *zerbrich* mich!“ (Röm. 8,26. 27)

Selbstgefallen kommt immer aus einem Gefühl von eigener Kraft und Überlegenheit. Wo Ohnmacht ist, ist kein Selbstgefallen. Warum richtest du deinen Bruder? Warum gibst du deinen Bruder auf? Warum klagst du über deinen Bruder? Warum suchst du Anerkennung? Warum bist du anspruchsvoll? Warum schämst du dich der niedrigen Arbeit? *Du hast Gefallen an dir selbst!* Warum sprichst du immer von dir selber? Du hast Gefallen an dir selbst! Einem Verbrecher muß man jedes Wort über sich selbst herauspressen. Und sind wir etwas anderes als begnadete Verbrecher? Von allem läßt sich mit weniger Gefahr reden als von sich selbst." Jesus sagt vom Teufel: „Wenn er die Lügen redet, so redet er von *seinem ‚Eigenen'*", und für uns liegt die große Gefahr nahe, daß, wenn wir von unserem „Eigenen" reden, wir sehr leicht lügen. – Joseph hatte in seinem Vaterhaus und unter seinen Brüdern Gefallen an sich selbst, darum sprach er von seinen Vorzügen, die ja nicht unberechtigt waren. Aber er mußte davon erlöst werden, ehe ihn Gott in seine ihm bereitete Stellung einführen konnte. Er kam in den Kerker, und dort läuterte und reinigte ihn Gott von allem Selbstgefallen.

Die sechste Gestalt des „eigenen Ich" ist die

„Selbstherrlichkeit."

„Ich suche nicht meine Ehre", sagt unser Herr. Simson brauchte die Kraft, die Gott ihm gab, statt für Gott, für sich selbst. Er hob die Tore aus zu Gaza und trug sie auf einen Berg. Er sollte mit dieser Kraft Israel erlösen; aber stattdessen brauchte er sie, um zu zeigen, wie stark er sei. Sind nicht auch wir hierin alle schuldig? Wie oft haben wir uns mit dem, was Gottes war und was im Heiligtum hätte niedergelegt werden sollen, geschmückt und groß gemacht! Achan hätte den assyrischen Mantel und die goldene Zunge dem Herrn heiligen sollen; statt dessen behielt er sie für sich zurück, um sich damit zu schmücken. Sind wir ehrlich! Haben nicht auch wir schon oft unser klares Denken und unsere beredte Zunge gebraucht, um uns selbst zu verherrlichen? Und warum das? Weil wir noch nicht wissen, was Herrlichkeit ist! Gottes Herrlichkeit ist immer eingehüllt und nur dem von Gott geöffneten Auge sichtbar. Er hüllte seinen Sohn in Knechtsgestalt; das Manna war mit Reif bedeckt und die Stiftshütte mit einem unscheinbaren Dachsfell überzogen. „Des Königs Tochter ist ganz herrlich inwendig" (Ps. 45). Des Menschen Herrlichkeit ist immer nach außen; Gottes Herrlichkeit ist drinnen im Verborgenen.

„Wir sahen seine Herrlichkeit!“ sagte Johannes. Wo sah er Herrlichkeit? In der Niedrigkeit des Gottessohnes! Johannes sah Herrlichkeit in der Niedrigkeit; darum konnte er Jesus bis zum Kreuze folgen – alle anderen Jünger flohen. Wenn diese Herrlichkeit einmal in unser Herz leuchtet, dann erst verstehen wir, was der Dichter sagt:

Mein „eigenes Ich“ sinkt hin in Schmach,
Das Kreuz ist all mein Ruhm!

Und dann suchen wir keine andere Herrlichkeit mehr als die Herrlichkeit des Lammes. Petrus machte gern Vergleiche zwischen sich und anderen. Er sagte z. B.: „Wir haben alles verlassen ...“ „Wie oft muß ich meinem Bruder vergeben?“ Da strahlte überall die Selbstherrlichkeit hindurch. Darum machte auch Jesus bei jener wunderbaren Begegnung am See (Joh. 21) Vergleiche, als er ihn fragte: *„Hast du mich lieber?“ – Lieber?!* Aber Petrus ging nicht darauf ein; er hatte es verlernt, Vergleiche zu machen. Er will nichts mehr wissen, weder von sich noch von anderen, sondern er ist froh, daß er zu seinem Meister sagen kann: *„Du weißt.“ „Alle Güte des Fleisches“* (Jes. 40,7) ist bei ihm verdorrt; denn der Hauch Jahwes hat ihn angeweht. Wenn wir dem Geistessegen uns öffnen, wie derselbe in Hesekiel 36 beschrieben ist, zerstört er bei uns nicht nur das „grobe Fleisch“, sondern auch das „fromme Fleisch“, und es wird wahr, was Gott am Schluß jenes Kapitels sagt: *„Ihr werdet Ekel an euch selber haben!“* Das ist das Gegenteil von Selbstherrlichkeit!

6. Das Lamm lehrt dich stille sein

„Er wurde mißhandelt, aber er beugte sich und tat seinen Mund nicht auf“ (Jes. 53,7). Das erste, was man in der Schule des Lammes lernt, ist stille sein und sich beugen (Matth. 11,29). Die Schrift spricht von einem Stillesein *vor* Gott, von einem Stillesein *zu* Gott und von einem Stillesein *in* Gott. Bevor Gott mit uns redet, müssen wir stille geworden sein vor ihm. Als Abraham auf sein Angesicht fiel und schwieg, da redete Gott *weiter* mit ihm (1.Mose 17). In Kapitel 15 und 16 sehen wir, wie Abraham redete und handelte, und Gott schwieg – schwieg 13 Jahre lang. Wir lesen Kapitel 16,16: „Und Abraham war 86 Jahre alt, als Hagar dem Abraham Ismael gebar“, und Kapitel 17,1: „Und Abraham war 99 Jahre alt, da erschien Jahwe dem Abraham.“ Das war eine lange Zeit und wohl die schwerste in seinem

Leben. Denn es gibt nichts Schwereres für ein Kind Gottes, als wenn sein Gott schweigt. Nun schweigt Abraham und läßt Gott reden.

In dem Stillesein vor Gott wird man stille zu Gott. „Meine Seele ist still zu Gott", sagt David im 62. Psalm. Stille zu Gott! Das ist schon eine höhere Stufe. Stille sein zu Gott heißt, ihm alles anvertrauen und von ihm alles erwarten, alles aus seiner Hand annehmen, hinter allem den Vater sehen. Jesus sagt in Johannes 6,37: „Alles, was mir mein Vater gibt, das kommt zu mir", d. h. alles, was er mir zugedacht, das wird mir; wenn er will, daß mir die Sonne scheine, kann mir niemand im Wege stehen.

Maria war eine solche Seele, die gelernt hatte, stille zu sein zu Gott. Sie saß nicht vergeblich zu Jesu Füßen; sie hatte eine der schwersten Lektionen gelernt, nämlich: *schweigen!* Als Martha sie verklagte, war sie still zu ihrem Meister, bis er das Wort für sie ergriff. Sie dachte: Wenn er keine Entschuldigung für mich hat, dann habe ich auch keine. Sie hatte ihren Meister besser verstanden als alle seine Jünger (Joh. 12), das bezeugte sie in dem, daß sie ihn salbte zu seinem Begräbnis. Sie wußte: Mein Herr *muß* sterben; er muß das Opfer werden zum Heil der Welt und auch für mich; mein Herr muß als Weizenkorn in die Erde gelegt werden und ersterben, sonst bleibt er allein. Und durch die Salbung stärkte sie ihn darin und sagte ihm: Mein Herr, ich verstehe deinen Weg! Wie die Salbe das ganze Haus erfüllt mit gutem Geruch, so wird dein Tod ein Lebensgeruch werden für den ganzen Erdkreis; wie ich mein Bestes gab für dich, so und noch viel mehr wirst du dein Bestes geben; wie ich die wohlriechende Narde ausgieße, so werden noch unzählige kommen und das gleiche tun, wenn du durch deinen Tod den Weg für sie gebahnt hast. Das war eine große Erquickung für den Herrn, so verstanden und ermutigt zu werden für seinen Todesweg.

Aber was tut Judas? Er sagt: Was soll dieser Unrat? Unrat? War das Unrat? Was wird Maria dazu sagen? Sie schweigt! Sie ist stille zu ihrem Meister und wartet auf seine Antwort. Und er verteidigt sie abermals und spricht: „Sie hat ein gutes Werk an mir getan. Wahrlich, ich sage euch, überall, wo dies Evangelium verkündigt wird in der ganzen Welt, da wird man sagen zu ihrem Gedächtnis, was sie getan hat." Und sie ist es wert, daß ihr Gedächtnis bleibt, und daß wir heute von ihr lernen, was es heißt, „stille sein zu Gott."

Doch hat es niemand so vollkommen ausgelebt wie das Lamm. Er war stille zu Gott, als er nichts hatte, da er sein Haupt hinlegen konnte, stille zu Gott, daß er einen Judas unter seinen Jüngern haben mußte; stille zu Gott im Garten Gethsemane, stille zu Gott am Kreuze.

Stille in Gott! Das ist die höchste Stufe, ein Standpunkt, wo unser Wille, unsere Wünsche, all unser Begehren mit dem seinigen in eins zusammengeflossen sind, wo er sogar unsere Erwartungen in uns wirkt, wie wir lesen (Ps. 62,6): „Von ihm kommt meine Erwartung." Hier ist die Seele eingegangen in die Sabbatruhe, in seine Ruhe; hier genießt sie tiefe Stille, die gleich der Meerestiefe von keinem Sturm mehr berührt und getrübt werden kann. „Wir trinken Wasser aus dem Bodensee", sagte mir kürzlich einer meiner Freunde. „Aber wenn es trüb wird?" fragte ich. „50 Meter tief wird es nie trüb, und so tief haben wir die Leitung gelegt", erwiderte mein Freund. O laßt uns tief genug in Jesus eindringen, und wir werden ungestört und ungetrübt Ruhe und Stille genießen (Jes. 32,17).

7. Das Lamm lehrt dich leiden

„Er wurde durch Leiden vollkommen gemacht", sagt uns der Hebräerbrief, d. h. durch Leiden wurde er ein vollkommener Heiland. Er wäre es nicht in seinen Worten, Werken und Wundern gewesen; er wurde es durch Leiden. Und Petrus sagt uns, daß wir berufen sind, zu leiden. Es gibt Wunden, die können nur durch Wunden geheilt werden. So las ich von einem Jüngling in Baden, der sich ein großes Stück Haut von seinem Leibe nehmen ließ, um damit die Brandwunden seiner Schwester zu heilen. „Wenn nun deinen Feind hungert, so speise ihn, dürstet ihn, so tränke ihn; wenn du das tust, wirst du feurige Kohlen auf sein Haupt sammeln." Laß dich verwunden von deinem Feind, so werden deine Wunden seine Wunden heilen. Von Jesus lesen wir: „Darinnen er gelitten hat, kann er helfen denen ..." Wer gelitten hat, kann den Leidenden helfen, wie wir Psalm 105,17-22 lesen.

Die Männer in der Bibel hatten ihre Leidensschule: Der eine im Wartezimmer, der andere im Kerker, der dritte als Verfolgter auf den Bergen und in den Klüften, der vierte in der Wüste usw. Es sagt jemand: „Wir werden verwundet, damit wir bei dem großen Arzt das

Verbinden der Wunden lernen und anderen Beistand leisten können. Wir werden mit Gebrechen heimgesucht, damit wir lernen, anderen ihre Gebrechen zu heilen. Wir müssen selbst erst in die Schule gehen, ehe wir anderen zum Lehrmeister werden können. Auch wir müssen das Joch des Leidens tragen und die Wasser der Trübsal kosten, um so durch Leiden vollkommen zu werden.“ – Zur Jüngerausrüstung gehört eben nicht nur ein geöffnetes Ohr und eine Zunge der Belehrten, sondern auch ein Rücken, der sich schlagen läßt, und ein Angesicht, das sich nicht verbirgt vor Schmach und Speichel (Jes. 50). Weißt du, welche Leute der Teufel am meisten haßt? Leute, welche leiden wollen! Er weiß viel besser als wir, welchen Segen uns und anderen die Leiden bringen. Jesus hatte seinen größten Kampf mit ihm im Garten Gethsemane, da, wo er sich zu den Leiden des Todes entschloß. Und wenn wir einmal nach dieser Seite hin unser Leben durchgehen, so werden wir auch finden, daß der Feind uns da am meisten zusetzte und uns drängte, wo wir uns entschlossen hatten, stille zu sein, zu schweigen und zu leiden. In Johannes 15,2 sagt Jesus: „Jede Rebe an mir, die Frucht bringt, die reinigt er, daß sie mehr Frucht bringe.“ Und der Vater, der Weingärtner, reinigt gewöhnlich durch Leiden. Sehr oft sind Leiden sein Winzermesser. Darum beten Kinder Gottes mit dem Dichter:

Heil’ges Winzermesser,
Schneide tief hinein,
Bin noch nicht gereinigt,
Wie ich sollte sein.

Heil’ges Winzermesser,
Sieh, ich küsse dich,
Weiß ich doch, du rettest
Von dem Tode mich.

Heil’ges Winzermesser,
Laß mich stille sein;
Tut es not, so schneide
Nochmals kräftig ein!

Die Schrift spricht von vier Arten von Leiden: von *Strafleiden,* von *Prüfungsleiden,* von *Läuterungsleiden,* von *Leiden um Christi willen.* Der Aussatz Mirjams war ein Strafleiden und sollte dazu dienen, sie vom Richtgeist zu befreien. Die Wanderung Israels durch die Wüste war ein Prüfungsleiden; es sollte kundwerden, was in ihren Herzen war. Prüfung soll zur Erprobung führen. Gott läßt sie zu, damit auch uns kundwerde:

Ob das Herz es redlich mein'
Ob an Ihm die Seele hange,
Ob wir scheinen oder sein.

Die Leiden Josephs im Kerker und die des Daniel in der Löwengrube waren für sie keine Versuchung; sie hatten beide die Probe bestanden. Ihre Leiden waren Läuterungsleiden. In diese hinein führt Gott seine liebsten Kinder. Nur wer die Probe bestanden hat, kann geläutert werden. Weil beide treu waren, widerfuhr ihnen dieses Leiden. Die Treue brachte Joseph in den Kerker; die Treue brachte Daniel in die Löwengrube. Kommen Leiden über deinen Bruder, sag nicht vorschnell wie die Freunde Hiobs: „Was muß der Unrechtes auf sich haben!“ Er ist vielleicht besser als du – gerade weil er viel Leiden hat – du magst sie vielleicht noch nicht ertragen; darum muß dich Gott damit verschonen. Von dem Besten und Vollkommensten unter den Menschenkindern lesen wir: *„Gott hat ihn leiden lassen“* (Jes. 53,10). Die Hauptsache bei den Gebetserhörungen ist nicht, die, daß wir sagen können: Ich habe dieses und jenes von Gott erbeten, sondern daß wir von Gott auf unsere Fragen Antwort bekommen, auch auf die Frage: Wozu leide ich? Welcher Art Leiden ist mein gegenwärtiges Leiden?

Leiden macht das Herz weit, indem es die Fähigkeit des *„Mitleidens“* gibt. Niemand hat solches Mitgefühl mit den Armen wie der, welcher selbst arm gewesen ist; niemand hat solch herzliches Erbarmen mit den Kranken wie der, welcher selbst das köstliche Gut der Gesundheit hat lange entbehren müssen. Man sagt, von allen Übeln ist ein *gefühlloses Herz* das schlimmste. Wir verstehen unter Mitleiden nicht ein mitleidiges Gefühl empfinden und äußern, sondern ein inneres Mittragen, das die Not und Last des andern ebenso empfindet wie dieser selbst. So hatten ein Mose, Esra, Nehemia usw. Mitleiden gezeigt. Sie haben sich nicht über ihr Volk, sondern unter die Last ihres Volkes gestellt; sie haben die Schuld ihres Volkes zu ihrer eigenen gemacht und sie so vor Gott gebracht. Solche Seelen halten oft eine ganze Versammlung aufrecht, und ohne solche kann eine Versammlung überhaupt nicht bestehen. Sie sind Säulen im Hause Gottes. Sie sind immer auf ihrem Platz in der Versammlung. Sie schwatzen niemals im Versammlungslokal, sondern sie beten. Sie beten für jede Seele, die zur Tür des Versammlungssaales hereinkommt, und Freude erfüllt ihr Herz, wenn eines hereintritt, das treu dem Herrn folgt, und tiefes Mitleiden erfaßt sie, wenn eines hereintritt, das in letzter Zeit zurückgegangen oder abgewichen ist.

8. Das Lamm lehrt dich gehorsam sein

„Er war gehorsam" (Phil. 2,8). In diese drei Worte faßt der Heilige Geist sein ganzes Leben zusammen. Und sie sind der Glanzpunkt in seiner Geschichte. Groß waren seine Wunder, unvergleichlich seine Worte; aber größer als dies alles war sein Gehorsam. Seine Leibspeise war, den Willen seines Vaters zu tun. Die Offenbarung Jesu der Welt gegenüber bestand in seinem Gehorsam gegen seinen Vater. Und eine bessere Gabe, eine wirksamere Predigt haben auch wir nicht. Geben wir unserer Umgebung unseren Gehorsam gegen Gott, so haben wir das Beste gegeben, was wir geben können. *„Was ist das Resultat der Heiligung?"* fragte kürzlich ein Bruder. Laßt uns das Lamm anschauen. Was war bei ihm das Resultat? Wir finden es in den Worten: *„Er war gehorsam* – ja bis zum Tod am Kreuz!" Gott konnte das Schwerste verlangen, und er tat es mit Freuden. Die *falsche* Heiligungsbewegung bewegt den Menschen nach oben; er spricht von *Erfahrungen,* die er gemacht, von *Stufen,* die er erreicht habe. Die *biblische* Heiligungsbewegung bewegt den Menschen in den Staub, vernichtet „alle Anmut des Fleisches" und läßt nur eine Begierde in der Seele übrig: *seinen Gott zu befriedigen.* Nach 1.Mose 22 und Philipper 2 ist Heiligung nichts anderes als vollendeter Gehorsam. Als Jesus auf der untersten Stufe stand: *vor dem Kreuz* (Joh. 17), da sprach er von der Heiligung. Da sagte er: „Ich heilige mich selbst für sie, auf daß auch sie Geheiligte seien durch Wahrheit." Brüder, wenn wir uns so heiligen: *zum Kreuz, zum Opfer,* wenn wir zu unserem Herrn hinuntersteigen bis auf den untersten Platz, dann wer-

den sich auch andere um uns her heiligen in der Wahrheit. Wenn wir unseren Mitmenschen nichts weiter lassen können als ein Vorbild des Gehorsams gegen Gott, so ist das überaus genug. Nichts zieht die Menschen so an und treibt sie so ins Nachdenken wie ein Mensch, der im Gehorsam gegen seinen Gott wandelt.

Gehorsam gibt Macht. Die Quelle seines Sieges, das Geheimnis seiner Macht und auch unserer Macht liegt in dem Gehorsam. Im Gehorsam besteht unsere höchste Freiheit. Nur wer frei ist, kann jedermanns Knecht sein. Solche können andern helfen zur Freiheit. In einem gehorsamen Herzen ist ein gebahnter Weg für Gott. Wir haben so viele Christen, die suchen immer Genuß und Befriedigung. Sie haben noch nicht gelernt, daß allein gehorsame Kinder glückliche Kinder sind. Was in Wahrheit glücklich, bleibend glücklich machen kann, ist nichts anderes als der Gehorsam gegen Gott. Darum ist es einer gesunden Seele nur um das eine zu tun, gehorsam zu sein. *Das Tun des Wortes stärkt* und ist Speise – weit mehr noch als das Sinnen darüber und das Verstehen desselben.

Warum haben so viele Kinder Gottes keine dauernde Heilsgewißheit? Warum ist ihre Seele nicht gesättigt mit dem Frieden Gottes? Gott gibt uns in Jesaja 48,18 die Antwort: „O daß du auf meine Gebote merktest, so würde dein Friede sein wie ein Wasserstrom ..." Die Leute sagen: „Es fehlt mir am Glauben; ich habe zu wenig Glauben; darum habe ich keine Heilsgewißheit, keinen Frieden!" O nein! In den meisten Fällen fehlt es nicht am Glauben; denn man kann ja auch mit einer zitternden Hand goldene Gaben empfangen; es fehlt am Gehorsam. Es ist *etwas* in ihrem Leben, das sie nicht aufgeben wollen, und das dem Heiligen Geist im Wege steht, ihnen das Zeugnis der Gotteskindschaft zu geben. Es ist nicht Mangel an Glauben, sondern Mangel an Gehorsam. Ich kannte einen Mann, der konnte neun Jahre lang nicht an die Versöhnung in Christus glauben aus dem einfachen Grunde, weil er unversöhnlich war. Das war das Hindernis! Er hätte noch neun und achtzehn Jahre beten und kämpfen können, er wäre nicht zum Glauben gekommen, wenn er nicht diese Sache in Ordnung gebracht hätte. Es ist ein Unterschied, ob ich mich anstrenge zu glauben, ich sei gerettet, oder ob ich das Zeugnis des Heiligen Geistes habe, daß ich gerettet bin. *Niemand kann Gott vertrauen, der Gott nicht gehorsam ist. Gehorsam ist die Wurzel des*

Vertrauens. In Jesu Leben schien Vertrauen etwas rein Selbstverständliches, weil Gehorsam für ihn etwas Selbstverständliches war.

Es ist nicht genug, zu glauben: *„Ich bin erlöst!"* Ich muß auch den Weg gehen, auf dem diese *geglaubte* Erlösung verwirklicht werden kann. Und dieser Weg ist der Weg des Gehorsams. Kürzlich schrieb mir ein Freund ungefähr folgendes: „Es scheint mir, eines der größten Hindernisse für die beständige Nachfolge Jesu Christi besteht darin, daß man immer von *Glaubensakten* redet und das ‚Fortgesetzte' im Christenleben viel zu wenig versteht. Man will alles in einzelnen Akten fertig machen. Man redet von der Fülle des Geistes als von einem Akt, von der Taufe als von einem Akt des Gehorsams, von der Bewahrung nach einer völligen Übergabe als von einem Akt usf. Das ist ein großer Fehler. Ebensowenig wie ein Halm aus einzelnen Knoten besteht, kann unser Leben mit dem Herrn aus einzelnen Akten bestehen. Die Knoten sind nicht die Hauptsache; sie dienen nur zum Ansetzen neuer Teile. Man fürchtet sich vor dem *Weg,* und deshalb redet man von einzelnen Akten. So braucht man nicht in die Selbstverleugnung hinein, nicht ins Sterben hinein, nicht in den Kampf hinein und – man bleibt stecken im Fleisch." David bittet im 25. Psalm den Herrn um drei Dinge. Er sagt:

1. *Herr,* zeige mir deinen Weg!
2. *Leite* mich auf deinem Weg!
3. *Lehre* mich deinen Weg!

Es ist nicht genug, daß wir den Weg *wissen;* wir müssen auch mit unseren Füßen darauf treten und müssen Stunde für Stunde auf diesem Wege die göttliche Belehrung haben, um auf dem rechten Weg recht wandeln zu können. Und diese Belehrung finden wir, wenn wir wandeln

Auf der schmalen, graden, steilen Straße,
Die sein heil'ger Fuß einst selbst berührt.

9. Das Lamm lehrt dich vertrauen

„Er hat auf Gott vertraut!" riefen seine Feinde. Er vertraute bis zum Tod am Kreuz. Er vertraute auch im Dunkeln. Als er in den Jordan stieg und sich unter die Schuld der Menschheit stellte als Mitschuldiger, als er auf dem Berg Tabor sich entschloß, den Leidenskelch zu trinken, da öffnete sich jedesmal der Himmel, und das Wohl-

gefallen Gottes leuchtete sichtbar über ihm; aber als er den Gehorsam und den Willen Gottes am Kreuz vollendete, da war der Himmel verschlossen und dunkel. In Gethsemane war nur ein Engel, und am Kreuz waren nur ein Jünger und einige Frauen, so daß die Feinde scheinbar mit Recht sagen konnten: „Seht, wie weit er es gebracht hat mit seinem Gottvertrauen!" So kann es geschehen, daß gerade da, wo wir den Willen Gottes am vollkommensten erfüllen, Gottes Wohlgefallen sich am wenigsten sichtbar offenbart – siehe Joseph, siehe Daniel und seine Freunde. So muß es kundwerden, ob wir nur ihn meinen oder seine Gaben.

Es ist etwas anderes, Gott vertrauen im Dunkeln als ihm folgen im Sonnenschein. Wir lesen in 1.Mose 15: *„Abraham glaubte Gott,* und das rechnete ihm der Herr zur Gerechtigkeit." Und was kommt jetzt? Jetzt kommt die Prüfung! Abraham suchte Licht, und Finsternis bedeckte ihn! er suchte das Angesicht Gottes, und Schrecken fiel auf ihn; er brachte Gott sein Opfer, wie Gott es befohlen hatte, und wartete auf Gott, daß er komme und das Opfer annehme und den Bund mit ihm aufrichte, aber stattdessen kamen die Raubvögel und stießen auf das Opfer – und erst als es *dunkel* geworden war, kam Gott. Und was kam jetzt. Jetzt kam die Eröffnung: „Dein Same wird ein Fremdling sein in einem Land, das nicht das ihre ist ... und du wirst zu deinen Vätern eingehen in Frieden." Das war eine harte Probe. Aber Abraham wurde nicht erschüttert in seinem Vertrauen. Er achtete Gott treu.

Nicht wahr, wir haben ähnliche Erfahrungen gemacht! Als wir meinten, dem langersehnten Ziel nun endlich nahe zu sein, hat es Gott auf einmal um ein Weites hinausgerückt; als wir hofften, die größte Probe überstanden zu haben, kam aus der schweren Probe noch eine schwerere heraus. Du hast vielleicht deinen kranken Leib Gott übergeben zur Heilung – du wolltest ihm allein vertrauen und ihm allein die Ehre geben. Du hast heute dein Opfer gebracht und hast auf morgen Besserung erwartet; aber statt dessen wurde es schlimmer; statt daß Gott kommt und sein Opfer annimmt und den Bund bestätigt, kommen die Anfechtungen und plagen dich, dein Opfer wieder zurückzunehmen, da sich Gott scheinbar gar nicht darum kümmert, ob man ihm vertraut oder nicht. Aber warte nur! Wenn die Geduld ein vollkommenes Werk getan hat, wirst du einen großen Sieg haben für dich und andere. Weißt du, warum der bekehrte Schächer so eine anziehende Gestalt ist und so vielen Tausenden ein Wegweiser geworden ist zum Licht und zum Frieden? *Er hat geglaubt, und zwar geglaubt, als es um seinen Gott dunkel war!* Uns wird es schon schwer zu glauben, wenn es um uns dunkel ist; aber er glaubte noch, als es um seinen Gott dunkel war. War es leicht für ihn, in diesem sterbenden *Jesus* Gott zu sehen und diesen verachteten Mann Herr zu nennen? Wahrlich nicht! Wer hat ihm solches Vertrauen gegeben? Das Lamm, das er vor Augen hatte. Denn Vertrauen lehrt man die Leute nicht, sondern man gibt ihnen Vertrauen, wie man ja auch nicht Trost lehrt, sondern Trost gibt. Und der Schächer hat dieses Vertrauen in Hunderte und Tausende von Herzen weitergegeben. Gehe an das Sterbebett eines in Sünden und Todeswehen ringenden Menschen; setze ihm den Erlösungsplan auseinander in den schlagenden Sätzen, es wird nicht verfangen bei ihm; aber sage ihm: Weißt, *der Schächer!* und siehe, es leuchtet in seiner Seele auf, und Vertrauen und Trost ziehen in dieselbe ein. Verzage darum nicht, wenn du im Dunkeln sitzest, auch im Dunkeln wohnt Gott (1.Kön. 8,12). Ehre Gott im Vertrauen!

Man muß in dürren Leidenstagen
Sobald nicht von Verlassung sagen;
Glaub's, wer nichts will als Gott allein,
Kann nie von Gott verlassen sein.

„Er hat Gott vertraut!“ heißt auch: Er hatte *genug* an Gott. *Genug* an Gott! O wenn wir dieses gelernt hätten! Wir wären von hundert Befürchtungen, Sorgen, Zerarbeitungen frei und los. *Gott alles* und *ich nichts!* Was brauche ich noch? Was kann mir schaden? Was mich beunruhigen?

10. Das Lamm lehrt dich arbeiten

„Darum, daß seine Seele gearbeitet hat, wird er seine Lust sehen und die Fülle haben“, lesen wir von ihm in Jesaja 53. Es gibt eine Arbeit der Seele, und diese tat vor allem das Lamm. Gott kann uns Blicke geben, die unsere Arbeit zu Tränen werden lassen. Denn wenn wir die Last des Herrn tragen, werden wir finden, daß in der Last

einer einzigen Seele ein Ewigkeitsgewicht liegt. O wie sind wir so hart und teilnahmslos geworden! Wie oft vergessen wir, daß unsere Arbeit eine Arbeit an unsterblichen Seelen ist, eine Ewigkeitsarbeit! Während Tausende von Menschen dem ewigen Tode mit seiner verschlossenen Tür, seinen ewigen Ketten und seinem endlosen Weh zueilen, stehen wir da, gleichgültig, kraftlos und herzlos gemacht durch unsere Selbstsucht. Nur wenige von uns können sagen: „Meine Augen rinnen, weil sie dein Gesetz nicht halten!" Aber er war nicht so. Er weinte über Jerusalem, ihn jammerte des Volks. Darum lief ihm das Volk zu. Nur das Herz gewinnt die Herzen. Es gibt Mitleiden, das kein Sünder auf die Dauer verachten kann, ein Mitleiden, das stärker ist als Worte. Wir wollen es lernen von ihm.

Das 6. Kapitel im 2.Korintherbrief, wo Paulus von seiner Arbeit spricht, fängt mit dem Wort an: *„Mitarbeitend"* – mit wem? Mit Gott? Und wie hat Gott gearbeitet? Er sagt es im letzten Vers Kapitel 5: *„Er hat den, der Sünde nicht kannte, für uns zur Sünde gemacht."* Könnt ihr fühlen – denn verstehen können wir es niemals –, was das für Gott heißt: Er hat seinen Sohn *zur Sünde gemacht!* Und könnt ihr fühlen, was das für den Sohn gewesen ist: *Zur Sünde* gemacht zu werden für andere – für seine Feinde! So hat Gott gearbeitet! Und Paulus sagt: „Ich arbeite wie Gott. Auch ich gebe mein Liebstes hin; auch ich scheue mich nicht, mein Leben so zu geben, wie er es getan hat." Durchgeht nur das 6. Kapitel, und ihr seht, wie tief Paulus hinuntergestiegen ist, wie völlig er auf den Altar gestiegen ist, welch ein Leben der Selbstverleugnung er gelebt! O sage nicht vorschnell, du seist ein Reichsgottesarbeiter! Kannst du sagen: *Mitarbeitend* – mit Gott – wie Gott? Hält dich die Pflicht aufrecht oder die Liebe? Arbeitest du, weil du bereit bist, dein Leben zu verlieren, oder arbeitest du, weil du dein Leben suchst?

Unser Meister wird uns in der Schrift hauptsächlich in zwei Gestalten gezeigt: als *Knecht* und als *Lamm.* Er kam, um zu dienen. Aber sein Dienen wurde immer mehr ein *Tragen.* Aus der Knechtsgestalt wurde die Lammesgestalt geboren. Wir sehen bestimmte Knotenpunkte auf seinem Dienstweg, von wo aus sein Weg jedesmal steiler und schmäler wird. Der Kreis der Jünger wurde *kleiner,* weil das Ziel *bestimmter* wurde (Joh. 6). Und als er sein Angesicht stracks dem Kreuz zuwandte – wohin ihm nur einer folgte –, wurden auch die Zwölfe *irre*. Sie konnten noch den Diener verstehen, aber nicht mehr das *Lamm*. Denn der Geist führte ihn schrittweise weiter. Und jeder Schritt war ein Schritt tiefer – bis zum Tod am Kreuz. Und je näher er dem Kreuz kam, je heller ihm das Kreuz leuchtete, desto heller leuchtete aus der Knechtsgestalt die Lammesgestalt heraus. Ähnlich führt der Herr seine Nachfolger. Ihr Dienst wird immer mehr ein Tragen. Er nimmt sie aus dem Vorhof in das Heiligtum, wo nur noch Gott ist.

Das Ziel dieses Weges

Offb. 19,6-8

Wir haben von dem „Weg dem Lamme nach" gesprochen; wir wollen einen Schritt weiter gehen und von dem *Ziel dieses Weges* sprechen. Nur wer ein Ziel vor sich hat, wird eilen und die Schwierigkeiten des Weges mit Freuden überwinden.

Das Ziel dieses Weges ist die *sichtbare Vereinigung mit dem Lamme.* „Leiblichkeit ist das Ende der Wege Gottes", ist ein bekannter Ausspruch. Und in Epheser 5,31-32 lesen wir – „Die zwei werden ein Fleisch sein. Dieses Geheimnis ist groß, ich aber sage es in Bezug auf Christus und die Gemeinde." Demnach ist *„ein Fleisch"* mit ihm sein mehr, als *ein Geist* mit ihm sein. Zwei junge Leute verloben sich, weil sie *ein* Geist miteinander sind; aber sie beide warten auf den Tag, wo sie als Mann und Frau nebeneinanderstehen. Ebenso Christus und die Gemeinde. Sie sehnt sich nach dem Augenblick, wo sie mit verklärtem Leibe an seiner Seite stehen darf als seine Frau.

Die Schrift gibt den Gläubigen, wenn sie von ihrer ewigen Bestimmung spricht, zwei Namen. Der eine heißt: *„Priesterkönige"* (Offb. 1,5), und der andere heißt: *„Frau des Lammes"* (Offb. 19,7). Beides hat sich noch nicht erfüllt an uns. Wir sind im besten Falle *Braut des Lammes* und sind im besten Falle *Priesterkönige* im geistigen Sinn. Aber der geistige Sinn der Schrift ist nicht der *vollkommene,* und die geistige Auffassung, besonders dieser Namen, ein großer Schaden für das Kommen des Reiches Gottes. Wir müssen es verstehen lernen, daß wir es mit einer *Person* zu tun haben und nicht mit *Sachen,* daß wir nicht bei unseren *Erfahrungen* stehenbleiben dürfen, und daß es sich nicht um *Genuß* handelt, sondern um etwas viel Höheres. Kürzlich sagte mir jemand: „Erst seit einem Jahr ist es mir klar geworden, daß wir es mit einer *Person* zu tun haben. Bekehrung ist eine Erfahrung; Vergebung der Sünden ist eine Sache; Frieden mit Gott ist ein Genuß. Aber alle diese Dinge, die wir ja erfahren haben müssen und besitzen müssen, sind nicht der Zweck, sondern nur das Mittel zum Zweck. Zweck ist die sichtbare Vereinigung mit dem Sohn Gottes. Wir dürfen darum hier nicht stehenbleiben, wenn wir nicht zu den törichten Jungfrauen gezählt sein wollen. Denn bei all diesem kommt noch nichts Wesentliches heraus für das Reich Gottes – und darum handelt es sich ja im letzten Grund."

Wir sind erlöst, um mitzuhelfen an der Erlösung. Und diese Erlösung umfaßt nicht nur die verlorene Welt, sondern auch die in Geburtswehen liegende Schöpfung. Wenn Paulus von der *Verkündigung des Evangeliums* spricht, zieht er den Kreis um alle Menschen; wenn er aber von der Erlösung spricht, zieht er den Kreis noch weiter und schließt auch die seufzende Kreatur ein (Röm. 8,19-23). Das Seufzen der Kreatur gilt nicht dem Ohre Gottes, sondern unserm Ohr. Denn das sehnsüchtige Harren der Schöpfung wartet auf die *„Offenbarung der Söhne Gottes"* (Röm. 8,19). Damit ist ihr Freiwerden ganz auf unsere Schultern gelegt und als Schuld auf unsere Rechnung geschrieben. Dies läßt uns einen tiefen Blick tun in unsere Aufgabe und zeigt uns, daß das Letzte nicht sein kann, *„in den Himmel zu kommen"*, um dort auszuruhen.

Wer hier abschließt, hat seinen Beruf nicht verstanden und weiß nicht, worum es sich handelt in unserem Zeitalter und in dem kommenden. Wir sind Glieder von dem Haupt, das *„Erlöser"* heißt, und von dem alles im Himmel und auf Erden und unter der Erde eine volle Erlösung erwartet (Offb. 5), Wir schließen ab, wo Christus, unser Haupt, abschließt. Und er schließt erst dann ab, wenn er dem Vater alles unterworfen hat, auf daß Gott sei alles und in allem (1.Kor. 15,20-28). Bis dahin besteht unsere Seligkeit im Dienen (Offb. 22,3), um in Gemeinschaft mit dem Sohne dem Vater eine verlorene Welt zu Füßen zu legen, und so wird das *„Reich des Vaters"* kommen, wofür uns ja Jesus im „Vaterunser" beten lehrte. Denn das Letzte und Vollkommene ist nicht das *„Reich des Sohnes", sondern das „Reich* *des Vaters"*, weil dieses das Vaterhaus ist. Das Reich Gottes hat eine doppelte Seite: eine *irdische* und eine *himmlische.* Die irdische Seite ist die „Haushaltung des Geistes", in der wir heute leben, und das „Reich des Sohnes", das vor der Tür steht; die himmlische Seite ist das „Reich des Vaters", wo der *Vater* ist und sie allzumal *Kinder* sind.

Gott gibt nicht auf, sondern fängt immer wieder neu an und kommt so bei jedem scheinbaren Abwärtsgehen doch jedesmal einen Schritt weiter, wie wir aus der Geschichte des Reiches Gottes sehen. Jesus fing mit *zwölf* Männern an. Diesen gab er seinen Heiligen Geist. Und diese hatten nach Apostelgeschichte 15,14 die Aufgabe, aus den *Völkern heraus „ein Volk für seinen Namen"* zu sammeln. Und wenn dieses Volk gesammelt ist, wird der Herr wiederkommen, um mit diesem Volk *neu* anzufangen auf Erden und *durch* dieses Volk den Völkern, die noch sitzen in Finsternis und in Schatten des Todes, das *„Licht zu verkündigen"* (Apg. 26,23). Es handelt sich um eine *„Erstlingsfrucht"* (Jak. 1,18), eine Schar, die an der Erlösung mithelfen kann.

Nach der Schrift ist es heute nicht die Aufgabe des Heiligen Geistes, die Welt zu bekehren, sondern aus der Welt *ein Volk herauszurufen.* In Apostelgeschichte 15 finden wir die erste Konferenz der Diener Christi, um sich klarzumachen, in welchen Richtlinien sie arbeiten, und welches Ziel sie verfolgen müssen. Und wie wurde dieses Ziel bestimmt und klargesteckt. Und dies gilt auch uns. Darum kann alle Arbeit, die nicht in dieser Richtlinie geschieht, nicht die Bestätigung des Heiligen Geistes erwarten.

Es ist darum nicht genug, daß wir die Leute Christus *zuführen* in der Bekehrung, wir müssen sie auch Christus *entgegenführen.* Dann tun wir eine Arbeit in den Linien des Geistes, eine Arbeit, die für das Reich Gottes Wert hat. Die Bekehrung vieler Gläubigen und ihr Leben haben nur einen Wert für ihre persönliche Seligkeit, aber nicht für das Reich Gottes. Es ist ein Unterschied, ob ein Mensch selig stirbt – wie man zu sagen pflegt – oder ob er als König und Priester dem Herrn dienen darf im kommenden Reiche. Paulus sagt den Korinthern, daß er um sie eifere mit göttlichem Eifer, damit er Christus eine reine Jungfrau *entgegenführen* möge, und sagt den Philippern, daß, wenn er dieses nicht erreiche, *er vergeblich gelaufen und vergeblich gearbeitet habe* (Phil. 2,15.16). O wie manche Arbeit von uns wird an jenem Tage – von diesem Gesichtspunkt aus betrachtet – die Zensur tragen: *Vergeblich!* Manche Arbeit wird da offenbar werden als ein *großer Fehlgriff.*

So können wir verstehen, warum bei der vielen Arbeit, wie sie heute geschieht, so wenig herauskommt. Es fehlt ihr das Siegel des Geistes! Und nicht nur das. Weil man nicht in den Linien des Geistes arbeitet, hat man den Geist betrübt, sogar mit seiner Arbeit, die man für Gott tun will. Denn im Zusammenhang gelesen, bezieht sich das Wort: „Betrübt nicht den Heiligen Geist", auf den Tag der Erlösung, d. h. auf die Wiederkunft des Herrn. Jedes Glied am Leibe Christi, das stehenbleibt, das sich nicht zur Vollendung bringen läßt, betrübt den Heiligen Geist, den Baumeister des Leibes Christi. Es beschwert den ganzen Leib. Wenn ich heute sündige, so sündige ich nicht nur gegen Gott und mich selbst, sondern ich sündige auch gegen den ganzen Leib Christi, dessen Glied ich bin. So ist auch der tiefere Sinn des Wortes zu verstehen: „Wenn ein Glied leidet, so leiden alle Glieder mit" (1.Kor. 12,26).

Wir dürfen nicht bei *„Heilsgewißheit"* stehenbleiben; diese gehört nach Hebräer 6 zu den Anfängen christlichen Lebens, aber nicht zu dem vollen Wuchs. Es gibt etwas viel Tieferes als Heilsgewißheit, und dies ist *das Bewußtsein unserer Zusammengehörigkeit mit Christus.* Wir sind Berufene und Erwählte, von Ewigkeit her bestimmt für den Sohn. Es ist ein großer Unterschied, ob ich mich als einen *„Gefundenen"* oder als einen *„Erwählten"* ansehe. In dem Gefundenwerden liegt etwas wie Zufall; aber in dem Erwähltsein erkenne ich die ewige Gnade über mir. Die Schrift nennt uns *Berufene* und *Erwählte,* und wir müssen immer auf dem Boden der Schrift stehen. In der Bekehrung macht der Mensch den Anfang mit Gott; aber Gottes Anfang mit ihm reicht viel weiter zurück, bis in die Ewigkeit. Wir sind erwählt von Gott und bestimmt für den Sohn, ehe der Welt Grund gelegt war, lesen wir in Epheser 1, und in Johannes 6 sagt Jesus: „Alles, was mir mein Vater gegeben hat, kommt zu mir." Und wenn ich zu Jesus gekommen bin, so ist das für mich der Beweis, daß ich eine von den glücklichen Seelen bin, die der Vater dem Sohne gegeben hat. Haben wir diese unsere Zusammengehörigkeit mit dem Sohne Gottes einmal erkannt, dann tun wir drei Dinge:

1. *Wir danken Gott zum erstenmal aus tiefster Seele, daß wir als Menschen geboren sind* – was vielleicht viele von uns bis heute nicht getan haben. Da ist der Augenblick gekommen, wo die Liebe Gottes mit Strömen in unser Herz ausgegossen wird. Wir empfangen etwas von dem Adel, der über den Höhen der Erde mit ihrer Lust und ihrem Leide steht (Jes. 58,14).

2. *Wir drücken Gottes Wort nicht mehr zu unseren Erfahrungen herunter* – was wir so lange getan haben. Wir lassen die Ideale und Ziele der Schrift stehen und strecken uns danach aus, wie Paulus sagt: „Ich bin ergriffen von dem, was ich noch nicht ergriffen habe." Denn wir lernen die Schrift nicht nur in Bezug auf *unsere* Gefühle lesen, sondern auch in Bezug auf die Gefühle und Bedürfnisse Gottes.

3. Wir gehen als *Verhüllte* durch diese Welt, abgeschieden und abgetrennt. Die Welt und ihre Lust zieht uns nicht mehr an, und ihr Leid zieht uns nicht mehr hinunter. Als Rebekka Isaak, ihren Bräutigam, gesehen hatte, stieg sie eilends vom Tier und verhüllte ihr Angesicht. Sie wollte von diesem Augenblick an niemand mehr gefallen, für niemand mehr anziehend sein als für ihn allein. So wir, wenn uns unsere Zusammengehörigkeit mit ihm aufgeschlossen ist.

Der Kommende

Hebr. 10,35-37

„Bald wird kommen der *Kommende* und nicht verziehen." Wir haben schon oft gesungen: „Der Herr bricht ein um Mitternacht, jetzt ist noch alles still!" Diese Worte sind wahr gewesen, als Zinzendorf dieses Lied dichtete vor mehr als hundert Jahren. Aber gottlob ist heute nicht mehr alles still! Wenn auch das Volk Gottes im großen und ganzen noch wenig Blick und Interesse hat für den kommenden Herrn, so ist doch eine Schar da, die aufgewacht ist, und sie wartet auf den Sohn aus den Himmeln (1.Thess. 1,10).

Die Wiederkunft des Sohnes Gottes *ist das nächste große Ereignis,* das Kinder Gottes erwarten – nicht eine Ausgießung des Heiligen Geistes. Wir finden im Neuen Testament bei den Aposteln keine

Ermahnung zu warten auf eine Geistesausgießung. Die Apostel haben ihre Gemeinden nicht auf das Kommen des Heiligen Geistes vorbereitet, sondern auf das Kommen des Herrn Jesus. Was viele liebe Kinder Gottes veranlaßt hat, auf eine Geistesausgießung zu warten, ist die Geistesarmut unter Gottes Volk im allgemeinen und die Überzeugung: So, wie heute Gottes Volk steht, kommt es nicht durch in der *schweren Zeit,* die vor der Tür steht; wir müssen eine besondere *Gottesoffenbarung* vom Himmel haben! Das ist gewiß wahr. Aber die besondere Gottesoffenbarung wird nicht eine Ausgießung des Heiligen Geistes sein, sondern die *Entrückung* derer, die sich haben *fertig* machen lassen, die *frei* und *leicht* geworden sind, dem kommenden Herrn entgegengerückt werden zu können. Dies gibt einen *Schreck* und eine *Kraft* zugleich für diejenigen, die zurückbleiben. Von jenem Augenblick an wird die Offenbarung ein offenes Buch sein für die Zurückgebliebenen, und jedes wird fest entschlossen sein, die wenige Zeit noch treu zu sein bis zur Dahingabe ihres Lebens (Offb. 14).

Die Apostel sprechen nicht vom *„Kommen"* des Heiligen Geistes, sondern von dem *„Empfang"* des Heiligen Geistes. Jesus empfing den Heiligen Geist, als er hinabstieg in den Jordan, d. h. als er sich unter die Schuld der Menschheit stellte als Mitschuldiger. Er empfing den Heiligen Geist in Gestalt einer *Taube*. Das Lamm war so zart, daß es sich von einer Taube leiten ließ. Und wenn wir *diesen* Weg betreten hinunter in den Jordan und *diese Zartheit* dem Geiste entgegenbringen, wird einem tieferen Geistessegen nichts im Wege stehen. Nicht um *Ausgießung,* sondern um *Ausreifung* handelt es sich in unserer Zeit. Je näher die Ernte, desto größer die Hitze und desto weniger Regen. Wartet nicht auf besondere Segnungen; denn Petrus sagt: „Seine göttliche Kraft hat uns alles geschenkt, was wir zum Leben und zur Gottseligkeit bedürfen."

Die Wiederkunft des Sohnes Gottes ist die eigentliche Hoffnung der Gläubigen, wie wir lesen in: Apostelgeschichte 1,11 ;Titus 2,13; 1.Korinther 1,7; Philipper 3,20 und vielen anderen Stellen. Hiernach schauten die Heiligen der frühesten Tage aus. Die Gemeinde in ihrer ersten Liebe wartete auf ihren Herrn. Und wie oft sind wir ermahnt von unserm Herrn selber und seinen Aposteln, zu *warten* und zu *eilen* zu seiner Zukunft. Die Wiederkunft Christi ist nicht ein Thema einiger Spezialisten auf diesem Gebiet, sondern sie ist *das große Thema der Schrift.* Und sie muß auch unser Thema werden. Wir sind alle tief davon durchdrungen, daß unsere Gemeinden einer Neubelebung bedürfen. *„Wie kann das geschehen?"* fragte ich einen lieben Missionar. *„Wenn die Hoffnung auf das Kommen Jesu in den Gemeinden lebendig wird!"* war seine Antwort. Mit der Schrift verglichen, ist dies die beste Antwort. Paulus sagt den Thessalonichern: *„Ziehet an den Helm der Hoffnung."* Was ist der Helm der Hoffnung? Wohl nichts anderes als die lebendige Hoffnung auf die Wiederkunft des Herrn. Solange diese Hoffnung nicht in unserem Herzen lebt, fehlt uns ein wesentliches Stück der Waffenrüstung. Warum bleiben so viele *stehen,* warum sind so viele empfindlich, stoßen sich, *fühlen* sich immer verlassen und zurückgesetzt? Es fehlt der Helm der Hoffnung!

Denkt euch in einer Versammlung von 300 Gliedern 30, die *wirklich wartend* sind auf den Herrn, welche Lieblichkeit und welche Macht, welche Heiterkeit und welche Bewegung würden diese einer Versammlung geben! Denn Johannes sagt: „Jeder, der *diese* Hoffnung hat, der reinigt sich selbst, gleichwie auch er rein ist." Und wer *diese* Hoffnung *nicht* hat, der reinigt sich nicht. Aber erstere müssen nicht ermahnt werden, sich zu reinigen, sie tun es von selbst. Sie müssen nicht aufgefordert werden zum Vorwärtseilen, zur Selbstverleugnung, zur Niedrigkeit; sie streben von selbst nach Lammesähnlichkeit. Sie reinigen sich nicht nur von *Sünden,* sondern auch von *sich selbst,* d. h. von ihrer Eigenart und von ihrem eigenen Wesen, von allem, was Er nicht ist und Ihn nicht meint. Solange wir diese Hoffnung nicht haben, sind wir eigentlich ohne die rechte Hoffnung. Und wie solche Leute sind, ist uns allen bekannt.

Viele Jahre lag die Frage in mir unbeantwortet: *„Was ist die erste Liebe?"* Was ich und andere unter *„erste Liebe"* verstanden, konnte es nicht sein; denn diese Dinge hatte ja Ephesus. Sie hatte ein zehnfaches Lob empfangen und nach dem *zehnfachen Lob* ein: „Aber!" „Aber ich habe wider dich, daß du die erste Liebe *verlassen hast",* nicht *verlore hast!* Ephesus hatte nicht die erste Liebe verloren, sondern verlassen. Was ist die erste Liebe? Soviel ich heute erkenne, ist es nichts anderes als die *lebendige Hoffnung auf das Kommen Jesu.* Ephesus, als die erste Gemeinde, stellte die Gemeinde in den ersten

Jahrhunderten dar, und sie hat angefangen, die lebendige Hoffnung auf die Wiederkunft des himmlischen Bräutigams aufzugeben; sie hat die erste Liebe verlassen. Was würde man von einer Braut sagen, die alles andere von ihrem Bräutigam erwartet, *nur ihn selbst nicht?* Man würde sagen: Kind, du stehst nicht mehr richtig zu deinem Bräutigam; du hast die erste Liebe verlassen. Aber wenn wir ganz aufrichtig sein wollen, müssen wir sagen: „Wir können die erste Liebe nicht verlassen; denn wir haben sie noch gar nicht gehabt.“ Wir sind gleich der Tochter in Psalm 45, die berufen war an die Seite des Königs, die aber ihren Beruf nicht verstanden hat und darum hängengeblieben ist an den Dingen ihres Vaterhauses und die der König erst aufmerksam machen muß und sagen muß: *„Höre,* Tochter, und *siehe* und *neige* dein Ohr und *vergiß* deines Volkes und deines Vaterhauses, und der König wird deine Schönheit begehren ...“ Der Herr öffne unser Ohr für seinen Ruf und erleuchte unser Auge für seine Gestalt, damit auch in unserem Herzen die erste Liebe *erwacht* und wir ein dienend und wartend Volk werden.

Bis jetzt ist es vielen von uns gegangen wie jenem Bruder, der einst sagte: „Ich wußte viele Jahre, daß ich bekehrt sei; aber ich wußte nicht, *wozu* ich bekehrt sei; ich wußte viele Jahre, daß ich mit dem Heiligen Geist versiegelt sei, aber ich wußte nicht, *wozu* ich versiegelt sei, bis mir 1.Thessalonicher 1,9-10 und Epheser 4,30 aufgeschlossen wurde.“ Wir sind bekehrt, zu *dienen* dem lebendigen und wahren Gott und zu *erwarten* den Sohn aus den Himmeln. Das ist der Zweck unserer Bekehrung. Und der Lohn einer solchen Stellung ist die Errettung von dem *„kommenden Zorn“,* d. h. von der großen Trübsal, die kommen soll über den ganzen Erdkreis (Offb. 3,10). Aber Errettung finden hiervon diejenigen, die diese zwei Kennzeichen einer wahrhaften Bekehrung an sich tragen: *Dienen und warten!*

Dieser Errettung steht nichts mehr im Weg als die Zubereitung derer, die dieser Errettung entgegenkommen sollen. Bevor der Herr auf die Erde kommen kann, um sein Königreich aufzurichten, müssen noch große Dinge geschehen im Himmel und auf Erden; aber um zu den Seinen zu kommen, um sie hinwegzunehmen vor dem Zorn, steht ihm nichts mehr im Wege als das, daß die Seinen noch nicht gesammelt und zubereitet sind. Denn wenn der Herr jetzt kommt, kommt er nicht zur Welt, auch nicht zum Gericht, sondern, wie Hebräer 9,28 gesagt ist, zu *denen,* die auf ihn *warten zur Errettung.* Wir lesen in demselben Vers: „Er wird zum zweitenmal erscheinen ohne Sünde", d. h. er hat es nicht mit der Sünde zu tun wie bei seinem ersten Kommen, wo er die Sünde trug, oder bei seinem letzten Kommen, wo er die Sünde richtet. Er knüpft diesmal nicht bei der Sünde an, sondern bei den *„Herrlichen"* und *„Heiligen",* wie wir Psalm 16 lesen. Er kommt für die Seinen als der helle Morgenstern, *still,* ohne daß es die schlafende Welt merkt. „Also laßt uns nicht schlafen, sondern wachen und nüchtern sein, angetan mit dem Brustharnisch des Glaubens und der Liebe, und mit dem Helm der Hoffnung zur Seligkeit" (1.Thess. 5).

Kleine Lichter auf dem Weg der Nachfolge

Kreuzesgemeinschaft

Philipper 3,10

Am Kreuz hat unser Haupt den untersten Platz eingenommen und hat auch uns, Seinen Gliedern, den untersten Platz gegeben. Der „Abglanz des unsichtbaren Gottes“ (Hebr. 1,3) wurde der „Allerverachtetste“ (Jes. 53,3). Seitdem haben wir nur *ein* Recht, nämlich der Unterste und Letzte zu sein. Wenn wir auf etwas mehr Anspruch machen, haben wir noch nicht das Kreuz verstanden.

Wir suchen höheres Leben! Wir finden es, wenn wir tiefer in die Kreuzesgemeinschaft mit unserm Haupt eingehen. Gott hat dem Gekreuzigten den höchsten Platz gegeben (Offb. 5,6), sollten nicht auch wir es tun? Wir tun es, wenn wir uns Stunde für Stunde als Mitgekreuzigte (Gal. 2,19-20) ausweisen. So ehren wir den Gekreuzigten.

Wir wünschen völligeren Sieg. Wir finden ihn, wenn wir völliger in Seine Kreuzesgemeinschaft eingehen. Das Lamm hat mit angenagelten Händen und Füßen den größten Sieg errungen. Nur solange wir im Schatten des Kreuzes bleiben, bleiben wir im „Schatten des Allmächtigen“ (Ps. 91,1). Das Kreuz muß unsre Heimat werden. Da allein bleiben wir gedeckt.

Auch verstehen wir erst dann *unser Kreuz,* wenn wir Sein Kreuz verstanden haben. Und wir wollen so nahe hinzutreten, daß wir es nicht nur anschauen, sondern betasten können, ja, noch mehr, daß wir das Kreuz in uns aufnehmen (Gal. 5,24) können, daß es ein *inneres* Kreuz wird, wie jemand gesagt hat. Dann lebt das Kreuz in uns fort, und so erfahren wir seine Kraft, die sich vor allem darin zeigt, daß wir unter unserm Kreuz nicht erliegen, daß wir unser Kreuz gern tragen.

Der Feind geht immer darauf aus, uns unser Kreuz zu nehmen, damit wir ohne Kreuz durchs Leben gehen sollten. Die vierzigtägige Versuchung unseres Herrn (Luk. 4,1-13) bestand vor allem darin, daß der Feind Ihm das Kreuz nehmen wollte. Darum sprach er: „Bist Du Gottes Sohn?“ Er erinnerte Ihn an Seine Größe und an Seine Rechte.

Aber Er verzichtete auf Seine Größe und auf Seine Rechte und blieb der Menschensohn, das Lamm. Und als solches überwand Er. Hätte Jesus sich das Kreuz nehmen lassen, dann wäre Sein Weg und all Sein Tun umsonst gewesen, und der Feind hätte das Heft in der Hand behalten. Der Feind hätte nichts dagegen gehabt, wenn unser Herr von Machtoffenbarung zu Machtoffenbarung gegangen wäre als der Gottessohn, wenn Er sich nur hätte das Kreuz nehmen lassen; denn er wußte wohl, daß Seine angenagelten Füße ihm den Kopf zertreten und Seine angenagelten Hände (Matth. 12,29) ihm alles aus den Händen nehmen werden. Nun verstehen wir, warum der Feind unser Kreuz nehmen will. Was sind wir ohne Kreuz? (2.Kor. 4,16-17). Was Jesus gewesen wäre ohne Kreuz! O gib dein Kreuz nicht her, sondern halte es fest! Denn am Kreuz erkennt der Herr Seine Nachfolger. Verkürze auch dein Kreuz nicht, denn damit verkürzest du nur deine Herrlichkeit. Wähle dir auch nicht dein Kreuz, sondern nimm das, welches Er dir bereitet hat. Trage auch dein Kreuz nicht vor dir her wie ein Held; aber schleife es auch nicht hinter dir her wie ein Entmutigter, sondern trage es mit Geduld auf deiner Schulter, so daß Gott den größten Teil davon sieht und die Menschen den kleinsten. Das Kreuz ist heilig – auch unser Kreuz; darum müssen wir heilig damit umgehen und das Heilige nicht den Hunden geben und die Perle nicht vor die Säue werfen. Das tun wir, wenn wir denen, die nicht Priester Gottes sind, unser Kreuz zeigen.

Je größere Herrlichkeit du begehrst, ein desto größeres Kreuz begehrst du damit (Matth. 20,22). Johannes und Jakobus begehrten zu sitzen zur Rechten und Linken des Menschensohnes, und Jesus, antwortete ihnen: „Könnt ihr den Kelch trinken, den Ich trinken werde, und euch taufen lassen mit der Taufe, womit Ich getauft werde?“ Auf die Geistestaufe folgte bei unserm Herrn die Feuertaufe und auf die Liebesoffenbarung auf Tabor das Gottverlassensein auf Golgatha. Er wurde durch Leiden vollendet (Hebr. 5,8). Und denken wir, daß es für uns einen andern Weg gibt? Viele kommen deswegen nicht vorwärts, weil sie ihr Kreuz, das Gott ihnen in den Weg gestellt hat, nicht auf sich nehmen wollen. Auf dem breiten Weg kann man dem Kreuz aus dem Wege gehen; aber auf dem schmalen Weg kann man das nicht; man muß es auf sich nehmen, sonst steht es einem im Weg, und man kommt nicht mehr weiter. Ärgere dich nicht an dem Kreuz. Auf die

Treue folgt das Kreuz, wie Jesus sagt von sich: Matthäus 20,28, und wie Er sagt zu den Seinen: Matthäus 16,24.

Verborgenes Leben

Offenbarung 7,15-17

Jedes Pflänzlein hat ein verborgenes Leben in der Erde; nimm ihm dieses, und es hört auf zu existieren. Die Palme (Ps. 92,13-16) kann deswegen mitten in der Wüste grünen, blühen, fruchtbar und frisch sein, weil sie tief unten in der Erde ein verborgenes Leben hat. Sie ist mit ihrer Herzwurzel in Verbindung mit einer Quelle. Unser Leben nach außen ist gar nichts anderes als die Quittung unseres Lebens im Verborgenen. Viele haben einen verborgenen Gott, weil sie kein verborgenes Leben haben mit Gott. Mose war der Umgang mit Gott gewohnter als der Umgang mit Menschen. Wenn er mit Menschen verkehrte, trug er eine Decke auf seinem Angesicht (2.Mose 34,29-35); aber wenn er mit Gott allein war, nahm er die Decke weg. Er nahm den Platz der Heiligen ein, wie er selbst sagt in seinen letzten Worten: „Sie lagern zu Deinen Füßen, und ein jeder empfängt von Deinen Worten“ (5.Mose 33,3). Das ist köstlich, wenn Gott selber uns Sein Wort aufschließt und lebendig macht! Und das tut Er jedem, der den Platz zu Seinen Füßen einnimmt. Da lehrt Er uns die verborgene Weisheit. Da kann Er uns Wunder schauen lassen in Seinem Gesetz und Linien sehen lassen in Seinem Wort, die kein menschliches Auge jemals gesehen hätte, wie David sagt in Psalm 33,7: „Er legt die Tiefen in das Verborgene.“

Das Lamm kann nur diejenigen weiden und leiten, die ihm folgen, die mit allen fünf Sinnen ruhen zu Seinen Füßen. Er kann nur diejenigen speisen mit dem verborgenen Manna (Offb. 2,7), die ein verborgenes Leben haben, die, wie Maria, zu Hause sind für Ihn, wenn Er sie tiefer führen will. Er kann nur denjenigen den Tisch decken (Ps. 23,5), die zuvor reinen Tisch gemacht haben – sonst schnappt einem der Feind alles vorweg, was Er einem gibt. Nur das Lamm kann uns zu den Quellen der Wasser des Lebens leiten. Nur Er weiß sie. Nicht *eine* Quelle hat Er, nein, *viele!* Ein Strom geht aus von Seinem Stuhl (Offb. 22,1). Er bewässert (Jes. 27,3) Seinen Weinstock jeden Augenblick. Jeden Morgen läßt Er frisches Brot (2.Mose 16) vom Himmel fallen für die, welche Ihm folgen in die Einsamkeit. So gedeihen wir und bringen alle Monate neue Früchte (Hes. 47,12): denn unser Wasser fließt aus dem Heiligtum.

Verborgenes Leben ist aber nicht allein verborgener Umgang mit Gott, sondern überhaupt ein Verborgensein in Seinem Gezelt, wie wir lesen Vers 15: „Er wird Sein Zelt über ihnen errichten." Sie sind eingeschlossen, zugedeckt, im Verborgenen bei Gott. Es gibt ein Leben im *„Vorhof"*, wo das Opfer geschlachtet wird, und wo man das Blut fließen sieht; es gibt ein Leben im *„Heiligen"*, wo die Priester stehen und ihren Dienst tun, und es gibt ein Leben im *„Allerheiligsten"*, wo nur Gott ist, und wo es still und dunkel ist. Denn Gott wohnt im Dunkeln (1.Kön. 8,12). Bei Gott leben im Allerheiligsten, heißt Ihm anhangen, nicht wegen der Tröstungen und Gaben, nicht um fruchtbar sein zu können, nicht um herrlich werden zu können, sondern ganz allein um Seiner selbst willen. Hier ist der Seele nichts mehr groß als Gott allein. Sie sind eingegangen zur Sabbatruhe.

Nach Kolosser 3 hat derjenige ein verborgenes Leben, der sein Gutes zudeckt und verbirgt, der nicht hier den Lohn haben will, sondern wartet auf den Tag der Offenbarung, wo Gott es offenbar macht in Herrlichkeit. Es heute selber offenbar machen, heißt die Samenkörner in die Sonne legen, statt in die dunkle Erde (Joh. 12,24) – denn da allein wachsen sie und werden zur hundertfältigen Frucht. Dein gutes Werk ist ein gutes Samenkorn; aber weil du es ans Licht gebracht hast, statt im Dunkel der Vergessenheit zu lassen, bleibt es allein; es vermehrt sich nicht zur dreißig-, sechzig- und hundertfältigen Frucht. Jesus lebte vor allen ein verborgenes Leben. Er verbarg nicht nur Sein Tun, sondern Sich selbst in Knechtsgestalt (Phil. 2). O laßt uns von Ihm lernen! Ein Beweis, daß wir Gestorbene (Kol. 3,3) sind, ist der, wenn wir begehren, beiseitegesetzt zu werden, und zwar nicht nur von der fremden Welt, sondern von unseren Freunden. Jesus wurde gekreuzigt von Seinen Feinden und begraben von Seinen Freunden. Dürfen dich deine Freunde begraben?

Der Glaubenskampf

1.Timotheus 6,12

Die Kampfesweise, die uns die *Vernunft* lehrt, heißt: kämpfe, siege, und so wirst du zur Ruhe kommen. Die Kampfesweise hingegen, die uns die *Schrift* lehrt, heißt: glaube, ruhe, und du wirst Sieg haben.

Wir finden in der ganzen Heiligen Schrift diese Reihenfolge und keine andre. Der Jünger, der am Herzen Jesu ruhte, konnte mit Ihm gehen bis zum Kreuz (Johannes 19,26); alle andern flohen. Wir können nicht an Sieg denken, solange wir nicht mit allem völlig zur Ruhe gekommen sind in Gott. Erst, wenn wir gelernt haben, alles zu tun aus der Ruhe in Gott heraus, werden wir Schritt für Schritt den Sieg haben. Wir lesen in Hebräer 4, dem Ruhekapitel: „Wir, die wir glauben, gehen in die Ruhe." Und wenn wir das Buch Josua lesen, das uns, wie kein andres Buch der Bibel, den Glaubenskampf so klar zeigt, so finden wir überall diese Reihenfolge: Glauben, Ruhe, Sieg.

1. Der Glaubenskampf kann nur auf dem Boden des Glaubens gekämpft werden. Darum geht der Feind in seinen Versuchungen vor allem darauf aus, uns von dem Boden des Glaubens herunterzubringen – dann sündigen wir von selbst. Als Abraham in der Schwierigkeit den Boden des Glaubens verließ, verunehrte er Gott (1.Mose 12,10-20). Wir wissen gar nicht, welche Freude es dem Feind bereitet, wenn er uns unser Leben mit seinen Schwierigkeiten, Aufgaben, Wünschen und Bedürfnissen in unsre Hände geben kann! Er weiß gewiß, daß wir dann sündigen.

2. Darum kann der Glaubenskampf nur von denjenigen gekämpft werden, die das eigene Leben für immer in den Tod gegeben haben. Nur diejenige Übergabe hält stand und wird vom Geiste versiegelt, die eine Übergabe ist in den Tod, d. h. wenn man sein Leben Jesus übergeben hat, um es zu *verlieren.* Sonst können wir uns dem Herrn hundertmal übergeben, und es kommt bei der jedesmal erneuten Übergabe weiter nichts heraus als unser altes Elend. Wer sein Leben so übergeben hat, um es zu verlieren, der hat nichts mehr zu riskieren. Wenn die Schwierigkeiten an ihn herantreten, so befremden sie ihn nicht; denn er erinnert sich, daß er sein Leben Jesus übergeben

hat, um es zu verlieren. Er weiß, daß er auf dem rechten Wege und auf dem rechten Platz ist. Der Fall der ersten Eltern fing damit an, daß sie sich selbst zum Mittelpunkt machten. Der Versucher sprach: *„Ihr werdet sein!“* (1.Mose 3,5) Und in jenem Augenblick, als sie dies glaubten, fielen sie, d. h. innerlich; in jenem Augenblick, als sie das glaubten, wurde das *„falsche Ich“* geboren – und dann kam die Sünde. Darum kam Christus mit dem Kreuz (Röm. 5,6), um den alten Menschen wegzutun und einen neuen Menschen (Eph. 2,15) zu schaffen. Denn die tiefste Bedeutung des Kreuzes ist die Erlösung von uns selbst (2.Kor. 5,15); darum ist ein Mensch erst dann gerettet, wenn er gerettet ist von sich selbst. Aller Kampf gegen die Sünde, alle Tränen über die Sünde sind umsonst, wenn wir nicht mit unserm alten Menschen in die Kreuzesgemeinschaft mit unserm Haupt eingehen. Denn unser alter Mensch ist nach Röm. 6,6 „der Leib der Sünde“, d. h. das Organ für die Sünde, die Quelle des Sündigen.

3. Glaubenskampf ist da, wo das Waffengeklirr unsrer eigenen Waffen aufgehört hat und der Geist (Luk. 4,14) den Kampf führt. Jesus wurde vom Geist in die Wüste geführt, wo der Kampf Seiner wartete. Er ging in des Geistes Kraft in den Kampf und ging darum in des Geistes Kraft (Luk. 4,14) aus dem Kampf. Sein Anführer im Kampf war der Geist, und Seine Rüstung im Kampf war der Lammessinn. Der Lammessinn war der Nerv Seiner Stärke, oder wie Paulus in Epheser 6,11 sagt: „Die ganze Waffenrüstung Gottes.“ An dieser Waffenrüstung Gottes hat der Feind alle seine Pfeile zerbrochen. Denn alles kann überwunden werden, nur die Lämmer nicht. Das Siegel, das sie tragen, heißt: „Unüberwindlich!“ (Röm. 8,36-37)

4. Glaubenskampf ist da, wo jede Regung ungöttlichen Wesens bei uns oder bei andern ein Anlaß wird, völliger das ewige Leben zu ergreifen. Denn in diesem Zusammenhang versteht es wohl Paulus 1.Tim. 6,6-12.

Nicht in Anfechtung fallen

Matth. 26,41

Es ist nicht genug, daß wir nicht in Sünde fallen; wir sollen nach dem Wort des Herrn auch nicht in Anfechtung fallen. Wir sind in Anfechtung gefallen, wenn die Anfechtung in uns hineinkommt und über uns herrscht, wenn sie in uns eine treibende Kraft, ein brennendes Feuer, ein lähmendes Gewicht geworden ist.

Offenbar ist ein Unterschied zu machen zwischen *„angefochten werden"* und in *„Anfechtung fallen."* Der, welcher angefochten wird, soll wachen und beten, daß er nicht in Anfechtung fällt. Angefochten wird man, wenn die Anfechtung wie der Dieb um das Haus herumgeht und sucht und probiert, wo er einbrechen kann. In Anfechtung gefallen ist man, wenn die Anfechtung wie der Dieb ins Haus gedrungen ist. Nun ist der Kampf da und die Frage: Wer gewinnt? Bringst du den Feind wieder hinaus, oder bindet er dich und beraubt dich deines Gutes? Bei vielen ist der Feind eingedrungen und hat sie gebunden und sie als Gebundene in ihrem Hause liegen lassen, d. h. die Anfechtung ist bei ihnen wohl nicht zur offenbaren Sünde geworden, aber sie hat sie doch innerlich lahmgelegt, ausgetrocknet und untüchtig gemacht für das Werk des Herrn.

Als Jesus dieses Wort zu Seinen Jüngern sagte, waren sie angefochten; darum ermahnte Er sie, nicht in Anfechtung zu fallen. Und weil Er dieses Wort gerade während des Kampfes in Gethsemane gesagt hat, können wir annehmen, daß Sein Kampf in Gethsemane hauptsächlich darin bestand, nicht in Anfechtung zu fallen – nicht zu zweifeln, nicht zu denken: Ich komme nicht durch! Was wäre es gewesen, wenn Er gesagt hätte: Ich kann den Kelch nicht trinken! Denn die Seele, die in Anfechtung gefallen ist, sagt nicht: Ich will nicht!, sondern sie sagt: *Ich kann nicht!* Ich kann das nicht ertragen; ich kann da nicht durchkommen; ich kann nicht glauben usw. Sagst du so, dann bist du schon in Anfechtung gefallen. Du bist zu dir selbst zurückgekehrt, hast deine Schwierigkeit oder dein Begehren in deine Hand genommen – und nur noch ein Schritt, und du wirst sündigen. Abraham war in Anfechtung gefallen, als er im murrenden Ton zu Gott sagte: „Mir hast Du keinen Sohn gegeben!" (1.Mose 15,3). Mose war in Anfechtung gefallen (4.Mose 11,10-15), als er sprach:

„Des Volkes ist zu viel; ich kann es nicht tragen!“ Elia war in Anfechtung gefallen (1.Kön. 19,4), als er Gott bat: „Es ist genug; so nimm nun meine Seele von mir!“ David war in Anfechtung gefallen, als er sprach: „Eines Tages werde ich doch noch in die Hände Sauls fallen!“ (1.Sam. 27,1).

Manche bereiten sich selbst Anfechtungen und fallen dann hinein. Du hast dir etwas gewünscht, hast es dir ausgedacht und ausgemalt und mit deinem Herzen davon Besitz genommen – und siehe, nun kommt es ganz anders! Oder du möchtest diese oder jene geistliche Gabe oder Segnung. Andre haben sie; du möchtest sie auch haben. Du sagst: Ich muß es jetzt haben; ich stehe nicht eher von den Knien auf, bis ich es habe! Du schließt dich in dein Zimmer ein; du willst stille sein und eine Begegnung mit Gott haben; aber statt dessen hast du eine Begegnung mit dem Feind; statt tiefer in das Leben aus Gott zu kommen, kommst du tiefer in die Anfechtung, fällst sogar in die Anfechtung. Warum? Es war nicht Gottes Augenblick, dich in die Stille zu führen; es war nicht Gottes Zeit, dir das zu geben. Du hast dich selbst geführt und gequält. Du bist in eine Traurigkeit gefallen – nicht in eine göttliche –, woraus der Feind viel Nutzen zieht, dich zu entmutigen und aufzuhalten. Du bist auf einem scheinbar frommen Weg zu dir selbst zurückgekehrt, hast dich selbst zum Mittelpunkt gemacht, und das bringt viel Schmerzen.

Es sind vor allem *vier* Dinge, die ein Anlaß werden können, daß wir in Anfechtung fallen:

1. *durch Schmerz* – man wird schwermütig;
2. *durch Furcht* – man wird verzagt;
3. *durch Ärger* – man stößt sich;
4. *durch Lust* – man wird begehrlich. Denke darüber nach!

Es ist auch nicht genug, wenn wir uns selbst bewahren vor Anfechtungen; wir dürfen auch andre nicht hineinbringen. Und wie oft haben wir das getan, besonders durch unser ungöttliches Wesen! Wir wollen unsre Umgebung vor Sünden bewahren; denken wir daran, sie auch vor Anfechtung zu bewahren? (Matth. 18).

Gebetsleben

Offenbarung 8,4

Die Seele des Gebetslebens ist die *Liebe,* die in jedes Gläubigen Herz ausgegossen ist durch den Heiligen Geist (Röm. 5,5). Weil Beten eine verborgene Arbeit ist, muß sie aus der reinen Gottesliebe geboren sein und von derselben genährt werden, sonst ist es unmöglich, sie mit Treue zu tun. Es ist leichter, treu zu arbeiten, als treu zu beten. Denn viele sind der Dinge, die uns in Bezug auf die Arbeit in Spannkraft halten, die aber in Bezug auf das Gebet gar nicht in Betracht kommen.

Beten kann darum nur, wer den Heiligen Geist (Röm. 8,26-27) in sich wohnen hat. Nur der Heilige Geist ist der Geist des Gebets. Nur durch Ihn vermögen wir erhörlich und durchdringend zu beten. Durch Ihn empfangen wir die Gebete von oben. Denn die Gebete, die nach oben steigen sollen, müssen zuerst von oben gekommen sein. Gott muß uns eine Sache auf das Herz legen können. Nicht durch die Not, sondern von Gott müssen wir unsre Gebetsgegenstände empfangen. Mose ließ sich durch die Not bestimmen, seinen Brüdern zu helfen, statt von Gott, und floh deshalb, sobald die Schwierigkeit kam (2.Mose 2,11-15). Denn die menschlichen Gefühle reichen in der Regel nicht weiter als bis zum Widerstand. – Gott muß uns durch Seinen Geist antreiben können, jetzt für eine Sache zu beten, weil vielleicht gerade Seine Zeit gekommen ist, da er uns diese Sache geben kann. Daniel, getrieben von dem Heiligen Geist, forschte in dem Propheten Jeremia, wie lange die Gefangenschaft Israels dauern sollte. Und als er merkte, daß diese Zeit bald zu Ende sei, fing er an, mit Beten und Fasten Gott zu suchen für die Rückkehr seines Volkes (Daniel 9). Viel öfter ist es die Unwissenheit als der Unglaube, welche die Erhörung nicht kommen läßt. Man wollte eine Sache von Gott erbeten, ohne dafür einen Auftrag oder doch wenigstens ein Angeld zu haben. Die Jünger hatten für ihr anhaltendes Gebet vor Pfingsten ein ganz bestimmtes Angeld vom Herrn in den Worten: „Ihr werdet mit dem Heiligen Geist getauft werden nach nunmehr nicht vielen Tagen“ (Apg. 1,5). Darin lag die Freudigkeit und die Kraft zum Ausharren im Gebet.

Beten kann nur, wer vom Geiste Gottes gelehrt ist und von demselben in Gottes Reichsgedanken eingeführt ist. In Offenbarung 22,17 sehen wir eine Schar, genannt „Braut“, die so eins gemacht ist mit dem Geiste, so in Seine Linien gebracht ist, auch in ihrem Gebetsleben, daß sie mit Ihm den gleichen Gebetsruf hat: „Komm, Herr Jesus!“ Sie weiß, was sie beten soll! Und wenn auch wir vom Geist uns lehren lassen, wird die Spitze auch in unsrer Arbeit und in unsrem Gebet diese sein: „Komm, Herr Jesus!“

Beten kann nur, wer ein Priesterherz hat, wer gelernt hat, mit den Unheiligkeiten andrer heilig umzugehen, wer die Fehler andrer nicht in seinem Kopf sammelt, um sie weiterzuerzählen, sondern wer dieselben in sein Herz aufnimmt und sie auf Händen des Gebets ins Heiligtum trägt. Die Priester tragen die Sünden andrer ins Heiligtum und nicht zu den Menschen, wo in der Regel zu der einen Sünde noch viele hinzugemacht werden. (Beachte Psalm 50, 19-21) Nicht ein Falkenauge, sondern ein Taubenauge hat die Braut. Der Teufel ist kein Beter, aber ein Verkläger der Brüder. Nach Offenbarung 1,6 ist Christus auch darum gestorben, damit die Erlösten Beter würden. Wir sind erlöst, um Beter zu sein. Das Plätzlein, das uns Jesu Blut gegeben hat, ist vor dem Angesicht Seines Vaters als Könige und als Priester.

Beten kann nur, wer Gottes Wort in sich aufnimmt. Wer das nicht tut, hat bald keine Bestimmtheit mehr in seinem Gebet und auch keine Worte mehr zum Beten. Gottes Wort und Gebet gehören zusammen wie das Einatmen und Ausatmen in unsrer Brust. Jedes Gebet muß aus dem Wort geboren sein und in den Linien des Wortes sich bewegen. „Es steht geschrieben!“ Von diesem Fels muß vor allem ein Beter gedeckt sein, wenn ihn die giftigen Pfeile des Feindes nicht treffen sollen.

Beten kann nur, wer weiß, was die täglichen Schwierigkeiten für ihn zu bedeuten haben. Jede Schwierigkeit soll ein Anlaß werden, tiefer in Gottes Gnadenreichtum einzudringen. Schwierigkeiten sollen eine Speise sein für unsern Glauben, nicht Material für Niederlagen. Die meisten Gebete in der Heiligen Schrift sind herausgeboren aus den Schwierigkeiten.

Beten kann nur, wer beständig in der Gegenwart Gottes lebt. So bleiben wir in dem heiligen Gleichgewicht, wo man Gott immer hat und nicht suchen muß.

Innere Erfahrungen

Der Weg der inneren Erfahrungen gleicht nicht einer geraden Linie, sondern eher einer Kette von Ringen oder Kreisen. Jede neue Wahrheit, die uns aufgeschlossen wird und sich in uns verwirklicht, ist so ein neuer Kreis, und man bewegt sich eine Zeitlang in diesem Kreis mit einer inneren Befriedigung und zum Segen für andre, bis man merkt, daß man alles erfahren hat, was in diesem Kreis erfahren werden kann, und daß man wieder auf dem Punkt angekommen ist, wo man vor einem Jahr oder länger ausgegangen ist. Man wird sich bewußt, daß man aufgebraucht hat, was man empfangen hat, und daß man vor einem Übergang steht in einen neuen Kreis hinein. Gott hat uns vielleicht schon den neuen Kreis gezeigt; wir sehen wie Mose ein herrliches Land vor uns, und wir haben eine Ahnung von dem Leben und den Erfahrungen in diesem Kreis; aber wie hineinkommen? Das ist die wichtige Frage! Die Schwierigkeit liegt für die meisten darin, den Übergang zu finden. Denn es geht auch hier wieder durch eine enge Pforte hindurch, und es heißt: tiefer hinuntersteigen, kleiner und entblößter werden.

Nicht nur vor dem verheißenen Land floß der Jordan, sondern vor jeder Verheißung fließt ein Jordan, der im Glauben durchschritten werden muß. Und je größer und herrlicher der vor uns liegende Segen ist, desto tiefer ist der Jordan. Jordan heißt: Fluß des Todes. Es muß ein Stück Tod in uns und um uns durchschritten werden. Wir müssen tiefer in Seine Todesgemeinschaft eingehen, nur so können wir ein neues Lebensgebiet betreten, wie Jesus sagt (Joh. 6,53): „Wahrlich, wahrlich, ich sage euch: Es sei denn, daß ihr das Fleisch des Sohnes des Menschen esst und Sein Blut trinkt, so habt ihr kein Leben in euch selbst.“ *Leben in euch selbst!* Dieses herrliche Gebiet hatte Jesus den Jüngern gezeigt; aber sie fürchteten sich vor der engen Pforte, die da hineinführte, und blieben nicht nur stehen, im alten Kreis, sondern sie gingen sogar zurück. Sie wollten gewiß weiter; aber sie konnten nicht verstehen, daß es immer wieder durch eine enge Pforte hindurchgehen soll; sie fürchteten das „enger“ und „tiefer.“ So kam es zu keiner Geburt aus dem Geist; es konnte kein tieferes Werk in ihrer Seele geschehen, und die Erfahrungen, die sie früher gemacht hatten, verloren ihre Bedeutung und damit ihre Kraft und ihren Segen. Der Segen, den diese Jünger durch Johannes empfingen in Buße und Vergebung der Sünden, war für die meisten vergeblich (Luk. 3,16), weil sie Jesus, dem Lamm Gottes, nicht folgten, der sie zur Geburt aus dem Geist führen wollte. Sie endeten im Fleisch. Sie wurden Feinde des Kreuzes Christi. So jeder, der dem Herrn vorschreiben will, wie weit Er mit ihm gehen darf.

Laßt uns darum nicht stehenbleiben bei unsern gesegneten Erfahrungen. Eine Erfahrung ist nur dann herrlich, wenn wir mit derselben eine noch herrlichere machen. Paulus hatte herrliche Erfahrungen gemacht, und doch sagt er: „Ich vergesse, was dahinten ist!“ Und damit meint er nicht nur seine Vergangenheit, seine Sünden und sein Zukurzkommen, sondern auch seine herrlichen Erfahrungen. Er war ergriffen von dem, was er noch nicht ergriffen hatte; er blieb einer, der sich ausstreckte. Er sah noch einen Kreis vor sich als alter Mann. Dieser Kreis heißt: „Auferstehungsleben!“ Und die Pforte zu diesem Kreis heißt: Gemeinschaft mit Seinen Leiden, Gleichheit mit Seinem Tode (Phil. 3).

Wir sind ja erst Kindlein in Christus und stehen noch immer im Vorhof, wo man das Opfer anschaut und das Blut fließen sieht und sich freut über das, was Christus für uns getan hat. Was aber Christus für uns getan hat, will Er auch in uns tun, damit wir für Ihn tun können, was Er für uns getan hat. Wir sind gerecht geworden durch den Glauben (1.Joh. 2,29), um gerecht zu leben. Christus hat sich für uns geheiligt (Joh. 17), damit auch wir Geheiligte seien in Wahrheit. Wir sind erlöst (Röm. 8,19), um mitzuhelfen an der Erlösung.

Nimm dir auch die Erfahrungen andrer nicht zum Vorbild und dränge die deinen niemand auf. Gott führt nicht alle gleich. Jesus sprach zu Maria: „Rühre Mich nicht an!“, und zu Thomas sprach Er: „Reiche deine Hand her und lege sie in Meine Seite.“ Viele sind vertrocknet, weil sie bei den Erfahrungen ihrer Führer stehengeblieben sind und lebten von dem Erlebten.

Überfließendes Leben

Offenbarung 22,1

Was wir brauchen, ist überfließendes Leben. Wir sind erst von dem Augenblick an ein Segen, wo wir dieses überfließende Leben empfangen.

Was ist überfließendes Leben? Nicht überfließende Gefühle, nicht überfließende Freude, nicht überfließende Worte, sondern überfließendes Leben. Es ist das Leben für andre. Denn Leben und Geben gehört zusammen wie das Einatmen und Ausatmen in unsrer Brust. Wenn wir verstehen wollen, was überfließendes Leben ist, müssen wir das Leben des Lammes anschauen. Als Er Sein Leben gab am Kreuz, da war Sein Leben im höchsten Grad ein überfließendes. Sein Leben war segenbringend von dem Tage Seiner Geburt an; aber lebensrettend und heilbringend war es erst, als Er es in den Tod gab.

Mit Pfingsten empfingen die Apostel dieses überfließende Leben. Und von da an lebten sie das Leben des Lammes. Sie hatten vorher Leben und Macht; sie machten Kranke gesund, trieben Teufel aus, predigten das Wort Gottes usw.; aber *eine* Macht hatten sie nicht, sie hatten nicht die Macht, ihr Leben zu lassen (Joh. 10,17-18). Diese Macht empfingen sie erst mit Pfingsten. Von nun an achteten sie ihr Leben selbst nicht mehr teuer. Darin bestand vor allem die Ausrüstung des Geistes. Das war überfließendes Leben.

Betrachte die Männer, die der Welt ein Segen waren. Waren sie es anders als auf dem Weg der Selbstverleugnung? Abraham hatte überfließendes Leben, als er zu dem König von Sodom sagte: „Nichts für mich!“ (1.Mose 14,22-24). Mose hatte überfließendes Leben, als er für die Schwester, die gegen ihn gesündigt hatte, gen Himmel schrie: „Ach Gott, heile sie!“ Luther hatte überfließendes Leben, als er, gebunden durch die Wahrheit, ausrief: „Hier stehe ich, ich kann nicht anders!“ Wesley hatte überfließendes Leben, als er für sich und seine verfolgten Brüder das Motto wählte: „Wenn nur Gott mit uns ist!“

Wie erlangen wir das überfließende Leben? Wenn Christus lebt in uns! Wenn Christus lebt in uns, so lebt Er Sein Leben in uns weiter, wie Er es lebte auf Erden im Dienen, Lieben, Tragen usw. Das Leben des Apostels Paulus war darum dem seines Herrn so ähnlich, weil er sagen konnte: „Christus lebt in mir!“ (Gal. 2,20). Wie könnten wir auch anders Sein Leben fortsetzen? Denn „Christus lebt in mir“ heißt praktisch genommen doch gar nichts andres als: Christus setzt durch mich Sein Leben fort! Petrus sagt, daß Er uns berufen habe, um Seine Vortrefflichkeiten zu verkündigen (1.Petr. 2,9). O welch ein Beruf! Wie jedes Blatt in unserm Bibelbuch ein Stück Herrlichkeit Gottes darstellt, ein Stück Offenbarung Gottes ist, so dein und mein Leben. Haben wir unsrer Umgebung die Vortrefflichkeit des Lammes gezeigt? O wir haben alle den Weg des Lammes verlassen! Wir haben, wie die Braut, unsern Herrn im Tal der Demut und Armut wandeln lassen; aber wir sind in unsrer Größe und in unserm Stolz einhergeschritten. Wir haben Ihn gepriesen als das Schlachtschaf; aber wir sind in Selbstsucht und Selbstgefallen steckengeblieben (Hohel. 4,8). Aber der Bräutigam muß Seine Braut an Seiner Seite haben; darum ruft er: „Komm herab!“ Er steigt nicht hinauf zu uns. Wir müssen zu Ihm hinab.

Wir lesen von Ihm: „Er leerte sich selbst aus!“ (Phil. 2,7). Und wenn du dich Ihm hingibst, tut Er mit dir das gleiche. So empfängst du überfließendes Leben. Eine Gießkanne mag voll Wasser sein; aber sie nützt den verschmachteten Gartenbeeten nichts, bis sie der Gärtner in die Hand bekommt und ausleert. Das tut Jesus mit uns, wenn wir uns Ihm übergeben. Er sagt Johannes 6: „Ich gebe Mein Leben für die Welt.“ Und wenn wir unser Leben Ihm hingeben, tut Er mit dem unsrigen wie mit dem Seinigen.

Wartet doch nicht auf außerordentliche Erfahrungen! Laßt doch euer Christentum praktisch werden! Nimm das gute Buch, das du mit Segen gelesen hast, und schenke es einem andern, und dein Leben fängt an überzufließen. Nimm deine Zigarre, dein Glas Bier, deinen Fingerreif, deine unnötigen Kleidungsstücke und lege sie auf den Altar des Herrn, und dein Leben fängt an überzufließen. Gib deiner Umgebung deinen Gehorsam gegen Gott, gib ihr deine Gebete, gib ihr einen freundlichen Blick, ein freundliches Wort, einen freundlichen Dienst, und dein Leben fängt an überzufließen. Liebe, die nicht lieben; schilt nicht wieder, wenn man dich schilt; ertrage das Unrecht, und dein Leben fängt an überzufließen.

Unheiligkeiten andrer

Matth. 18

Wir müssen lernen, heilig umgehen mit den Unheiligkeiten andrer Brüder und Schwestern. Als Priester müssen wir ihre Fehler ins Heiligtum tragen zu Gott und nicht hinaus ins Lager zu dem Volk, wo dann gewöhnlich zu der einen Sünde noch viele hinzugemacht werden und viele dadurch verunreinigt werden (Hebr. 12,14-15). Ein Priester in Israel, der die Sünde seines Bruders hinausgetragen hätte ins Lager, statt ins Heiligtum, wäre gesteinigt worden. Man hätte gesagt: „Er hat eine *Todsünde* begangen; er muß sterben!"

Wenn dein Bruder an dir sündigt, so sollst du ihm gegenüber nicht schweigen und es andern erzählen, sondern du sollst deinen Bruder strafen, und wenn er auf dich hört, so sollst du andern gegenüber von seinem Fehler schweigen (3.Mose 19,16-17). Und wenn du an deinem Bruder Fehler siehst, und ein andrer sieht sie auch, so sollt ihr miteinander *eins* werden, für das Anstößige an deinem Bruder zu beten, sein Ärgernis sonst nirgends hinzutragen als ins Heiligtum, wo ihr um Erleichterung und Erlösung fleht für ihn. Denn so ist das Wort in erster Linie dem Zusammenhang nach zu verstehen: „Wenn zwei unter euch *eins* werden, um was irgend es ist, daß sie bitten, es soll ihnen gegeben werden." Bist du schon einmal auf diese Weise *eins geworden* mit deinem Bruder? Das ist priesterlich!

Nach dem Gleichnis in diesem Kapitel kann man die Vergebung der Sünden nicht nur *verlieren,* sondern sie kann einem sogar wieder *genommen* werden, und zwar von Gott selber – wenn man unbarmherzig ist gegen die Fehler andrer. Dieser unbarmherzige Knecht hatte Vergebung von seinem Herrn für seine große Schuld; aber weil er unbarmherzig war gegen seinen Mitknecht, wurde ihm die Vergebung wieder genommen und die ganze Schuld wieder auf ihn gelegt. So kommen viele unter einen Druck, in Gefangenschaft – auch oft mit dem Leibe –, in Umdunklungen, und wissen nicht warum. Hier ist eine Antwort in diesem Kapitel.

1. *Weißt du, mit welchen Leuten Gott die Gemeinschaft aufhebt?* Mit Leuten, die unversöhnlich sind! In Matthäus 5,24 sehen wir Leute, die vom Angesicht Gottes weggeschickt werden, zu denen Gott sagt: Geh fort! Wir können niemals die Gemeinschaft mit Gott

genießen, wenn die Gemeinschaft mit unsern Brüdern durch Sünde gestört ist.

2. *Weißt du, wie man zur Wüste und Einöde wird?* Wenn man Gewalttat übt an seinem Bruder! In Joel 3,19 lesen wir: „Ägypten wird zur Einöde und Edom zu einer Wüste werden wegen der Gewalttat an den Kindern Judas."

3. *Weißt du, welche Leute die Schrift „Gottvergessene" nennt?* Wir wollen es lesen Psalm 50,19-22: „Deinen Mund ließest du los zum Bösen, und Trug flocht deine Zunge. Du saßest aber, redetest wider deinen Bruder, wider den Sohn deiner Mutter stießest du Schmähungen aus. Solches hast du getan, und Ich schwieg; du dachtest, Ich sei ganz wie du. Ich werde dich strafen und es dir vor Augen stellen. Merkt doch dieses, die ihr *Gottes vergesset!"* Die Fehler eines Bruders in herzloser Weise andern erzählen, die gerade so herzlos sind wie wir, das ist *„richten"* (Matth. 7,1), und das bleibt nicht ohne Gericht.

4. *Weißt du, wie man gedeiht?* Es steht Jesaja 58,6-11: „Laß ab, welche du mit Unrecht gebunden hast; laß ledig, welche du beschwerst; gib frei, welche du drängst; reiß weg allerlei Last... Alsdann wird dein Licht hervorbrechen wie die Morgenröte, und deine Heilung wird eilends wachsen... Dann wirst du rufen, und Jahwe wird dir antworten; du wirst um Hilfe schreien, und Er wird sagen: Hier bin ich! Und beständig wird Jahwe dich leiten, und Er wird deine Seele sättigen in der Dürre und deine Gebeine rüstig machen."

Paulus ermahnt die Römer Kapitel 6,13, daß sie ihre Glieder nicht der Sünde geben sollen zu „Waffen der Ungerechtigkeit", sondern daß sie dieselben Gott darstellen sollen zu „Waffen der Gerechtigkeit." Dein Auge, dein Ohr, deine Zunge sollen Waffen für Gott werden, durch die Sein Reich der Gerechtigkeit auf Erden ausgebreitet wird, und nicht Waffen, die der Feind in seine Hand bekommt und sein Reich der Ungerechtigkeit und Verwirrung dadurch erweitert.

Wir sind ja nicht Schuldner dem Fleisch (Röm. 8,12), d. h. wir müssen das, was auch bei unserm Bruder noch Fleisch ist, nicht nähren – aber tragen! Denn durch unsre Lieblosigkeit wird unser Bruder nicht gebessert, sondern kommt nur tiefer in sein eigenes Wesen hinein.

Der Ausweg

2.Mose 12

Zehn Plagen kamen über Ägypten, aber alle diese schafften dem geknechteten Volk Israel keinen Ausweg. Erst als das Lamm kam, als sie drinnen das Lamm aßen und draußen an die Türpfosten sein Blut gestrichen hatten, da gab es einen Ausweg für das Volk. Als das Lamm in den Hütten Israels war, da konnten sie ziehen. Denke nicht, daß deine Krankheit, dein Sündenbekennen, dein Durchrichten, wie du es gegenwärtig erfährst, dir den Ausweg schaffe aus deiner Knechtschaft; alle diese Dinge sind nur Vorbereitung, sie machen nur dem Lamme Bahn. Nicht das Gericht, sondern die Gnade, die im Gericht ist, macht frei und wirkt erlösend. Nicht das Feuer im glühenden Ofen löste die Fesseln der drei Freunde Daniels, sondern der *„vierte“,* der Menschensohn, der mit im Feuer war, tat es. Er allein hat Gewalt über alles Fleisch (Joh. 17,2). Ist noch Fleisch in deinem Wesen, Vergängliches, was den Geruch des Todes und der Verwesung trägt? Er hat Macht, es dir wegzunehmen und an dessen Statt dir ewiges Leben zu geben. Ist noch Ungelöstes, Ungebrochenes in deinem Charakter? Das Lamm kann lösen, was ungelöst ist, und kann brechen, was ungebrochen ist (Offb. 5,1-5). Es kann Dinge geben in unserem Leben, die wie ein versiegelter Knoten sind. Wir haben versucht, dieselben zu lösen, und haben andre gebeten, es zu tun, und siehe, es hat bis heute keine Lösung gegeben. Aber laß uns zu dem Lamm kommen. Er ist der *„Letzte“* (Offb. 1,17). Er kann, was niemand im Himmel noch auf Erden noch unter der Erde vermag. Als die Ältesten der Kinder Israel vergeblich um Erleichterung gebeten hatten bei Pharao, und Mose vergeblich um Befreiung nachgesucht hatte, und deswegen entmutigt zu Gott schrie: „Du hast dein Volk *durchaus* nicht errettet!“, da sprach Jahwe: „Nun sollst du sehen, was *Ich* dem Pharao tun werde!“ Und Jahwe kam mit dem Lamm und gab Rettung in dem Lamm. Hast du keine Befreiung gefunden durch die Ältesten, die Erfahrenen, und keine durch Mose und Aaron, die Gesandten? Verzage nicht, es ist ein Ausweg in dem Lamm. Sein Blut schafft Lösungen auch von den Sünden und Leidenschaften, die sozusagen in unserem Blut liegen. Auch durch unser Fleisch und Blut hindurch hat Er einen Ausweg, einen Durchbruch geschaffen. Wir lesen Hebräer 2, daß Er Fleisch und Blut an sich genommen habe, um dem, der durch Fleisch und Blut auf uns gedrückt und uns in Knechtschaft gehalten, die Macht zu nehmen. Auch hierin hat Er uns einen Ausweg gemacht.

Das Lamm ist nicht nur der Ausweg aus jeder Gebundenheit, *es ist auch der Ausweg aus uns selbst heraus.* Jeder Schritt Ihm nach wird zugleich ein Schritt aus uns heraus. In den Fußstapfen des Lammes gleicht sich jeder Widerspruch und jede Unebenheit in unserm Wesen aus, bis Sein Name und der Name Seines Gottes auf unsrer Stirn geschrieben stehen, wie Paulus sagt 2.Korinther 3,18: „Wir werden verwandelt in dasselbe Bild von Herrlichkeit zu Herrlichkeit." Wie werden wir verwandelt? Indem wir anschauen die Herrlichkeit des Herrn, die Herrlichkeit des Lammes und mit unsern Füßen praktisch in Seinen Weg hineinkommen. Und Sein Weg war ein Weg der Selbstvernichtung. Wir lesen Philipper 2: *„Er machte sich selbst zu nichts!"* Das muß obenan stehen bei uns: *Zu nichts will ich werden!* Dann kann man sich erniedrigen und sich hergeben bis zum Ausgeleertwerden von allem Eigenen. Und dann kann Gott Seine Hand auf uns legen und einen Preis aus uns machen, nicht nur Seiner Gnade, sondern einen Preis Seiner Herrlichkeit (Eph. 1,14). Du wolltest Durchbrüche erleben, Triumphe feiern über dich selbst und alles Niedrige, wolltest jede Stunde und in allen Lagen das innere Gleichgewicht der Seele haben, und doch hast du bei allem aufrichtigen Suchen den Weg und den Sieg nicht gefunden. Warum nicht? Du wolltest dies alles an dich reißen wie ein Held und dann natürlich auch zur Schau tragen wie ein Held. Aber es gibt innere Erfahrungen und Lösungen, die man nicht an sich reißen kann wie einen Raub, sondern die erfahren werden müssen. Gott hat sie hineingeordnet in unsern Lebensweg; aber wir müssen gehen bis zu jenem Punkt, wo Seine Hand sie hingestellt hat. Und jener Punkt ist jedesmal da, wo wir die Segnungen Gottes so empfangen und erwarten können, daß dabei nichts abfällt für das eigene Leben, wo jede Lösung, die Gott schafft, nur ein Angeld ist für eine noch tiefere. Denn es gibt keine Befreiung von der Sünde, wenn man sich nicht befreien lassen will von sich selbst.

Gesegnetes Bibellesen

Welches ist ein gesegnetes Bibellesen?

1. Wenn uns in dem gelesenen Wort gerade das aufgeschlossen und gegeben wird, was uns gerade zu dieser Stunde not tut, so daß wir Antwort bekommen auf die Fragen, die in unserm Herzen sind, und Klarheit erlangen über die Verhältnisse, in denen wir gerade jetzt stehen. Während Daniels Herz bewegt war wegen der Gefangennahme seines Volkes und sein Geist sich beschäftigte mit der Rückkehr desselben, fand er in dem Propheten Jeremia, daß die Gefangenschaft Israels 70 Jahre dauern sollte (Dan. 9,2). Er bekam Antwort auf die Frage seines Herzens und Klarheit über seine Verhältnisse. Das war ein gesegnetes Bibellesen. So kam „das Wort des Herrn“ zu ihm, nicht in einem *Gesicht,* sondern in der *Schrift.* Auf diese Weise muß das Wort des Herrn auch zu uns kommen; denn nicht jedes Wort Gottes hat zu jeder Stunde für uns die gleiche Bedeutung. Viele machen den Fehler, indem sie meinen, sie müßten das Kapitel, das sie am Morgen gelesen haben, auch verstehen. Das ist nicht nötig. Es ist genug, wenn wir aus dem Kapitel gerade das empfangen haben, was wir für den heutigen Tag nötig haben. Und das kann oft nur in einem Satz oder gar in einem Wort liegen.

2. Wenn wir die Schrift nicht nur in Bezug auf unsre Gefühle und Bedürfnisse lesen, sondern auch in Bezug auf die Gefühle und Bedürfnisse Gottes. Die Bibel lesen, um unsre Bedürfnisse kennenzulernen und um zu sehen, wie dieselben befriedigt werden können, ist nur die eine Seite des Bibellesens; wir müssen die Bibel auch lesen, um zu erfahren, welche Bedürfnisse Gott hat. *Gott hat auch Bedürfnisse!* Eins von diesen ist, daß allen Menschen geholfen werde und alle zur Erkenntnis der Wahrheit kommen. Zwar sind in diesem Bedürfnis Gottes alle andern eingeschlossen. Wir sollen als Erlöste mithelfen an der Erlösung. Denn wir sind Glieder an dem Haupt, das *„Erlöser“* heißt und von dem alle Kreatur im Himmel und auf Erden und unter der Erde Erlösung erwartet (Offb. 5). Glaub es, wenn du die Bibel auch nach dieser Seite hin liest, du bekommst eine ganz andre Bibel und einen ganz andern Gott und eine ganz andre innere Stellung. Du vergißt über den Bedürfnissen Gottes deine eigenen, weil du

lernst, daß deine Bedürfnisse vor allem auch die Bedürfnisse Gottes sind. Und so bekommst du ein Ziel – weit über dich hinaus.

3. Wenn das gelesene Wort in uns einen göttlichen Grundsatz wirkt. Menschen, die auf gesegnete Weise die Bibel lesen, sind immer Menschen von göttlichen Grundsätzen. Daniel war ein Bibelleser, und er war ein Mann von göttlichen Grundsätzen. Schon als Knabe brachte er den Grundsatz mit nach Babel, *sich nicht zu verunreinigen* mit des Königs Speise. Und weil er einen göttlichen Grundsatz hatte, darum hatte er auch einen gesegneten Einfluß; denn auch seine Freunde nahmen teil an seiner Enthaltsamkeit. Auf diese Weise wird das Wort zum *„eingepflanzten Wort"* in uns, wie Jakobus 1, 21 sagt, und wird so als *lebendiges* Gesetz auf unsre Sinne geprägt, wie Paulus sagt (Hebr. 10,16), und bringt so unser ganzes Leben in die göttlichen Linien des Wortes.

4. Wenn das Wort sich an uns erfüllt. Das ist der einzige Weg, um das Wort in seiner Tiefe zu erfassen. Zur tieferen Erkenntnis der Wege Gottes gelangt man nicht durch Nachdenken allein, sondern vor allem durch Gehen der tieferen Wege Gottes mit uns. Auf dem Weg zum Opferaltar rang sich Abraham durch zum „Auferstehungsglauben." Er glaubte, daß Gott den Sohn von den Toten wiedergeben kann (Hebr. 11,19). Diese tiefe Erkenntnis hätte er nicht erlangt, wenn er nicht den Weg der Opferung gegangen wäre.

5. Wenn durch das äußere Wort, diese Buchstaben, das *„ewige Wort",* Christus, zu uns reden kann; denn das ist der tiefste Grund, warum wir Gottes Wort in unsern Händen haben, und das ist der eigentliche Segen des Bibellesens.

6. Wenn man die erste halbe Stunde eines jeden Tages dem Lesen des Wortes widmet. Viele haben den Faden ihres Gebetslebens verloren und die Freudigkeit am Wort, weil sie nicht die erste halbe Stunde eines jeden Tages dem stillen Umgang mit Gott weihten.

Das Examen

Johannes 13,1

Jesu ganze Lebensaufgabe gipfelte zuletzt in einer Stunde: der Stunde in Gethsemane und auf Golgatha. Der Heilige Geist nennt sie in dem angeführten Vers: *„Seine Stunde."* Ebenso bei uns. Die Erfahrungen, Lektionen und Segnungen vieler Jahre können sich gipfeln in einer Stunde. Und diese Stunde heißt: *„das Examen!"*, ähnlich wie der Student nach jahrelangem Studium die Mühe seiner Lehrer und seine Treue und Reife in einem Examen darlegen muß. Das Examen ist *„seine Stunde."* Besteht er diese, so steht ihm eine weitere Klasse, eine höhere Schule offen; kommt er aber nicht durch, so heißt es im günstigsten Fall: *Noch einmal wiederholen!* Er muß von neuem das durchlaufen, was er schon einmal durchlaufen hat. Seine Oberflächlichkeit hat ihm *Schaden* und seinen Lehrern *Betrübnis* gebracht. O wie viel wird durch nicht gelernte Lektionen, durch nicht bestandene Proben der Heilige Geist betrübt von dem Volke Gottes! Der Geist sollte uns nicht immer wieder zurückführen müssen, wie Mose die Kinder Israel, weil wir an dem durchgegangenen Platz unsre Lektion nicht gelernt haben; Er sollte nicht immer wieder das „ABC" christlicher Wahrheiten mit uns durchbuchstabieren müssen, sondern sie sollten sich in uns abklären, damit Er dieselben versiegeln und uns weiterführen kann, und Er sollte nicht Dinge, die Er versiegelt hat, aufs neue versiegeln müssen, weil wir das Siegel durchbrochen haben.

Nicht ein Sündenfall muß es sein, der uns auf dem Wege aufhält; es können kleine Untreuen sein in den Übungen des täglichen Lebens. Was den Schüler aufhalten kann, von einer Klasse in die andre überzugehen, muß nicht ein böser Streich oder ein schlechtes Betragen sein, sondern nur ein *„Ich kann nicht!"* O wie viele Kinder Gottes haben sich angewöhnt zu sagen: Ich kann nicht! und erwarten bestimmt, daß dieses hinreichen müsse zu ihrer Entschuldigung. Aber es reicht nicht hin! Sie haben das Examen nicht bestanden. Sie sind durchgefallen. Denn sagen: Ich kann nicht! ist auch ein Fall. Was war die Sünde, die Israel umkommen ließ in der Wüste? Wir lesen immer wieder, daß sie sagten: *„Wir können nicht!"* Wir können nicht dieses Wasser trinken; wir können nicht ohne Fleisch sein; wir können nicht auf den Mann Mose warten, bis er vom Berge kommt: „Auf, mache uns einen Gott, der vor uns hergehe!"

Es gibt Stunden in unserm Leben, wo unsre ganze geistliche Existenz auf dem Spiel steht; Stunden, die entscheidend sind für ein Leben in Macht oder in Siechtum; Stunden, in denen eine jahrelange Arbeit versiegelt oder vernichtet werden kann; Stunden, die ein Leben des Segens anbahnen oder verschließen können. Man kann in einer sogenannten *„schwachen Stunde"* Segnungen verscherzen, die nie mehr nachgeholt werden können. In einer schwachen Stunde brachte sich Ruben um sein Erstgeburtsrecht (1.Mose 49,4) und damit um das Königtum und Priestertum (1.Chron. 5,1-2), die mit demselben verbunden waren, und blieb ein *„geringer Haufe"* (5.Mose 33,6). Er kam nicht um, aber er blieb ein geringer Haufe.

Du hast viel Gnade und Liebe empfangen von deinem Gott, und du hast oft laut bekannt: Ich bin nicht einen Strahl Seiner Liebe wert! Warum tut mir Gott das? Gott gibt dir Antwort. Er stellt dich mit einem lieblosen, undankbaren Menschen zusammen. Nun sollst du, was von Gott auf dich geflossen ist, überfließen lassen auf andre, die ebensowenig deiner Liebe wert sind, wie du der Liebe Gottes. Was sagst du aber, wenn deine Liebe als Heuchelei ausgelegt wird und deine Hingabe mit Kälte und Undank beantwortet wird? Gibst du es auf und sagst: Ich kann nicht!? Er hat „die Seinen, die in der Welt waren", die nach weltlichen Grundsätzen mit Ihm gehandelt haben, geliebt bis ans Ende oder *bis aufs äußerste.* Er hat Sein Examen bestanden auf jedem Platz und in jeder Schule; bis zum Tode am Kreuz blieb Er der Überwinder, und nie war Er der Überwundene. Komm, laß uns in Seine Schule gehen und in Seine Fußstapfen treten und laß es von heute an genug sein mit unserm: *„Ich kann nicht!"* Dies ist annehmbar von Menschen, die den Reichtum Seiner Gnade nicht kennen. Aber unser Gott ist *„der Gott aller Gnade"* (1.Petr. 5,10). Er hat eine Gnade, die über alles ist, eine Gnade, die *mächtig* macht und zu jedem guten Werk vollkommen geschickt.

Die Ruhe im Kreuz

1.Mose 8

Wir müssen in das Kreuz *hinein* gehen, wie Noah hineinging in die Arche. Dann kann Gott zuschließen hinter uns, wie Gott zuschloß hinter Noah. Noah mußte nicht inwendig die Tür zuhalten, sie war zu durch Gott. Wir müssen nicht ängstlich die Vergebung festhalten, denn sie ist uns versiegelt durch den Geist (Eph. 1,13). Viele haben auch aus dem Grund die Freude und die Gewißheit des Heils verloren, weil sie von dem Kreuz weiter nichts wollten als die Bedeckung ihrer Schuld. Aber das Kreuz will nicht allein unsre Schuld bedecken, *sondern es will auch uns selbst bedecken.* Das Kreuz will nicht nur unsre Sünden haben, sondern es will vor allem uns selbst haben. Und gehen wir in Wahrheit in die Kreuzesgemeinschaft ein, dann ist uns auch Vergebung unserer Schuld etwas Selbstverständliches. Denn wenn das Kreuz mich bedeckt, dann bedeckt es auch meine Schuld und die ganze Schande, die mit mir zusammenhängt. Und umgekehrt: wenn das Kreuz mich nicht bedecken kann, so kann es auch unmöglich meine Schuld bedecken.

Hier ist ein heiliger Zusammenhang. Und man kann auch hier nichts aus dem Zusammenhang herausreißen. Das tun wir aber, wenn wir von dem Kreuz nur Bedeckung unsrer Schuld wollen, aber nicht den Tod und das Gericht über unser eigenes Leben. Wir wollen abschließen, wo der Geist nicht abschließt; wir wollen stehenbleiben, wo der Geist nicht stehenbleibt mit uns. So betrügen wir den Geist, und darum fehlt uns das Zeugnis Seines Wohlgefallens. Der Geist führte Jesus zum Kreuz. Und er hat auch für uns keinen andern Weg. Ihr könnt den Geist und das Kreuz niemals voneinander trennen. Um in das Land der Ruhe zu kommen, mußte Israel durch den Jordan (Jordan bedeutet „Tod“), einen andern Weg gab es nicht. Gott sprach: „Mache dich auf und gehe über diesen Jordan.“ Sie mußten *hinein und hindurch* – nicht darüber hinwegfliegen! Wir müssen hineingehen in die Praxis des Kreuzes, und nicht, wie viele es versuchen, uns im Glauben darüber hinwegsetzen. Darum die vielen Enttäuschungen, das Suchen nach der verheißenen Ruhe und dem versprochenen Sieg. Man kommt um in der Wüste des Eigenlebens, man ist sich selbst und andern zur Qual, weil man nicht hineingegangen ist in das Kreuz und darinnen geblieben ist als ein Mitgekreuzigter.

Wenn wir aber in das Kreuz hineingehen, wie Noah hineinging in die Arche, so erhält uns das Kreuz auch in der Scheidung von der Sünde. Die Arche machte eine Scheidung zwischen den Geretteten und dem Verderben um sie her. So scheidet uns das Kreuz von dem Verderben. In dem Kreuz liegt eine rettende, lösende und bewahrende Macht. Und wenn wir es zu einem *inneren* Kreuz werden lassen, werden wir es als eine scheidende und deckende Macht erfahren. Denn diejenigen, die Stunde für Stunde in seinem Schatten bleiben, erfahren dasselbe als den Schatten des Allmächtigen, als eine Sphäre, wo der Feind mit zertretenem Kopf unter unserm Fuß bleibt. – Aber die Arche schied die Geretteten nicht nur von dem Verderben, sondern auch von *den Menschen.* So scheidet das Kreuz von *dem* Menschen, dem alten, so scheidet es mich von mir selbst. Und das ist ja die eigentliche Aufgabe und die tiefste Bedeutung des Kreuzes – die Erlösung von uns selbst. Gott konnte dem eigenen Ich nicht anders begegnen als mit dem Kreuz. Und Kreuz bedeutet Fluch und Tod.

Ein weiterer Segen, den die Arche uns zeigt als ein Vorbild von dem Kreuz, ist der, daß sie ein Fenster hatte nach oben, durch welches Noah die Verbindung pflegte mit Gott. Nur solange wir in der Scheidung leben nach unten, können wir in der Verbindung nach oben bleiben. Und diese Scheidung muß sich auf jeden Gedanken und jede Regung erstrecken, die nicht in Seinem Lichte rein ist. Wir müssen allem Ungöttlichen gegenüber in einer Abgeschlossenheit leben wie Noah in der Arche. Wäre an der Arche nur eine kleine Ritze gewesen, die das Wasser eingelassen hätte, so hätte Noah die Verbindung nach oben nicht mehr mit Ruhe pflegen können. Die Sünde hat einen dünnen Kopf wie das Wasser. Und wenn wir nicht gedeckt und geschieden bleiben nach *außen* gegen die leicht uns umstrickende Sünde, und wenn wir nicht gedeckt und geschieden bleiben nach *innen* gegen uns selbst, so wird uns unmöglich sein, in einer zarten Verbindung zu bleiben nach oben. Denn so oft wir zu uns zurückkehren und Verbindung mit uns anknüpfen, brechen wir in einem gewissen Sinn die Verbindung nach oben ab.

Der Grundsatz des Kreuzes

Galater 6,14

Der Grundsatz des Kreuzes ist, den Menschen in seinem Wirken beiseitezusetzen und in seiner Natur zu richten. Das Kreuz ist nicht gekommen, um der menschlichen Natur aufzuhelfen, um zu ersetzen, was der Mensch nicht tun konnte. Wohl brauchen viele das Kreuz auf diese Weise. Sie brauchen das Kreuz wie den neuen Lappen auf das alte Kleid. Aber das hält nicht Stich. Darum laufen sie fortwährend zerrissen in der Welt herum und von einem Seelsorger zum andern. Das alte Kleid, d. h. der alte Mensch, muß ausgezogen und dem Gericht des Kreuzes übergeben werden. Das Kreuz schreibt auf alles, was aus der menschlichen Natur stammt, den Fluch, und gibt uns selbst den Platz eines Verfluchten, es bricht über alles, was vom Menschen ist, den Stab. Und wer vom Geist zum Kreuz geführt worden ist, der hat dort das Todesurteil über seine Natur unterschrieben und hat den Stab über sich selbst gebrochen und sich so freigemacht von dem Fluch. Denn über allem, was nicht das Zeichen des Kreuzes trägt, hängt der Fluch. Und jeder, der sein eigenes Leben festhält, hält den Fluch über sich fest. Wem aber durch den Geist das Kreuz aufgeschlossen ist, der hat aufgehört, zu sich selbst zurückzukehren und bei sich etwas Gutes zu suchen, der hat auch aufgehört, über andre den Stab zu brechen.

Aber solange wir nicht durch den Geist diese Lektion gelernt haben, kehren wir immer wieder zu uns selbst zurück und suchen, ob in unserm Wesen doch nicht etwas Gutes sei, was Gott anerkennen müsse und worüber nicht das Zeichen des Kreuzes gemacht werden müsse. Und weil wir nichts finden, fallen wir in eine falsche Traurigkeit, die für den Feind eine Gelegenheit wird, uns in Umdunklungen zu führen, indem er uns sagt: Gib's auf, du hast ja doch nichts Gutes, woran Gott anknüpfen könnte! – Aber Gott will ja gar nicht an dem Guten anknüpfen, das wir von Natur haben, sondern setzt dasselbe durch das Kreuz beiseite, um selbst ein Neues in uns schaffen zu können. Das Kreuz führt den Menschen in den Bankrott und schafft so Raum für Gott. Das Kreuz brachte über die Jünger Jesu einen Bankrott, wie es alle Worte ihres Meisters nicht zu tun vermochten. Es zerbrach ihren Heiligenschein, den sie sich während ihrer dreijährigen Nachfolge glaubten erworben zu haben, und zeigte ihnen, was die Natur vermag und was sie wert ist. Und so wurden sie zubereitet für den Empfang des Heiligen Geistes, der ihnen eine andre Natur und ein andres Leben brachte. Denn wir können das Kreuz und den Geist niemals voneinander trennen. Es kann nicht Ostern und Pfingsten werden bei uns, wenn wir keinen Karfreitag hatten. Nur in dem Kreuz werden wir zubereitet für das Leben Gottes und für die Fülle Gottes; nur Mitgekreuzigte werden Gefäße des Heiligen Geistes. In dem Kreuz Christi haben wir das Hinrichtungsmittel des alten Menschen (Röm. 6,6), und in der Auferstehung Christi liegen die Wurzeln für die Wiedergeburt des neuen Menschen (1.Petr. 1,3), die durch den Geist geschieht (Joh. 3,5-15) nach dem Grundsatz: „Wer sein Leben verliert, der wird es finden."

Wir müssen hineingehen in die Praxis des Kreuzes als Mitgekreuzigte, d. h. als Gerichtete und Weggetane. Dann ist die Tür geöffnet für ein Leben in Gnade und Sieg. Es muß alles in den Tod, was dem Tode angehört, wie der Leichnam in die Erde gelegt wird, weil er der Erde angehört.

Schon in dem Leben Abrahams sehen wir den Grundsatz des Kreuzes durchgeführt wie überhaupt in dem Leben aller Geistesmenschen. Abraham mußte an seinem Leibe und an dem Leibe der Sarah *„dem Ersterben zusehen"*, bis von der Natur nichts mehr zu hoffen war (Hebr. 11,11). Immer wurde die Natur beiseitegesetzt von dem Auszug aus seinem Vaterland bis zur Aufopferung des Isaak. Und der Heilige Geist ist ein *„ewiger" Geist,* lesen wir in Hebr. 9,14. Er beobachtete stets die gleichen Linien. Er hat Christus, unser Haupt, zum Kreuz geführt und uns mit Ihm und führt uns immer wieder dorthin. Denn Seine Aufgabe ist bei den Gläubigen eine doppelte: einerseits in den Tod zu führen, was dem Tode angehört (Röm. 8,13), und andrerseits das von Gott in uns gelegte Leben zu verklären (2.Kor. 3,16).

Ein Segen sein und Segen empfangen

1. *„Dem Lamm die Segnungen",* sprechen die anbetenden Engel vor dem Thron (Offb. 5,12). Und so müssen auch wir in Wahrheit sagen können; dann sind wir im höchsten Sinn *ein Segen.* Es muß nur das Segen sein in unsern Augen, was Segen ist für Ihn. Abraham empfing auch aus dem Grund das Land Kanaan zum Besitz, damit durch ihn Gott selber das Land wieder in Besitz bekäme. So war Abraham in erster Linie *ein Segen für Gott.* Und jedes Begehren, ein Segen zu sein, muß dahin gehen. Maria war ein Segen für Jesus, als sie ihn salbte (Joh. 12); denn sie ermutigte Ihn dadurch auf Seinem Todesweg, wo die andern Ihn nur aufhielten. Dieser Grundsatz: *„Ich will ein Segen sein für Israel!"* hebt unser ganzes Tun höher und läßt uns treu sein und still unsern Weg gehen, wo kein sichtbarer Segen zu sehen ist und wo andre sagen: Wozu das? Was kommt dabei heraus? Denn wir tragen die bestimmte Versicherung in unserm Herzen durch den Herrn: „Das hat sie Mir getan!" Unser Motto muß sein *„Alles meinem Gott zu Ehren!"* Als Jesus diese Erde verließ, redete Er nicht davon, wie Er den Menschen ein Segen gewesen sei, sondern sprach zu Seinem Vater: „Ich habe Dich verherrlicht auf der Erde" (Joh. 17,4). Und die Ältesten in Offb. 5 sagen von dem Lamm: „Du hast *für* Gott erkauft durch Dein Blut aus jedem Geschlecht und Sprache und Volk und Nation und hast sie *unserm* Gott zu Königen und Priestern gemacht." *Er war ein Segen für Gott.* Denn jeder wahre Dienst für Gott trägt es in sich, daß er zu gleicher Zeit auch ein Dienst ist für die Menschen. Wenn jemand im Verborgenen des Kämmerleins treu Gott dient, spürt das ganze Haus den Segen davon. Wenn einer vor dem Angesicht des Herrn wandelt, ist er allen, die ihn sehen, ein Segen. Und sind wir nicht gerade darum in so geringem Maße ein Segen gewesen für unsere Mitmenschen, weil wir nicht in erster Linie darauf bedacht waren, ein Segen zu sein für Gott?!

2. Wenn nur das Segen ist in unsern Augen, was Segen ist für Ihn, dann sind wir auf einen Punkt gebracht, wo wir ununterbrochen Segnungen empfangen können – Segnungen so tief, daß sie unser schwaches Gefäß kaum fassen kann. Segnungen so rein, daß wir wissen, sie bleiben als Frucht bei uns und bei andern zum ewigen Leben. Und

dieser Punkt ist immer da, wo wir durch den Geist gelernt haben, die Segnungen so zu empfangen und so zu verwerten, daß dabei nichts mehr abfällt für das eigene Ich.

Die meisten suchen den Segen *im Empfangen.* Aber der Segen liegt vor allem *im Aufgeben.* Wenn wir ein ganzes Opfer bringen auf Seinem Altar, werden wir einen ganzen Segen empfangen – eher nicht! (5.Mose 33,9-10). Das Geheimnis des Segens Abrahams lag in der Gesinnung, die er ausdrückte in den drei Worten, die er sprach zu dem König von Sodom: *„Nichts für mich!“* (1.Mose 14,24). Durch Aufgeben empfing er den Segen. Wie sprach Gott zu dem Mann, den Er segnen wollte? *„Geh aus“ – „verlaß!“* Er verließ sein Vaterland, und Gott gab ihm ein Land zu eigen. Er sprach zu Lot, der nicht Raum genug hatte für seine Herden: Wähle! Und Lot erwählte sich das wasserreiche Land; er benützte die Selbstlosigkeit Abrahams, um den Vorteil auf seine Seite zu bringen. Aber in jener Nacht kam Gott zu Abraham, zu dem Mann, der den kürzern gezogen hatte, und verhieß ihm das ganze Land zum ewigen Besitz. Durch Aufgeben öffnete er sich neue Türen des Segens. Auf große Selbstverleugnung folgte großer Segen. Später versuchte Gott den Abraham und sprach zu ihm: „Nimm Isaak… und opfere ihn“ (1.Mose 22). Und Abraham tat also und legte den Sohn auf den Altar. Aber nahm er ihn wieder so zurück, wie er ihn hingelegt hatte? O nein! Er nahm ihn zurück mit den herrlichsten Verheißungen. Auf den Sohn, *der als Opfer auf dem Altar lag,* legte Gott die herrlichsten Verheißungen (V. 16-18). Gott sprach zu den Israeliten: „Ihr sollt kein Blut essen; denn Ich habe es euch gegeben auf den Altar zur Versöhnung für eure Seele“ (3. Mose 17). Den Israeliten, die das Blut opferten, statt es zu essen wie die andern Völker, denen gab es Gott zur Versöhnung für ihre Seele. Sie erlangten diesen großen Segen durch Aufgeben.

Praktische Heiligung

1. Praktische Heiligung ist ein *Heilwerden* von dem falschen Leben, von dem Ichleben. Die falsche Heiligungsbewegung bewegt den Menschen in die Höhe und macht aus seinem Ich etwas, das andre anstaunen und bewundern sollen. Die biblische Heiligungsbewegung führt den Menschen zum Kreuz und zeigt ihm, daß seine Natur so schlecht ist, daß Gott dieselbe im Kreuz als verflucht beiseite gesetzt hat und daß unser eigenes Ich im Kreuz gerichtet und dem Tode übergeben worden ist. Dann hören wir auf, die Natur beschneiden und verbessern und sie mit einem Heiligenschein überkleiden zu wollen; aber dann hören wir auch auf, verzagt zu werden, wenn wir nichts Gutes in uns finden, in dem Gott anknüpfen könnte. Denn jede Heiligungsbewegung, die nicht vom Kreuz ausgeht, ist falsch und endet entweder im geistlichen Hochmut oder in Schwermut. Am Kreuz sind wir *eins* gemacht worden mit Seinem Tod (Röm. 6,5). Und die am Kreuz mit Ihm eins Gewordenen führt der Geist der Heiligung weiter in die Wege Jesu hinein, die so eingerichtet sind, daß unser Eigenleben praktisch darin umkommen muß. – Wenn nach Röm. 6,22 die Heiligung eine Frucht ist des Freigemachtseins von der Sünde, so muß Heiligung auch heißen: freigemacht sein von sich selbst. Denn alle Versuchungen knüpfen an unsere Selbstsucht an. Ohne Selbstsucht gäbe es keine Sünde. Darum nimmt der Feind immer Stellung für unser eigenes Ich, hilft unsrer Selbstsucht auf, geht aus nach Brot für unser Eigenleben. Er ist der beste Freund unsres eigenen Ichs und ist sehr besorgt, daß dieser Funke aus der Hölle in uns nicht erlöscht – wenn er aber erlöscht, ist damit auch alles höllische Wesen in uns erloschen. – Jede Nahrung, die dein Ichleben stärkt, ist Brot aus der Hölle, und jede Stimme, die dein Eigenleben in Schutz nimmt, ist eine Satansstimme. Petrus wollte Jesu Leben in Schutz nehmen, und Jesus wandte sich um und sprach: „Satan!" Darin war Jesus nicht in erster Linie hart gegen Petrus, sondern *hart gegen sich selbst,* weil Er nicht erlaubte, daß Petrus in unrichtiger Weise Partei ergreifen sollte für Sein Leben. Die Erlösung kam dadurch zustande, daß Gott Seines eigenen Sohnes nicht verschonte (Röm. 8,32), und deine Erlösung wird dadurch praktisch, daß du dein eigenes Leben nicht schonst.

O wie viele wollen frei sein von der Sünde, kämpfen gegen die Sünde und schonen doch dabei ihr eigenes Leben. Das ist unnützer Kampf.

2. Praktische Heiligung muß darum andererseits *ein Leben sein für Gott* (Röm. 6,11). Jesus, der Heilige, der Eigenleben nicht kannte, lebte für Gott.

Und worin bestand der Höhepunkt Seines Lebens für Gott? Darin, daß Er Sein Kreuz auf sich nahm und dem verlorenen Eigentum Gottes einen Weg der Erlösung schaffte zurück zu Gott. „Er hat uns Gott erkauft mit Seinem Blut", rühmen die anbetenden Ältesten vor dem Thron (Offb. 5). Und worin gipfelt der Höhepunkt unseres Lebens für Gott? Doch gewiß auch darin, daß wir *unser* Kreuz auf uns nehmen und so unsern Brüdern und Schwestern eine freie Bahn machen, zu Gott zu kommen. Wie oft werden in einer Familie die Unbekehrten aufgehalten, zu Gott zu kommen, weil das Kind Gottes, welches da ist, sein Kreuz nicht auf sich nimmt und so, statt mit seinem Kreuz hineinzuleuchten auf das Kreuz Christi, dasselbe ihnen verdunkelt und unwert macht. – Wir sprechen viel von Heiligung. Jesus sprach erst von Heiligung, als Er vor dem Kreuz stand. Er heiligte sich zum Kreuz, zum Opfer. Er sprach auf dem Weg zum Kreuz: „Ich heilige Mich selbst für sie, auf daß auch sie Geheiligte seien in Wahrheit" (Joh. 17,19). Wenn wir uns so heiligen: zum Kreuz, zum Opfer, wenn wir hinuntersteigen zu unserm Haupt auf den untersten Platz, dann werden sich auch andre um uns her heiligen in Wahrheit – aber nicht, wenn wir über den Begriff Heiligung streiten. Das Lamm tat Seinen Mund nicht auf, sondern ging hin zur Schlachtbank und zeigte uns, was Heiligung ist. Er sprach: „Ich heilige Mich selbst für sie." *Für sie!* Das ist der Gradmesser unsrer Heiligung. Die sieben Worte Jesu am Kreuz sind sieben Strahlen Seiner Lammesherrlichkeit. Das erste Wort galt Seinen Feinden. *Für sie* bat Er um Vergebung. Das zweite galt den Seinen. *Für sie* sorgte Er. Das dritte galt den Verlorenen. *Für sie* starb Er. Ihm gab man Tod, und Er gab Leben dafür. Das ist Heiligung – praktische!

Christus – auch der Letzte

Offenbarung 1,17

Fürchte dich nicht, mit Gott bis auf den *„letzten Punkt"* zu gehen; denn Christus, unser Haupt, ist nicht nur der *„Erste"*, sondern auch der *„Letzte."* Als der Erste geht Er vor uns her und macht uns Bahn und behält das Ziel im Auge, und als der Letzte sorgt Er dafür, daß wir zum Ziel gebracht werden. Frage nicht ängstlich: Wie kann ich das hohe Ziel erreichen, das sich Gott gesteckt hat mit mir?! Es ist ein *Weg* da, und es ist eine *Kraft* da. Wie kann das schwache Kind von einer Stadt zur andern kommen? Es ist eine Kraft da – die Eisenbahn; es muß nichts tun, als sich dieser anvertrauen. Sei sicher, daß *der*, welcher das Ziel gesteckt hat, auch gesorgt hat und sorgen wird, daß wir dahin gebracht werden. Du sagst: Ich verstehe nicht, wie Gott aus mir einen Geistesmenschen machen kann; es ist dafür kein Material in mir! Paulus sagt in Hebr. 11: „Durch den Glauben verstehen wir, daß Gott die Welt aus Nichts gemacht hat", und daß Er von dieser aus Nichts gemachten Welt sagt: Es ist sehr gut! Durch denselben Glauben verstehen wir, daß Gott heute dasselbe an dir und mir tun kann, daß Er aus Nichts etwas machen kann, auf daß Er schreiben kann: Es ist sehr gut! Als der Letzte deckt Er nicht nur unser Zukurzkommen – das wäre Ihm ja nicht genug –, sondern sorgt auch dafür, daß wir von allem, was uns aufgehalten hat, ausgelöst werden. Alle Dinge müssen in dem Leben des Gott Liebenden auf das eine Gute hinwirken, daß Er Sein Ziel mit uns erreicht. In allen Führungen und auch in allem Dienst ist das der letzte Gedanke.

Er ist der Letzte in jeder Schwierigkeit. Als der Erste geht Er nicht nur in jeder Schwierigkeit voran, sondern bleibt auch als der Letzte in der Schwierigkeit stehen, bis wir unversehrt und ganz hindurchgebracht sind. Wir lesen in Jos. 3, daß die Priester Israels mit der Lade vor dem Volk her in den vollen Jordan stiegen und einen Weg machten und dann darin stehen blieben, bis daß Israel *ganz* hinübergebracht war – nicht nur die starken Männer, sondern auch die Schwachen und die Kindlein. So Christus, der Erste und der Letzte. Er hat alle unsre Schritte gemessen mit Seinem eigenen Fuß, und Er weiß genau, wie viel Kraft und Gnade wir bedürfen, um durchzugehen, wie Er durchgegangen ist. Er ist der große und barmherzige Hohepriester auf dem Thron der Gnade (Hebr. 4,14-16), um uns *Barmherzigkeit* zu geben in der Schwierigkeit, damit wir nicht erliegen, und um uns *Gnade* zu geben in der Stunde der Versuchung, damit wir nicht sündigen. Er bleibt als das geschlachtete Lamm mitten im Thron (Offb. 5), bis die Seinen, die in Seinem Blut Vergebung gefunden haben und die mit ihren Füßen auf Seinen Weg getreten sind, ganz hindurchgebracht sind bis zum Thron.

Als der Letzte hat auch Er allein das *„letzte Wort"* über uns – nicht der Feind, nicht die Menschen, auch wir selbst nicht, sondern Er. Kain, der Brudermörder, sprach über sich das letzte Wort, als er ausrief: „Meine Sünde ist zu groß, als daß sie mir vergeben werden könnte!" Aber er hatte nicht das letzte Wort über sich, sondern Gott, der sagte: „Wenn du fromm bist, so bist du angenehm!" Hast du das letzte Wort über dich gesprochen, haben es Menschen getan, hat es der Feind getan? Ihr alle habt kein Recht, das letzte Wort zu sprechen – das kann nur Er, der Letzte. Wohl spielt sich der Feind immer auf, als ob er der Erste und der Letzte wäre – aber er ist es nicht! Nur *listiger* war die Schlange als alle Tiere des Feldes – nicht *mächtiger. „Der Vater ist größer als alle!"* (Joh. 10,29). Der Feind kann uns versuchen, aber niemals kann er uns in seine Gewalt bekommen. Nur Christus konnte sagen: „Mir ist gegeben alle Gewalt!" Und in Ihn gehüllt, dürfen wir vorwärtsgehen. Er wird wie die Wolkensäule bei Israel vor uns hergehen und wie die Feuersäule hinter uns sein.

Er hat auch das letzte Wort über die, für welche du betest und besorgt bist um ihr Seelenheil. Und Er hat auch das letzte Wort über all das Zustandekommen und die Fehler und die Uneinigkeit, die du bei Seinen Kindern siehst. Das Lamm hat das Buch in der Hand. Und in diesem Buch ist vor allem die Geschichte der Gemeinde Gottes.

Sabbatruhe

Hebräer 4

Vier Dinge hält uns der Apostel in diesem Kapitel vor Augen, die uns zu dem Sabbat der Seele führen und darin erhalten:

1. *Der Glaube.* „Denn wir, die wir glauben, gehen in die Ruhe" (V. 2). Wir *gehen* hinein, immer tiefer hinein. Jeder Glaubensschritt wird zugleich ein Schritt in die Ruhe. Wie wir den Herrn haben zwischen uns und unsere Sünden treten lassen und so die Ruhe des Gewissens gefunden haben, so lassen wir Ihn auch zwischen uns und unsre Schwierigkeiten treten und finden so die Ruhe des Herzens. Alles muß aus unsern Händen kommen und an Ihn übergehen. Über alle Dinge muß die Herrschaft auf Seine Schulter kommen, dann hat die „Mehrung des Friedens kein Ende" (Jes. 6,7). Alles müssen wir aus Ihm heraus und für Ihn tun – auch die geringste Arbeit. Unsre Arbeit ist für Gott, und unsre Ruhe ist für Gott. In 2.Mose 35,2 lesen wir, daß der siebente Tag sein soll „ein Sabbat der Ruhe dem Jahwe." Für alles muß unser Motto sein: „Alles meinem Gott zu Ehren!" Das hebt all unser Tun höher und bringt auf alles einen göttlichen Hauch und ein göttliches Siegel und macht unser ganzes Leben, Arbeiten und Ruhen, Essen und Trinken zu einem großen Gottesdienst (1.Kor. 10,31). Wir sind keine *„Juden"*, die *hinauf* arbeiten mußten zu ihrer Ruhe, sondern wir sind *„Christen"*, die von ihrer Ruhe *hinunter* arbeiten. Erst Ruhe, dann Arbeit ist die selige Ordnung des Neuen Bundes und der geistliche wahre Unterschied zwischen *„Sonntag"* und *„Sabbat."* – Wenn Christen zu dem Sabbat zurückkehren, so stellen sie sich damit nur ein furchtbares Armutszeugnis ihres inneren Lebens aus. – Wir tun alles aus der Ruhe heraus, die wir haben in Gott, und tragen diese Ruhe hinein in unsre ruhelose Umgebung. So bringen wir unsern Mitmenschen den Segen des Evangeliums und den Sieg des Glaubens in der deutlichsten und überzeugendsten Weise. Weil wir alles in Seiner Hand wissen, bewahren wir in allen Situationen die Ruhe und das Gleichgewicht der Seele. Wo andre die Fassung verlieren und sich Blößen geben, können wir königlich handeln. Wir sind Könige und können darum auch Priester sein. Die göttliche Reihenfolge ist: erst Könige, dann Priester (Offb. 1,5) – und nicht umgekehrt. Mancher Hausvater kann nicht Hauspriester sein, weil er

nicht königlich durchzugehen versteht, sich ärgert, sich vergibt, nicht über den Übungen des täglichen Lebens steht, darum ist sein Priesteramt unmöglich; es fehlt ihm die Autorität, die nötigt ist, um vor seiner Familie die Bibel zu lesen und seine Hände zu Gott aufzuheben.

2. *Die Ruhe von den eigenen Werken* ist ein Weiteres, das uns zur Sabbatruhe führt (V.10):

a) *Gott gegenüber.* Mehr als tausend Jahre hat Gott diese Lektion von *„Seiner Ruhe"* bei Seinem Volk repetiert; aber Israel hat diese Lektion nicht gelernt. Einmal sind sie ihrem Gott vorausgeeilt, und ein andermal sind sie hinter Ihm zurückgeblieben. Sie konnten nicht Schritt halten mit Ihm, darum hat Er es aufgegeben, sie zu Seiner Ruhe zu bringen. Und solange auch wir diese Lektion nicht gelernt haben, ist keine Disposition in uns für eine weitere. Gott kann uns nicht weiterführen.

b) *Dem Feind gegenüber.* Alles, was wir zurückbehalten, behalten wir nicht zurück für uns, sondern für den Feind. Da hinein setzt sich der Feind. Denn *„im Suchen für sich"* und *„im Fürchten für sich"* liegen alle Fallstricke des Feindes.

c) *Den Menschen gegenüber.* Solange die Menschen merken, daß du eine Sache in deiner Hand hast, macht es ihnen fast Freude, mit dir zu streiten und dich deswegen zu beunruhigen. Sobald sie aber merken, daß du es aus deiner Hand in die Hand Gottes gegeben hast, lassen sie dich in Ruhe; denn sie fürchten sich, weil sie fühlen, daß sie es nicht mehr mit dir, sondern mit Gott zu tun haben.

3. *Das scheidende und richtende Wort* (V.12-13), das Gedanken und Gesinnungen des Herzens ins Licht des Angesichtes Gottes hineinstellt, bis alles geradgelegt und geschieden ist bis hinein ins Seelen- und Geistesleben, ist ein Drittes auf dem Weg zur Ruhe in Gott.

4. *Jesus selbst, der große und barmherzige Hohepriester* (V.14-16), der wie Joseph auf den Thron gekommen ist, um Seinen Brüdern zu helfen und ihre Sache zu führen.

Schritthalten mit Gott

1.Mose 5,22-24; Hebräer 11,5

Henoch wandelte mit Gott", lesen wir in diesen Versen. Konnte das nicht auch heißen: *Henoch hielt Schritt mit Gott!* Er eilte seinem Gott nicht voraus und blieb nicht hinter seinem Gott zurück. Er wandelte mit Gott nicht nur im Sonnenschein der Gnade, sondern auch in den dunklen Stunden der Proben und der Züchtigungen. Er war auf der Seite seines Gottes nicht nur in den Zeiten allgemeiner Gottesfurcht, sondern auch in den Zeiten des Abfalls, wie wir aus dem Judasbrief sehen (V.14-15). Und was war der Segen dieses Wandelns mit Gott und dieses Ausharren bei Gott?

1. Henoch hielt Schritt *mit Gott,* und so wurde er *entrückt zu Gott.* In dem Wandel mit Gott kann die große Entrückung *von uns selbst* sich voll ziehen. Und ist dies geschehen, dann kann die andre zum Stuhle Gottes jeden Augenblick erfolgen. Denn bevor wir zu Gott entrückt werden können, müssen wir von uns selbst und allem, was nach unten gehört, entrückt sein (Luk. 20,35-36).

2. Henoch hielt Schritt mit Gott, und so *wurde er nicht mehr gefunden.* In dem Wandel mit Gott verschwinden wir von der Bildfläche; wir verlieren uns in Gott, wie Tersteegen sagt:

In Gott verborgen leben, mit Ihm allein bekannt,
Gott völlig sein ergeben, das ist ein sel'ger Stand.

Und die Menschen, die uns vorher gekannt haben als hochmütig, eigenwillig, lieblos, finden uns heute nicht mehr so, kennen uns heute nicht mehr so, wie die Brüder Josephs ihren Bruder Joseph nicht mehr erkannten; denn die Gnade hatte aus dem Träumer einen Retter gemacht (1.Mose 42,8).

3. Henoch hielt Schritt mit Gott, und *das brachte ihm das Zeugnis des Wohlgefallens Gottes.* Das Motiv aller seiner Handlungen war das Wohlgefallen Gottes. Es seinem Gott recht zu machen, war sein höchstes Glück. Denn im Wandel mit Gott lernt man Gott kennen und über alles lieben.

4. Henoch hielt Schritt mit Gott, und *das gab seinem Leben und seiner Botschaft ein bestimmtes Ziel.* Er selbst wartete auf den Herrn als auf den Kommenden und verkündigte Ihn als den Kommenden.

Einfachheit und Bestimmtheit ist immer ein Charakterzug derjenigen, die mit Gott Schritt halten.

Wir finden nur wenige Gestalten in der Schrift, die so ununterbrochen Schritt gehalten haben mit Gott. Nur zwei Männer von 600000, die Gott aus der Gefangenschaft Ägyptens geführt hatte, hielten Schritt mit Ihm, bis hinein ins Land Kanaan (4.Mose 26,65). Und wie oft haben auch wir, die wir heute noch in Seiner Gemeinschaft stehen dürfen, nicht Schritt gehalten mit Ihm! Wie oft sind wir Ihm vorausgeeilt und hinter Ihm zurückgeblieben, gingen mit Ihm, bis wir das Kreuz und die Demütigung sahen, dann retteten wir schnell unser Leben, nahmen die Herrschaft wieder in unsre Hand! Und wie oft und viel haben wir Seinem Sinn und Seiner Art entgegengehandelt! Wir müssen nur Seine Geduld bewundern, daß Er uns nicht hat stehen lassen, sondern immer auf uns gewartet hat, bis wir aus unsern Abwegen und aus unsrer Eigenheit wieder zu Ihm gekommen sind! Aber es soll von heute an genug sein mit diesem „Zickzack"; wir wollen so vollkommen abbrechen mit unserm *eigenen* Leben, wie Christus am Kreuz damit abgebrochen hat (Röm. 6,6). Wir wollen zu den wenigen gehören, die Schritt halten mit Jesus in Seiner Selbstverleugnung, in Seiner Opferwilligkeit, in Seiner Verwerfung usw. Tausende begleiteten Ihn bei Seinem Einzug in Jerusalem als König; aber nur wenige hielten Schritt mit Ihm, als Er zum andern Tor der Stadt hinausgeführt wurde als *einer,* der unter die Übeltäter gerechnet ward (Jes. 53,12). Die Namen derer sind aufgezählt, die mit Jesus Schritt gehalten haben bis zum Kreuz (Joh. 19,25-26). Von 5000 Männern, die Er lehrte und die Er speiste, war es nur *einer,* und von den Frauen waren es nur *wenige.* Paulus hielt Schritt mit Jesus, bis hinein in Seinen Leidensweg und bis in Seine Todesgestalt (Phil. 3,10). Johannes hielt Schritt mit Jesus, wenn er bekennt: „Wie Er ist, so sind auch wir in dieser Welt" (1.Joh. 4,17). Und in unserer Zeit ist es doppelt wichtig, Schritt zu halten mit Jesus, nicht nur weil der Versuchungen so viele sind, nicht nur weil wir die Fußtritte des kommenden Bräutigams schon hören in den Zeichen der Zeit (Matth. 24), sondern weil das Christentum heute größere Hingabe von uns verlangt als vor 20 Jahren. Denn wie das Christentum im Anfang nur eingeführt werden konnte durch Martyrium, so kann es in der letzten Zeit nur aufrechterhalten werden durch Martyrium.

Umgestaltung und Hoffnung

Kolosser 1, 27

Umgestaltung und Hoffnung sind zwei Linien, die nebeneinander herlaufen, wie zwei Schienen, auf das eine Ziel hin: *Die Wiederkunft Christi.* Die eigentliche Hoffnung der Gläubigen ist die persönliche Wiederkunft Christi für Sein Volk. Lange bemühte ich mich, diese Hoffnung in mir lebendig zu haben und zu erhalten, bis es mir durch das Wort und durch den Geist aufgeschlossen wurde, daß die lebendige Hoffnung auf die persönliche Wiederkunft Christi *eine Frucht* der Umgestaltung in das Bild Christi sei, daß ich nur soweit ein *Wartender* sein werde, soweit ich ein *Bereiteter* geworden bin, wie Paulus es uns hier so klar sagt: „Christus in euch, die Hoffnung der Herrlichkeit." Die Umgestaltung und Gleichgestaltung in das Bild Christi nennt Paulus: „Christus in euch" und bezeichnet diesen Zustand als Berechtigung zur Hoffnung auf die Wiederkunft Christi, die als erster Segen der Hoffnung der Herrlichkeit angesehen werden muß. „Christus in euch" meint wohl das durchbrochene, herausleuchtende Christusbild aus allem Tun und Lassen, und das ist das Ziel von dem, was Paulus sagt in Eph. 3: „Christus in euren Herzen." Das Innere hat eine Gestaltung gefunden nach außen, d. h. Christus in unserm Herzen hat eine Gestalt gefunden in unserm Wesen.

Alles wirkt bei dem Kind Gottes auf das eine Gute hin: auf die Umgestaltung in das Bild Christi (Röm. 8,28-29). Und diese Umgestaltung ist vor allem eine Herausgestaltung aus uns selbst, aus dem falschen Bild, in das wir durch Geburt und Sünde hineingekommen sind. Mit der Geburt *„von oben"* wird der Grund zu einem andern Bild in uns gelegt, das der Heilige Geist, der göttliche Baumeister, ausbaut und vollendet, bis hinein in die Herrlichkeit des Bildes Christi (2.Kor. 3,18). Darin besteht die eigentliche Wirksamkeit des Heiligen Geistes in den Gläubigen, nämlich das Bild Christi in uns zu verklären. Alles andre ist diesem untergeordnet oder nur ein Ergebnis dieser Seiner Wirksamkeit. Sein Werk in der Seele hat im letzten Grund gar kein andres Ziel als die Umgestaltung in das Bild Christi, indem Er Zug für Zug von unserm eigenen Bild auslöscht und uns Zug für Zug das Bild Christi aufprägt; denn wie wir getragen haben das Bild des Irdischen, d. h. unser Naturbild, wie wir es von unserm Vater und von unsrer Mutter empfangen haben und damit unsre Art und unser Wesen offenbar gemacht haben, so sollen wir nun tragen das Bild des Himmlischen, d. h. das Bild Christi (1.Kor. 15,49). Von diesem Gesichtspunkt aus ist dann auch die Frage des „Glücklichseins", die heute so viele Kinder Gottes beschäftigt, eine untergeordnete Frage. Jesu Speise oder Genuß war es, den Willen Seines Vaters zu tun, ob dann daraus Kreuz oder Krone folgte. Und auch wir sollen kein höheres Glück mehr kennen, als es unserm Gott recht zu machen und Sein Wohlgefallen zu haben. Auch „Sündigen" und „Nichtsündigen" wird dann bei uns nicht die *letzte* Frage sein. Sündigen und Nichtsündigen war nicht die *erste* Frage bei Gott, als Er die Menschen schuf, darum darf sie bei uns nicht die letzte sein. Unsre Geschichte fängt an mit der Ebenbildlichkeit Gottes. „Lasset Uns Menschen machen, ein Bild Uns gleich", sagt Gott, als Er zum erstenmal von den Menschen spricht. Und dahin führt der Geist wieder zurück. Darum bedeutet „vorwärts kommen" für den Geist nicht, daß wir dieses und jenes gelernt und überwunden haben, sondern daß wir durch Seine Arbeit etwas von der Art Jesu gewonnen haben. Und auch „der Tag der Offenbarung" wird für Gläubige zuletzt nichts andres sein als das Offenbarwerden und Enthülltwerden dessen, was durch das Werk des Geistes von dem Bild Christi in uns geworden ist.

Wie wichtig ist darum unsre Hingabe, und daß wir anfangen, *zart* zu werden gegen Ihn. Denn durch jeden Gedanken, durch jedes Wort, durch jede Tat wird der innere Ewigkeitsmensch aufgebaut, alles läßt einen Abdruck zurück. Wir lesen von dem Sohn Gottes in Hebr. 1,3, daß Er der „Abdruck" des Wesens Gottes sei. Und wir sollen der Abdruck des Wesens Christi sein (Kol. 3,3).

Wir sind viel zu wenig davon durchdrungen, wie wichtig all die Bewegungen in unserm Gemüt sind. Ist es uns aber einmal aufgeschlossen, dann werden wir mit heiligem Ernst darauf bedacht sein, daß unser Kopf keine Bilderkammer (Hes. 8,7-18) und unser Herz kein Tiergarten mehr ist (Matth. 21,12-13) und daß auch unsre Augenblicke Ewigkeitsaugenblicke werden.

Die zuvorkommende Gnade

1.Mose 14,17-24; Hebräer 4,14-16

Auch eine zuvorkommende Gnade hat Gott für uns, d. h. eine Gnade, die der Versuchung zuvorkommt, um uns stark zu machen, die Versuchung zu überwinden und nicht zu sündigen. Wir können gewiß sein, daß jeder besondern Versuchung von Seiten des Feindes immer eine besondere Gnade von Seiten Gottes vorangeht. Als Abraham seinen Neffen Lot und die mit ihm Gefangenen und die geraubte Habe aus der Hand der vier Könige errettet hatte, zog ihm der König von Sodom entgegen mit der Bitte: „Gib mir die Seelen, die Habe behalte für dich!" Das war eine ungeahnte Versuchung für Abraham, aber nicht ungeahnt für Gott. Denn bevor sich der König von Sodom mit seiner Versuchung dem Abraham nahen durfte, kam zuvor der König von Salem mit seinem Segen. Er brachte Brot und Wein heraus und segnete Abraham und sprach: „Gesegnet sei Abraham von Gott dem Höchsten, der Himmel und Erde besitzt!" Abraham empfing eine besondere Gnade, nicht allein durch den besonderen Segen, sondern auch durch die neue Namensoffenbarung Gottes, als: Gott der Höchste, der Himmel und Erde besitzt. Abraham verstand die Gnade und benützte sie; denn wir hören, wie er genau dieselben Worte dann dem König von Sodom sagt, die er vorhin von dem König von Salem empfangen hatte. War das nicht zuvorkommende Gnade? Abraham verstand diese zuvorkommende Gnade und wußte sie zu gebrauchen, um sich zu wappnen für die bevorstehende Versuchung.

Wir wissen aus Hebr. 7, daß dieser „Melchisedek, König von Salem", ein Vorbild ist von Christus, unserm Hohenpriester, welcher auf dem Thron der Gnade ist, um die Seinen zu bewahren in der Stunde der Versuchung, indem Er sie mit Gnade stärkt, die Versuchung zu überwinden und nicht zu sündigen. Als Hohepriester hat Er es mit unsern Versuchungen zu tun, hat Er Mitleiden mit unsern „Schwachheiten", d. h. mit unsern Versuchungen. Die Schrift nennt unsre Sünden nicht Schwachheiten, sondern sie nennt Sünde einfach Sünde – aber unsre Versuchungen nennt sie Schwachheiten. Für jede besondere Versuchung, die von der Hölle angebahnt wird, bereitet Er eine besondere Gnade. Das Lamm im Thron hat sieben Augen (Offb. 5,6). Es sieht vorwärts, rückwärts, seitwärts und abwärts. Ihm entgeht kein Anschlag des Feindes gegen uns, auch die feinsten Fäden und die verborgensten Schlingen des Feindes sieht Sein Auge und macht Seine Hand unwirksam. Und das muß auch so sein. Denn wären wir in den Versuchungen allein auf uns angewiesen, würde nicht ein höheres Auge über uns wachen, gewiß, wir würden nicht aus dem Fallen herauskommen. Aber über uns wacht der große und der barmherzige Hohepriester, das Lamm mit Seinen sieben Augen, um uns Gnade zu geben zur rechtzeitigen Hilfe, damit wir nicht sündigen. Sündigen wir aber dennoch, so haben wir versäumt, Gnade zu nehmen zur rechten Zeit. Weil wir die zuvorkommende Gnade nicht beachtet und gesucht haben, müssen wir nun die vergebende und reinigende Gnade suchen (1.Joh. 2,1).

O teures Kind Gottes, wie zart sollten wir sein gegen besondere Gnadenerweisungen Gottes, denn sie sind oft nur Vorboten und eine Stärkung für eine noch ungeahnte Versuchung. Sei sorgsam, damit sie dir nicht verlorengeht. Denn es kommen Augenblicke, wo du jede empfangene Gnade brauchst, und nirgends wirst du die Untreue gegen vorausgegangene Gnaden so empfindlich büßen müssen als in den Stunden der Versuchung. Und hast du gerade jetzt eine besondere Gnadenzeit, so sei treu; denn es kommen Momente, wo du alles brauchst, was du gelernt und empfangen hast. Denn wir müssen es auch oft in umgekehrter Reihenfolge erfahren, daß auf besondere Gnadenzeiten besondere Versuchungszeiten folgen. Nach der Taufe im Jordan mit dem Heiligen Geist folgte bei Jesus die vierzigtägige Versuchung in der Wüste; nach der Stimme des Wohlgefallens Seines Vaters kam die Stimme des Versuchers voll Zweifel und Überhebung (Luk. 4,1-13). Heute hatte David den Goliath geschlagen und wurde gefeiert als der Held des Tages, und schon morgen warf Saul den Spieß nach ihm, ihn zu töten (2.Sam. 18,6-12). Darum heißt es nicht umsonst im Segen des Herrn: „Der Herr segne dich und *behüte dich!*“ Niemand hat das Behüten Gottes nötiger als die vom Herrn Gesegneten. Denn auf jeden besonderen Segen Gottes sucht der Feind eine Antwort. Wenn Gott oben auf dem Berg dem Mose die Wohnung zeigt, in welcher Er unter Seinem Volk wohnen will, treibt der Feind unten das Volk zur Abgötterei und macht ein goldenes Kalb (2.Mose 32). Jeden Gottessegen sucht er mit seiner Hand zu besudeln. Darum habe acht auf empfangene Segnungen.

Das „Ja“ des Geistes

Offenbarung 14,13

Wir lesen in diesem Vers von Menschen, bei deren Lebensabschluß der Geist sprechen konnte: „Ja!“ Und gewiß darum, weil sie in ihrem Leben nie etwas getan haben ohne das Ja des Geistes. Ja, spricht der Geist über ihr Leben; denn es war nicht umsonst. Sie haben ein Leben hinter sich, das am Tor der Ewigkeit nicht ausgestrichen werden muß als verloren. Ja, spricht der Geist über ihren Weg; denn sie haben nicht nur das Leben beendet, sondern auch *„den Lauf vollendet“* (Phil. 1,23; 2.Tim. 4,7). Der Geist ist mit ihnen ans Ziel gekommen. Ja, spricht der Geist über ihre Arbeit; denn es sind Werke, die ihnen nachfolgen können in die Herrlichkeit. Ihr Leben ist eine Quelle und ein Sieg geworden für den Geist, ein Leben mit einem Ewigkeitsinhalt, auf das der Geist mit Befriedigung hinweisen kann.

Teures Kind Gottes, wir müssen ein zartes Ohr bekommen für das *„Ja“* und *„Nein“* des Geistes. Wir müssen in eine Stellung kommen zu dem Geist, wie sie David beschreibt im 139. Psalm, wenn er sagt: „Du kennst mein Sitzen und mein Aufstehen, Du verstehst meine Gedanken von fern. Du sichtest mein Wandeln und mein Liegen und bist vertraut mit allen meinen Wegen. Denn das Wort ist noch nicht auf meiner Zunge, Jahwe, Du weißt es ganz. Von hinten und von vorn hast Du mich eingeengt und auf mich gelegt Deine Hand.“ In einem Lied von Knapp lesen wir: „Hör’ ich hier des Geistes Ja!“ „Hör’ ich hier des Geistes Nein!“ Hast du ein Ohr für des Geistes Ja und Nein? Und achtest du allezeit darauf? Rührt nicht der Tumult in deinem Innern, die Ungewißheit in deinem Tun daher, daß dein Ohr nicht gewöhnt ist zu achten auf des Geistes Ja und Nein? Hast du dich daran gewöhnt, keinen Ausgang zu tun, keine Ausgabe zu machen, keine Unterhaltung anzuknüpfen, keine Freundschaft und keine Verbindung einzugehen, ohne des Geistes Ja. Und bist du immer gehorsam, wenn der Geist ein Nein hat auf deine Wünsche und Wege? Von Paulus und seinen Gefährten wird gesagt: „Und der Geist wehrte es ihnen“ (Apg. 16,7). Verstehst du etwas von dem „Wehren“ des Geistes, und achtest du darauf? Und von unserm Herrn lesen wir: „Er wurde vom Geist geführt“ (Matth. 4,1). Der Geist hatte die Führung für jeden Schritt Seines Lebens, alle Seine Tritte waren vom Geist geordnet. Er verstand das Ja des Geistes und das Nein des Geistes und war demselben auch nie einen Augenblick ungehorsam. Er war der Geistesmensch, der sich jeden Morgen das Ohr öffnen ließ, um zu hören wie einer, der belehrt wird (Jes. 50,4). Er war es, der sagen konnte: „Ohren hast Du mir bereitet" (Ps. 40,7), d. h.: Ich bin willig, alles zu hören und auf alles einzugehen und wenn es Kreuz und Tod sein sollte. Er war der David, der allezeit hörte auf das Lispeln von oben (1.Chron. 14,15). Darum machte Er keine Fehlgriffe, darum konnte Er Wege gehen, die kein andrer vor Ihm gegangen war. Sein Gang war so eingerichtet, daß Er in allem das Ja des Geistes hatte – und wenn auch dann alle Menschen Nein sagten, so hatte das für Ihn keine Bedeutung (Matth. 16,21-23).

Vielleicht rühren viele Niederlagen, viele unerhörte Gebete, viele Mißerfolge daher, daß wir uns nicht gewöhnt haben, auf das Ja und Nein des Geistes zu achten. Paulus sagt in Phil. 2,12-13, wo er von dem Auswirken der Seligkeit spricht: „Gott ist es, der beides wirkt, das Wollen und das Vollbringen nach Seinem Wohlgefallen." Dies Wort gibt uns weitern Aufschluß. Weil Gott in vielen Dingen nicht durfte den Anfang machen, nicht durfte das Wollen wirken, darum gab es kein Ihm wohlgefälliges Vollbringen, kein Werk, auf dem das Siegel des Geistes war. Schon am Morgen bei unsrer ersten Begegnung mit Ihm haben wir gesagt, wie viel gutes Wollen wir haben für diesen Tag und haben gemeint, Ihn damit zu erfreuen und uns die gewisse Erhörung zu sichern; aber statt dessen haben wir Ihn betrübt und uns die Tür des Heiligtums verschlossen, weil wir unser Eigenes hineintragen wollten, was Er niemals zulassen wird. Du mußt am Morgen nicht soviel sagen: Ich – ich, sondern du mußt sagen, wie es Jüngern geziemt: Du! Jesaja sagt: „Er weckt mir alle Morgen das Ohr, *daß ich höre.* " Hören ist das Geziemende für einen Knecht und nicht Sprechen. Unser Heiland, der Knecht des Herrn kam zu Seinem Vater mit den Worten: „Siehe, hier bin Ich, zu tun Deinen Willen!" (Hebr. 10,9). Das ist ein rechtes Kommen zu Gott, besonders am Anfang eines jeden Tages und am Anfang eines jeden Unternehmens.

Vergebung und Reinigung

1.Johannes 1,7

Reinigung durch das Blut ist nicht das gleiche wie Vergebung durch das Blut. Vergebung durch das Blut umfaßt die Sünden im großen und ganzen, hingegen die Reinigung durch das Blut hat es mit der *einzelnen* Sünde zu tun, wie wir gelesen haben: „Wenn wir aber in dem Licht wandeln, wie Er in dem Licht ist, so haben wir Gemeinschaft miteinander, und das Blut Jesu Christi, Seines Sohnes, reinigt uns von *jeder* Sünde." Von *jeder Sünde!** Um dieses zu erfahren, müssen wir uns vom Heiligen Geist jede Sünde aufdecken lassen und jede Sünde einzeln in Sein Licht stellen. Wir dürfen dann nicht so „en gros" mit unsrer Sünde umgehen, sondern müssen sie uns von Ihm zeigen lassen. Und der Geist ist so treu, daß Er das tut. Er hat für jede Sünde eine Stunde und eine Gelegenheit, wo Er sie uns unter die Augen stellt und uns zeigt, wie sie aussieht im Lichte Gottes, und uns fragt, wie wir uns nun dazu stellen.

---

* Beim Johannesbrief haben wir folgendes zu unterscheiden:

- Sünde (1,8; 3,5b) und Sünden (1,9; 2,2; 3,5a;4,10).
- Sünde haben und Sünde tun oder sündigen (gesündigt haben).

Welcher Unterschied ist zwischen Sünde und Sünden, zwischen Sünde haben und sündigen? Sünde ist die Wurzel, Sünden sind die Früchte. Das Gesetz der Sünde und des Todes wirkt immer das Böse: die Sünden. Das Gesetz des Geistes des Lebens in Christus Jesus hat die, welche der göttlichen Natur teilhaftig geworden sind, freigemacht von der Macht der Sünde. Jeder Wiedergeborene, der in ihm bleibt, muß nicht gesetzmäßig sündigen, er wird nicht von der Sünde beherrscht. Bei ihm ist die Macht der Sünde gebrochen, er ist ihr nicht knechtisch unterworfen; trotzdem kann es noch durch Unwachsamkeit (Betrug der Sünde) zum Sündigen kommen.

Die Erkenntnis dessen, was vor Gott und nach seinem Wort Sünde ist, ist wachstümlich. Was ich heute als Sünde erkenne, hab ich gestern noch nicht als Sünde erkannt. Reinigung geschieht durch Bekennen der einzelnen Sünden. Wenn wir dies tun, dann ist uns eine vollkommene Reinigung sicher. Er ist die Sühnung für unsere Sünden. In ihm haben wir fortdauernde Vergebung, weil er, der sich jetzt beim Vater für uns verwendet, die Sühnung für uns bewirkt hat. Wir haben aufgrund des Blutes Vergebung der Sünden.

Wenn die Bibel von Reinigung durch das Blut redet, hat sie die Reinigung von der Schuld der Sünde, nicht aber die Bewahrung vor der Macht der Sünde oder sogar den Sieg über Sünde im Auge.

(Anmerkung des Herausgebers)

Johannes sagt: „Wenn wir in *dem* Licht wandeln, wie Er in dem Licht ist, so ...“, nicht in dem Licht der Versammlung, der wir angehören, oder in dem Licht irgendeines Bruders oder einer Schwester, die wir uns zum Ideal erwählt haben, sondern in dem Licht, in dem Er ist. Viele Dinge in unserm Leben sind Sünde in Seinem Licht, die uns niemals zur Sünde geworden sind in dem Licht unsrer christlichen Umgebung. Denn Er bringt nicht nur unsre Worte und unsre Taten in das rechte Licht, sondern auch die Motive und Gesinnungen des Herzens, und wir müssen erfahren, daß wir es mit *dem* zu tun haben, in dessen Augen alles bloß und aufgedeckt ist. So handelt es sich in der Reinigung durch das Blut in erster Linie nicht um die Äußerungen der Sünde, sondern um die Sünde selbst in ihren verdeckten Formen und in ihrer verschleierten Geschichte. Und in Seinem Licht wird dies alles aufgedeckt und der letzte Grund gezeigt.

Als Israel auf heiligem Boden gesündigt hatte, indem es sich am Verbannten des Herrn vergriffen, mußte das ganze Volk in die Gegenwart Gottes treten, und es wurde von Stamm zu Stamm, von Geschlecht zu Geschlecht, von Vaterhaus zu Vaterhaus gesucht, bis der gefunden war, von dem der Bann herrührte (Jos. 7). Und als dies geschehen war und Israel zu seiner Sünde gestanden und sich gebeugt hatte, konnte es befreit werden von seinem Bann. Darum ist Reinigung durch das Blut bedingt von dem Wandel in Seinem Licht. In Seinem Licht wird der Lebensnerv jeder Sünde bloßgelegt und gerichtet. Wir müssen nicht die Sünde unterdrücken wollen, sondern wirkliche Reinigung von derselben suchen. Und sie ist im Blut Jesu Christi, des Sohnes Gottes.

Es ist sehr beachtenswert, daß Johannes sagt: „Wenn wir in dem Lichte wandeln, *wie Er in dem Lichte ist.*“ Gott ist im Licht, und zwar *ununterbrochen.* Soll es bei uns zu einer Reinigung kommen von jeder Sünde, so müssen wir vor allem lernen, ununterbrochen im Licht zu wandeln, nicht heute im Licht und morgen in der Finsternis, nicht eine Woche entschieden und eine andre wieder im Schwanken. Auf diese Weise müssen wir immer die vergebende Kraft des Blutes suchen und kommen nicht dazu, die reinigende Kraft des Blutes zu erfahren. Es ist ja eine unaussprechliche Gnade, daß wir mit jeder geschehenen Befleckung zu dem Born wider alle Sünde und Unreinheit eilen dürfen; aber wir sollten nicht bei dem stehenbleiben müssen. Die Vergebung der Sünde sollte die Reinigung von der Sünde zur Folge haben, sonst müssen wir vielleicht schon die nächste Woche mit derselben Sache kommen und so Jahr für Jahr. Wer aber im Licht gesehen hat, was Sünde bedeutet für ihn und für seinen Gott, der ist nicht zufrieden, nur Vergebung zu haben, sondern er sucht ebensosehr auch die Reinigung. Und wer dies nicht tut, von dem sagt Johannes im vorhergehenden Vers, daß er in Finsternis wandle.

Reinigung von jeder Sünde! Wie ist das möglich: Es ist möglich durch das Blut Jesu Christi, des Sohnes Gottes. Beachte, Johannes sagt nicht einfach: „Das Blut Jesu", sondern er sagt: „Das Blut Jesu Christi, Seines Sohnes." Warum häuft er hier die Ausdrücke so stark auf? Er will uns gewiß damit die Kraft dieses Blutes vor Augen stellen. Das Blut, das uns reinigt von jeder Sünde, ist das Blut Jesu Christi, des Sohnes Gottes.

Führungen

Psalm 105,17-22

Gott reinigt auch durch Führungen. Er bringt uns in Verhältnisse und Situationen, bringt uns mit Menschen zusammen, wo unser Inneres nach außen gekehrt und der wahre Grund unseres Herzens aufgedeckt wird. Es können Dinge in unserm Innern schlummern, oder vielleicht leben und wirken sie in unserm Wesen; aber wir waren bis jetzt blind darüber und noch nicht reif, daß Gott sie uns in Sein Licht stellen konnte. Aber nun tut es Gott, und wir lernen uns nach einer Seite hin kennen, wie wir und andre uns bis dahin nicht gekannt haben.

Israel wurde von Gott in die Wüste geführt, wo ihnen auf einmal alles das fehlte, was sie bis jetzt im Überfluß zu genießen hatten. Und was geschah? *Sie murrten wider Gott,* weil Brot und Wasser nicht zur gewünschten Zeit da war; aber in der Wüste mußten sie sehen, was sie selber waren. Wenn jemand in Ägypten zu den Israeliten gesagt hätte: Ihr werdet auch einmal murren wider Gott!, so hätten sie geschworen, daß sie das nie tun würden. Und siehe, als sie in die Wüste kamen, da taten sie es wirklich! Nur zwei von 600000 Männern haben diese Prüfung bestanden und ließen sich reinigen durch diese Führung. Josua und Kaleb waren es, die Jahwe völlig vertraut hatten in Seinen Führungen und Ihm darum *völlig nachgefolgt* sind (4.Mose 14,24). Wie oft haben wir hier die Prüfung nicht bestanden, haben gemurrt, statt uns gebeugt und Ihm vertraut, haben die Verhältnisse und Menschen angeklagt, weil wir nicht verstanden, daß sie nur Mittel sein sollten zu tieferer Reinigung. Und so sind wir wieder mit den Schlacken aus dem Tiegel gekommen. Uns ist keine Hilfe geworden, weil wir Gottes Absicht vereitelt hatten durch unsern Eigenwillen. Aber weil der Herr Geduld mit uns hat, fängt Er noch einmal von vorn an – oft nur auf eine wehertuende Weise. Weil Er den kürzeren Weg mit uns nicht gehen konnte, geht Er nun den längeren (2.Mose 13,17).

Auch unheilige Menschen braucht Gott zu unsrer Reinigung. Jakob mußte mit einem Laban zusammenkommen, damit er an seiner Ungerechtigkeit seine eigene verabscheuen lernen sollte. Jakob hatte übervorteilt, und er kam zu einem Übervorteiler. Haben wir nicht ähnliche Erfahrungen gemacht? Sind wir nicht oft mit Menschen zusammengestellt worden, die unsern gleichen Typus hatten mit allen seinen Fehlern? Aber statt an ihnen uns hassen zu lernen und uns reinigen zu lassen, haben wir sie gehaßt und uns noch mehr verunreinigt mit ihrer Unreinheit. Hanna machte es besser. Sie hatte Peninna neben sich, die sie kränkte Jahr für Jahr. Aber Hanna sagte nicht zu ihrem Mann: Ich laß mich scheiden! Ich lauf davon! Nein, sie ließ sich reinigen. Und so wurde sie eine fruchtbare Rebe, die einem Samuel das Leben schenken konnte. Sie sah die Peninna nur als Messer, das der Weingärtner brauchte zu ihrer Reinigung. Du mußt die Menschen, die dich betrüben, nicht ansehen als eine Last, sondern als einen Schleifstein, den der himmlische Schleifer braucht, um dich schön zu machen, als einen Hammer, den der Meister nötig hat, um dem Eisen die rechte Form zu geben. Geh in die Schmiede und frage den, der am Amboß zuschlägt, wie er wisse, wohin er zu schlagen habe mit dem großen Hammer, so wird er dir antworten: Immer dahin, wo der Meister mit dem kleinen Vorschlaghammer zuerst hingeschlagen hat. „*Du* hast Menschen über unser Haupt fahren lassen“, sagt David. Das hat Gott zugelassen. Joseph wurde ins Gefängnis geworfen von den Ägyptern. Und sie zwangen seine Füße in den Stock, und sein Leib mußte in Eisen liegen (Ps. 105). Wie lange? Bis daß Sein Wort kam und die Rede des Herrn ihn durchläuterte. Da sandte der König hin und ließ ihn losgeben. Über den Ägyptern stand Jahwe. Er ließ es zu, daß er in Zwang und Eisen kam, und Er sorgte dafür, daß er keinen Augenblick länger darin blieb, *„bis die Rede des Herrn ihn durchläutert hatte"*, bis Gott eine tiefere Reinigung an ihm zustande gebracht hatte. Führung fordert Stille, weil es Führungen sind abwärts, die unsre eigenen Kräfte in den Staub beugen, wie wir sehen bei der Befreiung Israels (2.Mose 5,6ff). Nicht nur Pharao mußte beiseitegesetzt werden, sondern auch Israel und sogar Mose und Aaron. Denn nicht nur Pharao sollte Jahwe kennen lernen, sondern auch Mose und Israel. Und darauf zielen ja vor allem die Führungen Gottes mit uns ab, uns beiseitezusetzen und Raum zu machen für Gott, so daß Gott sei alles und in allem und auch über den Höhen und Tiefen unseres Lebens stehe: *„Zur Verherrlichung Gottes, des Vaters"* (Phil. 2,11).

Wer überwindet!

Offenbarung 2,11-3,21

Eine dreifache Bedeutung liegt wohl in dem: *„Wer überwindet"*, das wir am Schluß von jedem der sieben Sendschreiben finden: 1. *eine Mahnung,* 2. *eine Ermutigung,* 3. *eine Verheißung.*

1. *Eine Mahnung.* Mit diesem „wer überwindet" ist nicht nur gemeint eine Überwindung der Sünde und der Welt im allgemeinen Sinn. Es soll nicht den Gegensatz bezeichnen zu dem früheren Weltleben, denn es richtet sich ja an die Gemeinde des Herrn. Es richtet sich an einzelne in der Gemeinde und will sagen: Wer die Trägheit, Gleichgültigkeit, das Abweichen und Zurückbleiben in den Gemeinden überwindet, wer da, wo andre hängen- und stehengeblieben sind, durchbricht, wer trotz aller Veräußerlichung um sich her in den göttlichen Linien bleibt und dem göttlichen Ziel zueilt, wer nicht wie Orpa umkehrt, wenn sie von Bitterkeit und Entsagung hört, sondern wie Ruth durchbricht und ihr Leben wagt (Ruth 1,6-14). Der erste und engste Kreis, wo wir Überwinder werden sollen, ist nächst der Familie die Gemeinde, der wir angehören und die ja auch nur eine Familie ist im weitern Sinn des Wortes. In der Familie, Mann gegen

Frau und Frau gegen Mann, gab es die erste Niederlage, und hier ist auch der Platz, wo der Überwinder die erste Probe machen muß; hier sollen die Überwinder erzogen und gebildet werden. Manche verlassen den Familienkreis, weil der Übungen hier so viele sind und weil ihnen dieselben so alltäglich und wertlos erscheinen, und treten in den Missionskreis, um dort in den Linien der Überwinder zu kämpfen; andre verlassen ihren Gemeindekreis und schließen sich einem andern an, in der Meinung, dort eher ein Überwinder werden zu können. Aber das ist nicht der Weg, auf dem man ein Überwinder wird. Der Herr hat die Treuen nicht aus der Gemeinde weggerufen, sondern sie ermahnt, da ein Überwinder zu werden, wo sie stehen. Erst wenn wir uns in dem engen Kreis der Familie, der Gemeinde ausgewiesen haben als Überwinder, kann uns der Herr in weitere Kreise führen. Mancher will ein *„Zeuge"* sein, bevor er ein *„Zeugnis"* gewesen ist. Die Art und Weise aber, wie Gott Seine Zeugen bereitet, ist: erst ein Zeugnis, dann ein Zeuge.

2. *Eine Ermutigung.* Gewiß muß dieses Wort noch mehr sagen, als bloß die Hindernisse überwinden, an welchen andre in der Gemeinde hängengeblieben sind; denn diese Aufforderung wird von dem Herrn ja auch an diejenigen Gemeinden gerichtet, für die der Herr keinen Tadel, sondern nur Lob und Ermutigung hat. Hier muß es also heißen: Wer vorwärts schreitet, wer Schritt hält mit dem Geist, wer bis zum Ziel durchdringt. Denn wenn wir auch momentan so stehen würden, daß der Herr nichts an uns zu tadeln hätte, wenn Er auch nicht als der Strafende und Korrigierende vor uns stehen müßte, so steht Er doch allezeit vor uns als der Winkende, der uns winkt, dem Ziel zuzueilen, Ihm nachzukommen. Denn wir sind ja doch auf keine Linie bis zum letzten Punkt gekommen. Es ist noch nicht erfüllt an uns, was von den Überwindern geschrieben steht (Offb. 12,11): „Sie haben ihn (den Satan) überwunden." Der Mensch wurde geschaffen und in das Paradies gesetzt, um ein Überwinder des Satans zu sein, um das Böse, das schon vor dem Menschen auf der Erde war, zu verdrängen. Der Mensch sollte der Rivale des Satans sein. Aber statt dessen ist er unter die Herrschaft des Satans gekommen, bis Christus kam, der uns aus der Obrigkeit der Finsternis und aus der Gewalt Satans *befreite* und kraft Seines Blutes uns wieder zu Königen und Priestern gemacht hat, die über die Erde herrschen. Denn es muß ein Augenblick kom-

men, wo die Überwinder kraft des Blutes des Lammes den Satan verdrängen werden aus seinen bis jetzt behaupteten Stellungen.

3. *Eine Verheißung.* Auch will der Herr durch dieses: *„Wer überwindet!"* eine neue Disposition schaffen in uns für größere Segnungen. Er sagt: Wer überwindet, *dem will ich geben... den will ich machen... den will ich kleiden... den will ich setzen usw.* Jedesmaliges Überwinden schafft in uns eine Disposition, bringt uns auf einen Boden, wo wir neue und größere Segnungen empfangen können. Die in gegenwärtigen, geringen Dingen sich ausgewiesen haben als solche, die Geduld und Tragkraft haben, die will Er zur Säule machen in Seines Gottes Haus. Hier geht es nach dem Grundsatz: *„Gnade für Gnade"* (Joh. 1,16), d. h. wir empfangen eine Gnade, leben sie aus und bringen sie zurück und empfangen dafür eine weitere und tiefere Gnade. Und so muß es auch sein. Wir können ja nicht Kinder bleiben, sondern sollen Überwinder werden, wie auch die Offenbarung das letzte Buch der Bibel, uns nicht mehr *„Kinder"*, sondern *„Überwinder"* nennt.

Verborgene Opfer

„Wie eine Wurzel aus dürrem Erdreich" (Jes. 53,2)

Wie dürre Erde für eine Wurzel, so war für Jesus seine Umgebung, sagt dieser Vers. Er hatte keine Nahrung, keine Unterstützung von Seiten Seiner Umgebung. Er fand nicht die Lebensbedingungen in ihr – und doch ist Er gediehen! Warum? Weil Er Sein Leben von oben hatte. Er lebte durch den Vater. Und Er legte das von oben empfangene Leben hinein in Seine tote Umgebung und verschlang so den Tod und weckte das Leben auf. Er war wohl wie eine Wurzel im Menschenerdreich; aber nicht um darin Sein Leben zu finden, sondern um da hinein Sein Leben zu legen. Das war ein verborgenes Opfer.

Die Botanik lehrt, daß Bäume, wie z. B. die Föhre und Tanne, die auf Stein und Felsen wachsen, erst durch einen gewissen Saft, den sie in ihren Wurzeln haben, die Steine vor sich her zerlegen und so der Wurzel Bahn machen, um sich ausbreiten zu können. Sie legen also zuerst hin, sie setzen zuerst ihr Leben ein, bevor sie Leben nehmen können. Das sind verborgene Opfer. Und so ist es möglich, daß sie an

Orten existieren und gedeihen können, wo es für andre einfach unmöglich wäre. Und hat nicht Er, die Wurzel im dürren Erdreich, das in besonderer Weise getan? Hat nicht Er Sein ganzes Leben ausgeschüttet, bis Er in dem dürren Erdreich der Menschheit einen Widerhall von Liebe und Leben gefunden hat? Er hat das Leben erst aufgeweckt durch Seinen Tod, in den Er sich gab, wie der Prophet weiter unten sagt: „Wenn Er Sein Leben zum Schuldopfer gestellt haben wird, so wird Er Samen haben." Keine offenbare Frucht ohne verborgenes Opfer, ist Gesetz im Reich Gottes.

O welch eine Antwort ist dieses Zeugnis auf die Klagen so vieler Kinder Gottes betreffs ihrer Umgebung und ihrer Verhältnisse. Für Lämmer gibt es keine Verhältnisse, die sie aufhalten und ihr Wachstum hindern könnten. Weil sie zuerst Gebende sind und nicht Nehmende, gedeihen sie auch da, wo für andre, welche diese Gnade nicht haben, eine Existenz ein für allemal unmöglich wäre. Denn mit Geben kommt man überall durch und gewinnt Frucht – und bleibt frisch! Da haben wir das Geheimnis, warum wir so viele fruchtleere, müde, ungetröstete Kinder Gottes haben. Ihre Gebete, ihr Bibellesen, ihre Tränen sind ein großes Betrüben des Heiligen Geistes; denn sie suchen in dem allem nur sich selbst, d. h. sie sinnen nur darauf, wie in dem allem ihre Bedürfnisse befriedigt werden können. Sie haben nicht verstanden, daß sie das Salz der Erde sind. Gibt oder nimmt das Salz?

Wann fangen wir an, auch hierinnen unsern Beruf zu verstehen und hören auf zu klagen über unsre Umgebung und hören auf, unser Zukurzkommen zu entschuldigen mit unsern ungünstigen Verhältnissen! Unser Christentum soll nicht länger dem Lotteriespiel gleichen, wo man für einen geringen Einsatz ohne Mühe einen hohen Preis gewinnt. Sondern wir wollen lernen von dem Lamm, das als Motto hatte: „Ich bin nicht gekommen, daß Ich Mir dienen lasse, sondern daß Ich diene und gebe Mein Leben." Er setzte zuerst den großen Preis ein; Er gab zuerst das Kapital, ehe Er die Zinsen forderte; Er säte erst, bevor Er ernten wollte.

Teures Kind Gottes, was hast du hineingelegt in deine Umgebung? Kennst du die verborgenen Opfer, die stillen Opfer, die so groß sind in Gottes Augen? Das ist königlich, wenn wir unser Leben geben können, ohne daran zu denken, daß etwas dabei herauskommt für uns, ohne daß wir die Frucht unseres Opfers genießen wollen, sondern daß es auch für uns selbst ein verborgenes Opfer ist. So war es bei Jesus. Am Kreuz sah Sein Leben aus wie ein verlorenes; aber über dem Kreuz stand der Geist und wachte mit heiliger Besorgnis darüber, daß von dem Leben, das in den Tod gegeben war, nichts verloren ging. Aber es bedarf Gottesherrlichkeit, um solche Todeswege gehen zu können, wie wir lesen Hebr. 2, 9. Und nur diejenigen, welche in der Aufopferung ihres Lebens den Wert ihres Lebens gesehen haben, werden hier Schritt halten mit dem Lamm. Denn es handelt sich bei ihnen nicht um große Taten, sondern um ein großes Motiv, womit sie jedes geringste Werk adeln. Und dieses Motiv heißt: *„Alles meinem Gott zu Ehren!"*

Die wiederherstellende Gnade Gottes

Wissen Sie, welche Menschen der Botschaft von der Gnade am bedürftigsten sind? fragte mich jemand. Welche denn? Diejenigen, welche einmal auf dem Weg der Gnade gewesen sind und wieder abgewichen sind und jetzt nicht mehr den Mut haben, diesen Weg wieder zu betreten. Unsre Antwort ist:

„Gott hat auch eine wiederherstellende Gnade."

Wir sehen dies aus vielen Beispielen der Schrift und vielleicht am deutlichsten aus dem Leben Abrahams. Er war nach dem Befehl des Herrn aus seinem Vaterland in das Land Kanaan gezogen. Als aber eine Teuerung in dasselbe Land kam und Brot mangelte für seine Knechte und Futter für sein Vieh, da zog er, ohne den Mund des Herrn zu fragen, nach Ägypten. Und in Ägypten verlor er seine Frau, verlor er sein Zeugnis, verlor er seinen Altar, verunehrte er seinen Gott vor seinem Hause und vor den Ägyptern. Und was tat nun Gott mit ihm. Gott trat dennoch ein für ihn vor Pharao und führte ihn wieder zurück an den Ort, wo am ersten seine Hütte stand (1.Mose 13,1-3), also genau auf den Punkt, wo er abgewichen war. *Ist das nicht wiederherstellende Gnade?* Und diese Gnade hat Gott für jeden, der von seinem Abweg umkehrt wie Abraham.

Aber die wiederherstellende Gnade will uns nicht nur auf den Punkt zurückbringen, wo wir abgewichen sind, sondern, sie will uns auch auf einen höheren Punkt bringen, wo wir nicht mehr abweichen. Gott sagt im Propheten Hosea 14,5: *„Ich will ihre Abtrünnigkeit heilen“* – d. h. nicht nur den Schaden, der aus der Abtrünnigkeit kommt, sondern die Abtrünnigkeit selbst. Denn aus Abweichungen wird nur dann ein Segen, wenn der Aufgerichtete den Dingen, in denen er gestrauchelt ist, so gründlich entrückt wird, wie er es nie zuvor gewesen ist. Abraham zog nie mehr nach Ägypten; Petrus, der Gottes wiederherstellende Gnade auf so wunderbare Weise erfahren hat, verleugnete nie mehr seinen Herrn, wurde seinem Hochmut, der Ursache seines Falles, so gründlich entrückt, wie es nur zu denken möglich war. Das gleiche sehen wir bei dem „verlorenen Sohn“, der ebenfalls ein herrliches Beispiel ist von Gottes wiederherstellender Gnade. Der vorher mit nichts zufrieden war im Hause seines Vaters, wäre nun zufrieden gewesen mit der Stellung eines Tagelöhners. Aber der Vater hat ihm bei seiner Wiederherstellung *nicht weniger* gegeben, als er im Anfang hatte, sondern hat ihm *mehr* gegeben. Das will die wiederherstellende Gnade, sie will uns nicht nur wieder auf den Punkt bringen, wo wir zuvor waren, sondern sie will uns weiterbringen; sie will uns von dem Punkt, wo wir abweichen konnten, ganz entrücken und uns auf einen höheren Punkt heben. Dann ist wahr: „Und Seine Gnade ist an mir nicht vergeblich gewesen!“ *Nicht weniger Gnade mußt du nach deinem Fall von deinem Gott erwarten, sondern mehr Gnade,* damit du nicht mehr abfällst. Gott gibt tiefere Gnade, um dich dadurch fester an sich zu binden, völliger in Seine Hand zu bekommen, damit von nun an dein Weg ein Weg ohne Abbiegungen sei.

Es gibt Punkte im Leben eines Kindes Gottes, wo jahrelange Zickzackwege sich plötzlich gestalten zu einem geraden Weg. Jakob hat einen solchen Punkt in *„Bethel“* gehabt, als Gott ihm sagte: „Du sollst nicht mehr Jakob heißen, sondern Israel – und also nannte man ihn Israel.“ Sein Weg war bis dahin ein Zickzackweg; aber von da an wurde sein Weg ein gerader Weg, von da an errang er sich noch die Heldenschaft im Glauben. Denn wir finden auch ihn, der so lang und so oft geschwankt hat, zuletzt noch unter den Glaubenshelden; die Gnade brachte noch etwas in sein Leben hinein, das der Geist aufbewahren konnte zum Segen für andre und das Er brauchen konnte zum Bau des Reiches Gottes. Das ist die Macht der Gnade, die nicht ruht, bis sie uns doch zuletzt auf den Punkt gebracht hat, wo sie uns haben wollte und wo wir noch ein Preis geworden sind der Gnade Gottes über uns. – Bist du abgewichen? Suche nicht das Verlorene nur, sondern suche *mehr.* Gott hat mehr Gnade für dich, als du bisher gehabt hast. Der Geist gibt *„reichlichere Gnade",* lesen wir Jak. 4,6. Er führt dich nicht *zurück* zu deinen früheren Erfahrungen, sondern Er führt dich *vorwärts* zu weiteren und tieferen Gnaden.

Anfechtungen

und wie wir uns zu denselben stellen sollen

Dies zeigt uns vor allem Jakobus in seinem Brief. Er redet dort von vier verschiedenen Arten von Anfechtungen, die wohl alle Arten von Anfechtungen in sich schließen.

Zuerst sagt er: *„Achtet es für lauter Freude, wenn ihr in mancherlei Anfechtungen fallt...* da ihr wisset, daß die Bewährung eures Glaubens *Geduld wirkt"* (Jak. 1,2-4). Damit sind wohl gemeint die Anfechtungen, wie sie ein Nachfolger Jesu findet im täglichen Leben: in den Übungen im Haus, in den Schwierigkeiten im Geschäft, in dem Spott von Seiten der Welt. All diese Anfechtungen soll ein Jünger Jesu nicht umgehen, sondern sie begrüßen als eine Gelegenheit, in welcher er durch den Glauben Gott verherrlichen kann und durch Geduld für seinen inneren Menschen gewinnen kann. Der Streit zwischen den Hirten Lots und den Hirten Abrahams war für Abraham eine solche Anfechtung, die seinem Glauben Gelegenheit gab, die herrlichste Probe abzulegen (1.Mose 13), und die Gewalttätigkeit der Peninna war für Hanna eine solche Anfechtung, in welcher die Geduld ein vollkommenes Werk an ihr tun konnte. *Denn die Geduld verinnerlicht.* Sie bringt das, was du als bloße Lehre nur mit dem Kopf besessen hast, in dein Herz und Wesen hinein und macht es dort zu einer *friedsamen* Frucht der Gerechtigkeit. Sie bereitete Hanna zu, daß ihr Gott einen Samuel geben konnte, und machte sie geschickt, den kommenden Geschlechtern so klare Lehren zu geben von den Wegen Gottes mit den Seinen, wie wir sie nicht tiefer und herrlicher finden im Neuen Testament (1.Sam. 2).

Zum *andern* sagt Jakobus: „Selig ist der Mann, der die Anfechtung *erduldet...*" (Jak. 1,12). Darunter sind wohl die Anfechtungen zu

Entmutigungen zu verstehen, die uns den betretenen Weg als zu schwer und das vorgestellte Ziel als zu hoch erscheinen lassen. Es sind Anfechtungen, wie der Landmann sie zu erdulden hat (Jak. 5,7-11), bis er die reife Ernte heimgebracht hat. Wir sind ja im göttlichen Leben noch auf keiner Linie bis zum letzten Punkt gekommen, es ist bei uns noch alles im Werden; die ganze Ernte ist sozusagen noch draußen. Aber wir sollten uns durch unsre Unzulänglichkeit, Unreife und Unfertigkeit in göttlichen Dingen nicht entmutigen lassen, und wir sollen im Blick auf das hohe Ziel und unsre Stellung zu demselben nicht verzagt werden. Wir sollen in der Übung bleiben, wie Paulus sagt: „Übe dich in der Gottseligkeit!" Ein Künstler wird mehr versucht sein, seine Sache aufzugeben, als ein gewöhnlicher Handwerker; aber wenn er die Anfechtung erduldet und sich nicht beirren läßt, wird auch sein Lohn um so größer sein. Die Anfechtung erdulden heißt aber nicht nur: Geduld haben mit sich selbst, sondern auch Geduld haben mit andern, die mit Vorurteil gegen uns erfüllt sind, die lieblos unser Tun beurteilen und nur ein kritisches Auge und ein erregtes Herz für uns haben. Wer in göttlichen Dingen einen Schritt weitergehen will als seine Umgebung, als der Kreis, dem er angehört, der muß sich auf diese Dinge gefaßt machen. Aber auch sie dienen nur zu seiner tieferen Reinigung. Luther mußte sich auch deswegen so genau ans Wort Gottes halten, weil so viele kritische Augen und feindselige Herzen seine Worte untersuchten.

Zum *dritten* sagt er: „Niemand sage, wenn er versucht wird, er werde von Gott versucht… ein jeder wird versucht, wenn er von seiner eigenen Lust gereizt und gelockt wird" (Jak. 1,13-15). Diese Art Anfechtung, die wir alle sehr wohl kennen, sollen wir weder begrüßen noch dieselbe erdulden, sondern uns von derselben geschieden halten bis hinein in den innersten Nerv unseres Wesens und bis hinaus in die äußerste Grenze unseres Lebens; denn sie weckt bei uns die Lust zum Fleisch, die Lust zum Reichtum, die Lust nach Ehre usw., und wenn die Lust sich ihr hingegeben hat und von ihr empfangen hat, gebiert sie die Sünde. Denn Lust von innen und Versuchung von außen gebiert die Sünde.

Als *viertes* nennt Jakobus die Versuchungen von Seiten des Teufels; diese sind so mancherlei Art, und der Versucher tritt selbst in so verschiedenen Gestalten auf, daß uns eine siegreiche Überwindung fast unmöglich erscheinen will. Aber Jakobus gibt uns hier ein kurzes Rezept, ein Rezept in nur drei Worten: *„Unterwerft euch Gott!"* Dann – *„Widersteht dem Teufel, so flieht er von euch!"* (Jakobus 4,7), d. h. unterwirf in jeder Linie deinen Willen Gott, nimm in allen Dingen Partei für Gott, so stehst du und Gott zusammen, und der Teufel steht allein und hat verlorenes Spiel.

Reinigung und Dienst

Hebräer 9, 14

Um dem lebendigen Gott einen lebendigen Dienst tun zu können, bedürfen wir der tieferen Reinigung, der Reinigung nicht nur von *bösen Werken,* sondern auch von *„toten Werken"*, wie unser Text sagt. Jedes Lied, das wir nicht aus dem Geist gesungen, jedes Gebet, das wir nicht aus dem Geist gesprochen, jeder Dienst für Gott, den wir nicht aus dem Geist getan haben, ist ein totes Werk, wovon wir gereinigt werden müssen durch das Blut des Christus, so daß wir Gott dienen können in der gleichen Gesinnung, im gleichen Geist, in welchem Christus Sein Blut vergossen hat. Der Heilige Geist ist ein *Opfergeist,* und in diesem Opfergeist hat Christus Sein Blut vergossen, das uns nun reinigt von unsern toten Werken, die aus der Selbstsucht geboren sind und die den Stempel unserer Eigenheit tragen, damit wir geschickt sind, dem lebendigen Gott zu dienen, d. h. Gott nicht mehr unser Eigenes bringen, das ja nur Tod und Verwesung ist. Wir bringen nur Leichname ins Heiligtum, solange wir Gott einen Dienst bringen, der nicht aus dem Opfergeist getan ist.

Umgekehrt reinigt auch der Dienst selber wieder zum Dienen. Und vielleicht ist nichts so sehr dazu angetan, uns tiefer in die Reinigung von allem Selbstischen zu führen, als gerade der Dienst. Die Lektion, die Gott dem Mose gab bei dem brennenden Dornbusch, gibt Er allen denjenigen, die Er in seinen Dienst beruft. Gott sprach zu Mose: „Stecke deine Hand in deinen Busen!" (2.Mose 4,6). Und er steckte seine Hand in seinen Busen und zog sie wieder heraus – und welche Entdeckung! Sie war aussätzig wie Schnee. Was wollte Gott ihm damit sagen? Er wollte ihm damit sagen: Alles, was aus deinem Busen kommt, ist so wie deine Hand. Das war eine sehr demütigende

Lektion. Bruder, stecke deine Hand in deinen Busen! Ziehe sie heraus! Wie ist sie? Aussätzig wie Schnee. Weißt du jetzt, was du von dir zu halten hast? Kannst du dich jetzt noch rühmen deiner Liebe, deiner Aufrichtigkeit usw.? Kannst du jetzt noch andre aufgeben und sie für untüchtig halten? Nein! Bevor Jesajas das *„Wehe"* über ein abgewichenes Volk aussprechen konnte, bevor er zu andern sagen konnte: *Du bist verloren!* mußte er erst selber über sich rufen: *„Wehe mir! Ich bin verloren!"* (Jes. 6,5). Solange wir diese Lektion nicht gelernt haben, sind wir überhaupt ungeschickt zum Dienst. Wir müssen sprechen gelernt haben: „Das Beste, was von mir geschieht, ist Selbstsucht und Schein!"

So fordert der Dienst eine beständige Selbstvernichtung und ein Unterschreiben des Todesurteils über uns. „Ich will ihm zeigen, wie viel er leiden muß", sagte der Erhöhte von seinem Knecht Paulus. Dienst bringt Leiden, tiefe Leiden, innere Leiden und Seelenkämpfe, wie Paulus sagt: „Wer leidet, und ich brenne nicht?" Leiden durch unsre Unzulänglichkeit im Dienst. Wohl in nichts anderm wird uns die Wahrheit von *fleischlich* und *geistlich* immer wieder so zu Gemüte geführt als gerade im Dienst. Der Dienst ist geistlich, und ich bin fleischlich. Das bringt tiefe Demütigungen, Entmutigungen und innere Geburtswehen. Gestern begegnete Josua seinem Volk im Lager zu Gilgal mit einem scharfen Messer und reinigte sie von dem *„weltlichen Wesen"*, und heute begegnete ihm Gott vor den Mauern Jerichos mit einem *Schwert,* um ihn zu reinigen vom *„eigenen Wesen"* (Jos. 5). So führt der Dienst in einen immer tieferen Tod unsers eigenen Ichs, zu einer tieferen Reinigung von uns selbst, die nur größere Fruchtbarkeit zur Folge haben wird.

David spricht im 23. Psalm von einem *„bereiteten Tisch",* von einem *„gesalbten Haupt"* und von einem *„überfließenden Becher"* – aber erst nach den Todesschatten! Erst wenn die Todesschatten des Kreuzes über unser Wesen gegangen sind, kann Gott uns einen immer bereiteten Tisch, ein gesalbtes Haupt und einen überfließenden Becher geben. Wir wollen darum die tiefere Reinigung nicht scheuen, denn sie ist nötig zum Dienst, und wir wollen den Dienst nicht aufgeben; denn er führt uns zu tieferer Reinigung.

Hingabe und Segen

1. *Wie bewahre ich den empfangenen Segen?*

Jeder empfangene Segen muß uns zu einem völligeren Opfer machen für Gott. Das ist Segen, der bleibt. Ps. 118,27 lesen wir: „Jahwe hat uns Licht gegeben, bindet das Festopfer mit Stricken bis an die Hörner des Altars." Ein Beweis, daß du Licht empfangen hast von Gott, liegt darin, daß du willig bist, dich fester binden zu lassen von deinem Gott als ein Opfer, daß du entschlossener bist als je, daß dein Weg ein Opferweg und dein Leben ein Opferleben werde. Wenn du mit diesem Entschluß zurückgehst in das Alltägliche, dann kannst du ohne Furcht sein, den empfangenen Segen zu verlieren, im Gegenteil, dann bedeuten deine Schwierigkeiten nur Vermehrung des Segens, und was dir bis jetzt wie ein Hindernis schien auf dem Weg der Nachfolge, das wird dir zum Strick, der dich fester bindet an den Altar als ein ganzes Opfer. Viele sind bereit, ihr Leben zu verlieren, aber in dem *„wie"* und *„wo"* sie es verlieren sollen, sind sie nicht willenlos. Gott hat zu Abraham gesagt: „Opfere deinen Sohn auf einem Berg, *den Ich* dir zeigen werde." Gott zeigt uns auch den Ort, wo wir unsre Opfer bringen sollen. Viele sind bereit, zu opfern auf dem Missionsberg. Gott aber hat vielleicht den Familienberg dazu ausersehen. Viele wären bereit, *an der Sonne* zu sterben; aber das Weizenkorn, das Frucht bringen soll, *muß in der Erde ersterben.* Die Natur ist auch bereit zu opfern, sie ist sogar bereit zu sterben, aber es muß auf ihre Weise geschehen. Hätte Petrus mit dem Schwert in der Hand sein Leben lassen können für seinen Herrn, er hätte es gewiß getan. Aber als der Herr ihm dieses wehrte und gebot, als ein Lamm Ihm zu folgen und als ein Lamm zu überwinden, da war all sein Mut dahin. O wie wenig Reiz hat der Weg dem Lamme nach für unsre Natur! Sie will auch kämpfen und ihr Leben wagen, aber auf eine heldenhafte Weise und nicht nach der Weise des Lammes. Sie liebt nicht die verborgenen Opfer und den verborgenen Tod.

2. *Wie vermehrt sich der empfangene Segen?*

Jeder empfangene Segen muß umgesetzt werden in ein Opfer. So vermehrt er sich. Auf den Segen, den wir niederlegen auf den Opferaltar, legt Gott noch größeren Segen hinzu. Abraham mußte auch deswegen seinen Sohn auf den Altar legen, damit Gott Gelegenheit gegeben war, noch größeren Segen auf den Isaak zu legen. Lies nur 1.Mose 22 bis zu Ende. Da auf dem Altar legte Gott die größten Verheißungen auf den Isaak. O wie oft haben wir die Tür zu größeren Segnungen verschlossen, weil wir den empfangenen Segen behalten wollten für uns, statt ihn umzusetzen in ein Opfer, um dadurch den Segen zu *vermehren und ihn unvergänglich* zu machen.

Warum wir heute, trotz dem vielen Unterricht doch so wenig Erkenntnis haben, rührt vor allem daher, daß wir uns durch das empfangene Licht nicht zum Altar führen ließen, und so ist das Licht zum bloßen Wissen herabgesunken, das die Aufrichtigen nur unglücklich macht und die Unaufrichtigen zu einer abstoßenden Karikatur ausformt. Denn jeder Lichtstrahl von oben, der nicht als Frucht ein Opfer zur Folge hat, geht seines Lebensinhaltes verlustig. Laßt uns doch lernen von dem Lamm! Er setzte all die von oben empfangenen Segnungen um in Opfer, und zuletzt setzte Er alles um in das große Opfer am Kreuz. Und so ist Sein Leben *„das unauflösliche Leben"* geworden. Und hat Paulus mit den empfangenen Segnungen etwas anderes gemacht? Er hat sie umgesetzt in Opfer. Darum hat sein Leben einen solchen Ewigkeitsinhalt bekommen.

Kürzlich schrieb mir jemand: „Ich möchte ein ausgegossenes Leben meiner Umgebung geben; wie ein Trankopfer möchte ich sein, woran kein einziges Tröpflein vom eigenen Leben klebt, das Gott unangenehm und den Menschen schädlich sein könnte." So wird unser Leben ein überfließendes.

Unsre Zusammengehörigkeit mit Christus

Viel tiefer als Heilsgewißheit ist das Bewußtsein unsrer Zusammengehörigkeit mit Christus von Ewigkeit her. Wir sind Berufene und Erwählte, bestimmt von Ewigkeit her für den Sohn. Ein ewiger Gnadengedanke Gottes waltet über uns. Daß wir bekehrt worden sind, ist nicht der Anfang der Gnade mit uns, sondern nur ein Offenbarwerden der ewigen Gnade über uns. Und daß wir zu Jesus gekommen sind, ist nur der Beweis, daß wir vom Vater dem Sohne gegeben sind. In der Bekehrung haben wir den Anfang gemacht mit Gott, aber Gottes Anfang mit uns reicht zurück bis in die Ewigkeit der Ewigkeiten.

Wir sind nicht geschaffen für den Kampf ums Dasein, nicht für die Sünde, nicht für die Hölle, ach nein! Wir sind geschaffen für den Sohn; wir sind da für Ihn. Ihm zur Wonne (Spr. 8,31), Ihm zur Herrlichkeit (Jes. 43,7), Ihm zum Erbteil (Eph. 1,18). Wir sind der Reichtum Seines herrlichen Erbes, die Vollendung dessen, der alles in allem vollendet, wie wir lesen in Eph 1. Gott hat uns erwählt in Christus und geschaffen für Ihn. Gott sah und sieht uns nie allein; Er sieht uns immer in Verbindung mit dem Sohn. Denn Alleinsein bedeutet für uns soviel als Verlorensein. Schon vor Grundlegung der Welt hat uns Gott mit dem Lamm zusammengestellt (Offb. 13,8). Bevor die Welt war, bevor die Sünde war, bestanden schon im Herzen Gottes die herrlichsten Ratschlüsse unsrer Vereinigung mit Christus. Mit Ihm fängt unsre Geschichte an, mit Ihm wird sie fortgesetzt, und mit Ihm wird sie beendet, um droben wieder neu anzufangen – ohne aufzuhören. Alles steht in Beziehung zu Ihm, was im Himmel und auf Erden ist. Denn Gott hat alles durch Ihn und für Ihn geschaffen, und alles besteht in Ihm – auch du und ich!

Wir sind die Liebesgabe, die der Vater dem Sohn gegeben hat, wie Jesus selber sagt in Joh. 17: *„Die Du Mir gegeben hast!“* Siebenmal finden wir in dem hohepriesterlichen Gebet diesen Ausdruck: „Die Du Mir gegeben hast!“ Diese Zusammengehörigkeit mit Ihm, das war es, was der Herr Jesus in jener schweren Stunde Seinen Jüngern tief ins Herz legen wollte und was sie stärken sollte, bei Ihm auszuharren. Aber sie hatten noch kein Verständnis dafür! Und wie viele Jünger Jesu von heute haben kein Verständnis dafür. Darum der knechtische Geist und das unbefestigte Herz.

Denn es ist ein großer Unterschied, ob wir uns als *„Gefundene“* oder als *„Erwählte“* ansehen. In dem Gefundenwerden liegt etwas wie Zufall; aber in dem Erwähltsein sehen wir die ewige Gnade Gottes über uns. Wo einer Seele dies aufgeschlossen wird durch den Geist, da ist die Frage über Heilsgewißheit für immer gelöst; denn es ist ihr so klar und so selbstverständlich, daß der Gott, der uns erwählt und geschaffen hat in Christus, uns auch erlöst hat in demselben. Da hören auch die Klagen und die Zweifel auf. Denn zwei Dinge kann eine solche Seele nicht mehr tun: Sie kann nicht mehr klagen und sie kann nicht mehr zweifeln. Sie trägt den Adel eines Auserwählten. Sie weiß sich auserwählt von Gott *für* den Sohn. In ihr Herz ist ausgegossen die Liebe Gottes und sie kann in Wahrheit sagen: Abba, lieber Vater! Und so wird ihr ganzes Leben eine Antwort auf die Liebe Gottes.

Aber wir gehören nicht nur mit ihm zusammen, was den *Segen* anbetrifft, sondern wir gehören auch mit Ihm zusammen, was Seinen *Weg* hier anbetrifft. Johannes sagt: „Wie Er gewesen ist in dieser Welt, so sind auch wir in dieser Welt.“ Und wir gehören mit Ihm zusammen, was die *Zukunft* anbetrifft. Am Kreuze wurde offenbar, was Er für uns getan hat; heute wird offenbar, was wir für Ihn tun; und in Zukunft wird offenbar, was Er mit uns tun wird, wenn wir mit Ihm offenbar werden in Herrlichkeit.

Der Geist der Selbstentsagung

Diese göttliche Gesinnung der Selbstaufopferung ist eine Eigenschaft des Herzens, eine Essenz der Seele, gewirkt durch den Heiligen Geist. Sie kann nicht beschrieben werden mit Worten, man kann nur etwas davon sagen.

1. *Wahre Selbstentsagung hat einen Geist der Stille.* Sie leidet, ohne die Tiefe ihrer Leiden anzuzeigen vor Menschen. Ein Hund heult bei dem geringsten Schmerz oder Furcht; aber das Lamm bebt und leidet in der Stille. Seine Tränen sind Tränen des Herzens. Es mag angefahren, ausgescholten, kritisiert, mißverstanden und in tausend Wegen aufgehalten und gehindert werden, ohne zu schlagen, zu schelten oder zu drohen.

2. *Der Geist der Selbstentsagung ist unzertrennbar von völliger Unterwürfigkeit.* Aus einer Leidenschaft göttlicher Liebe hat er ruhig das Todesurteil über das Selbst unterzeichnet. Er kann tausend kleine Gaben und harmlose irdische Freuden und schöne Hoffnungen und Freundschaftsbande seinen Händen entrissen sehen, ohne aus der göttlichen Ergebung und Stille gerissen zu werden.

3. *Er ist ein fügsamer Geist, ohne eigene Pläne.* Er kann durch den Finger Gottes augenblicklich in irgendeine Richtung gelenkt werden. Er kann in einen Kerker oder Palast gehen mit gleicher Ergebung und Freiheit. Er hat seinen eigenen Willen in der Vereinigung mit Gott verloren. Er kann alte, fadenscheinige Kleider tragen und von einfa-

cher Speise leben und mit dankbarer und zufriedener Gesinnung, ohne einen Gedanken an Neid oder Gelüsten nach den schönen Dingen, die andre besitzen.

4. *Er nimmt das Leiden als seine natürliche Nahrung.* Das rauhe Kreuz, welches so viele Christen schreckt, umfaßt er mit dem Geist einer süßen, inneren Freude; denn er weiß, daß alle Leiden seine Liebe größer werden lassen. Was andre Christen meiden als Beschwerden, nimmt er gern an als eine süße Vereinigung mit Gott. Er verlangt nichts mehr als Liebe. Gern stirbt er wieder und wieder, um in Christus völliger zu leben. Er liebt seine Feinde mit großem Verlangen nach der Wiederkunft des Herrn; ihn verlangt, überkleidet zu werden mit der Herrlichkeit. Er würde gern keine natürlichen Freunde haben, wäre es nicht wegen der notwendigen Bedürfnisse und der Erholung für den Leib.

5. *Er nimmt menschliche Ehre nicht für sich selbst an.* Wenn er Ehre oder Ruhm von seinen Mitmenschen erfährt, opfert er dieses beständig dem Herrn, anstatt es für sich selbst zu genießen. Sein größter Genuß ist, in Gott zu versinken und klein zu sein. Es ist ihm Bedürfnis, sich zu demütigen vor Gott und Menschen. Er meidet Debatten und Streitfragen und theologische Argumente.

6. *Er ist bescheiden und zurückhaltend.* Er würde lieber die Leiden andrer auf sich nehmen, als ihnen ihre Freude rauben. Er hat eine süße, innere Vision von der Person Jesu und ist von der göttlichen Schönheit von Christi innerlichem Herzensleben so eingenommen, daß selbst die schönen und ehrbaren Dinge der Erde keine Anziehungskraft für ihn haben.

Wenn die Seele in die Heiligung eingeht, erfährt sie nur den Anfang dieses Geistes, der beständig wachsen und zunehmen soll, bis die Kreuzigung und Selbstentsagung zur alles verzehrenden Leidenschaft wird. Dann geben alle Arten von Weh und Beschwerden, Schwierigkeit und Armut nur neues Material für das Feuer selbstaufopfernder Liebe.

Dies ist der Geist, der die Tür des Himmels erschließt, ohne sie zu berühren. Durch diesen Geist werden Feinde in Freunde verwandelt und die Herzen der Sünder gerührt. Es ist der Geist, der den Teufel zuschanden werden läßt und der die Seele dem Herrn so köstlich macht wie Seinen Augapfel.

Bleibt in Meiner Liebe!

Johannes 15,9

Diesmal ist es mir Bedürfnis geworden, einige Worte zu den *Entmutigten* zu reden, und zwar in Bezug auf das *Bleiben in Jesus.*

Eine Hauptwaffe des Feindes gegen Kinder Gottes sind die Entmutigungen. Israel kam nicht in das Land der Ruhe, weil es sein Herz von den Kundschaftern verzagt machen ließ. Petrus ging, obwohl er ein Herz voll brennender Liebe zu Jesus und Seinem Dienst hatte, wieder zu seinem Fischerhandwerk zurück, weil er im Blick auf seine Vergangenheit und auf seinen Charakter sehr entmutigt war. Die Faustschläge, die Paulus von Satans Engel zu erleiden hatte, waren wahrscheinlich Entmutigungen im Blick auf seine Vergangenheit als Verfolger der Christen und im Blick auf die Arbeit und ihre Erfolge an den Gemeinden. Paulus wollte gern schwach sein, um der Kraft Gottes Raum zu machen; aber er wollte nicht entmutigt sein, um dem Feinde Raum zu geben. Schwach sein und entmutigt sein ist nicht das gleiche. Als David entmutigt war, sprach er in seinem Herzen: „Nun werde ich eines Tages durch die Hand Sauls umkommen" (1.Sam. 27,1); als er aber schwach war, sprach er voll tiefer, kindlicher Glaubenszuversicht: „Nur auf Gott vertraut still meine Seele! Nur Er ist mein Fels und meine Rettung, meine hohe Feste; ich werde nicht wanken" (Ps. 62).

Die unglückselige *Selbstkraft,* an die der Feind so gern appelliert, macht uns vor allen Dingen das Bleiben in Jesus schwer; sie ist die Hauptquelle der Niederlagen und Entmutigungen. Und wer müßte nicht zugeben, daß wir trotz aller dem Glauben gegebenen Verheißungen immer noch durch einen Überrest eigener Kraft geschwächt und durch einen Überrest eigener Gerechtigkeit beunruhigt werden? Diese Selbstkraft, das, was wir unser eigen nennen und als solches sorgsam bewahren, verschließt uns leider so lange die Kraft Gottes und hält uns so lange im Nebel und Dunkel, läßt uns so lange nicht zur Ruhe kommen.

O wie viel *nutzlose Anstrengungen* werden doch in Bezug auf das Bleiben in Jesus gemacht, wo eigentlich gar keine gemacht werden sollten! Jesus hat gesagt: „Kommt her zu Mir, Ich will euch Ruhe geben!“ Wie macht es der Müde, der gern ruhen möchte? Fängt er an zu arbeiten? Nein, sondern er setzt sich auf einen Stuhl oder legt sich auf ein Ruhebett. Ist Bleiben Anstrengung? Wenn es Anstrengung ist, so ist es schon nicht mehr Bleiben. Die Mutter hält ihr kleines, vierjähriges Kind an der Hand und sagt: Bleibe du bei mir! Warum? Um es vor den Anstrengungen, welche die größeren Kinder machen, zu bewahren. Viele strengen ihren Kopf an, um mit ihren Gedanken in *Jesus* zu bleiben. Sie wissen nicht, daß Bleiben gerade vor Anstrengung bewahren soll. Sie haben von ihrem Bleiben in Jesus nichts als einen müden Kopf und ein entmutigtes Herz. Hat Jesus das gemeint, als Er sagte: „Kommt zu mir“ und „bleibt in mir“? O nein! Er hat uns Sein Leben gebracht. Noch mehr! Sich selbst! Mein „Bleiben in Jesus“ war viele Jahre lang nur ein Haschen nach ihm, statt ein Bleiben in Ihm. Ich wollte den Geist empfangen, um stark zu sein und wirken zu können, statt durch den Geist stark zu werden am inwendigen Menschen, um Christus in mich aufnehmen zu können, so daß Er in mir und durch mich die Werke Seines Wohlgefallens wirkte, gleichwie der Vater in ihm und durch Ihn wirkte. Ich wollte den Geist empfangen, um für Jesus wirken zu können, statt den Geist zu empfangen, damit Jesus durch mich wirken könne. Kennst du diesen Unterschied? Kennst du diese heilige Passivität? Wann ist das Kindlein am sichersten in der Wiege? Solange es klein ist und keine Kraft hat. Sobald es ein Jahr alt ist und Anstrengungen macht, ist das Bleiben viel schwerer. Es sagt jemand: „Das Leben eines Christen ist gleich dem des Herrn Jesus, und zwar in umgekehrter Weise. Das Leben des Herrn Jesus begann in der Krippe und endete am Kreuz; das Leben des Christen beginnt am Kreuz und endet in der Krippe“, d. h. man wird immer kleiner, geringer und hilfloser in sich selbst und erfährt so die Wahrheit der Worte:

„Nichts können und nichts wissen,
Nichts wollen und nichts tun
Als Jesus folgen müssen,
Das heißt im Frieden ruhn!“

Viele meinen, das Bleiben in Jesus sei nur das *Vorrecht gereifter Christen.* O nein! Je kleiner das Kind, desto näher ist ihm die Mutter. Der gute Hirte hat verheißen, die Lämmer in Seine Arme zu sammeln und in Seinem Busen zu tragen. Ich war viele Jahre, was das Bleiben in Jesus betrifft, oft sehr entmutigt, weil ich vergaß, daß der Weinstock nicht nur die fruchtbringende Rebe, sondern auch den Schößling, ja sogar die kleine Knospe trägt. Ich hatte nicht beachtet, daß der treue Heiland in Johannes 15 auch sagt: „Bleibt in Meiner Liebe! Werdet Meine Jünger!" Schließen sich sozusagen alle Türen, die zu Jesus hineinführen, vor mir, so bleibt mir doch *eine* offen: Seine Liebe! Bleibt in Seiner Liebe, wie ein kleines, ja sogar krankes Kind in der Liebe seiner Mutter bleibt. Wenn eine Mutter ihr krankes Kind nicht verläßt, bis es ganz wiederhergestellt ist, sollten denn Jesu Gefühle für uns andere sein? O vertraue Seiner Liebe! Wenn das kranke Kind einen Rückfall bekommt, wird die Mutter es verlassen? Und wenn es viele Rückfälle hätte, würde sie es dann tun? Und wenn sie es tun würde, würde es dann der Herr auch tun? Und doch gibt es Leute, welche denken, Gott würde ihrer müde. Eines Aufrichtigen wird Gott nie müde. Jesus, der himmlische Seelsorger, weiß mit dem zerstoßenen Rohr und mit dem glimmenden Docht umzugehen. O wie oft schon habe ich mich erquickt und aufgerichtet an dem Verslein in Jesaja 42, wo von dem himmlischen Seelsorger gesagt ist: „Er wird nicht matt werden noch verzagen." Er hätte so oft Grund gehabt, matt zu werden und zu verzagen mit mir; aber Er hat es nicht getan und wird es nicht tun. Gelobt sei Sein anbetungswürdiger Name! Der Direktor einer Anstalt für Schwachsinnige fragte kürzlich einen von seinen dreiwöchigen Ferien zurückkehrenden Knaben: „Was hast denn *du* gemacht in den drei Wochen zu Hause?" Nachdem der Knabe sich ein wenig besonnen hatte, gab er zur Antwort: „Ich habe mich von meiner Mutter lieben lassen." Der kleine schwachsinnige Knabe konnte nichts anderes, als sich von seiner Mutter lieben lassen. So laß auch du dich von Jesus lieben, wenn du sonst nichts kannst. Ich habe schon oft zugeschaut, wie Schwäne ihre Jungen bei einbrechender Dunkelheit oder wenn die Kleinen frieren, dieselben auf ihre Schultern nehmen und sie mit ihren Flügeln zudecken, um sie so vor Gefahr und Kälte zu schützen. So oft ich es sah, mußte ich denken: Werden Gottes Gefühle gegen dich andere sein? Hat Er nicht verheißen, „Benjamin, den Kleinsten, zwischen Seinen Schultern zu tragen"? Gehörst du zu diesen Kleinen? Sieh, das ist dein Platz! Kommt es dir auch so vor, als ob du bei Jesus auf nichts

Anspruch machen dürftest, so darfst du doch Anspruch machen auf Seine Liebe; denn Er sagt: „Bleibt in Meiner Liebe!"

Andere stellen sich vor, das Bleiben in Jesu sei ein *Gefühl.* Solange du das meinst, kannst du nicht zur Ruhe kommen; denn unsere Gefühle sind beständig allerlei Einflüssen ausgesetzt und darum auch immerwährenden Veränderungen. Gefühle sind der Zucker für die Kindermilch; aber du sollst lernen, starke Speise zu genießen, und das ist das Leben im Geist und im Gehorsam. Weißt du, warum der Auferstandene der von ihren Gefühlen überwältigten Maria das scheinbar harte Wort zurief: „Rühre Mich nicht an!" Der Herr wollte sie einen Schritt weiterführen; Er wollte sie auf eine höhere Stufe des Verkehrs mit ihm stellen. Das Anrühren eines Menschensohnes, das Fühlen des Herrn Jesus sollte ein Ende haben. Von nun an wollte Er als der auferstandene und aufgefahrene Christus mit ihr durch seinen Geist verkehren. Maria verstand dies! Viele verstehen dies nicht und meinen, der Herr sei hart, Er sei nicht mehr derselbe wie früher. O, Er ist derselbe und bleibt derselbe. Aber Er möchte uns mehr sein und uns weiterbringen, möchte uns aus dem Gemüts- und Gefühlsleben in das Leben des Geistes führen, das ein Leben des Gehorsams ist. Und das sehen viele als innere Dürre und Gottverlassenheit an. O nein! Es ist nur ein Abstreifen dessen, was das Reich Gottes nicht ererben kann, ein Wegnehmen der Dinge, die den wahren, reinen, geistlichen Verkehr mit Ihm hindern, die uns aufhalten, einen geübten Sinn, einen freien Blick und ein durch Gnade festgewordenes Herz zu bekommen. Und das geht nach Hebräer 4,12 durch Scheidung hindurch. Zuerst scheidet Gott Fleisch und Geist und dann auch Seele und Geist, d. h. Seelenleben oder Gefühlsleben und Geistesleben. Weißt du, womit das Reifen der Trauben anfängt? Damit, daß der schöne Blätterschmuck dürr wird und abfällt. Wenn dies nicht geschähe, so käme die Traube nicht zur Reife. Darum freue dich, wenn dich der Herr deines Blätterschmucks, d.h. deiner Gefühle, entblößt. Die Gefühle verlieren, ist nicht die erste Liebe verlieren. Die erste Liebe sind nicht Gefühle, sondern Werke der Liebe und des Gehorsams.

Das Bleiben in Jesus ist nicht ein Gefühl, von dem man seine Stellung zu Ihm abhängig macht, sondern vor allen Dingen ein *Einssein* mit Ihm. „Werden auch zwei miteinander wandeln, es sei denn, daß sie zuvor eins geworden sind?“ (Amos 3,3) Was das Einssein alles in sich schließt und bedeutet, kann ich dir hier nicht sagen. Das mußt du in der Stille mit der offenen Bibel auf den Knien lernen. Da mußt du diesen Jesus beschauen. Da beschaue Ihn als den Menschensohn in Seiner Niedrigkeit, in Seiner Armut, in Seinem Dienst, in Seiner Liebe, in Seiner Selbstlosigkeit; beschaue Ihn als das Lamm in Seinem Tragen und Erdulden; beschaue Ihn als den am Kreuz, der dich zu sich hinaufruft in Seine Todesgemeinschaft, so wirst du bald merken, daß es sich hier nicht um Gefühle handelt, sondern um *viel mehr*, um den *Willen* deines Herzens. Solange wir noch nach Gefühlen haschen, sind wir noch im Fleisch und darum ungeschickt für die lebendige Verbindung mit Jesus, und nicht nur das, wir bieten dadurch den Anfechtungen die Hand, öffnen der Verzweiflung Tür und Tor. Eine gesunde Seele sucht und fragt nur nach dem einen: Stehe ich im Gehorsam? Und so bekommt sie einen Standpunkt, der über den Höhen der Erde liegt (Jes. 58). Weißt du, was Jesus ein Genuß war auf Erden? Den Willen des Vaters zu tun, Ihm gehorsam zu sein bis zum Tode, ja bis zum Tode am Kreuz. Kennst auch du diesen Genuß? O wie viele bekehrte Leute stoßen sich an dem Kreuz! Sie wissen nicht, was das Kreuz bedeutet. Sie haben das Kreuz lieb, solange es heißt: An diesem Fluchholz starb Jesus *für* mich. Aber das ist nur die eine Seite des Kreuzes. Es ist noch eine da, und die heißt: Wir sind *mit Ihm* gekreuzigt. Das Haupt kann nicht allein am Kreuze sein, sondern gewiß auch der Leib. Diese Leute möchten die Lebensgemeinschaft mit Jesus, die Kraft Seiner Auferstehung; aber sie fürchten die Todesgemeinschaft mit Ihm. Kann denn jemand auferstehen, der nicht im Tod und Grab war? O wie viele suchen das Leben auf eine ganz verkehrte Weise! Alle Schwachheit im christlichen Leben kommt daher, daß man wohl mit Christus leben, aber nicht mit Ihm sterben will. Diese Leute vergessen, daß nur Schlachtschafe in den Schafstall gehen und darin bleiben, daß der gute Hirte nur den Schlachtschafen Leben und volles Genüge geben kann. Willst du so ein Schlachtschaf werden, willst du als Rebe die *Einheit* mit dem Weinstock eingehen? Dann ist die Grundbedingung des Bleibens in Jesus erfüllt; dann hast du den schmalen, geraden Pfad gefunden, auf dem man nur vorwärts geht, den Weg, auf dem man dauernden Frieden und dauernde Freude findet und bewahrt.

Wieder andere lassen sich durch die *Versuchungen* von Jesus wegtreiben. Wir können nicht ohne Versuchungen sein, denn je näher dem König, desto heißer der Kampf. Die Versuchungen sind nicht da, um uns zu entmutigen, sondern sollen uns nach dem Worte des Jakobus sogar zur Freude gereichen. Er sagt: „Freut euch, wenn ihr in mancherlei Anfechtung fallet" (Jak.1,2). Nicht wahr, wir haben so lange gegen die Anfechtungen gekämpft und waren traurig, wenn wir angefochten wurden? Und doch sagt der Knecht Jesu Christi: „Freut euch!" Wann wird dies bei uns der Fall sein?

1. Wenn wir gelernt haben, mit jeder Versuchung sofort zu Jesus zu kommen, und nicht fragen: Kann *ich*, sondern kann Jesus damit fertig werden? Wenn wir die Anforderungen und Aufgaben, die das tägliche Leben an uns stellt, nicht mehr selber lösen wollen mit der Kraft und der Liebe und der Geduld, die in unserm kleinen Herzen ist, sondern uns an das große Herz wenden, das reich genug ist, allen Forderungen zu genügen. Mit einem Wort, wenn wir Den durch uns überwinden lassen, der sagen konnte: „Der Fürst dieser Welt kommt und hat nichts an mir."

2. Wenn wir gelernt haben, nicht nur den Versuchungen zu widerstehen, sondern uns aus Jesu Fülle das Gegenteil von dem, worin wir angefochten sind, zu nehmen. Es sagte jemand, der darin Fertigkeit hatte: „Wenn ich durch Reizbarkeit versucht werde, ergreife ich Seine Sanftmut; wenn ich mich überheben will, suche ich Seine Demut." So verwandelten sich die Versuchungen in Segnungen. Anstatt uns zu Fall zu bringen, heben sie uns empor; anstatt uns von Jesus zu entfernen, bringen sie uns Ihm näher. Auch Paulus übte sich in dieser Kunst, und Petrus und Jakobus ermahnen uns dazu. Bruder, Schwester, wollen wir dies Geheimnis nicht praktizieren lernen?

3. Wenn wir aus dem *suchenden* in den *vertrauenden Glauben* eingegangen sind, der Gott schon danken kann für eine Gabe und für den Sieg, den er noch nicht in den Händen hat – aber im Glauben schon besitzt. Der suchende Glaube schaut durch die Schwierigkeit auf Gott (wie wenn man die Sonne durch ein umgekehrtes Fernrohr ansieht); der vertrauende Glaube sieht durch Gott auf die Schwierigkeit. Der suchende Glaube spricht: Herr, *sei* mein Licht, *sei* mein Heil, *sei* meines Lebens Kraft; der vertrauende Glaube aber sagt: Der Herr *ist* mein Licht, *ist* mein Heil, *ist* meines Lebens Kraft! Jesus

dankte am Grabe des Lazarus für die Erhörung Seines Gebets, als ob Lazarus schon lebendig vor Ihm stände, während er doch noch tot im Grabe lag. Georg Müller füllte sehr oft die Postanweisungen auf 400 Pfund für seine Missionare aus, während er noch keinen Schilling in den Händen hatte. Das ist vertrauender Glaube, Siegesglaube, der weit überwindet. Wir wollen uns in diesem vertrauenden Glauben üben, der den Herrn nicht nur zwischen uns und unsere Sünden, sondern auch zwischen uns und den Feind, zwischen uns und unsere täglichen Schwierigkeiten hineintreten läßt.

Aber wenn du auch bis heute mehr *Niederlagen* als Siege hattest, so laß dich jetzt dadurch nicht vom Herrn *wegtreiben.* Es ist gewiß nicht gesagt, daß man sich immer wieder mit dem alten Sündenwust beflecken müsse; die Möglichkeit ist vorhanden, aber nicht die Notwendigkeit. Es gibt Leute, die sagen, sie könnten nicht mehr sündigen, nicht weil sie keine Fähigkeit mehr dazu hätten, nicht weil keine Möglichkeit in ihnen und um sie her wäre, nein, sondern weil sie keine *Lust* mehr an der Sünde haben. Sie können nicht mehr aus Liebe zu ihrem Herrn, wie Joseph nicht konnte, weil er Gott und seinen Nächsten liebte. Glaube es nur, daß es Gläubige gibt, die tatsächlich eine solche Stellung einnehmen. Hat die Gnade dich noch nicht so weit bringen können, dann zweifle doch nicht daran, daß andere durch die Gnade dahin gebracht worden sind. Da es aber möglich ist, daß wir sündigen können, darum hat der treue Gott auch dafür Vorkehrungen getroffen. Lies 4.Mose 19! Der Israelit, der sich an einem Toten verunreinigt hatte, mußte das Sprengwasser brauchen; das Kind Gottes, das sich mit dem alten Sündenwesen verunreinigt und befleckt hat, soll das Blut Christi brauchen. Ein Knecht Gottes sagt hierüber: „Johannes erklärt seinen Kindern, daß er seinen ganzen Brief nur darum schreibe, *damit sie nicht sündigen.*" Freilich fährt er sogleich weiter fort: „Und ob jemand sündigt, so haben wir einen Sachwalter bei dem Vater, Jesus Christus, den Gerechten." Daraus ist zu erkennen, daß es nicht der Sinn des Apostels ist, die Sünde schlechthin als eine Unmöglichkeit für Kinder Gottes hinzustellen oder als etwas, wodurch der Stand der Gotteskindschaft sofort aufgehoben wird. Er weiß, daß, solange wir im Leibe wallen, die Sünde eine leicht umstellende Macht ist, und daß auch bei Vätern in Christus Fehltritte vorkommen können. Deshalb hält er denen, die gesündigt haben, den Zugang zu der in Christus geschehenen Sühnung offen, damit sie nicht immer tiefer in die Sünde verflochten, sondern wieder zurechtgebracht werden. Wenn ein Kind aus dem Hause sein Vergehen erkennt und eilends Verzeihung sucht, so darf es nicht fürchten, von dem Vater verstoßen und enterbt zu werden, auch wenn sein Vergehen groß war. – Immer aber stellt es Johannes nur als eine betrübende Ausnahme hin, daß Sünde bei Kindern Gottes vorkommt; als Regel gilt ihm: *„Daß sie nicht sündigen."* Wer noch ganz und gar mit der Sünde vermengt ist, der hat Christus ganz und gar nicht erkannt. Wer hingegen von der Sünde immer noch übermannt wird, der mag zu Christus gekommen sein, aber er hat Ihn erst teilweise erkannt und ist der vollen Erlösung noch nicht teilhaftig geworden, d. h. er hat die auch für ihn vollbrachte Erlösung noch nicht im Glauben angenommen. *„Wer in Ihm bleibt, der sündigt nicht",* d. h. die Sünde kann nimmer sein eigentlicher, gewohnter Zustand werden; er kann wie eine Magnetnadel durch eine Erschütterung aus seiner Stellung verrückt werden; aber er lenkt wie jene in der nächsten Sekunde wieder zu seinem Pol hin.

Wer sündigt, sei es aus Unwissenheit oder aus Unvorsichtigkeit, und er kommt nicht sofort zu dem Blute der Besprengung, der bringt immer zu der einen Sünde noch eine zweite hinzu, nämlich die des Unglaubens. Der Israelit sollte ausgerottet werden, nicht weil er sich befleckte, sondern weil er mit seiner Befleckung nicht zum Sprengwasser kam und sich reinigen ließ. Hierüber sagt jemand: „Das wahre Kennzeichen christlichen Wesens besteht nicht in Unfähigkeit, in die Sünde zu geraten, sondern in der sofortigen Reue über dieselbe und der sofortigen Wiederaufnahme des vorhin verlassenen Weges." Weil man diese heilige Lektion nicht befolgt und übt, darum kommt man in Nebel und Sumpf hinein, daß man zuletzt nicht mehr weiß, wo man daheim ist. In unvergebenen Sünden hat der Teufel eine große Macht, ein mächtiges Bollwerk, das mit jedem Tag größer wird. Ein Kind Gottes braucht keine Defizite zu haben, weil es mit jeder Schuld zu der Vergebungsgnade, zu der es Zugang hat (Röm. 5,2) eilen darf. Wenn wir einen Fehltritt gemacht haben, sollten wir es sofort bekennen und uns unter das Blut Christi stellen, so hätte Satan keine Macht. Da laufen aber Manche Tage, Wochen, sogar Monate umher mit unvergebenen Sünden und wundern sich dann, wenn sie vom

Teufel geplagt werden, wundern sich, daß sie keine Gemeinschaft mit Gott haben. Ein Unreiner durfte nicht in den Tempel, durfte nicht opfern, durfte nicht einmal anbeten. Was er zu tun hatte, war, sich dem Priester zu stellen und ihm zu sagen: Ich habe mich verunreinigt, reinige mich! O, übe diese heilige Eilfertigkeit! Dann gibt's keine Wand, keine Wolke zwischen dir und deinem Gott. Ist das nicht ein biblischer Weg? Kann man so nicht in Jesus bleiben? Wenn man gefehlt hat, beugt man sich; man nennt das Kind beim Namen. Sage es Jesus: Ich war neidisch, lieblos, selbstsüchtig, unrein, geldgierig usw. Bekenne nur immer vor Ihm; gib dir Rechenschaft von deinem Fehler vor Gott, so wirst du bald vorsichtiger. Wir müssen nicht jeden Tag sündigen – nach der Lehre Satans! Christus kam, um zu erlösen! Wir sollen nicht an die Macht der Sünde, sondern an die Macht Seines Sieges für uns und in uns glauben. Jesus sah nicht den toten Lazarus an, sondern hob seine Augen auf gen Himmel und dankte.

Aber wenn du *dennoch gefehlt* hast, so glaube dem Teufel nicht, wenn er dir sagt: So oft darf man nicht kommen! Das Blut ist eine zu heilige Sache! – Ja, das Blut ist etwas sehr Heiliges; aber man darf aus Gnade hinzutreten. Gott hat es Seinen Kindern gegeben zu einem Born wider Sünde und Unreinheit (Sach. 13,1). Wie es den Israeliten *geboten* war, zum Sprengwasser zu kommen, so ist es auch uns geboten, zum Blut der Besprengung zu kommen. Wie der Herr verlangt, daß wir den fehlenden Bruder nicht fortschicken sollen, wenn er reumütig kommt – und wenn er siebenmal kommt, – so schickt Er auch uns nicht fort, und wenn wir des Tages siebenmal kommen. Komme, komme jedesmal, bis du das Geheimnis gelernt hast, bei Ihm zu bleiben. Und wenn du kommst zum Gnadenthron, so *schreie* nicht nur um Barmherzigkeit und *suche* nicht nur Gnade, sondern wie geschrieben steht Hebräer 4,14-16 *„empfange“* Barmherzigkeit, *„finde“* Gnade!

Noch andere lassen sich durch die *Vorstöße des Fleisches erschrecken und entmutigen.* Sie wissen nicht, daß auch der bekehrte Mensch etwas mit sich herumträgt, was durch die Wiedergeburt nicht erneuert worden ist, nämlich die von Adam ererbte Natur oder „Fleisch“, wie es in Römer 8 genannt ist. Es sagte einer hierüber sehr klar und wahr: „Die Einführung der neuen Natur verändert nicht im mindesten den Charakter der alten. Dieselbe bleibt, wie sie war, und wird in keiner Weise verbessert, sondern tritt durch das Erscheinen der neuen um so schärfer hervor". In 1.Mose 21, wo unter Ismael und Isaak die beiden Naturen dargestellt werden, sehen wir, daß die Geburt Isaaks nicht zur Besserung Ismaels diente, sondern nur den Gegensatz zwischen ihm und dem Sohne der Verheißung um so greller ins Licht treten ließ.

Die Wiedergeburt bedeutet nicht die Ausrottung des alten Lebens mit Stumpf und Stiel, sondern die Einsetzung neuer Lebensgrundsätze; sie bedeutet auch nicht eine stufenweise Veränderung der alten Natur, die sich so lange fortsetzt, bis der ganze Mensch umgestaltet ist (siehe z. B. Röm. 8,7). Der alte Mensch wird ausgezogen – oder nach Römer 6 in den Tod gegeben und mit Glauben darin erhalten – nicht aber vervollkommnet. Gottes Befehl über die alte Natur ist, wie über Ismael: Stoße sie aus, halte sie am Kreuz, an dem ihr gegebenen Platz. Und alles, was ans Kreuz gehört, ist unter dem Fluch, und was unter dem Fluch ist, kann nicht gebessert werden. An dieser alten Natur sucht die Sünde ihre Anknüpfungspunkte; an ihr findet sie ein Organ, durch welches sie sich betätigen kann. Halten wir sie nun im Glauben an dem von Gott ihr gegebenen Platz, am Kreuz, im Tod, so ist sie außer Wirksamkeit gesetzt; die Sünde hat ihr Organ, durch welches sie sich betätigen kann, verloren und ist somit machtlos geworden. Was Natur oder Fleisch ist, ist uns im Worte Gottes klar gesagt:

1. In seinem Wesen: *Feindschaft gegen Gott* (Röm. 8,7). Nicht wahr, da können wir die öftere Abneigung gegen Gottes Wort, die Trägheit zum Gebet, das Widerstreben gegen Gottes Willen und Wege wohl verstehen?

2. In seiner Betätigung: *Widerstreit wider den Geist* (Gal. 5,17). Der inwendige Mensch hat Lust am Gesetz des Herrn, aber das Fleisch, das „Selbst" hat eine Abneigung dagegen. Und wenn uns der Lebensgeist nicht zu Hilfe kommt und uns frei macht, so bleiben wir der gebundene, seufzende Mensch, wie er in Römer 7 beschrieben ist.

3. In seinen Äußerungen: *Ehebruch, Hurerei, Unreinheit, Unzucht, Abgötterei, Zauberei, Feindschaft, Hader, Neid, Zorn, Zank, Zwietracht, Rotten, Hass, Mord, Saufen, Fressen* und dergleichen. (Gal. 5,19).

Du wirst erschrecken und sagen: Ja, ist das möglich, und bin ich zu dem allem noch fähig? Ja und nein! Ja, wenn du nicht im Geiste wandelst (Gal. 5,16), wenn du nicht durch den Geist des Fleisches Geschäfte tötest (Röm. 8,13). Nein, wenn du im Geiste wandelst; denn: „Wandelt im Geist, so werdet ihr die Lüste des Fleisches nicht vollbringen", sagt uns der Apostel (Gal. 5,16). Da ist mit unsrer Macht nichts getan. Diese Macht des Fleisches kann nur durch den Geist des Lebens an dem Orte des Todes gehalten werden. O wie wichtig und notwendig ist es darum, daß wir dem Geist des Lebens gehorsam werden, damit Er in uns Raum gewinne, um uns zur Freiheit zu führen und darin zu erhalten!

Zum Schluß möchte ich dich noch auf zwei Wörtlein aufmerksam machen, die Jesus als Bedingung des Bleibens aufstellt. Und was der Herr sagt, ist immer das einfachste und beste. Die beiden Wörtlein heißen: *Gehorsam* und *Liebe* (Joh. 15,10.12). Gehorsam gegen Seinen Vater und Liebe zu den Menschen, das waren die zwei Linien, in denen Jesu Leben sich bewegte. „Meine Speise ist die, daß Ich *tue* den Willen Dessen, der Mich gesandt hat" (Joh. 4,34), das war Seine Stellung zum Vater, und: „Des Menschen Sohn ist nicht gekommen, daß Er sich dienen lasse, sondern daß Er diene und gebe Sein Leben" (Matth. 20,28), das war Seine Stellung zu den Menschen. Was macht, daß der Dampf eine so schwere Maschine und eine ganze Anzahl Wagen so leicht fortbewegt? Die Schienen! Nimm diese beiden Schienen weg oder auch nur eine, und siehe, was er dann vermag? Nichts! Du begehrst größere Geisteskraft; aber sie nützt dir nichts, du kommst trotzdem nicht vorwärts, wenn diese beiden Schienen, *Gehorsam* und *Liebe,* nicht in Ordnung oder gar weggerissen sind. Wenn bei der Eisenbahn so etwas vorkommt, sagt man: Die Verbindung ist unterbrochen, der Verkehr ist gestört. Ist's nicht geradeso in der Verbindung mit Jesus? Können wir bei Ihm bleiben, wenn wir ungehorsam sind? Können wir richtig zu Ihm stehen, wenn wir nicht richtig stehen zu unsern Mitmenschen? Nie und nimmer! Seine Wege und unsere Wege gehen da auseinander. Hast du diesen Trennungsschmerz nicht schon oft empfunden, wenn du ungehorsam gegen Ihn oder lieblos gegen deinen Nächsten warst? Kamst du dir in deinem Gebet, in deinem Zeugnis, in deinem Dienst nicht vor wie eine Maschine, die keine Schienen vor sich hat und doch vorwärts wollte? Da muß man sich zuerst *bücken* und die Schienen in Ordnung bringen. Gehe den Weg des Gehorsams und der Liebe, so triffst du mit

Jesus zusammen, gehst mit Ihm Seinen Weg. *Gehorsam gegen Gott ist einer der wichtigsten Punkte im Kindesleben. Aber nicht weniger wichtig ist die Liebe zu den Menschen.* Wer in der Liebe bleibt, der bleibt in Gott und Gott in ihm. In der Liebe gegen Gott und den Nächsten hängt das ganze Gesetz und die Propheten – und auch das Evangelium; denn Jesu neues Gebot heißt: Liebt euch untereinander! Liebe ist Leben. Ohne Liebe lebt man nicht, und ohne Liebe bleibt man nicht. Lieben macht glücklich. Der Vater im Himmel hat uns so viel Gelegenheit gegeben, glücklich zu sein, weil Er uns so viel Gelegenheit gegeben hat, zu lieben. Alles macht Anspruch auf unsere Liebe; sogar jedes Tierlein und jedes Pflänzlein. Und alles, was Anspruch macht auf unsere Liebe, will nur unser Glück vermehren. Liebe ist das Band der Vollkommenheit. Wie das Band oder die Schärpe den Offizier von dem gewöhnlichen Soldaten auszeichnet, so ist die Liebe das Erkennungszeichen der Kinder Gottes inmitten der Weltkinder. Die ersten Christen erkannte man an diesem Band. Erkennt man an diesem Band auch dich? Bitte, lies in der Stille:

Ps. 81,14-17; Jes. 48,18-19; Joh. 7,17; Joh. 14 und Jes. 58; Joel 4,19; Micha 6,6-16; Matth. 22,36-40, und flehe mit Salomo: „Gib Deinem Knechte ein gehorsames Herz!“ und mit dem Dichter:

„Du, der Seine Jüngerschar
Lieben lehrte
Und dies Feuer immerdar
Segnend nährte
Meine Seele öffnet sich
Schenk mir Triebe
Deiner Jesusliebe!“

Lebst du in der Gegenwart Gottes?

Solches redete Jesus und hob seine Augen auf gen Himmel und sprach: Vater!
Johannes 17,1

Jesus lebte so in der bewußten Gegenwart Seines Vaters, daß Er überall, wo Er ging und stand, Seine Augen gen Himmel erheben und sprechen konnte: *Vater!* Es bedurfte nur eines Blickes nach oben, und Er hatte die innige, bewußte Verbindung mit dem Vater, das Ohr Seines Vaters.

Das Leben in der Gegenwart Gottes *macht das Beten leicht und zu einer Erquickung.* Wer in der Gegenwart Gottes lebt, muß seinen Gott nicht suchen, nein, er hat Ihn; er kann Ihn anrühren. Beten ist ein Anrühren Gottes. Aber wenn ich jemand anrühren will, muß ich vor allem nahe bei ihm sein. Trittst du erst dann in die Gegenwart Gottes, wenn du betest? Wundere dich dann nicht, wenn du Mühe hast, die Verbindung nach oben zu finden, wenn dein Gebet nicht aufwärts steigt, wenn es Gottes Herz und Ohr nicht findet. Wundere dich nicht, wenn du manchmal von den Knien aufstehen mußt, ohne daß du Ihn anrühren konntest und eine Kraft empfingst. Statt erquickt und erfüllt zu werden, wirst du matt und leer. Und warum? Dein Geist ist mit so vielen Dingen umhüllt, dein Herz von so vielem eingenommen und dein Gemüt mit so vielem beschwert, daß es lange Zeit braucht, bis du dich durch alle Schichten hindurchgearbeitet hast und in deinem Herzen ein gebahnter Weg ist für Gott (Ps. 84,5).

Das Leben in der Gegenwart Gottes *macht unseren Umgang mit Menschen zu einem gesegneten,* Jesus lebte so in der Gegenwart Seines Vaters, daß Er nach jedem Wort, das Er sprach, Seine Augen gen Himmel erheben und sprechen konnte: *Vater!* Sprechen auch wir so, daß wir nach jeder Rede sagen können: *Vater!?* Vater, segne und versiegle, was ich jetzt sprechen durfte! Lege es in die Furchen der Herzen hinein und decke es zu mit Deiner Hand, daß es aufgeht und seine Frucht bringt! Oder müssen wir noch oft die Augen niederschlagen und seufzen: Lieber Vater, vergib mir; was ich vorhin geredet habe, tilge aus mit Deiner Hand und laß nicht aufgehen den Unkrautsamen!? Wir sind einander ein heiliges Leben schuldig; ich dir und du mir. Aber wir können diese Schuld nur abtragen, wenn wir beide in der Gegenwart Gottes wandeln und in Seiner Gegenwart zusammenkommen. Wo der Mensch dem Menschen gegenüber steht, kann nur Sünde und Verwirrung sein. Johannes wünschte Gemeinschaft mit anderen, weil seine Gemeinschaft war mit dem Vater und mit Seinem Sohne Jesus Christus (1.Joh. 1,3). Nur wer Gemeinschaft hat mit Gott, darf wünschen und hat ein Recht, Gemeinschaft mit anderen zu haben. Wir sind nur dann ein Lebensgeruch, wenn wir mit Ihm in bewußter Verbindung sind. *Nur heilige Leute sind ein Segen.*

Das Leben in der Gegenwart Gottes *bewahrt vor Sünden.* Jesus, von dem im 16. Psalm weissagend gesprochen ist, sagt im 8.Vers: „Ich habe Jahwe stets vor Mich gestellt; weil Er zu Meiner Rechten ist, werde Ich nicht wanken.“ Selbst Er suchte Seine Bewahrung vor Fehltritten in der Gegenwart Gottes. Kann man sündigen in der Gegenwart Gottes? Nein! Da gibt's für uns keinen verborgenen Ort, keinen heimlichen Gedanken, kein ungehörtes Wort, keinen ungesehenen Blick, keine unbeachteten Gefühle und Empfindungen mehr. Es ist alles bloß und aufgedeckt vor Seinen Augen, mit dem wir es zu tun haben (Hebr. 4,13). Jeder Sünde geht eine innere Lösung der Verbindung mit Gott voraus, ein Verlassen der Gegenwart Gottes. Wenn wir zart genug sind, fühlen wir dieses Gelöstwerden ganz gut und merken, daß jetzt der Augenblick gekommen ist, wo wir zum Gnadenthron eilen müssen, um hier Gnade zu finden zur rechten Hilfe (Hebr. 4,14-16), damit wir nicht sündigen. Wenn ich sündige, so habe ich nicht Gnade gefunden zur rechten Zeit. Weil ich versäumt habe, die *helfende* Gnade zu empfangen, muß ich nun die *vergebende* Gnade suchen. Es gibt, dem Herrn sei Dank, für die gegenwärtige Versuchung auch eine gegenwärtige Gnade (Hebr. 4,14-16). Weil Jesus in der Gegenwart Seines Vaters lebte, hatte Er auch in der Stunde der Versuchung und der Nöte schnell das offene Ohr und die starke Hand Seines Vaters. Er sagt in Johannes 17,1: *„Vater, die Stunde ist gekommen.“* Welche Stunde? Die schwere Stunde von Gethsemane und Golgatha. Es gibt Leute, die Tag und Nacht auf ihre Sünde und ihre Leidenschaft aufpassen, über dieselbe wachen und sie dadurch nur wach erhalten. Immer nur auf seine Sünde sehen, bringt keine Kraft, im Gegenteil, macht sehr müde und wird eine Versuchung, zum zweiten Mal hineinzufallen.

Schaue deinen Gott an, statt deine Sünde. Jeder Blick auf Ihn bringt Leben.

Das Leben in der Gegenwart Gottes *führt zu einem Wandel im Licht.* In Seinem Licht sehen wir das Licht. Nichts anderes als die Gegenwart Gottes wird uns das Zweifelhafte in unserem Leben so wahr kennzeichnen, und was krumm ist, als solches darstellen. Der Priester des Alten Bundes trat mit seinen Fragen in die Gegenwart Gottes und da gab ihm Gott durch Licht und Recht Antwort. Bringe alles dir Zweifelhafte und Unklare in Sein *Licht,* und du wirst schnell merken, was *Recht* ist. Mache es wie jener treue, einfältige Christ, der sich immer fragte: *Hat auch Jesus so geredet, hat auch Jesus so getan?* Du lebst vielleicht mit deiner Umgebung in einem Mißverhältnis und entschuldigst dich und sagst: Sie haben mir unrecht getan, und billig zürne ich! Bringe aber diese Sache in die Gegenwart Jesu und siehe zu, ob du da noch zürnen kannst. Frage dich: Möchte ich, daß Jesus, wenn Er kommt, mich findet in einem Mißverhältnis mit meiner Umgebung? Und schnell wirst du dir sagen müssen: Nein, ach tausendmal nein! Zu einem frommen Vater kam eines Sonntags sein einziges Töchterlein und klagte: Alle Töchter des Dorfes gehen heute auf den Tanz; ich bin die einzige, die nicht gehen darf. Mein Kind, erwiderte der Vater, ich habe nicht gesagt, daß du nicht gehen darfst. Wenn es dir nichts macht, daß dich der Heiland, wenn Er heute Nacht kommt, auf dem Tanzboden findet, dann gehe du hin. Der Vater hätte keine bessere Antwort geben können als diese; denn als das Kind sein Begehren in die Gegenwart Jesu gestellt sah, merkte es sofort den Irrtum und sagte: Nein, ich möchte nicht, daß mich Jesus auf dem Tanzboden findet, wenn Er kommt.

Das Leben in der Gegenwart Gottes ordnet alles in *Herz und Haus, in Handel und Wandel.* Als Jesus das Haus des Zachäus betrat, brachte Seine Gegenwart nicht nur den Mann, sondern auch das ganze Haus in Ordnung. Glaubst du an die Gegenwart Gottes in deinem Hause? Dann wird Seine Gegenwart dein ganzes Haus ordnen, den Schmuck an deinen Zimmerwänden, dein Schreibpult, deine Schränke und deine Kommode. Du wirst keine Rumpelkammer in deinem Hause haben können, wo alles kreuz und quer hineingeworfen werden darf. Du wirst niemals unordentlich gekleidet sein können. Du wirst alles so in Ordnung haben, daß dein Herr dich jede Stunde in Seine sichtbare Gegenwart rufen kann.

Das Leben in der Gegenwart Gottes ist ein Leben *in Macht.* Elia konnte darum dem abgefallenen König Ahab so unerschrocken die Wahrheit sagen, weil er vor Gott stand. Wer vor Gott steht und Gott sieht, sieht nicht mehr Menschen, weder in ihrer Größe noch in ihrer Niedrigkeit, sondern er sieht seinen Gott und unsterbliche Seelen, die Gott gerettet wissen will. Ein Wandel in der Gegenwart Gottes macht unser Leben fruchtbar, weil dieselbe uns Macht und Autorität gibt. Wer selbst in der Gegenwart Gottes lebt, bringt auch andere in Seine Gegenwart und in Sein Licht. Zwei Dinge braucht Gott vornehmlich, um Seine Kinder zu segnen und tiefer zu führen. Und diese zwei Dinge sind: 1. Sein heiliges Wort und 2. heilige Leute, die das Wort des Lebens darstellen, bei denen es Fleisch geworden ist, das heißt Gestalt angenommen hat, sich verkörpert hat. Das Leben ist das Licht der Menschen, nicht die Worte. „Ihr sollt Mir ein heiliges Volk sein", sagt unser Gott. „Heiligkeit ist die Zierde Seines Hauses." Heiligkeit ist auch die Zierde einer Versammlung, eines Hauses eines Christen. Und wie sehr fehlt uns diese! Wir reden viel von der Heiligung in Christus; aber was uns Not ist, ist Heiligkeit, die praktische Seite der Heiligung (2.Kor. 7,1). Und wir finden sie in der Gegenwart Gottes. Der Glanz Seiner Gegenwart wird uns mit Kraft, Stärke und Autorität antun.

Das Leben in der Gegenwart Gottes *erfüllt das Herz mit himmlischer Freude.* In Psalm 16,11 sagt der Messias: „Fülle von Freuden ist vor Deinem Angesicht." Wenn wir auch diese Freude nicht in dem Maße genießen können, wie Er es konnte, so dürfen wir doch immer etwas davon schmecken, wenn Er uns Seine Gegenwart spürbar erfahren läßt. Sein Nahesein bringt großen Frieden ins Herz hinein, legt in unser Auge einen göttlichen Glanz und auf unsere Stirne eine himmlische Ruhe, umgibt uns mit einem Odem aus der Ewigkeit, hebt uns über jegliche Höhe der Erde, macht das Irdische weichen wie einen Schatten, lässt uns mit aufgedecktem Angesicht hineinschauen in den Abgrund Seiner Barmherzigkeit, läßt uns mit Freuden schöpfen aus dem Brunnen des Heils, läßt uns gehen auf sturmbewegten Wellen wie auf festem Grund, durchbebt unser Herz mit einer Liebesglut, legt in unsere Seele das tiefste Verlangen nach Seiner sichtbaren Gemeinschaft, ersetzt die in Mühen und Kämpfen verbrauchten Kräfte, sättigt unsere Seele mit Seinem Wohlgefallen und durchtränkt unseren Geist mit Seiner Kraft. Da spüren wir es, daß wir Kinder des ewigen Vaters, Schafe des guten Hirten sind. Still liegt man da vor seinem Gott mit offenem Herzen und geschlossenem Mund; man betet an im Geiste, weil der Mund nicht imstande ist, auszusprechen das Seufzen und Sehnen in unserem Herzen, den Preis und die Anbetung im Geiste. Da steigt unser Gebet auf wie eine gerade Säule. Wie kann man beten ohne Unterlaß? ist die oft gestellte Frage. Wenn wir leben in der Gegenwart Gottes, und wenn wir alles tun zu Gottes Ehre, dann ist jede Bewegung unseres Leibes ein Gebet.

Das Leben in der Gegenwart Gottes *verklärt uns in Sein Bild.* „Wir alle aber, mit aufgedecktem Angesicht die Herrlichkeit des Herrn *anschauend,* werden *verwandelt* nach demselben Bild von Herrlichkeit zu Herrlichkeit, als durch den Herrn, den Geist“ (2.Kor. 3,18). Verwandelt durch Anschauen! Was man anschaut, kommt ins Herz hinein. Schaue Seine Demut an, und Demut wird in dein Herz einziehen; schaue Seine Armut an, und du wirst nicht nach hohen Dingen trachten können; schaue Seine Hingabe an und es wird dir nicht schwer werden, dein Leben zu verlieren. Wer Umgang mit Gott hat, wird göttlich, gleichwie der, welcher viel Umgang mit liederlichen Leuten hat, auch liederlich wird. Und auf diese Weise stellen wir das Bild des unsichtbaren Gottes dar und reifen aus für die sichtbare Gegenwart und Gemeinschaft Gottes, welches das Ziel unserer Bekehrung und unserer Seligkeit sein wird. „Seine Knechte werden sehen Sein Angesicht“ (Offb. 22,4).

Das Leben in der Gegenwart Gottes *erhält uns in der rechten Kindesstellung.* Man wandelt vor Seinem Angesicht, fragt Ihn in allen Dingen um Rat, gehorcht in allem Seinen Befehlen, bringt Ihm alles, Freud und Leid, sagt Ihm alles, ohne jemals nur den Gedanken zu haben, Ihm etwas verbergen zu wollen; mit einem Wort: *Man lebt unter einem offenen Himmel!* Man wandelt an der Hand des Vaters und ruht an Seinem Herzen. Es ist gut, uns immer wieder zu vergewissern: *Du, Gott, siehst mich!* Dein Auge sieht meine Freude und meinen Schmerz, mein Glück und meine Not, meinen Trost und meinen Kummer, meine Arbeit und mein Ruhen, mein Kämpfen und mein Stillesein. Alles sieht Er, um an allem Anteil zu nehmen.

Daneben redet die Schrift noch von einer *inneren* Gegenwart Gottes (Joh. 14) und von einer *sichtbaren* Gegenwart Gottes (1.Joh. 1,3; Offb. 14,1-6; 19,1-7; 22,4). Die *äußere* Gegenwart Gottes führt zu der *inneren,* und die innere zu der *sichtbaren.* Die innere Gegenwart Gottes ist die Innewohnung Gottes oder das verborgene Leben mit Christus in Gott, die verborgene Seligkeit; die sichtbare Gegenwart Gottes ist das Sehnen aller Lichtskinder, die offenbar gewordene Seligkeit (Kol. 3,3).

Zum Schluß laßt uns noch sehen, was uns das *Recht* und die *Kraft* gibt, so in Gottes heiliger Gegenwart zu stehen. Nichts anderes als Jesu vergossenes Blut! Er hat uns geliebt und gewaschen von unseren Sünden mit Seinem Blut und hat uns zu Königen und Priestern gemacht *vor* Gott und vor Seinem Vater (Offb. 1,5). Der Platz, den uns Jesu Blut gegeben hat, ist vor dem Angesicht des Vaters. Er ist mit Seinem Blute durch die Himmel gegangen und erschienen vor dem Angesicht Gottes für uns. Und überall, wo Er mit Seinem Blute hindurchgegangen ist, ist der Weg offen für uns. So weit hat's Christi Blut gebracht! Kraft dieses Blutes können wir jeden Augenblick Gott nahen, und kraft dieses Blutes kann Gott sich jeden Augenblick uns nahen und uns segnen. Andrew Murray sagt hierüber sehr schön: „Das teure Blut Christi hat den Zugang zur Gegenwart Gottes und das Weilen daselbst zur vollen Wirklichkeit gemacht. Wer die volle Kraft des Blutes kennt, wird Gott so nahe gebracht, daß er allezeit in Seiner unmittelbaren Nähe weilen und den unaussprechlichen Segen, der damit verbunden ist, genießen kann." Da hat das Kind Gottes die Versicherung von Gottes Liebe. Es erfährt und genießt sie. Gott teilt sie mit ihm. Es darf täglich in Gottes Freundschaft und Gemeinschaft wandeln. Als Freunde offenbaren sie sich gegenseitig ihr Herz. Der Vater teilt ihm Seine Gedanken und Pläne mit; das Kind tut ebenso freimütig seine Gedanken und Wünsche dem Vater kund.

In der Nähe Gottes hat es alles, was es bedarf; es mangelt ihm kein Gutes. Seine Seele wird in vollkommener Ruhe und in Frieden bewahrt, weil Gott mit ihm ist. Die Leitung und Unterweisung, die es nötig hat, findet es allda. Gottes Auge ist allezeit über ihm. Gott gibt ihm Rat. In der Nähe Gottes weilend, wird es empfänglich für die leiseste Stimme des Geistes. Es lernt die geringste Äußerung des Willens seines Vaters verstehen und befolgen. Die Gemeinschaft mit Gott wirkt in ihm dieselbe Gesinnung, die in Gott ist. „Das Wohnen bei dem Heiligen macht es heilig.“

Gott ist gegenwärtig!
Lasset uns anbeten
Und in Ehrfurcht vor Ihn treten!
Gott ist in der Mitte,
Alles in uns schweige
Und sich innigst vor Ihm beuge!
Wer Ihn kennt,
Wer Ihn nennt,
Schlag' die Augen nieder,
Gebt das Herz Ihm wieder!

Du durchdringest alles,
Laß Dein schönstes Lichte,
Herr, berühren mein Gesichte.
Wie die zarten Blumen
Willig sich entfalten
Und der Sonne stille halten,
Laß mich so –
Still und froh
Deine Strahlen fassen.
Und Dich wirken lassen.

Mache mich einfältig,
Innig, abgeschieden,
Sanft und still in Deinem Frieden.
Mach' mich reines Herzens,
Daß ich Deine Klarheit
Schau' im Geist und in der Wahrheit.
Laß mein Herz
Überwärts
Wie ein Adler schweben
Und in Dir nur leben.

Als Ergänzung zu diesen Versen Tersteegens sei noch jenes Lied hinzugefügt, das Steinberger besonders lieb war, da es die Sprache seines Herzens redete:

Fraget doch nicht, was mir fehle,
Forschet nicht nach meinem Schmerz.
Durst nach Gott füllt meine Seele,
Drang zu Gott bewegt mein Herz.
Gebt mir alles, und ich bleibe
Ohne Gott doch arm und leer,
Unbefriedigt, dürstend treibe
In der Welt ich mich umher.

Ach, wann werd' ich dahin kommen,
Daß ich Gottes Antlitz schau'!
Aller Eitelkeit entnommen
Nur auf Ihn allein vertrau'!
Ach, wann werd' ich so Ihn haben,
Daß mir nichts mehr Ihn entreißt,
So mit allen Seinen Gaben,
Wie Sein Wort Ihn mir verheißt!

Doch ich weiß, die angefachte Sehnsucht
Bleibt nicht ew'ge Qual;
Der die Seele dürstend machte,
Stillet ihren Durst einmal.
Wenn die Wüste sie vertauschen
Darf mit Edens Lustgefild,
Wo die Lebensströme rauschen,
O, da wird mein Durst gestillt!

Eine wunderbare Begegnung

Und David sprach: „Ist noch jemand übrig geblieben von dem Hause Sauls, daß ich Barmherzigkeit an ihm tue um Jonathans willen?“

2.Samuel 9,1.

Wie der König David hier fragt: „Ist noch jemand übrig geblieben ...“, so fragt heute Gott, der König des Himmels: Ist noch jemand übrig geblieben, daß Ich Barmherzigkeit an ihm tue um Jesu willen? Ist noch jemand übrig geblieben, der noch in der Irre geht (Jes. 53,6), der noch auf dem Weg dahineilt, der zur Verdammnis führt (Matth. 7,13), der noch tot ist in Sünden und Übertretungen (Eph. 2,1), der noch keine Vergebung (Kol. 1,14), noch keinen Frieden (Eph. 2,14) hat, der noch nicht Gottes Kind und Erbe der Seligkeit ist (Röm. 8,16-17), der noch nicht den Segen der Gotteskindschaft genießt? (Gal. 4,5-6) Ist noch jemand übrig geblieben? Und vielleicht du? Sieh, dein Gott sucht dich; Er fragt nach dir; Er verlangt nach dir, um Barmherzigkeit an dir zu tun um Jesu willen, wie David Barmherzigkeit getan hat an Mephiboseth, dem einzig Übriggebliebenen vom Hause Sauls.

Mephiboseth floh vor David

Er floh vor David, seinem besten Freund, nach Lodabar, d. h. in das Land der Wüste, der Mitternacht, der Finsternis. Er dachte wohl: „David wird an mir tun, wie die anderen Könige pflegen zu tun, und wird an mir rächen die Sünde meines Vaters Saul.“ Aber David dachte ganz anders. Nicht Rache und Vergeltung, sondern Gnade und Barmherzigkeit wollte er an Mephiboseth üben um Jonathans, seines teuren Freundes willen.

Hast du es nicht ebenso gemacht wie Mephiboseth? Bist nicht auch du vor Gott, deinem treuesten Freund und Wohltäter geflohen? Lebst nicht auch du wie jener in Feindschaft mit Dem, der nur Gedanken des Friedens hat über dich? Ist nicht auch dein Leben eine Wüste, dunkel, fried- und freudeleer, ein Leben in Furcht und Zweifel, voll Unzufriedenheit und Ruhelosigkeit? Gewiß! Es kann ja nicht anders sein! Denn du hast Gott, die Quelle alles Lebens, verlassen, bist ferne von Gott und darum ohne Freude, ohne Frieden, ohne Ruhe, ohne Hoffnung in der Welt.

Mephiboseth erlangt Barmherzigkeit

Als David hörte, daß der Sohn seines Freundes Jonathan aus Furcht vor ihm nach Lodabar geflohen sei, sandte er seine Boten hin und ließ ihn holen. Sein Herz konnte es nicht ertragen, daß Mephiboseth, der Sohn Jonathans, in Not und Elend leben sollte. Ebenso kann es Gottes Herz nicht ertragen, daß du, das Eigentum Seines Sohnes, lebst in der Wüste der Gottferne, wandelst auf den Pfaden der Finsternis, schmachtest in der Gebundenheit der Sünde und der Gefangenschaft des Teufels. Darum sendet Er Seine Boten aus mit dem Auftrag: „Bringet Meine Söhne von ferne her und Meine Töchter von der Welt Ende." Du sollst nicht in deinem trostlosen Zustande bleiben. Dein Gott sucht dich, um Barmherzigkeit an dir zu tun. Alle deine Übertretungen will Er dir vergeben, alle deine Sünden zudecken, keine deiner Missetaten dir zurechnen (Ps. 32). Und Er will solches alles tun, um Jesu willen. Um Jesu willen will dir Gott alle deine Schuld erlassen; denn Jesus gab Sein Leben zum Schuldopfer für dich (Jes. 53,10). Um Jesu willen will Gott dir deine ganze Strafe schenken; denn Jesus trug deine Strafe (Jes. 53,5). Um Jesu willen will dir Gott alle deine Sünden vergeben; denn Jesus trug deine Sünden (Jes. 53,6). Gott hat dich geschaffen für Seinen Sohn, Ihm zur Freude und zum Wohlgefallen. Und als du verloren gingst, gingst du dem Sohn Gottes verloren. Darum heißt es Johannes 1,11: „Er kam in Sein Eigentum," um da „zu suchen und selig zu machen, was verloren ist" (Luk. 16,10). Darum gab Er Sein Leben am Kreuz zum Kaufpreis, um dich aus den Händen dessen zu befreien, dem du dich mit jeder Sünde, die du getan, verkauft hast, und dessen Eigentum du durch die Sünde geworden bist. Weil Gott deinen Tod nicht will, und auch nicht will, daß Sein Sohn umsonst gearbeitet haben sollte dort in Gethsemane und auf Golgatha, darum will Er dich mit vielen anderen Seinem Sohne zum Lohn Seiner Schmerzen geben. Willst du nicht ein Todeslohn der Todesarbeit Jesu werden? (Jes. 53,12) Willst du nicht dem Zuge des Vaters zum Sohne (Joh. 6,44) folgen? Willst du nicht die Barmherzigkeit annehmen, die Gott gegen dich Armen in Seinem Herzen hat? (Hebr. 4,16)

Vor nicht langer Zeit ging in der Nähe von Cuxhaven ein Schiff unter. Sämtliche Insassen mit Ausnahme zweier Matrosen fanden ihren Tod in der Tiefe. Diesen beiden war es gelungen, ein Brett zu erreichen, auf dem sie sich zu retten gedachten. Aber gar bald merkten sie, daß das Brett zu leicht sei, sie beide zu tragen. Der Ältere von ihnen, der ein Christ war, wandte sich zu dem anderen und sprach: „Kamerad, das Brett ist zu leicht! Sage, wer wartet zu Hause auf dich?“ „Eine Frau und fünf Kinder,“ war die Antwort. „So nimm das Brett für dich und rette dich,“ erwiderte der Alte, „ich habe daheim niemand mehr als zwei Söhne, die in den Wegen Gottes wandeln, und auch ich selbst bin durch meines Heilands Tod vom ewigen Tode errettet.“ Mit diesen Worten überließ er das Brett dem Kameraden und sank in die Tiefe, während der andere glücklich ans Ufer gelangte und heimkam zu den Seinen. Und als die Seinen sich um ihn scharten und fragten: „Wie war es möglich, daß du allein gerettet wurdest?“ sagte er tief bewegt: „Um des Opfers willen, das mein Bruder für mich brachte!“ –

Um des Opfers willen, das Jesus für uns brachte, erlangen wir Barmherzigkeit. Petrus ist nicht darum im Himmel, weil er an einem Tage 3000 bekehrte, und Paulus nicht darum, weil er „mehr gearbeitet hat als sie alle,“ sondern sie sind dort um des Opfers willen, das Jesus für sie brachte.

Komm unter das Kreuz von Golgatha und siehe Gottes überströmende Barmherzigkeit. Man hat gesagt: „Gott ist barmherzig“ heiße auch: „Gottes Herz ist bei den Armen!“ O, wie wahr und klar sehen wir das unter dem Kreuze! Der Vater verschließt Sein Ohr vor dem Sohne dort in Gethsemane, kann zusehen, wie der Liebling Seines Herzens, der Abglanz Seiner Herrlichkeit, mit blutigem Schweiß bedeckt, auf der Erde liegt, kann Ihn am Kreuze der tiefsten Schmach und Verachtung preisgeben, kann mit Finsternis und Gottverlassensein Seine Seele umhüllt sehen! Und warum? Darum, weil Sein Herz bei uns Armen war! Er vergaß Ihn, weil Er an uns dachte, stellte sich hart gegen Ihn, um gegen uns weichherzig sein zu können. „Sieh doch, welche Liebe hat uns der Vater erzeiget!“ (1.Joh. 3,1) Nirgends, als unter dem Kreuze sehen wir Gottes Herz so weit vor uns aufgetan, um uns hineinschauen zu lassen in den Abgrund Seiner Barmherzigkeit. Dort hat Er uns mit aufgedecktem Angesicht sehen lassen, wie alle Seine Erbarmungen gegen uns erregt sind.

O schaue diese Liebe an, und Liebe wird in dir erwachen, Liebe, die stärker ist als die Sünde, mächtiger als alle Zweifel, Liebe, die von vielen Wassern der Trübsal und Anfechtung nicht ersäuft zu werden vermag. Schaue diese Liebe an, und tiefe Buße wird dein Herz erfassen und deinen Sinn ändern. Buße findet man nirgends als unter dem Kreuze auf Golgatha. Dort, zu den Füßen des Kreuzes, ist ihr einziger Wohnplatz. Nur der Blick auf die Liebe Gottes, wie sie sich in der Hingabe und dem Tode Seines Sohnes erwiesen hat, kann die wahre Buße hervorbringen. Schaue auf diese Liebe, und unüberwindlicher Glaube und felsenfestes Vertrauen wird in deine Seele einziehen. Denn wer diese Liebe angeschaut, kann nicht mehr zweifeln. Unter dem Kreuze ist kein Zweifel.

Kannst du dieser Freundlichkeit und Leutseligkeit deines Gottes widerstehen? Kannst du diese Liebe mit Füßen treten und eine solche Gnade verachten? Kannst du das? O dann fürchte dich und erschrecke sehr über dich! Denn wenn dieses Erbarmen deine Seele nicht bewegen und deinen Willen nicht bestimmen kann, umzukehren zu deinem Gott, um Ihm zu vertrauen und Ihn zu lieben und Ihm zu leben – o, was wird dann imstande sein, dich für Gott zu gewinnen? Nichts anderes mehr! Denn

Kannst du hier noch fühllos sein,
O, so bist du mehr als Stein!

Heute noch sucht dich dein Gott, um Barmherzigkeit an dir zu tun um Jesu willen. Auch diese Zeilen sind ein Gnaden- und Friedensgruß, ein Buß- und Liebesruf an dich. O, möchte er dic gleiche Wirkung bei dir haben, wie bei Mephiboseth, denn als er zu David kam und seine freundlichen, vergebenden Worte hörte und seine Anerbietungen vernahm, da fiel er auf sein Angesicht und sprach: „Wer bin ich, dein Knecht, daß du dich wendest zu einem toten Hunde, wie ich bin?“ Es kommt ein Augenblick, wo dein Gott dich wieder sucht, aber nicht mehr, um Barmherzigkeit an dir zu tun. Nein, – dafür ist es dann zu spät, – sondern um dir zu geben deinen Verdienst auf deinen Kopf, und um dir zu bezahlen deine Sünde in deinen Busen. O, was wird das für eine Begegnung sein, wenn du vor deinen Gott gebracht wirst – denn dann mußt du kommen, diese Begegnung kannst du nicht umgehen – als Sein Feind, der Gottes Barmherzigkeit mit Füßen tritt, das Blut Jesu unrein achtete und den Geist der Gnade verschmähte. O, was wird dann deine Vergeltung sein aus der Hand des Allmächtigen! Wie wird es dir gehen, wenn der Heilige mit dir rechten wird, wenn der Gott der Barmherzigkeit nur noch Strafe und Gericht hat für dich, wenn das Herz, das sich am Kreuz für dich durchstechen ließ, nur Zorn fühlt gegen dich! Ja, es wäre besser, du wärest nie geboren!

Mephiboseth gelangt in seinen vorigen Besitz

Es ist David nicht genug, Mephiboseth alles zu vergeben, nein, er will noch mehr an ihm tun. Er sagt: „Ich will dir auch allen Acker deines Vaters Saul wiedergeben." Er soll auch wieder zu seinem früheren Besitz gelangen. Und tut nicht Gott das gleiche? Es ist Ihm nicht genug, dir deine Sünden zu vergeben, deine Vergangenheit gut zu machen, nein, Er will dich auch wieder in deinen Besitz zurückführen, den Adam hatte vor dem Fall. Er will einen neuen Menschen aus dir machen, einen Menschen mit einem empfänglichen Herzen und mit einem neuen und gewissen Geist, ein Kind, das vor Seinem Angesicht lebt und in den Ordnungen Seines Hauses wandelt. Hast du die Versöhnung in Jesu teurem Blute empfangen, so versiegelt dich Gott mit Seinem Heiligen Geist als Sein Eigentum. Bis zum Schwören darfst du's wissen, daß der Schuldbrief ist zerrissen, so daß du aus tiefster, göttlicher Überzeugung weißt: Er ist mein, und ich bin Sein. Du bist nun offen für Gott und dem Leben aus Gott. Bis in dein tiefstes innerstes Wesen kann der Heilige Geist dich durchdringen und Besitz von dir nehmen, und kann dich so in die Neuheit des Lebens, der Freiheit, des Friedens, der Ruhe und des Sieges einführen. Als Erlöster des Herrn, als Eigentum Jahwes, als Kind des lebendigen Vaters wandelst du, getragen von Seiner Macht, geführt an Seiner Hand, bewacht von Seinem Auge, erquickt mit Seiner Liebe, über diese Erde. Jesus hat Besitz genommen von dir. Er selbst ist dein Leben geworden. Du stehst nicht mehr einsam da. Du bist mit Dem verbunden, für den du geschaffen bist. Du hast nun das ewige Leben gefunden in dem Sohne Gottes, ein Leben, wie du es wünschest ewiglich zu leben, nein, unendlich mehr als das.

Du besitzest dich auch selbst wieder. Früher warst du nicht dein selbst. Du mußtest ausführen, was dich der Teufel und die Lust in deinem Fleisch zu tun zwang. Gegen deinen Willen machtest du dich unglücklich und traurig, stürztest dich gegen dein besseres Wissen und Gewissen in die Sünde und damit in Elend, Schmach, Gewissenspein und Seelennot. Aber du mußtest, denn du warst nicht mehr dein selbst. Du warst unter die Macht eines Tyrannen gekommen, der mit den Geißeln der Lust, des Eigensinns, des Hochmuts dich in alle diese Dinge hineintrieb. Das schwerste Joch ist das Sündenjoch. Ich habe noch nie in meinem Leben einen glücklichen Sündendiener getroffen. „In den Händen schimmert's, in dem Herzen wimmert's." Das verlorene Vermögen, die ruinierte Gesundheit, die Brandmale im Gewissen, die großgezogenen Leidenschaften, o welch eine Pein und Qual in diesem Leben schon! Und die Ewigkeit? O welch ein furchtbares Wort für solche Leute! Der Gedanke daran ist schon ein Stück Hölle für sie. Wie ganz anders der, der sich bekehrt. Er findet nicht nur volle Vergebung aller seiner Sünden in dem teuren Blute Christi, sondern auch volle Befreiung von jeder Gebundenheit durch den Geist des Lebens, der uns befreit von dem Gesetz der Sünde. Nicht mehr der Sünde und dem Tode bringt er Frucht, sondern Gott. Seine Glieder sind nicht mehr Werkzeuge der Ungerechtigkeit, seine Geistes-, Seelen- und Leibeskräfte stehen nicht mehr im Dienst der Sünde, sondern als ein aus Gott Geborener und Gott Lebender stellt er alles in den Dienst Gottes, der ein Dienst an seinen Brüdern ist. Das ist ein Leben, das glücklich macht, ein Leben eines Menschen würdig, ein Leben, wofür jeder Mensch angelegt ist, und wonach jeder verlangt, ein Leben, das der Mühe wert ist, gelebt zu werden, weil es unvergängliche Frucht bringt. Ich fragte einmal eine Dame: „War Ihr Leben bis heute jemand zum Segen für die Ewigkeit?" Mit niedergeschlagenen Augen mußte sie bekennen: „Nein." Mancher wird bekennen müssen: „Ich habe vielen gedient, aber nicht für den Himmel; ich habe viele vergnügt, aber nicht zur Seligkeit; ich habe meine Kräfte aufgezehrt und meine Gesundheit geopfert, aber nicht für die Ewigkeit; meine Taten wurden gerechnet, aber in der Waage des Heiligtums haben sie kein Gewicht." Verlorenes Leben, verlorenes Glück, verlorene Aussicht, verlorene Seele. Die Seele verloren – alles verloren!

Mephiboseth soll essen an des Königs Tisch

Nach des Königs Willen sollte Mephiboseth täglich das Brot essen an der Tafel des Königs, wie eines der Königskinder. Essen an des Königs Tisch sollst auch du. Lange genug hast du die Treber dieser Welt genossen und konntest doch nicht satt werden. Nur „wer Jesus hat, ist still und satt, wer Ihm kann im Geist anhangen, darf nichts mehr verlangen." Er gibt das Brot des Lebens und tränkt aus dem Brunnen lebendigen Wassers. Das verborgene Manna, das den tiefen Hunger unserer Seele stillt, hat allein Er. Der Versuch, eine gähnende Kluft mit einigen Sandkörnern auszufüllen, wäre eitel, noch eitler aber und vergeblicher ist es, dem tiefen Sehnen der Seele mit dem Sichtbaren und Zeitlichen zu begegnen.

Du issest und wirst doch nicht satt.
Du trinkst, und das Herz bleibt matt,

weil du nicht an dem Tische des Reiches Gottes sitzest, wo Jesus dient und aufwartet. Du suchst Befriedigung, und dein Herz wird immer mehr friedeleer. Du suchst Freude, und es scheint, als ob eine reine Freude auf der Erde nicht mehr zu finden wäre. Du suchst Ruhe, und es ist, als ob sie entsetzt vor dir fliehe. Du bist gleich dem „Hungrigen, der träumt, er esse, wenn er aber aufwacht, so ist seine Seele noch leer, und wie ein Durstiger, der träumt, er trinke, wenn er aber aufwacht, so ist er noch matt" (Jes. 29,8). Es sagte mir einmal jemand: „Früher lebte ich in dem Glauben, wenn ich dieses und jenes noch hätte, dann wäre ich gewiß befriedigt, und siehe, als ich es hatte, da war die innere Leere, statt ausgefüllt, nur um so größer. Wie oft ging ich aus dem Kränzchen mit einem unglücklichen Herzen, wie oft lachte ich, während sich mein Inneres dagegen aufbäumte, und ich hätte weinen mögen. Als mir wieder einmal ein lang ersehnter Wunsch in Erfüllung ging, und ich davon eine große Befriedigung erwartete und doch nicht fand, setzte ich mich in meiner Verzweiflung mitten in meine Stube und rief voll Enttäuschung laut vor mich hin: ‚Was bist du denn eigentlich für ein Mensch, daß du nicht befriedigt werden kannst? Was fehlt dir denn eigentlich noch?' Ich wußte damals nicht, daß mir die Hauptsache fehlte. Nun weiß ich es. Mir fehlte Jesus, der allein Leben und volles Genüge geben kann" (Joh. 10,10).

Daß Israel mit Manna vom Himmel gespeist wurde, sollte diesem Volke und uns die eindringliche und tröstliche Lehre geben, daß wir vom Himmel genommen sind und von dort ernährt werden müssen und dort allein unseren Ruheort finden sollen. Unsere Seele ist ein Hauch aus Gott und kann mit nichts Geringerem befriedigt werden, als mit Gott allein. Leichter könnte man den Ozean mit der hohlen Hand ausschöpfen, als unseren Seelendurst stillen mit dem, was die Welt uns bietet. Das Beste, das die Welt hat, ist nur Speise für die unvernünftigen Tiere.

Aber du bist ein Königskind, und dein Platz ist an des Königs Tisch. Er allein, der König des Himmels, kennt deine Würde und weiß deine tiefsten Bedürfnisse zu befriedigen. Wer durch Ihn eingeht, der wird selig werden und ein- und ausgehen und Weide finden.

Er ist mein Trank und Speise,
Mein Licht in Dunkelheit,
Mein Leitsmann auf der Reise,
Mein Sieg in Kampf und Streit,
Mein König und mein Hirte,
Mein Priester und Altar,
Mein Opfer, meine Zierde,
Er ist mein alles gar!

Mephiboseth wohnt in Jerusalem

Begreiflicherweise. Denn er war ja eines Königs Kind. O welch ein Unterschied zwischen Lodabar, dem Land der Wüste, und Jerusalem, der Stätte der Freude. Unsere Heimat ist dort in der Höhe im neuen Jerusalem, das ist unser aller Mutter. Die Stadt, über der Gott thront, und deren Leuchte das Lamm ist (Offb. 21), wo die Ströme lebendigen Wassers fließen und das Holz des Lebens grünt, da, da allein ist unsere von Gott bestimmte Heimat. Laß den finsteren Geistern und Dämonen ihr Lodabar, die Hölle und den Feuerpfuhl. Du bist nicht dafür bestimmt (Matth. 25,41), dein Teil soll das Jerusalem sein, das droben ist. O eile, Frieden zu machen mit deinem Gott! Kehre um aus der Gottferne! Empfange durch das Blut Seines Sohnes Vergebung und durch Seinen Geist die Versiegelung der Gotteskindschaft!

Kehre wieder! Laß dich finden von dem, der Sein Leben gab am Fluchholz für dich, der Sein eigenes Blut, den höchsten Kaufpreis für dich gab, der gearbeitet auch für deine Seele, daß sie Ihm zu Seinem Lohn nicht fehle. Du bist Sein! Ein doppeltes Anrecht hat Jesus auf dich. Er hat dich geschaffen, und Er hat dich, Sein gefallenes Geschöpf, erkauft. Und dieses Sein doppeltes Anrecht möchte Er gern heute, jetzt geltend machen. Er möchte dir heute begegnen und dir in deine Seele hineinrufen: *„Fürchte dich nicht, Ich habe dich erlöst, Ich habe dich bei deinem Namen gerufen, du bist Mein!"* Und Er möchte gern heute aus deinem Herzen die Antwort haben: „Ja, Dein will ich sein und mit Dir will ich es halten, Jesus, Du Sohn Gottes." Sich bekehren heißt, sich seinem Gott zurückgeben.

Oder möchtest du am Tage der Ewigkeit, wo das Buch des Lebens aufgetan wird, als ein Übriggebliebener dastehen, dessen Name nicht gefunden wird im Buche des Lammes und der darum hinausgeworfen wird in den Pfuhl, der mit Feuer und Schwefel brennt? Vor nicht langer Zeit erzählte mir ein Jüngling: „Viele Jahre wirkte Gott an meiner Seele zur Bekehrung, aber nie entschied ich mich völlig für Jesus. Ich wurde krank und mußte ins Spital, wo ich dem Tode nahe war; aber auch hier kam es zu keiner Entscheidung. Da, eines Nachts träumte ich, daß alle Leute in unserem Dorfe versammelt waren, um die Wiederkunft des Herrn und den Tag des Gerichts zu erwarten. Eine unbeschreibliche Angst und Bangigkeit überfiel mich; gern hätte ich mich irgendwo verborgen, aber ich war an meinen Platz gebannt, und meine Augen mußten nach oben schauen, plötzlich tat sich der Himmel auf, und der Heiland stand wie ein König vor uns. Dies machte meinen Schrecken noch größer. Denn von Seinem Angesicht ging ein Lichtstrahl aus, der uns alle, wie in einem Augenblick, in zwei Haufen teilte. Und als ich mich umsah, siehe, da stand ich auf der linken Seite. – Durch Gottes Gnade war es nur ein Traum, aus dem mich ein lauter Schrei der Verzweiflung aufweckte, aber auch aufweckte vom Schlaf der Sünde, um mich nun endlich voll und ganz zu Gott zu bekehren."

Kehre wieder, kehre wieder.
Der du dich verloren hast.
Sinke reuig bittend nieder
Vor dem Herrn mit deiner Last!
Wie du bist so darfst du kommen;
Höre, was Sein Wort verspricht:
Du wirst gnädig aufgenommen,
Kehre wieder, zaudre nicht!

Kehre wieder, irre Seele!
Deines Gottes treues Herz
Beut Vergebung deinem Fehle,
Balsam für den Sündenschmerz.
Blick empor zum Kreuzesstamme;
Kehre wieder fürchte nicht.
Daß der Gnäd'ge dich verdamme.
Dem Sein Herz vor Liebe bricht!

Kehre wieder! neues Leben
Trink in Seiner Liebeshuld.
Bei dem Herrn ist viel Vergeben,
Große Langmut und Geduld.
Fass' ein Herz zu Seinem Herzen:
Er macht dich von Flecken rein;
Er hat Trost für alle Schmerzen,
Eile, kehre bei Ihm ein!

Kehre wieder, endlich kehre
In der Liebe Heimat ein.
In die Fülle aus der Leere,
In das Wesen aus dem Schein,
Aus dem Tode in das Leben,
Aus der Welt ins Himmelreich!
Doch was Gott dir heut' will geben,
Nimm auch heute! Kehre gleich!

Alttestamentliche Vorbilder der Braut des Lammes

Vorwort

„Brautseelen!“ Diese Bezeichnung hat je und je bei den verschiedenen Kreisen der Gläubigen verschiedene Eindrücke hervorgerufen. Die einen haben darin alles gefunden, was ihr Verhältnis zu Christus ausmachte. Sie haben es ernst genommen mit der Tatsache, daß sie „verlobt sind einem Manne, um als reine Jungfrau Christus entgegengeführt zu werden,“ und „daß sie bekehrt wurden von den Abgöttern, um den Sohn Gottes aus den Himmeln zu erwarten.“ – Andre hingegen, die nicht minder aufrichtig sind, hören solche Bezeichnung nur mit Mißfallen an. Sie denken an den Mißbrauch, der mit diesem Worte getrieben worden ist, an all die verschiedenen Auffassungen, die über die „Braut Christi“ bestehen, an alles Schwärmerische, das sich an diesen Begriff gehängt hat, und nun sind sie's herzlich satt, weiteres darüber zu vernehmen. Solche möchte ich aber von vornherein beruhigen. Bruder Steinberger redet in diesem Büchlein gar nicht von einer bestimmten Zahl oder Klasse von Menschen, die etwa die „Braut Christi“ ausmachen, sondern zeichnet an diesen Frauengestalten nur den *Charakter* der Braut. Selbst wenn du in diesen Frauen nicht gerade „Vorbilder der Braut“ siehst, ja selbst dann, wenn du den Begriff „Braut“ streichen würdest, findest du hier so viel Wichtiges über das Leben in der Nachfolge Christi, daß du das Büchlein nicht ohne großen Segen lesen wirst.

Ich bin sehr dankbar, daß dies schlichte Zeugnis meines heimgegangenen Freundes gerade jetzt erscheint, wo eine klare, entschiedene Belehrung über die Treue im Kleinen, über das stille verborgene Leben in Gott mehr in den Hintergrund zu treten scheint. Neben allen außerordentlichen Ereignissen und Erfahrungen unsrer Zeit, deren wir gewiß bedürfen, ist es von Wichtigkeit, hervorzuheben, daß das Hauptkennzeichen der Brautseelen die bräutliche Treue ist. Dies Büchlein ruft uns zur Selbstverleugnung und Treue, und zwar zur Treue in kleinen und geringen Dingen auf, an der es ja so bedenklich fehlt. Danke deinem Gott für alle großen und in die Augen fallenden Segnungen; aber bedenke dabei, daß der Segen dir erst dann wirklich zuteil geworden ist, wenn derselbe die Feuerprobe deines gewöhnlichen, bescheidenen Alltagslebens bestanden hat.

Möge denn der Herr dies Büchlein solchen in die Hand legen, denen es eine Hilfe sein kann auf dem Wege der Zubereitung für den kommenden Bräutigam.

Elberfeld, im November 1905.

Henrichs.

I.

Eva

Wir wollen heute nicht hören, *wer* die Braut, sondern *wie* die Braut sei. Im Alten Testament sind verschiedene Frauengestalten, die uns Vorbilder der Braut abgeben. Was von Menschen rührt, hat gewöhnlich seine *zwei* Seiten. Jede göttliche Wahrheit aber zeigt verschiedene köstliche Seiten und ist siebenfach geläutert. Wir wollen mit heiliger Furcht Gottes an diesen Gegenstand herantreten, denn der Ort, worauf wir stehen, ist heilig Land. Die Braut des Lammes finden wir siebenmal im Alten Testament vorgebildet.

1. Eva, die aus dem Mann Genommene.
2. Rebekka, die Dienende.
3. Rahel, die Geliebte.
4. Asnath, die Fruchtbare.
5. Zippora, die Verachtete.
6. Ruth, die Treue.
7. Esther, die Opfernde.

Eva, die aus dem Mann Genommene

1.Korinther 1,30: Aus Ihm aber seid ihr in Christus Jesus (Joh. 19,34-35; 1.Mose 2, 21-23).

In den wunderbaren Versen 1.Mose 2,21-23 treten uns drei Wahrheiten entgegen:

1. Gott nahm eine Rippe aus der Seite des Mannes

So ist auch die Braut aus Ihm durch Gott genommen. Wir haben alle eine Ewigkeitsgeschichte hinter uns; schon vor Grundlegung der Welt hat uns Gott erwählt in Ihm, dem Sohn, und sich damit beschäftigt, wie Er uns glücklich und selig machen könnte (Eph. 1,4). Unsre Bekehrung ist kein Zufall, sondern von Ewigkeit her vom Vater bestimmt; wir sind nicht bloß „gefunden", sondern erwählt im Sohn vor Grundlegung der Welt. O wenn uns unsre Berufung und Erwählung aufgeschlossen ist, bekommen wir einen königlichen Geist, der uns zur stillen Anbetung bringt. Durch Erkennen unsrer Ewigkeitsgeschichte wird die bräutliche Liebe in uns geweckt; es wird uns nun ein Leichtes, ja ein Bedürfnis, uns dem Lamm ganz zum Opfer zu weihen. In Johannes 17 finden wir siebenmal die Worte: „Die Du Mir gegeben hast." Im hohepriesterlichen Gebet schließt der Herr Seinen Jüngern ihre Zusammengehörigkeit mit Ihm auf, indem Er siebenmal betet: „Die Du Mir gegeben hast." Die Jünger verstanden damals den tiefen Sinn dieser Worte noch nicht, außer Johannes, der an des Herrn Brust gelegen. Er allein hat uns diese Worte aufgezeichnet. Er allein hatte auch die Kraft, mit Jesus bis zum Kreuz zu gehen. Die ersten Christen hatten eine tiefe Erkenntnis ihrer Zusammengehörigkeit mit Christus, darum auch den Geist der Freude, der sich durch alle Nöte und Martern des Todes siegreich hindurchtrug. Sie wußten und waren tief davon durchdrungen, daß sie mit dem Lamme eins waren. – Das Kreuz ist unsre Geburtsstätte; wir haben dasselbe Fleisch und Blut wie Jesus und sind aus Wasser und Geist geboren. Unsre Gemeinschaft mit Ihm, dem Lamme, ist eine Kreuzesgemeinschaft. Ich erkenne nur *eine* Gemeinschaft an – die Kreuzesgemeinschaft. Dort am Kreuz, als man Jesu Seite mit der Lanze öffnete, wurde die Braut aus Seiner Seite genommen (1.Kor. 1,30; Joh. 19,34-35).

2. Gott baute die Rippe zu einer Frau

Er ließ auf den ersten Adam einen tiefen Schlaf fallen, nahm die Rippe und baute die Frau. So mußte auch der zweite Adam in den Todesschlaf fallen, damit der Heilige Geist aus Ihm eine neue Kreatur schaffen konnte. Aus der unscheinbaren Rippe baut der Heilige Geist die Frau so herrlich, daß auch das Lamm überrascht sein wird über die Gleichheit und Ähnlichkeit mit Ihm selber. Gleich dem ersten Adam, der, als Gott ihm die aus seiner Rippe gebaute Frau zuführte, in tiefer Bewunderung ausrief: „Ist das nicht Bein von meinem Bein und Fleisch von meinem Fleisch!?" So ähnlich war sie ihm. Darum wird sie auch nicht Frau, sondern Männin in der Schrift genannt. – Wir sind solch ein Ripplein in der Hand Gottes. Mit einer gründlichen Bekehrung sind wir erst am Anfang, noch lange nicht am Ziel unsrer herrlichen Berufung. Zwischen der Gestalt eines bekehrten und eines fertigen Christen ist genau derselbe Unterschied wie zwischen einer „Rippe" und einer „Frau". Wohl ist es nicht unsre Aufgabe, eine Frau zu machen, sondern Gott baut; aber wir bleiben eine „Rippe", wenn wir nicht hinein in die Hand des Geistes Gottes kommen, seien wir noch so gründlich bekehrt. Es muß unser tiefstes Sehnen sein, mit allem, was wir sind und haben, hinein in die Hand des Heiligen Geistes zu kommen, damit Er uns zubereiten kann, bis wir mit aufgedecktem Angesicht die Herrlichkeit Gottes schauen und so verwandelt werden von Herrlichkeit zu Herrlichkeit durch den Herrn, der der Geist ist (2.Kor. 3,18). Paulus war von dieser herrlichen Berufung so ergriffen, daß er ihr nachjagt, alles vergessend – seine Sünden sind hiermit keineswegs gemeint – sondern allein die herrlichen Erfahrungen, die er mit dem Herrn machen durfte. Für ihn galt hinfort nur das eine große Ziel, dem Bilde des Sohnes gleichgestaltet zu werden (Phil. 3,13-14). O wir sind nicht errettet, um nur in den Himmel zu kommen; Gott hat ein ganz andres Ziel mit uns. Es gibt eine armselige Richtung unter dem Volke Gottes, die sich darauf stützt, ein Kind Gottes kann nicht verlorengehen. Ist das alles, was die Erlösung zustande gebracht hat? O nein! Wir wollen Ihm gleichgestaltet werden. In so vielen Häusern steht der Spruch: „Nur selig!" Ich möchte darauf schreiben: „Auch herrlich". Denn welche Er berufen hat, die hat Er auch gerecht gemacht; welche Er gerecht gemacht hat, die hat Er auch herrlich gemacht, daß sie gleich seien Seinem verklärten Bilde. Wir dürfen uns kein niedrigeres Ziel stecken als die Gleichgestaltung mit Ihm, dem Lamme. Stets müssen wir in der Verfassung sein, daß wir erfaßt – ergriffen – sind von diesem Ziel. Wer von diesem herrlichen Ziel ergriffen ist, geht heilig um mit jeder Minute seines Lebens. So viele teure Gotteskinder trauen sich gar nicht an dieses Gebiet heran und trösten sich mit einem Türhüterposten im Himmel. Ja, wir betrüben den Heiligen Geist, wenn wir uns dieses Ziel nicht aufschließen lassen. Die Gemeinde Gottes hat sich im großen ganzen sehr träge in Verfolgung dieses Zieles gezeigt. Wer den Leuten ein niedrigeres Ziel predigt als Gleichgestaltung mit Christus, der sündigt, denn er betrübt notwendigerweise den Heiligen Geist. Wir müssen die Seelen nicht nur zu Christus führen, sondern Christus entgegen. Viele Kinder Gottes gleichen dem Jakob, der, als ihm der Herr im Traum erschien, um ihm die Gedanken Seines Herzens zu offenbaren, zuerst an sich dachte. Ja, wenn Du mir Kleider und Schuhe an meine Füße gibst – so sollst Du mein Gott sein! Er verstand seinen Gott nicht, darum konnte er auch so niedrig handeln bei Laban. Er kam nicht über die Brotfrage hinaus. So auch viele teure Seelen. Ihre Hauptsorge ist und bleibt es, Frieden zu haben, Vergebung zu erlangen und „selig" zu werden; ein andres Ziel kennen sie nicht. Warum seid ihr Töchter Evas nichts andres als Kleiderständer!? Und ihr Männer, o ihr Männer!! – Wir müssen danach trachten, ein aufgedecktes Angesicht für die Herrlichkeit des Herrn zu bekommen. Ja, einen Jesushunger sollten wir haben, darüber freut sich der Geist; einen Hunger nach Gleichgestaltung mit dem Sohne Gottes.

3. Gott brachte die Frau zu dem Menschen

Was für ein Augenblick wird das sein, wenn der Geist nach 2000 jähriger Arbeit dem Lamme die Schar zuführen kann, die Er als ersten Todeslohn, als Braut des Lammes, aus der Welt herausgebracht hat. Gleich dem ersten Adam, der überrascht war, als Gott ihm die Frau brachte, wird das Lamm überrascht sein durch die Ähnlichkeit mit Ihm. Es muß uns tief beugen und demütigen, daß es nun bald 2000 Jahre gedauert hat, ehe der Heilige Geist Sein Ziel mit der Menschheit erreicht hat. Denn Seine Aufgabe ist es, aus Menschen – nicht aus Seelen – die Braut des Lammes zu bilden, sitzt doch Jesus als Mensch auf dem Thron. Wir werden Ihm gleich sein als „Mensch". Ja, unser Leib gehört auch dazu, darum müssen wir ihn auch Gott zur Verfügung stellen. Unser Leib gehört auf den Altar, denn er ist nicht unser, sondern Gottes: „Wer den Tempel Gottes verdirbt, den wird Gott verderben", darum „so preist Gott mit eurem Leibe". Wenn wir im Gotteshaus sitzen, nehmen wir ehrerbietig den

Hut ab; behandeln wir so auch unsern Leib, der doch der Tempel Gottes ist? Oder verderben wir ihn noch im Dienst der Eitelkeit? O daß wir heilig umgingen mit dem Tempel Gottes – unserm Leibe! Es muß dahin kommen, daß der Heilige Geist unsern Leib ganz in Seine Herrschaft bekommt. Die Apostel erwarteten bestimmt, daß ihr Leib verklärt werde zur Herrlichkeit. Ja, dieser Leib unsrer Niedrigkeit soll verklärt werden in den Leib Seiner Herrlichkeit. – Als Reichskinder müssen wir auch einen Reichsblick haben. 1.Johannes 3,2-3: „Meine Lieben, wir sind nun Gottes Kinder; und es ist noch nicht erschienen, was wir sein werden. Wir wissen aber, wenn es erscheinen wird, daß wir Ihm gleich sein werden; denn wir werden Ihn sehen, wie Er ist. Und ein jeglicher, der solche Hoffnung hat zu Ihm, der reinigt sich, gleichwie Er auch rein ist". – Ist unser Angesicht für diese Herrlichkeit aufgedeckt, so fallen alle Sündenbanden von selbst. Der Heilige Geist zeigt uns das Ziel – sich zu reinigen, wie Er auch rein ist. Brautseelen sind Leute, die von diesem Blick getragen werden.

Offenbarung 21,9: „Komm, ich will dir die Frau zeigen, die Braut des Lammes".

Wer ist der Braut des Lammes gleich?
Wer ist so arm und wer so reich?
Wer ist so häßlich und so schön?
Wem kann's so wohl und übel gehn?
Lamm Gottes, Du und Deine sel'ge Schar
Sind Menschen und auch Engeln wunderbar.

II.

Rebekka

1.Mose 24

Eine wunderbare, überraschende Aufeinanderfolge der beiden vorhergehenden Kapitel mit dem vor uns liegenden, die uns den Gang der göttlichen Geschichte mit uns offenbart. Im 22. Kapitel ist die Aufopferung des einigen Sohnes „Isaak" hinweisend auf die Dahingabe des Sohnes Gottes, im 23. Kapitel die Beisetzung der Sara als

Vorbild für die Beiseitesetzung des von Gott berufenen Volkes Israel, während im 24. Kapitel die Nationen auf den Schauplatz treten. Wie Abraham durch seinen Knecht Elieser seinem Sohn eine Frau suchen läßt, so sucht Gott durch den Heiligen Geist, der in Elieser vorgebildet ist, Seinem Sohn eine Frau. Nachdem der Sohn gekreuzigt, das Volk Israel beiseitegesetzt ist, sucht der Heilige Geist aus den Nationen eine Frau für den Sohn. Wichtig ist auch der Schwur, den Elieser leisten mußte (V. 9). So besteht auch wegen uns zwischen Gott und dem Heiligen Geist ein Schwur; welch wunderbare Sache!

Es würde uns zu weit führen, auf alle Einzelheiten dieses so inhaltsreichen Kapitels näher einzugehen, wir wollen nur einige Punkte daraus hervorheben.

An der Rebekka fällt uns besonders ihre dienende Liebe zu Elieser auf, wir wollen sie deshalb nennen:

Rebekka, die Dienende

1. Sie dient

Als Elieser an dem Brunnen von ihr zu trinken verlangt, ist sie hierzu sofort bereit und reicht ihm von dem Wasser. Doch nicht genug, unaufgefordert eilt sie, um auch die Kamele zu tränken. Sie tut mehr, als Elieser fordert. Die Braut kennt nicht Pflicht, sondern nur Liebe. Sie dient aus Liebe, d. h. über das Maß ihrer Pflicht hinaus. Dies ist der Charakter der Braut; nie verlangt man zu viel von ihr, immer ist sie zum Dienen bereit, kein Dienst ist ihr zu gering. Muß sie doch in diesem Stück dem Bräutigam ähnlich werden, der von sich selbst sagte: „Des Menschen Sohn ist nicht gekommen, daß Er sich dienen lasse, sondern daß Er diene“ (Matth. 20,28).

Wie tief steigt Er dort hinunter, als Er sich aufschürzt und den Jüngern den geringsten Dienst erweist und ihnen die Füße wäscht (Joh. 13,4-5). Weil Er wußte, daß Er von Gott gekommen war und zu Gott ging, konnte Er Seinen Jüngern diesen niedrigsten Dienst tun. So können auch wir erst dann recht dienen, wenn wir unsern göttlichen Adel – unsre Abstammung – erkannt haben. Denn wir sind aus Dem, der ein Diener aller war, und gehen zu Dem, der ein Diener aller ist. Christi Herrschen besteht im Dienen. So werden auch wir nur herrschen mit Ihm, indem wir dienen. Die Braut ist eine Dienende; sie kennt keine Sparsamkeit gegen andre und gibt, bis sie genug haben, gleich der Rebekka, die den Kamelen „genug“ Wasser gab (Elberfelder Übersetzung).

Wozu gab Gott den Menschen das Paradies? Nur zum Ausruhen und Äpfel essen? Nein, gewiß nicht! Er gab ihnen das Paradies, um durch Dienen zu herrschen und das Böse zu verdrängen. So viele träumen von der Ruhe im Jenseits, sie werden enttäuscht sein. Nicht also die Braut.

Sie weiß, sie kommt an die Seite des Bräutigams, um zu dienen. Sie ist geschaffen für den Bräutigam, um neues Leben zu geben. Genau wie im Eheleben beide füreinander geschaffen sind, damit es neues Leben gibt, nicht um dies aufzuhalten. O wie viel Sodomssünde herrscht im Kreise der Frommen! Ist doch der Ehe tiefste Bedeutung – neues Leben zu wirken – nicht zu sagen – ich will nur ein oder zwei Kinder – während dir Gott mehr zugedacht hat. Wundere dich nicht, wenn dir diese Kinder mehr Sorge, Mühe und Not bereiten als die dir von Gott zugedachten. Der Dienst der Eitelkeit und des vergänglichen Wesens herrscht heute auf der ganzen Erde. Ein Volk bekriegt das andre, sie sind im Dienst der Eitelkeit gefangen. Die Söhne Gottes helfen der Kreatur daraus frei zu werden. Um das Böse zu verdrängen, ist der Mensch geschaffen. Im Blick darauf ist am Ende der Heiligen Schrift nicht mehr nur von Menschen die Rede, sondern von Überwindern, die den Satan, um den es sich hier handelt, überwunden haben – nicht in sich, sondern in der Welt. – Überwinder des Satans zu sein, dazu sind wir bestimmt.

Es wird in unsern Tagen soviel geredet, wozu der Heilige Geist nicht steht; unser Zeugnis ist nur dann von Kraft und Frucht, wenn wir eine Botschaft von Gott haben. Gleichviel wo wir stehen; denn wir alle haben von Gott ein Lebenswerk bekommen, worin wir wandeln sollen (Eph. 2,10).

Vielleicht stehst du an einem sehr geringen, schlechten Posten deiner Meinung nach, aber Gott hat dich hingestellt, so ist es dein Posten, wo du *dienen* sollst. Bitte nicht mehr: Herr, gehe mit mir dorthin nach Armenien, oder sonst wohin, nein, wohin Er dich stellt, da ist dein Lebenswerk! Brautseelen fragen mit dem Apostel Paulus: Herr, was willst Du, daß ich tun soll? Davon ist ihr ganzes Gemüt eingenommen.

2. Sie läßt sich dienen

Dies ist ein weiterer wichtiger Zug der Rebekka. Nie werden wir dienen können, wenn wir uns nicht vorher dienen lassen. Wer nicht still sein kann, kann auch nicht reden. Man merkt es jemand sofort an, wenn er nicht in der Stille sich gesammelt hat: von seinen Worten geht kein Leben und keine Kraft aus, in dem Herzen bleibt kein Segen zurück. Rebekka läßt sich dienen. O diese Ruhe, Anmut und Gelassenheit, mit der sie sich dienen läßt! Ruhig läßt sie sich von Elieser schmücken uns zum Vorbild (V. 22). Wie nötig ist es für uns, wie Maria in Bethanien still zu werden zu Jesu Füßen, sich von Ihm pflegen, ermahnen und strafen zu lassen. Maria hatte nur Ohren, Augen und Gedanken für die holdseligen Worte ihres Meisters, sie ließ alles um sich schweigen und setzte sich zu Seinen Füßen. Wollen wir dienen, so müssen wir uns zuvor dienen lassen vom Heiligen Geist, dem es eine Hauptfrage ist, was *Er aus uns machen soll.*

Drei Dinge sind es, die Elieser vorbildlich an der Rebekka tut (V. 34-38).

1. Er schließt ihr, nachdem er sie geschmückt hat, die Gedanken Abrahams auf.
2. Er sagt ihr, daß sein Herr einen Sohn habe, dem er alles gegeben.
3. Er erklärt, er suche für diesen Sohn eine Frau.

Genau so handelt der Heilige Geist, Er erschließt zuerst der Braut das Herz für die Gedanken Gottes und verklärt sodann Christus – das Lamm – in ihrem Herzen. Dies ist die Hauptaufgabe des Heiligen Geistes – Christus, den Sohn Gottes, zu verklären. Nie spricht Er von sich, immer vom Sohn, wie auch der Herr sagt in Johannes 16,14: „Von dem Meinen wird Er es nehmen und euch geben“. Die Bibel gleicht einem großen Bilderbuch, immer strahlt uns ein Bild Christi in all den Vorbildern entgegen. Der Heilige Geist schließt uns dies auf und verklärt Christus – das Lamm – in unsern Herzen. – Aber noch mehr – *Elieser kleidet Rebekka* (V. 53). Er findet sie in den Alltagskleidern ihres Vaterhauses nicht passend für den Bräutigam, deshalb kleidet er sie mit den köstlichen Feierkleidern, die er besonders zu diesem Zweck mitgebracht. An ihre Arme tut er goldene Spangen und einen Ring an ihre Stirn, zum Zeichen, daß sie nun einem andern angehört. Dieser Ring, den sie beständig vor Augen hatte, erinnerte sie daran, daß sie nicht ihr eigen, sondern eines andern war. Elieser forderte Rebekka auf: „Verlaß dein Vaterhaus!" So findet der Heilige Geist auch uns in dem Alltagsgewand und muß uns aus dem Vaterhaus führen und mit köstlichen Feierkleidern schmücken. O verlaßt das Angeborene, Anerzogene und Angewöhnte. Zieh dein Hauskleid aus und laß dich kleiden, gleich der Rebekka. Es ist bemerkenswert, daß Elieser alles zuvor von seinem Herrn erhalten hat und nichts von sich gibt. So gibt auch der Heilige Geist nichts von sich, sondern nur, was Ihm der Vater in Christus gegeben hat. – Brautseelen wissen, sie gehören nicht mehr sich selbst, sondern einem andern an! Sie legen sich willig in die Hand ihres Herrn.

3. Elieser führt Rebekka hin zu Isaak

Des andern Tages steht er frühe auf und will heimziehen zu seinem Herrn; er zaudert nicht, es ist ihm eilig, den Auftrag seines Herrn zu erledigen (V. 56). Rebekka, gefragt von ihren Angehörigen: „Willst du mit diesem Mann ziehen?" – antwortet ohne Bedenken: „Ja, ich will mit ihm ziehen!" Sie sorgte nicht um den langen, gefahrvollen Weg, sondern sie vertraute sich dem fremden Mann an. Sie wußte, daß er ihr ein wegkundiger Führer sein würde, der alle Verantwortung für sie übernommen, sie sicher und wohlbehalten durch die Wüste zum Ziel zu bringen. Sie glaubte und vertraute dem ihr fremden Mann und zauderte keinen Augenblick, sich willig von ihm führen zu lassen. O sie wußte, es würde ihn tief betrüben, wenn sie sich weigerte, mit ihm zu ziehen. Eine große Zartheit gegen Elieser, ihren Führer, zeichnet sie aus. Dies ist auch der Charakter der Braut! Einmal aufgefordert vom Heiligen Geist, zu gehen, zaudern Brautleute keinen Augenblick, sie glauben und vertrauen sich Seiner Leitung an, und Er kann sie sicher durch die Wüste dieses Lebens hindurch hin zu ihrem Ziel führen. Sie kennen keine Sorgen mehr für sich, keine Gefahr schreckt sie zurück, willig legen sie sich in Seine Hand. Eins ist ihnen allen eigen, eine große Zartheit gegen den Heiligen Geist, Ihn durch nichts zu betrüben. Er zwingt sich niemand auf (V. 49). Christus tat ein Werk für uns, der Heilige Geist aber tut ein Werk in uns. Es ist die Aufgabe des Heiligen Geistes, unser Führer zu sein, uns zu unterweisen, bis wir hingelangt sind zu unserm Ziel. Er hat alle Verantwortung beim Vater für uns übernommen. Wunderbarer

Gedanke! O zaudre nicht länger, glaube und lege – gleich der Rebekka – *alles* in Seine Hand; Er bringt dich glücklich durch die Wüste hin zu deinem Ziel der Herrlichkeit!

Wenn ich auch gar nichts fühle
Von Deiner Macht,
Du führst mich doch zum Ziele
Auch durch die Nacht.

Überaus herrlich ist die Begegnung Isaaks mit Rebekka (V. 62-66). Er kam am Abend aus dem Lande, das gegen Mittag liegt, hinaus auf das Feld, um Ausschau nach Elieser zu halten. Ihm war die Zeit zu lang geworden; vor innerer Sehnsucht des Wartens müde, hebt er seine Augen auf und sieht Rebekka daherkommen. Rebekka sieht ihn auch, daher richtet sie die Frage an ihren Führer: „Wer ist der Mann, der uns entgegenkommt auf dem Felde?" – „Das ist mein Herr", lautet die Antwort. Sofort steigt sie eilend vom Kamel – wörtlich: „warf sie sich" – nimmt ihren Schleier und verhüllt ihr Angesicht; denn sie hat ihre Schönheit nur für ihren Bräutigam. – O so schaut auch das Lamm sehnsüchtig aus nach Seiner Braut, gleich dem Isaak, dem die Zeit des Wartens zu lange geworden war. Am Abend unsrer Zeit! Man kann es spüren, daß der Abend im Nahen begriffen ist, fühlt man doch, wie zwei Mächte sich gegeneinander aufgemacht haben: das Lamm von oben, aus dem Lande gegen Mittag, und der Antichrist aus der Finsternis, von unten her. Die Juden hatten einen Zeitabschnitt von 2000 Jahren, und auch der unsrige geht seiner Vollendung entgegen. Das Lamm, der Bräutigam, ist der Braut nahe! Der Heilige Geist, unser Führer, gibt uns den Mann, der uns entgegenkommt, zu erkennen.

Die Braut ist *eine Verhüllte*. Sie geht verhüllt durch diese Welt, von niemand will sie gekannt noch gesehen werden, hat sie doch ihre Schönheit und Herrlichkeit nur für den Bräutigam. O wieviel liegt dir vielleicht noch daran, dein Gutes nur von Menschen anerkannt zu sehen und nicht von Ihm!

Dies ist nicht der Charakter der Braut. Brautleute sind „verborgene Seelen", nur „Ihm" bekannt, denn ihr Leben ist verborgen mit Christus in Gott!

Noch ist sie unsern Augen verhüllt, ich kann nicht sagen, wer sie ist. Ist sie bei den Kindern Gottes, welche meinen, „die Versammlung Gottes" zu sein? Ist sie bei den Irvingianern? Sie sagen ja von sich, daß sie „Versiegelte Gottes" sind. Ich kann nur sagen, wie sie *gestaltet* ist. Prüfen wir uns, ob etwas von dem Charakter – dem Wesen und dem Bild der Braut in uns zu finden ist! Brautseelen schmerzt es tief, daß der Heilige Geist so lange schon warten muß, bis Er dem Lamm Seine Braut entgegenführen kann. Paulus hatte dieses schon in den ersten 70 Jahren erwartet – und nun sind es beinahe 2000 Jahre. Der Heilige Geist ist in der Fastenzeit. Er kann sich mit nichts anderem abgeben, bis Er sein Ziel – dem Sohn eine Frau zu finden – erreicht hat, bis Er Sein Werk in uns – uns zuzubereiten durch Verklärung Seines Bildes und durch völlige Reinigung von jeglicher Befleckung des Fleisches und Geistes – vollendet hat und Er dem Lamm eine Braut, die da sei herrlich, ohne Flecken und Runzel oder des etwas, entgegenführen kann.

Die Braut ist noch verhüllt, sie gleicht einem verschütteten alten Standbild, das beim Ausgraben gefunden ist. Du stehst vor dem unansehnlichen, formlosen Klumpen und weißt nicht, was du damit anfangen sollst, aber unter der kundigen Hand des Forschers siehst du eine Schönheit nach der andern sich enthüllen, bis endlich ein Meisterwerk menschlicher Kunst vor deinem entzückten Auge steht. Du bist erstaunt, überrascht ob der ungeahnten Schönheit. So ist auch die Braut eine Verschüttete, bis einst der herrliche Strahl ihrer Schöne, wenn sie enthüllt mit ihrem Bräutigam vereint, zum Ausdruck kommt! – Isaak nimmt Rebekka bei der Hand und führt sie in die Hütte seiner Mutter Sara und – sie ward seine Frau – (V. 67). War sie früher dem Elieser in dienender Liebe entgegengekommen, so fing ihr rechter Dienst erst jetzt an. Sie ging in die Hütte ihres Mannes, um zu dienen wie nie zuvor! So wird auch die Braut an der Seite des Sohnes Gottes, mit dem Bräutigam vereint, einst dienen, wie sie noch nie gedient hat, denn sie ist – *eine Dienende.*

III.

Rahel

Vielleicht haben sich einige von euch, welche die Geschichte Rahels kennen, gewundert, daß auch sie zu den Vorbildern der Braut des Lammes gezählt sein soll. Wenn auch aus ihrem Leben keine vollendeten Charakterzüge hervorzuheben sind, so stellt doch auch sie einen bestimmten Zug in dem Brautbild dar, nämlich den der *unergründlichen Liebe unseres Bräutigams,* der uns nicht liebt, weil wir gut sind, sondern weil Er uns gut machen will. In der Reihe der Vorbilder der Braut stellt sie dar:

Die Geliebte

Wir haben gelesen: „Jakob diente sieben Jahre um Rahel, und sie waren in seinen Augen wie einzelne Tage – *weil er sie liebte!"* (1.Mose 29,20) Der ganze Inhalt ihrer Geschichte und der ganze Wert ihres Lebens liegt ausgedrückt in dem Wort: *„Weil er sie liebte!" Weil er sie liebte,* nahm er sie zur Frau, daß sie die Mutter des auserwählten Volkes werden sollte; denn durch die Verbindung mit Jakob ist sie nicht nur die Frau eines Mannes geworden, sondern die Mutter des auserwählten Volkes, und das macht den Wert ihres Lebens aus. *Weil er sie liebte,* konnte die Zeit ihrer Unfruchtbarkeit sie nicht von ihm trennen. *Weil er sie liebte,* konnte ihr unentschiedenes und unerzogenes Wesen ihn nicht erbittern, sondern er konnte Geduld haben, bis sie gelernt hatte, allein auf Gott zu vertrauen (1.Mose 30,22-24).

Weil Er uns liebt! Das und nichts andres ist auch unser Bekenntnis auf all die Gnaden, die in unserm Leben stehen, und auf all die Segnungen, die wir heute genießen, und die wir genießen vor vielen andern. Aber, ihr teuren Brüder und Schwestern, es soll nicht nur bei *einem Bekenntnis* bleiben, nein, sondern unser Leben soll von nun an nichts andres mehr sein als *eine Antwort auf Seine Liebe* gegen uns. So hat es Paulus verstanden. Als er die Liebe Gottes sah, geoffenbart im Kreuz, wirkte dieser Blick ein Doppeltes in seinem Herzen: Erstens einen entschiedenen *Abschluß* mit allem Sich-selbst-leben, und zweitens einen heiligen *Entschluß,* Dem zu leben, der für ihn gestorben und auferstanden ist (2.Kor. 5,15). Losgebunden von sich und gebunden an den Gekreuzigten, hatte er nur noch ein Motto für sein Leben: nicht mehr mir! Hinfort war nun eins, das ihn gebunden hielt, nur ein Gesetz, das ihn trieb: *Die Liebe Christi!* In dem Augenblick, wo er zum Kreuz aufschaute und die Sündenschuld von seinem Gewissen fiel, da legte sich eine andre Schuld auf ihn, *die Liebesschuld gegen seine Mitmenschen,* für die er in dem Kreuz die gleiche Liebe sah wie für ihn. Bruder und Schwester, ich wage es in Frage zu stellen, ob du Leben hast aus Gott, wenn du nichts von dieser Liebesschuld empfindest und abträgst.

Paulus sagt in 1.Thessalonicher 1,9-10, daß wir bekehrt seien, um dem lebendigen und wahren Gott zu *dienen.* Und worin dienen wir Ihm? Doch vor allem darin, daß *wir Ihm lieben helfen.* Jesu ganzer Dienst bestand darin, sich Seinem Gott zu geben, daß Gott durch Ihn eine verlorene Welt zu sich lieben konnte. Durch Ihn konnte Gott der verlorenen Welt den deutlichsten Beweis Seiner Liebe geben (Joh. 3,16). Und wozu sind wir Kinder Gottes geworden? Wozu ist der Heilige Geist in unsre Herzen ausgegossen worden? Vorläufig doch zu keinem andern Zweck, als daß wir in den Linien des Sohnes weitergehen sollen, d. h. weiterlieben, bis eine verlorene Welt zu Gott hingeliebt ist. Und ist das nicht der Fall, fehlt der eigentliche Inhalt in unserm Christentum – was dann? Paulus gibt uns die rechte Antwort in 1.Korinther 13, wo er sagt:

„Wenn ich mit Menschen- und mit Engelzungen redete –
und hätte der Liebe nicht,
so wäre ich ein tönendes Erz
und eine klingende Schelle!"

„Und wenn ich weissagen könnte und wüßte alle Geheimnisse und hätte alle Erkenntnis und hätte allen Glauben, so daß ich Berge versetzte,
und hätte der Liebe nicht,
so wäre ich nichts!"

„Und wenn ich alle meine Habe den Armen gäbe und ließe meinen Leib brennen (d. h. verschmachten),
und hätte der Liebe nicht,
so wäre es mir nichts nütze!"

Diesen Maßstab legte Paulus an, wenn er sein Christentum auf *Echtheit* und *Vollgewichtigkeit* hin prüfte. Und der Geist hat uns diesen Maßstab aufbewahrt, damit auch wir ihn brauchen und in unser Christentum hineinstellen. *Stell ihn hinein! Was zeigt er an?* Ich lasse die Antwort dir. Ich weiß, daß keiner hier ist, der nicht ein Defizit hat, der eine ein größeres, der andre ein kleineres. O dieser Maßstab! Was sagt er uns? Er sagt: Schweigt von euren Erfahrungen, schweigt von eurer Erkenntnis, schweigt von eurem Dienst usw.; fehlt euch die Liebe, so seid ihr nichts, und alles ist euch nichts nütze! Denn diesem allem fehlt das Siegel und die Anerkennung Gottes. Gott ist die Liebe; der Himmel ist erfüllt mit Liebe; die ewige Herrlichkeit kann nur in Liebe selig verbracht werden usw. Und habt ihr die Liebe nicht, was wollt ihr bei Gott, was wollt ihr im Himmel, was wollt ihr in der Herrlichkeit? Dies alles wäre nur Qual für euch! O werdet doch einmal recht nüchtern und sündigt nicht und *sündigt nicht gegen die Liebe!* Denn keine Sünde schafft eine so tiefe Kluft zwischen Gott und Mensch und auch zwischen Mensch und Mensch als die Sünde gegen die Liebe. Das ist die *„große Kluft“,* die fast nicht mehr zu überbrücken ist. Darum sind gebrochene Freundschaften und zerstörtes Eheglück fast nicht mehr zu heilen, weil man hier gesündigt hat *gegen die Liebe.* – In den letzten Jahren hat die Kinder Gottes viel die Frage beschäftigt über: *Das Bleiben in Jesus*. Johannes gibt uns in seinen Briefen die beste Antwort auf diese Frage. Er sagt: „Wer in der Liebe bleibt, der bleibt in Gott und Gott in ihm“ (1.Joh. 4,16). Und wer nicht in der Liebe bleibt, der bleibt nicht in Gott und Gott nicht in ihm. „Denn wer seinen Bruder nicht liebt, den er sieht, *wie kann der Gott lieben?“* (1.Joh. 4,20) Er kann es einfach nicht. Du hast schon oft geklagt, daß du den Heiland nicht so lieben kannst, wie du gern möchtest. Sieh, hier hast du deine Antwort. Du hast mit deiner Liebe nicht am rechten Ort angefangen, nämlich bei deinen Brüdern und Schwestern, die um dich her sind.

Die Schrift zeigt uns in verschiedenen Stellen, was Liebe ist. Sie sagt: „Kann auch eine Frau ihres Kindleins vergessen?“ (Jes. 49,15) *Das ist natürliche Liebe!* – Sie sagt: „Darum wird ein Mensch seinen Vater und seine Mutter verlassen und seiner Frau anhangen“ (1.Mose 2,24). *Das ist geschlechtliche Liebe!* – Sie sagt: „So ihr liebt, die euch lieben“ (Luk. 6,23). *Das ist Liebe aus Zuneigung!* – Sie sagt: „Liebe deinen Nächsten *wie dich selbst"* (Matth. 19,19). *Das ist Liebe nach dem Gesetz,* d. h. wie das Gesetz sie fordert. Aber dies alles ist noch nicht *die* Liebe.

Was ist denn *die* Liebe?

Es ist die Liebe, mit der Christus uns liebte. Wie liebte Er uns? Er liebte uns nicht wie sich selbst, wie das Gesetz es forderte, sondern Er liebte uns *mehr als sich selbst.* Beweis dafür ist, daß Er sein Leben für uns gab. Des Menschen größte Liebe besteht darin, daß er sein Leben gibt *für seine Freunde,* wie Paulus sagt in Römer 5: „Aber Er starb für uns, da wir noch Seine Feinde waren." Er kam und starb und opferte Sein gutes Ich auf, wie wir lesen in Philipper 2,1-11, nicht nur damit Er die Macht habe, unser rebellisches Ich vom Schauplatz zu fordern, sondern damit auch wir die Macht hätten, Ihm in Seinem Weg der Liebe zu folgen und Seinen Weg fortzusetzen. *Denn die Liebe ist das aufgeopferte Ich.* Darum war das Höchste, was Er von Seinen Jüngern forderte: „Daß ihr euch untereinander liebet, wie Ich euch geliebt habe" (Joh. 13,34), also daß ein jeder den andern mehr liebt als sich selbst, d. h. sein „eigenes Ich" durchstreicht und das „Du" des andern an diese Stelle setzt und diesem *Du* gibt, was er bis jetzt dem Ich gegeben hat.

Das ist *die* Liebe!

Wenn Johannes sagt, daß wir auf Grund der erfahrenen Liebe Gottes gegen uns schuldig seien, das Leben für die Brüder zu lassen, so kann er damit nicht nur das Erleiden eines gewaltsamen Todes gemeint haben oder das im Dienst für die Brüder aufgeopferte Leben, sonst könnten ja viele von uns diesen Höhepunkt in der Liebe gar nicht erreichen; es muß also dieses *„Lebenlassen"* einen noch allgemeineren Sinn haben und vielleicht diesen: daß wir schweigen, wo der Bruder nicht schweigen kann; tragen, wo er nicht tragen kann; den kürzeren ziehen, wo er nicht nachgeben kann; einfach sterben, wo er noch sein Leben sucht und liebt. Da ist dann keins verkürzt von uns, sich zu üben in dem Weg der Liebe.

Und nun zum Schluß noch einige Worte über den *ersten Schritt* auf dem Weg der Liebe. Wenn du dich nun entschlossen hast, ganz anders in der Liebe zu wandeln als bis heute, was ist dann der erste

Schritt, den du tun mußt? *Du mußt vergeben!* Liebe ist Geben. Du kannst aber nicht geben, wenn du nicht vergeben hast. Gott ist die Liebe. Was ist das erste, das der Mensch erwartet von Gott, wenn er zu Ihm kommt? Daß Er ihm vergebe! Das erwartest du, und das erwartet jeder Mensch von Gott auf Grund dessen, weil Er die Liebe ist. Und wenn du bekennst, daß du ein Kind Gottes bist, was ist dann das erste, das die Menschen von dir erwarten? Daß du ihnen vergibst! Darum sagt Paulus: „Vergebt einander, gleichwie euch Gott vergeben hat in Christus." Keine Sünde wird dem Menschen so hoch angerechnet als Unversöhnlichkeit; lest nur Matthäus 18. Dort steht, daß man die Vergebung nicht nur verlieren kann, sondern daß sie einem wieder genommen werden kann, und zwar von Gott selber – *wenn man unversöhnlich ist!*

Jesus sagt: „So ihr den Menschen ihre Fehler nicht vergebt, so wird euch euer Vater eure Fehler auch nicht vergeben" (Matth. 6,15). Betet, soviel ihr wollt; glaubt, soviel ihr wollt, – *Er wird euch eure Fehler nicht vergeben!* Ihr werdet in den Kerker geworfen und kommt nicht von dannen heraus, bis ihr den *letzten Heller* bezahlt habt, d. h. bis ihr die letzte Unversöhnlichkeit aufgegeben habt. Was ist *„der Kerker"?* Es ist nicht in erster Linie die Hölle, denn sonst wäre nicht die Möglichkeit eines Auswegs angenommen, sondern der Kerker ist vor allem der Bann, die Finsternis, die Gefangenschaft oder auch die Krankheit, in die unversöhnliche Seelen hineinkommen. Und da kommen sie nicht heraus, bis sie den letzten Heller bezahlt haben. Was ist *„der letzte Heller"?* Es ist die letzte Unversöhnlichkeit. O bezahlt heute, bezahle jetzt diesen letzten Heller, das heißt vergib und vergiß es dem Menschen, von dem du sagst: Er hat unverzeihlich an mir gehandelt, er hat einen Schatten über mein ganzes Leben gebracht! Sag nicht: Lieber Heiland, hilf mir, daß ich vergeben kann! sondern sag: O Herr, ich vergebe auch diesem, so wie Du mir vergeben hast! Und es wird sich in deinem Herzen aufs neue eine Tür auftun für den Liebesschein Gottes, und du wirst aus deinem Kerker herauskommen, mag derselbe deinen Geist oder deinen Leib umschlossen haben.

Wir finden, daß bei Seelen, die wieder in Finsternis und Umdunklung gekommen, die wieder in ihr altes Wesen zurückgefallen sind und daliegen wie Gefangene, in der Regel immer eins von zwei

Dingen zugrunde liegt, entweder Unreinheit oder Unversöhnlichkeit. Denn niemand schneidet so tief hinein in das Band, das uns mit Gott verbindet, als der Unversöhnliche. Er verläßt den Boden der Versöhnung durch Christus.

Wollt ihr nun den Weg der Liebe betreten, so fangt hier an. Laßt doch euer Christentum praktisch werden. Es steht geschrieben: „Laß die Sonne nicht untergehen über deinem Zorn!", und es sind vielleicht solche unter uns, die haben Monate und Jahre untergehen lassen über ihrem Groll. O, das schafft dann furchtbare Zustände in der Seele! Wundere dich nicht über all das, was du erfahren hast in den vergangenen Monaten, wenn du in einem Leben des Hasses leben konntest. Da hast du deine Wohnung auf der Grenze der Hölle aufgeschlagen, und wundere dich nun nicht, wenn du Tag und Nacht die finsteren Dämpfe aus der Hölle einatmen mußt.

Nicht so die Braut. Sie kann siebenmal des Tages beleidigt und unterdrückt werden, und siebenmal steht sie auf und vergibt siebenmal siebzigmal (Matth. 18,22).

IV.

Asnath

1.Mose 41,50-52; 1.Tim. 2,4

In Asnath, Josephs Frau, finden wir ein weiteres Vorbild der Braut des Lammes. Sahen wir in Rahel, was der Bräutigam der Braut ist, so sehen wir in Asnath, was die Braut dem Bräutigam ist. Darum wollen wir sie auch die „Fruchtbare" nennen. Sie war dem Joseph ein Ersatz; denn sie ersetzte ihm, was er lange Zeit entbehrt hatte in der Fremde (Vers 51). „Denn Gott, sprach er, hat mich lassen vergessen alles meines Unglücks und all meines Vaters Hauses." Die Braut ist ein Ersatz für alle Mühsal, die das Lamm hatte auf Erden. Der erste Todeslohn des Herrn wird sein, daß Er aus der Mühsal Seines Lebens Frucht herauskommen sieht. Eine Schar, die Ihm gleichgestaltet ist, ist der erste Todeslohn für Seine Todesnot. Asnath war dem Joseph eine Ergötzung und Erquickung, worüber er all sein Ungemach vergessen lernte. In Jesaja 53,11 lesen wir: „Er wird seine Lust haben und sich *sättigen.*“ Ja, die Braut soll dem Lamm eine Ergötzung und Erquickung sein, ja noch mehr, Er will sich sättigen an ihr. Wir sollen etwas sein für Gott. Brautseelen reden nicht viel von „Frieden haben“ und „Glück haben“; ihre erste Frage ist: wie kommt Gott zu Seinem Rechte? Mit dieser Frage auf dem Herzen lesen sie die Bibel. Nicht um ihre Bedürfnisse zu befriedigen, sondern um die Bedürfnisse Gottes kennen zu lernen. Und was ist das Bedürfnis Gottes, wonach verlangt Er, was befriedigt Ihn? Gottes Verlangen ist es, daß allen Menschen geholfen werde und sie zur Erkenntnis der Wahrheit kommen (1.Tim. 2,4). Danach geht Sein Bedürfnis. Diesen heiligen Wunsch Gottes sollen wir nun erfüllen helfen, indem wir durch unser Leben darstellen, was wahrhaftig war im Sohn als „Mensch“, und indem wir das fortleben, was in Ihm zuerst ins Leben gekommen ist (1.Petr. 2,21). Dies ist unsre eigentliche Lebensaufgabe. Wir sollen im Leben verkündigen, daß in Christus das „Ja“ ist auf alle „Nein“ der Menschheit, die in den meisten entscheidenden Fragen nur zu der Antwort „Nein“ gelangt. Die Menschen werden nicht ruhig, sie erleben überall Enttäuschungen, ihr Herz bleibt unbefriedigt, weil sie nicht Frieden finden in der Erfüllung ihrer Sehnsucht. Jesus allein bringt zur Ruhe durch bestimmte, klare Antwort auf die Fragen, die das Herz nicht zur Ruhe kommen lassen. Was in Ihm Wirklichkeit gewesen ist, Seine Tugenden, Sein ganzes Wesen, Seine wahre Demut, Seine Opferwilligkeit und Liebe, all dies soll auch bei uns zur Wirklichkeit und Wahrheit werden – Gott zu Lobe durch uns. Wer Ihn hat, ist still und satt!

Um fruchtbar für das Lamm sein zu können, müssen wir Sein Bild tragen. Er will Sein Bild und Wesen an uns sehen, daran kann Er sich sättigen. Soweit wir etwas von Seinem Wesen in uns haben, soweit sind wir eine Sättigung für Ihn. Unsre ganze Person soll eine „Frucht“ sein, die Gott der schmachtenden Menschheit darreichen kann. Gott wird dem Lamme nur eine Frau zuführen, das Linie für Linie Sein Bild trägt, eine Schar, in der wahr geworden, was in Ihm wahr war, als Er auf Erden wandelte!

Der Weg hierzu geht durch Demütigungen, durch Schwierigkeiten. Alle Söhne Gottes, die zum engsten Jüngerkreis, zur Braut gehören wollen, müssen durch die Tiefe. Denn woher brachte das Lamm

Seine Herrlichkeit? Aus der Tiefe des Leidens! Schon im Alten Testament sehen wir dies aus dem Leben Josephs, Jakobs und Davids vorbildlich für uns. Joseph wurde aus seines Vaters Haus als „Träumer" von seinen Brüdern verstoßen, kam nachher zur Herrlichkeit und fand in seiner Frau Asnath einen Ersatz für seine Entbehrungen. Das Lamm wurde von Seinen Brüdern nach dem Fleisch aus Seines Vaters Haus, dem Hause Israel, verstoßen. Sie riefen: „Weg mit diesem, wir wollen nicht, daß dieser über uns herrsche." Hierdurch ist uns das große Vorrecht geworden, zur Braut des Lammes berufen zu sein! Wer zur Braut gehören will, muß sich lösen lassen von allem und bereit sein, unten durchzugehen. Auch Jakob lernt, nachdem ihm Gott die Hüfte verrenkt hat, sich beugen vor seinem Bruder Esau. Je mehr Salbung, desto mehr Beugung! Ja, sogar der Gesalbte Jahwes muß tiefe Wege gehen. Als David zum König über Israel gesalbt war, wurde er noch sieben Jahre von Saul verfolgt. Dann erst konnte er seinen Platz auf dem Thron einnehmen. O wir verstehen zu wenig, hinter den Schwierigkeiten, die uns Gott in den Weg legt, Herrlichkeiten zu sehen. Sollen wir doch dadurch zubereitet werden für unser herrliches Ziel!

Asnath war bei dem Joseph ein Ersatz, und wir sind es dem Lamm. Das Lamm sucht Ersatz für Sein Volk, das Ihn verworfen hat. Wann uns der Herr nötig hat, muß es für uns heißen: „Verlaß deines Vaters Haus, der Herr bedarf deiner." Wir wollen nicht mehr fragen: „Was ist mir der Herr?" sondern unsre Frage soll sein: „Was bin ich dem Herrn?" – So werden wir fruchtbar für das Lamm – gleich Asnath, die dem Joseph auch noch Ephraim gebar. Ephraim heißt „doppelte Fruchtbarkeit." Joseph sprach: „Gott hat mich wachsen lassen in dem Lande meines Elends" (Vers 52). Gott hat mich fruchtbar gemacht. Unser eigentlicher Beruf ist, das Leben Jesu fortzusetzen, es zu mehren auf Erden. Die Apostel und die ersten Christen setzten das Leben Jesu fort; ein Beweis dafür ist die Apostelgeschichte. Wir sollen in unserm Leben das Leben Jesu darstellen und so fruchtbar sein für Ihn. Joseph war ein Fremdling in Ägypten – Jesus war ein Fremdling auf Erden, wiewohl Er die Menschheit mit Seinem Blut erkauft hat. Unser Leben wird schöner und leichter, wenn wir anfangen für Gott zu leben, wenn wir Fremdlinge sind auf Erden. Fragen wir allezeit: was sind wir dem Herrn? So werden unsre Bedürfnisse geringer, weil unsre Selbstsucht schwindet; unser Leben wird kurzweiliger, weil wir nicht immer bei unserm „Ich“ verweilen. Lernen wir:

„Ich will, anstatt an mich zu denken,
Ins Meer der Liebe mich versenken!“

So wird unser Leben eine Frucht für das Lamm. –

V.

Zippora

Wir finden hier einen weiteren Zug von dem Brautbild in der Gestalt der Zippora, der Frau Moses, die ebenfalls ein Vorbild auf die Braut des Lammes ist. Und zwar stellt sich die Braut dar als

die Verachtete und Mitgekreuzigte.

Zippora war eine Verachtete, verachtet vor allem von ihren nächsten Verwandten, von Mirjam und Aaron (4.Mose 12). Das Kreuz ist den Juden ein Ärgernis und den Griechen eine Torheit. Und je näher ein Mensch dem Kreuze steht, desto mehr muß er das fühlen, wie er den einen ein Ärgernis und den andern eine Torheit ist. Aber wir können nicht dem *„Allerverachtetsten“* folgen, ohne selbst auch verachtet zu sein. In Hebräer 13,11-13 wird gesagt, daß die Leiber von den Opfern, deren Blut hineingetragen wird von dem Hohenpriester in das Heiligtum, außerhalb des Lagers verbrannt werden. Wenn etwas in deinem Leben ist, das Wert hat im Heiligtum, dann sei sicher, du wirst hier unten nicht ohne Schmach und Verachtung sein. Je weiter du dort oben hineinkommst, desto weiter kommst du hier unten hinaus. Je mehr unser Leben dem des Lammes ähnlich sein wird, desto mehr wird es für viele unsrer Brüder und Schwestern ein unverstandenes sein. Als Lamm wurde unser Herr am wenigsten verstanden. Seine Jünger verstanden Ihn noch als *Diener,* als Er hinunterstieg und ihnen die Füße wusch; aber sie verstanden Ihn nicht mehr als *Lamm,* das hinunterstieg auf den letzten Platz, als ein Spott der Leute und Verachtung des Volkes. Da ärgerten auch sie sich und verließen Ihn alle – bis auf Johannes. Man muß schon wie Johannes tiefer in Seinen Weg geschaut haben und den Pulsschlag Seines Herzens gehört haben, wenn man bereit sein soll, als Verachteter dem Allerhöchsten zu folgen. Das allein kann die Braut, denn sie ist die Eingeweihte. Darum geht sie mit, wo andre irre werden und zurückweichen. Sie geht mit Ihm hinaus außen vor das Lager und trägt Seine Schmach, die *Schmach Seines Kreuzes.*

Nicht *Sein Kreuz* sollen wir tragen – das konnte nur Er – aber die *Schmach Seines Kreuzes,* und zwar vor allem die Schmach, die es über *unser Selbst,* über *unsre Natur* gebracht hat. Und was hat es für eine Schmach über unsere Natur gebracht? Es hat über alles, was aus unsrer Natur stammt, auch über das Beste, den Fluch geschrieben und hat unser Ich als ein verfluchtes beiseitegesetzt. Erkennst du *diese* Schmach an, und trägst du sie gern? Sie ist ebenso schwer und für viele noch schwerer als die Schmach, die das Kreuz uns bringt von Seiten der Welt. O, auch in uns kann, nachdem wir schon lange Anspruch gemacht haben auf die Gotteskindschaft, noch Ärgernis liegen gegen das Kreuz. Wir sehen dies auch bei Zippora. Sie trug ja mit Moses seine Verwerfung; denn die 40 Jahre in Midian waren für Moses auch eine Zeit der Verwerfung von seinem Volk, das ihn nicht haben wollte als Führer; aber als das Gericht über ihr eigenes Leben gehen sollte, da bebte sie zurück. Sie wußte ja, daß Moses als Nachkomme Abrahams beschnitten war; aber als er auch die Beschneidung vornehmen wollte an seinem Sohne, dem Fleisch und Bein der Zippora, da schrak sie zurück und ließ es nicht geschehen. Und erst als sie auf dem Wege nach Ägypten waren und Gott des Nachts in der Herberge den Moses anfiel und ihn töten wollte wegen dieser Sache, da holte sie das Versäumte nach, indem sie sprach: „Du bist mir *ein Blutbräutigam!“* (2.Mos. 4,24-26). Sie wußte noch nicht, daß ihre Verbindung mit Moses den Tod für die Natur in sich schloß – was ja die eigentliche Bedeutung für die Beschneidung ist. *„Damals* sprach sie Blutbräutigam der Beschneidung wegen.“ O, wir alle haben solche *Damals* in unserm Leben, wo Er uns vorkam wie ein Blutbräutigam, wenn Er uns tiefere Wege führte und die Todesschatten des Kreuzes über unser Wesen gehen ließ. Da empfanden wir es tief, Er ist für unser Ich ein Blutbräutigam, die Verbindung mit Ihm kostet unsrer Natur das Leben. Und der Herr hat gewiß für uns alle noch tiefere Todeswege. Wege, die wir bis dahin noch nicht gegangen sind, wie Gott sagte zu Seinem Volke Israel, als Er sie über den Jordan führte: *„Ihr seid den Weg vorher nicht gegangen"* (Jos. 3,4). Jordan bedeutet: Tod. Es war ein Todesweg. Und diesen kann Er niemand ersparen, an dem Er Seine Verheißungen erfüllen will und mit dem Er Sein Ziel erreichen will. Wer nach Kanaan kommen will, muß durch den Jordan gehen.

Wir kommen nicht zum Ziel, wenn wir das Todesurteil des Kreuzes umgehen wollen. Zippora versuchte dies auch; aber es nützte ihr nichts. Wenn sie auf der einen Seite das Kreuz zu umgehen suchte und ihren Sohn verschonte vor der Beschneidung, so fand sie auf der andern Seite ein nur um so größeres Kreuz, indem ihr Gott den Moses töten wollte. Das Kreuz gehört einmal zu uns wie die Kleider zu unserm Leibe. Wenn hundert Wege vor dir sind und neunundneunzig davon sind ohne Kreuz, so wird der Geist dich immer den einen führen, wo ein Kreuz auf dich wartet. Und der deutliche Beweis dafür, daß wir in Wahrheit *Mitgekreuzigte* sind, liegt darin, daß wir bereit sind, Stunde für Stunde *unser Kreuz* auf uns zu nehmen, d. h. den Tod unseres eigenen Ich zu verwirklichen. Denn *unser Kreuz* ist alles das, was unserm eigenen Ich zum Tode hilft. Christus opferte an Seinem Kreuz *Sein gutes Ich* auf, um dieses aufgeopferte Ich an die Stelle unseres rebellischen Ich setzen zu können; und wir opfern an unserm Kreuz *unser schlechtes Ich* auf, um auf diese Weise praktisch von demselben befreit zu werden.

VI.

Ruth

Wir finden in Ruth, die uns zuerst als die Schwiegertochter der Naemi und dann als die Frau des Boas in dem nach ihrem Namen genannten Büchlein geschildert wird, einen weiteren Zug des Brautbildes. Ihr Hauptcharakterzug ist *Treue.* Wir könnten sie darum nennen:

Ruth, die Treue

Sie hat selber diesen Charakterzug in ihre Geschichte hineingewoben und so zur Überschrift ihres Lebens gemacht, und der Heilige Geist hat denselben aufbewahrt für uns und stellt ihn uns heute unter die Augen zur Prüfung und zum Anreiz, damit auch wir *dieselbe Treue beweisen* (Hebr. 6,11).

1. *Sie war treu in ihrem Entschluß der Nachfolge*

Als Orpa, die andre Schwiegertochter von Naemi, bereits umgekehrt war und Naemi abermals in sie drang, da sagte sie das bekannte Wort: „Wo du hingehst, da will ich auch hingehen; wo du bleibst, da bleibe ich auch; dein Volk ist mein Volk, und dein Gott ist mein Gott; wo du stirbst, da sterbe ich auch ... der Tod muß mich und dich scheiden“ (Ruth 1,16-17). Das ist Brautsinn. Die Braut kann auf die Probe gestellt werden. Sie geht nicht mit, bis die Bitterkeit und Entsagung anfängt, bis nichts mehr abfällt für die Natur, und dann kehrt sie um, o nein, sie ist mit dem Todesweg für ihre Natur ausgesöhnt.

Orpa ging auch mit, bis sie hörte, daß für ihre Natur nichts mehr abfalle, da kehrte sie wieder um; aber Ruth dachte nicht an sich, sie dachte nur, wie es der alten Frau ergehen müßte, wie sie fühlen würde, wenn sie beide umkehren würden. Das ist eine Haupttugend der Braut, sie denkt, wie ihr Herr, nicht an sich, sondern an andre. Selbstlosigkeit ist ihre Haupttugend. Ruth denkt nicht: Soll ich nun mein Leben einer alten Frau aufopfern, könnte ich es nicht auf eine fruchtbarere Weise anwenden? Nein, sie füllt gerade den Posten aus, der ihr gegeben ist, und der scheint ihr der allerwichtigste und lebenswerteste zu sein. Das Plätzchen, wo Gott dich hingestellt hat, und wenn es nur zu einem kleinen Kind oder zu einem Greis ist, das ist das allerwichtigste für dich. Für dich gibt es keinen wichtigeren Platz als gerade diesen. Unsre Natur will auch Opfer bringen, aber auf eine heldenhafte Weise und nicht nach der Weise des Lammes; sie liebt nicht die stillen und verborgenen Opfer, die doch so groß sind in Gottes Augen. Unsre Natur will auch sterben, aber an der Sonne, wo es alle sehen und sie bewundern. Sie will nicht sterben in der Erde, im Dunkeln wie das Weizenkorn. Ruth war bereit, sich als Weizenkorn in die Erde legen zu lassen, und so wurde aus ihrem Weg eine hundertfältige Frucht. Sie war glücklich, einer alten Schwiegermutter ihr

Leben weihen zu dürfen. Sie gab ihr Leben in den Tod, d. h. sie übergab ihr Leben, um es zu verlieren. Und dieses in den Tod gegebene Leben, oder besser gesagt, dieses *aus dem Tod* gekommene Leben konnte Gott brauchen und es weitergeben bis heute. Aus diesem Leben in der Ecke konnte Gott ein Leben machen für die Öffentlichkeit, der ganzen Menschheit zum Studium und Vorbild. So treu ist Gott gegen Seine Treuen. Laß nur etwas Wahres in deinem Leben sein, du kannst sicher sein, daß es nicht verlorengeht, und wenn tausend Jahre darüber gehen. Er findet es eines Tages wieder und ehrt es und braucht es. *Das Gedächtnis des Gerechten bleibt im Segen.*

2. Sie war treu im Geringen

Der Aufseher auf dem Acker sagt von ihr: „Sie ist gekommen und dageblieben vom Morgen an bis jetzt; was sie im Hause gesessen hat, ist wenig“ (Ruth 2,7). Manche tragen den Unsegen und den Fluch an den Fersen nach, weil sie von keiner Treue wissen in äußern und täglichen Dingen. Jesus sagt: „Wenn ihr im Geringsten nicht treu seid, wer will euch das Wahrhaftige anvertrauen?“

Tausende von Kindern Gottes suchen heute einen *reichen Segen;* aber sie suchen denselben vergeblich, weil sie nicht bereit sind, den reichen Segen für ihr inneres Leben in reichere Treue im äußern Leben umzusetzen. Als Johannes Buße predigte, fing er an bei den vier äußern Lebenselementen: *„Kleidung“, „Tisch“, „Geschäfte“* und *„Umgang mit Menschen“*. Und wie viele Kinder Gottes gibt es, bei denen diese vier Lebenselemente nicht einmal göttlich geordnet sind! Aber für die Braut gibt es nichts Kleines, sie unterscheidet nicht äußeres und inneres Leben, sondern sucht mit Wort und Werk und jedem Wesen ein Zeugnis der Gnade zu sein. In den Dingen der Braut verbindet sich Ideal und Praxis wie wohl sonst nirgends, da wird jedes Ideal in Praxis gebracht, und jede Praxis ist für sie Ideal. Ihr Motto heißt:

„Alles, vom Geringsten, Kleinsten,
Bis zum Höchsten, Größten, Reinsten,
Mag's die ganze Welt erbauen,
Mag's nur still ein Engel schauen:
Alles meinem Gott zu Ehren,
Hier und dort Sein Lob zu mehren!“

Als Gott nach Seinem Sechstagewerk auf die äußere Schöpfung sah, da war alles *sehr gut.* Und an wem Gott auch Sein Tagewerk tun konnte, da heißt es auch im Blick auf sein äußeres Leben: Es ist alles sehr gut! Durch die Sünde hat sich alles verschoben und ist alles gemein gemacht worden, aber durch die Erlösten wird alles wieder höher gehoben und in gottgefällige Linien gebracht. Warum wir heute eine so große Dienstbotennot haben, kommt vor allem daher, daß es in einem Hause mehr Treue des Gemüts und Liebe des Herzens braucht als in einem Geschäft. Und diese Treue des Herzens ist unserm heutigen Geschlecht zum größten Teil verlorengegangen. Und warum heute so viele Jünglinge und Jungfrauen nicht *vom Herrn* in Seinen Dienst gerufen werden, obwohl sie müßig am Markt stehen und obwohl die Arbeiternot so groß ist, kommt vor allem daher, daß sie sich in ihrem Hause, im Kreis ihrer Familie nicht ausgewiesen haben als gehorsame und treue Kinder und als liebende und dienende Geschwister. Sag nicht, das ist zu kleinlich und für Gott nicht entscheidend! Geh einmal nach dieser Seite hin die Schrift durch und sieh, wie und wo der Herr Seine Werkzeuge weggerufen hat. Er nahm den Elisa zum Propheten hinter dem Pfluge von zwölf Joch Ochsen, den konnte Gott rufen als einen Aufseher über die zwölf Stämme Seines Volkes. Und wer wurde der Nachfolger des großen Moses? Sein Diener Josua, der ihm vorher wie ein Knabe das Wasser auf seine Hand gegossen hatte. Und wo rief Jesus Seine Jünger Johannes und Jakobus? *„Als sie ihrem Vater halfen!“*

3. Sie war treu in ihrer gesellschaftlichen Stellung

Sie sprach zu Boas: „Bin ich doch nicht wie eine deiner Mägde!“ (Kap. 2,13. Die Braut spricht nicht: „Ich *bin!“* nein, sie sagt: *„Bin ich doch nicht!“* Sie wundert sich nicht über die *Verkennung,* die ihr widerfährt, sondern sie ist beständig in Verwunderung über die *Anerkennung,* die ihr zuteil wird. Sie ist auch darin ihrem Herrn ähnlich, von dem wir lesen in Philipper 2,7: „Er machte sich selbst zu nichts!“ Er nahm freiwillig den letzten Platz ein, darum konnte Gott Ihm den höchsten Platz geben (Offb. 5,6). Es ist kein gutes Zeichen, wenn Kinder Gottes immer davon sprechen, wie sie bedrängt und gedrückt werden. Dies ist ein Zeichen, daß sie nicht unten sind auf dem Platz, den das Kreuz uns gegeben hat. Das Kreuz hat uns den untersten

Platz gegeben, und da ist immer Raum: denn alles um uns her drängt nach oben. Suche nicht die Braut unter denen, die beständig klagen über ihre gesellschaftliche Stellung, die nicht mehr *Dienende* und *Gehorchende* sein wollen, die nicht bereit sind, die geringste Arbeit zu tun und den untersten Platz einzunehmen; suche sie nicht unter denen, die eine Heiligkeit zur Schau tragen, der diese praktische Demut und diese selbstlose Liebe fehlt; suche sie auch nicht unter denen, die meinen, durch Zugehörigkeit zu einer gewissen Richtung oder einer gewissen Gemeinschaft sich die Brautschaft gesichert zu haben – *sie ist nicht da.* Das sind die „stolzen Heiligen", von denen Gott sagt in Zephania 3,11: „Ich will sie von dir tun!" Tersteegen trifft den rechten Sinn, wenn er sagt:

„Offenbarung, Wundergaben,
Trost und Süßigkeiten haben,
Zeit und Welt und Geld verachten:
Alles dieses acht' ich nicht,
Wo man doch nicht *selbstlos* ist."

Das Auffallendste in der ganzen Geschichte von Ruth ist wohl das, daß wir kein Wort lesen von ihren *Kämpfen.* Ihr Weg war doch ein gar nicht leichter. Sie hatte ihren Mann frühe verloren, war wohl ohne Kinder, mußte als eine Fremde in ein andres Land ziehen, mußte als Ährenleserin auf das Feld gehen usw. Aber die Selbstlose fand das alles selbstverständlich. Sie erwartete es gar nicht anders, als daß sie den untersten Weg gehen sollte. Hier ist eine Antwort für uns. Laßt uns einmal darüber nachdenken und uns fragen: Woher unsre vielen Kämpfe? Stammt nicht ein großer Prozentsatz aus unsrer *Selbstgerechtigkeit?* Und zieht den Kreis hinaus bis in die äußersten Schichten unsres Volkslebens, und ihr werdet finden, daß die meisten Kämpfe, die der einzelne hat, und die die Menschen miteinander haben, ihre Ursache haben in der Selbstherrlichkeit und dem Größenwahn. Aber davon ist die Braut geheilt. Sie läßt sich nicht leiten von dem *„Zeitgeist"*, sondern von dem *„ewigen Geist"*, der sie, wie ihren Herrn, anleitet, ihr Leben zu geben als Opfer (Hebr. 9,14).

4. Sie war treu in der Not

Sie teilte mit ihrer Schwiegermutter nicht nur ihre schwere Lage, sondern machte durch ihre Liebe all den Verlust vergessen. Leset nur am Ende des 2. Kapitels, wie sie durch ihre Selbstlosigkeit den bitteren Kelch der Naemi versüßt, welchen Sonnenschein und welch heilige Poesie sie hineinwebt in dieses Leben voll Verlust und Entbehrung! Zweimal wird gesagt, daß sie ihr Brot nicht aufgegessen habe, sondern übriggelassen habe. Warum hat sie übriggelassen? Sie konnte dieses gute Brot und diese gerösteten Körner nicht allein essen, sie dachte dabei nur immer an Naemi, wie gut ihr das schmecken müßte. Sie konnte diesen Segen und diese Freude nicht für sich allein haben, sie mußte sie teilen. Das ist Brautschmuck. Die Braut übt den Grundsatz ihres Herrn: *„Geben ist seliger denn Nehmen!"* Und ihr findet diesen Grundsatz bei allen Brautseelen sehr stark ausgeprägt. Das Kleid, in welchem die Braut hier geht, heißt: *„herzliches Erbarmen!"*, wie Paulus sagt in Kolosser 3,12: „Zieht an als die Auserwählten Gottes: herzliches Erbarmen ..." In diesem Kleid ging Ruth, und das vor allem hat sie zu einer so anmutigen Gestalt gemacht. O erbitte von deinem Bräutigam dieses Kleid! Er gibt es dir gerne. Das bleicht keine Sonne und bestäubt keine Zeit, und das bleibt modern bis in alle Ewigkeit.

In Sprüche 9,1 lesen wir: „Die Weisheit baute ihr Haus und hieb sieben Säulen." Und im Jakobusbrief, der eine Auslegung der Sprüche sein soll, finden wir im 3. Kapitel im 17. Vers diese sieben Säulen aufgezählt. Eine davon heißt: *„Voll Barmherzigkeit und guter Früchte."* Diese Säule steht im Haus der Braut vorne an und ist die Hauptursache des inneren und auch äußeren Segens, den man bei ihr findet. Ruth wäre nicht die Frau des reichen Boas geworden, wenn sie nicht Barmherzigkeit geübt hätte an ihrer Schwiegermutter. Viele haben deswegen keinen Segen, weil sie nicht Barmherzigkeit getan haben an ihren alten Eltern. Sie haben das erste Gebot, *das Verheißung hat*, nicht erfüllt, das heißt: *„Ehre deinen Vater und deine Mutter, auf daß dir's wohl gehe und du lange lebst ..."* Es heißt nicht: Ehre deinen *guten* Vater und deine *gläubige* Mutter! sondern es heißt einfach: „Ehre deinen Vater" – wer er auch sei – und „ehre deine Mutter" – wer sie auch sei – und Wohlergehen und langes Leben wird dein Teil sein auch heute noch.

5. Sie war treu im Blick auf ihre Zukunft

Sie wußte, daß sie als nächste Verwandte dem Boas zugehörte, und im Blick auf diese Zusammengehörigkeit hielt sie sich treu und rein für ihn (Ruth 3,9-11). Die Braut hat ein tiefes Verständnis für ihre Zusammengehörigkeit mit Christus von Ewigkeit her. Auf dem Wege der Nachfolge wird dieses Bewußtsein immer klarer und lebendiger bei ihr. Sie trägt etwas viel Tieferes in sich als Heilsgewißheit, in ihr lebt das Bewußtsein der Zusammengehörigkeit mit Christus, ihrem Haupt. Alles andre ist für sie nur Nebensächliches. Sie lebt in dem einen großen Gedanken ihrer Zusammengehörigkeit mit Ihm. Sie kennt ihre Ewigkeitsgeschichte, die sie hat in Ihm, und sieht klar ihre Aufgabe, die sie hat mit Ihm, und das trägt sie durch die Entbehrung und durch die Kämpfe hindurch; das alles sind nur notwendige Durchgangspunkte für sie auf dem Wege, auf welchem sie ihrem Herrn ähnlich wird und Ihm entgegenkommt. So wandelt sie im königlichen Geist und Adel und läßt sich nicht durch Sinnlichkeit um ihr Erstgeburtsrecht bringen (1.Chron. 5,1); sie verscherzt nicht *„ihre Gnade“*, indem sie auf das *„Vorübergehende“* schaut (Jona 2,9). Ihr ist Selbstverleugnung zum Bedürfnis geworden. Und so wird ihr Dienst nicht bloße Handreichung, sondern Erlösung, wie wir sehen bei Ruth. Durch ihre Treue brachte sie Naemi nicht nur durch, sondern brachte sie heraus aus Armut und Not. Die Braut weiß nicht nur, was sie ihrem Bräutigam schuldet, sondern sie weiß auch, was sie ihren leidenden Brüdern und Schwestern schuldet und was sie der ganzen seufzenden Schöpfung schuldet (Röm.1,14 und 8,21-22). An dem Tage, wo die Sündenschuld ihr abgenommen worden ist, hat sie eine andre Schuld auf sich genommen, die *Liebesschuld* gegen ihre darbenden Mitmenschen.

Die Braut will nicht Braut sein, um dadurch einen Vorrang zu haben, sie steigt nicht so tief hinunter, nur um dann um so höher hinaufzukommen, o nein, so selbstsüchtig ist die Braut nicht, sondern sie tut das alles, um Erlösung zu schaffen. Ihr ist es um Erlösung zu tun. Sie möchte gern die Erlösung verwirklicht sehen, die jedem gegeben ist in unserm *„Blutsverwandten“* Jesus Christus (Hebr. 2,14).

Wir sind noch nicht fertig mit diesem Bild; aber wir schließen für diesmal, indem wir nur noch einige Bemerkungen machen. Zuerst über:

Ihre Freudigkeit, mit welcher sie die Vereinigung fordert (Kap. 3,9). Die Treuen haben große Gebetsfreudigkeit; sie wagen das kühnste Gebet zu sprechen: *„Komm, Herr Jesus!“* (Offb. 22,17)

Ihr Same. Ruth gebar einen Sohn und nannte ihn *„Obed“* (Kap. 4,17), d. h. Diener. Sie war eine Dienerin, und einem Diener gab sie das Leben. Bei den Brautseelen sorgt der Geist dafür, daß nichts verlorengeht von ihrem Leben, sondern eine heilige Fortsetzung stattfindet. Ihr Leben kann vom Geist fortgesetzt werden.

Ihr Ende. Ihre Geschichte endet in der Königsgeschichte. Das Ende von ihrer Geschichte ist *Jesus,* der Sohn Davids (Matth. 1,5). So endet die Geschichte der Braut.

VII.

Esther

In 1.Könige 18 lesen wir, daß der Knabe des Elias siebenmal ausschaute, während der Prophet selbst im Gebet seinen Kopf zwischen die Knie beugte. Jakobus ermahnt uns (Jak. 1,25), in den Spiegel des Wortes Gottes hineinzuschauen, bis wir hindurchschauen. Wer sich nicht beugt wie ein Elias, kann nicht hinein- und hindurchschauen. Die Wahrheiten, die wir schon jetzt betrachten, sind es schon wert, daß man siebenmal und noch öfter darüber nachsinne.

Die Vorbilder der Braut zeigen uns einige Grundzüge derselben. Esther repräsentiert die *Herrschergestalt,* während wir in Ruth den absoluten Gegensatz davon sahen. Das Wort Gottes eröffnet uns eine gar herrliche und weite Aussicht in Bezug auf die Braut und auf ihre Stellung im Reiche Gottes. Wir sind im allgemeinen viel zu wenig durchdrungen von der Bedeutung unsres Lebens. Das hat seine Ursache darin, daß wir nicht über unser persönliches Glücklich- und Seligwerden hinauskommen. Wozu soll sich ein Mensch bekehren? Wir finden die Antwort in 1.Thessalonicher 1,9: „Zu dienen dem lebendigen und wahren Gott und Seinen Sohn aus den Himmeln zu erwarten.“ Dazu sind wir bekehrt; nicht um in den Himmel zu kommen und dort auszuruhen. Was uns so vielfach fehlt, ist vor allem Blick und Sinn für das Reich Gottes. Bei Esther finden wir, was uns mangelt.

1. Zwölf Monate wurde sie im Frauenhaus gehalten, um mit Salben gereinigt zu werden für den König. Diese Reinigung durch Salben kann für uns nicht eine Reinigung durch Gerichte bedeuten. O nein! Ein Hauptzug der Braut ist, daß sie alle *Segnungen* dazu braucht, um sich tiefer reinigen zu lassen. Jeder Anblick Gottes beugt sie tiefer, und jeder Gedanke an ihre Erwählung treibt sie an, sich von allem zu scheiden, was nicht Gott ist. „Sie reinigt sich selbst, gleichwie Er rein ist." Aber nicht nur vor dem König sollte Esther erscheinen, sondern zwei Männern sollte sie in Kürze begegnen: 1. dem König, dessen Frau sie werden sollte, und 2. Haman, ihrem Feinde. Dasselbe steht auch der Braut des Lammes ganz nahe bevor. Sie muß sich bereiten, Jesus, ihrem Bräutigam, entgegengeführt zu werden, dem König als Königin zu begegnen. Das ist für sie wahrlich ein heiliger Antrieb, sich durch immer tiefere Reinigung fertigzumachen. Aber in zweiter Linie wird sie dem Feinde begegnen, um ihn zu überwinden. Wozu wurde der Mensch in das Paradies gesetzt? Um das Böse und den Bösen vom Erdboden zu verdrängen. Statt dessen trat der Mensch auf die Seite des Feindes. Da nahm Christus den angerissenen Faden wieder auf. Mit Ihm treten auch die, welche heute aus Gott geboren sind, in diese Arbeit ein, den Bösen von der Erde zu verdrängen. Dazu bedarf es großer Reinheit im ganzen Wesen, erstens, weil wir dem Reinen gegenübertreten sollen. Er nimmt nur ein Ihm gleiches Bild an. Zweitens, wenn wir den Bösen verdrängen wollen und selbst nicht von allem Bösen gereinigt sind, bekommen wir Schläge und Hiebe. Da gibt es Seelen, die in der Reichgottesarbeit der Macht und dem Reiche des Feindes Abbruch tun wollen; sie sind aber selber noch nicht tief genug gelöst, und darum erleiden sie schauerliche Niederlagen. Was du bei andern erkämpfst, davon darfst du nicht selber gebunden sein. Du kannst nicht andern einen gebrochenen Willen predigen und selber noch ungebrochen sein. In Apostelgeschichte 19,13-17 lesen wir von den sieben Söhnen des Hohenpriesters Skeva, die einen bösen Geist austreiben wollten. Der aber antwortete: „Jesus kenne ich, und von Paulus weiß ich; aber ihr, wer seid ihr?" Und der Mensch, in dem der böse Geist war, stürzte sich auf sie und überwältigte sie, so daß

sie nackt und verwundet aus jenem Hause fliehen mußten. So geht es vielen Kindern Gottes, daß sie unter Blöße und mit Wunden bedeckt fliehen müssen.

Wir betrachten einen *zweiten* Zug an Esther. Von Haman heißt es: „Der König Ahasveros machte Haman groß und erhob ihn und setzte seinen Stuhl über alle Fürsten, die bei ihm waren." Und Haman brauchte seine Macht, um Gewalttat und Unterdrückung auszuüben. Esther wurde auch hoch erhoben. Wozu gebrauchte sie aber ihre Größe? Um die, welche unter der Gewalt andrer litten, zu befreien. Alle Segnungen, die ihr zuteil wurden, setzte sie in Opfer um. Beständig nahm sie die Stellung ein: „Komme ich um, so komme ich um." Wenn nur ihrem unterdrückten Volke geholfen wurde. So sollen auch wir Kinder Gottes herrschen, nicht durch Gewalttat, sondern durch die Segnungen, die von uns ausgehen. Brauchst du die Vorzüge, die dir Gott gegeben, um Druck und Gewalttat auszuüben? Esther brauchte sie, um alles in Opfer umzusetzen, wie wir das auch bei Jesus sehen.

Wir leben noch in einer Frist des Aufwachens, wo viele ihre Kleider helle machen im Blute des Lammes. Hinter uns haben wir ein großes Jubilieren, eine Zeit des Geldverdienens. Da sind die Menschen in einen Rausch hineingekommen. Aber die Trübsal zur Ernüchterung hat schon angefangen, und die Leute spüren schon jetzt den Katzenjammer; wir, die wir nichts mehr von Teuerung wissen wie die Alten! Das kommt jetzt. Und in dieser Zeit liegt der Braut noch eine große Aufgabe ob: Seelen zum Blute des Lammes zu führen, damit noch viele hindurchgebracht werden. Wir sehen im Buche Esther, wie Ahasveros und Esther zusammenwirken zur Vernichtung Hamans. So lesen wir in Offenbarung 19, daß der Herr vom Himmel her mit der Braut alles gottfeindliche Leben vernichten und die Luft reinigen wird; und dann kann das Tausendjährige Reich hereinbrechen.

Die Braut scheut nicht zurück vor Trübsal, denn sie fragt nicht danach, ob ihr etwas weh tue. Da ist nur ein Gedanke, nur ein Klang: „Was kommt heraus für meinen Gott, für meine Brüder und Schwestern?" Esther dachte an ihr Volk. Immer wieder lesen wir *„mein Volk"*. Esthers Thronbesteigung bedeutete eine große Errettung für ihr Volk. Wir stellen es uns viel zu wenig vor, was die Entrückung der ganzen Menschheit bringt. Offenbarung 22: der Geist und die Braut sprechen: Komm! Mit diesem Ereignis läßt sich kaum das erste Pfingsten vergleichen; Römer 8: die ganze Schöpfung liegt in Geburtswehen, und auch wir seufzen in uns selbst. Vielleicht haben wir bis jetzt unsre Aufgabe im Reiche Gottes noch wenig verstanden; alles wartet auf uns.

Als Esther auf den Thron kam, wurden Briefe geschrieben, Briefe der Befreiung und Erlösung in 127 Länder. Die Vereinigung des Menschen mit dem Herrn des Himmels hat Bedeutung bis in die Unterwelt hinab. Wir stehen so leicht einer verlorenen Welt gegenüber wie Jonas der Stadt Ninive oder Elia dem Ahab. Gott hatte mehr Barmherzigkeit mit Ninive und mit einem Ahab als diese beiden Propheten. Ihr stolzen, harten Heiligen, die ihr immer nur vom Himmel sprechet, lasset euch den rechten Priestersinn schenken!

Da ist ein Thron, ein König und ein Königreich für Esther. Doch alles gilt ihr nichts, solange sie ihr schmachtendes Volk sehen muß. „Wie kann ich zusehen, daß mein Volk verkauft und vertilgt, gemordet und umgebracht wird?“ Wenn du nur denkst, wie du nur durchkommst und glücklich wirst, hast du noch nichts vom Brautsinn. Brautseelen vergessen der größten Herrlichkeit und leiden mit ihren Brüdern, die gefangen und gebunden sind. Esther arbeitete mit ganzer Kraft darauf hin, daß Haman seinen Lohn bekomme, und daß alles, was er angerichtet hatte, aufgehoben werde. Wonach sehnt sich die Braut? Nach dem Augenblicke, wo Satan gebunden in den Abgrund geworfen wird. Bis zur Hälfte des Königreichs durfte Esther bitten. Statt dessen bittet sie: „Gib mir Haman, damit die Briefe widerrufen und mein Volk befreit werde.“ Die Braut versteht, daß, wenn der Teufel einmal gebunden ist, es keine Irrenhäuser, Gefängnisse, Wirtshäuser, keine Krankheiten und Kriege mehr gibt; sie geht dem Schaden an die Wurzel. Sie will kein Leben mehr ohne den Kampf nach Epheser 6. Unser Kampf ist nicht mit Fleisch und Blut, sondern mit Fürsten und Gewaltigen und im Grund mit dem Satan selber. Die Braut sehnt sich, ihren Platz an der Seite des Bräutigams einzunehmen, damit sie vereinigt mit Ihm ein Werk tun könne, wie noch keines geschehen ist, und wozu alles Bisherige sich verhält wie ein Tropfen im Vergleich zum Meere. Wer diesen Blick bekommt, wird aus aller Kleinlichkeit herausgehoben. In sein Leben kehrt etwas

Königliches und dann Priesterliches ein. Zuerst wird man König, dann Priester. Wir müssen tief Buße tun über unsre fromme Selbstsucht. Wir haben nur ausruhen wollen im Himmel am Thron. Wir wollen den Herrn bitten, daß Er uns diese Dinge noch tiefer aufschließe.

Es wollte jemand den Sonnenaufgang auf dem Säntis sehen. Zu diesem Zwecke läuft er vier Stunden, wird müde und bleibt sitzen, obwohl er nur noch eine fünfte Stunde nötig gehabt hätte. „O wie töricht!" werdet ihr sagen. Vier Fünftel des Weges wagte der Mann zurückzulegen, und vor dem letzten Rest schrak er zurück. Die fünf törichten Jungfrauen – ein paar Schritte schneller, dann hätte es gereicht. So kamen sie gerade an die Tür, um die schrecklichen Worte zu hören: Zu spät! – Liebe Seele, mach dich heute auf, um ein ganzer Todeslohn für Ihn und ein Segen, eine Rettung für unser Volk zu werden. Du mußt nicht denken, die Braut habe keinen Sinn für Evangelisation. Sie ist nicht einseitig auf ihre Zubereitung bedacht. Erst der nächste Kreis, und dann auch weitere Kreise (1.Kor. 15), bis Gott alles in allem sein wird.

Noch ein Gedanke. Das Verhältnis zwischen Braut und Bräutigam ist nicht das höchste, es soll einst einem noch höheren weichen. Das höchste Verhältnis zwischen Gott und Menschen gleicht demjenigen zwischen Vater und Kind. Das erstere dient nur dazu, um das letztere herzustellen. „Dann wird auch der Sohn Ihm untertan." Jesus lehrte Seine Jünger selbst beten: Dein (des Vaters) Reich komme, weil Gottes Reich das höchste ist. Er bittet nicht für sich und Sein Reich. Während der 1000 Jahre wird die Braut mit Jesus herrschen zur Rettung der Brüder und Schwestern. Wenn dann der Sohn dem Vater die verlorene Welt als eine gerettete zugeführt hat, dann ist Sein Reich gekommen: Gott der Vater, und wir Seine Kinder. Alle Stufen sind dann aufgehoben. Die Braut verlangt nicht eine höhere Stufe der Herrlichkeit. Sonst gliche sie ja dem älteren Sohne in Lukas 15, der ein böses Gesicht machte, als der verlorene Sohn heimkam, vom Vater mit offenen Armen aufgenommen und in seine Sohnesrechte wieder eingesetzt wurde. O nein, wir freuen uns. Es ist ja ein Bedürfnis Gottes, daß allen Menschen geholfen werde. Und Seine Knechte werden Ihm auf diesem Wege dienen. Das ist Seligkeit.

Wie wird der Teufel überwunden? Durch Engel und Menschen. Eine merkwürdige Verbindung! Der Teufel hat auch in die Engelwelt einen großen Riß gemacht. Offenbarung 12,9: der männliche Sohn und die Engel miteinander verdrängen den Satan und werfen ihn auf die Erde. Offenbarung 20,1: der Engel mit der großen Kette bindet den Satan für 1000 Jahre. Deshalb ist Freude im Himmel über einen Sünder, der Buße tut, weil die Engel einen Mitarbeiter bekommen. Wenn deine Bekehrung eine gründliche ist, reicht sie hinein bis in den Himmel.

Anleitung zum segensreichen Bibellesen

(„Wie liest du deine Bibel?“)

Georg Steinberger lebte täglich mit der Bibel, sie war ihm ein und alles geworden. In seinem Arbeitszimmer lag neben den Schreibutensilien nur das Handexemplar der Heiligen Schrift. – Andere Bücher, die er sich früher einmal gekauft oder zum Geschenk erhalten hatte, waren in einem Schrank verstaut, der nie geöffnet wurde.

Wir haben heute eine verwirrende Vielzahl von Bibelerklärungen, Bibelhilfen und Bibelauslegungen. Oft sind sie so ausführlich und umfangreich, daß sie die Heilige Schrift selbst überflüssig erscheinen lassen. Steinberger dagegen hat in seiner kleinen Schrift „Wie liest du deine Bibel“ einfach und klar gezeigt, wie ein Christ die Heilige Schrift lesen sollte. Was er dazu sagt, wird für den Anfänger, der oft seine Schwierigkeiten mit dem „Einlesen“ hat, auch heute noch sehr dienlich sein. Der geübte Bibelleser aber mag an Hand dieser Steinberger-Gedanken prüfen, ob sein Studium der Heiligen Schrift richtig und segensreich gestaltet ist.

A.N.

Zunächst muß betont werden, daß es hier nicht darum geht, Vorschriften zu geben, nach denen man die Bibel lesen soll. Nein, das ist Sache des guten Hirten, der es übernommen hat, seine Schäflein zu weiden auf grünen Auen und führen zu frischen Wassern (Psalm 23). Er allein kennt unsere Bedürfnisse, denn auch er allein kann sie stillen. Er hat den Schlüssel. Er kann aufschließen und uns geben, was not ist, und kann zuschließen und versiegeln, was er uns ans Herz gelegt hat. Von diesem Gesichtspunkt aus wäre unsere Frage bald beantwortet, und zwar in dem Sinn: „Lies deine Bibel an der Hand des Heilandes; weide da, wo dein Hirte dich hinführt; trinke an dem Born, an den er dich leitet; warte still auf Ihn und vertraue Ihm, daß er für sein Schaf einen gedeckten Tisch bereitet, es leitet auf den Pfaden der Gerechtigkeit und auch in Dunkelheiten es noch seinen Stab sehen lasse“. Darum wollen diese Zeilen nicht mehr sein, als ein Zeugnis eines solchen Schäfleins, das in der Hut des treuen Hirten steht, und sie haben ihren Zweck erreicht, wenn sie der gute Hirte braucht, hungernde Schäflein auf seine Weide zu rufen. Weil aber die Schrift selbst Anleitungen gibt, wie sie gelesen sein will, so wollen wir dieselben aufsuchen und sie ein wenig näher ansehen. Nach ihrer Anweisung sollen wir sie lesen:

I. Zur Erbauung!

„Als neugeborene Kindlein seid begierig nach der vernünftigen, unverfälschten Milch, auf daß ihr durch dieselbe wachset" sagt Petrus. Der neugeborenen Kindlein erstes und wichtigstes Geschäft ist: zu *essen;* später gehen sie dann auch zur Schule und lernen. So ist also nicht das Verstehen der Bibel mit dem Verstand das erste, sondern das Aufnehmen mit dem Herzen.

„Schmecket und sehet", sagt der Psalmist. Wer das gütige Wort Gottes geschmeckt hat, lernt es auch verstehen. Das erste Gebot, das dem neugeschaffenen Menschen gegeben wurde, hieß: *„Du sollst essen."* Und es ist gewiß auch das erste und beste Gebot für den neugeborenen Christen. Das Wort zur Erbauung lesen heißt also, etwas für das Herz zu suchen. Und dazu ist wohl die geeignetste Stunde die frühe *Morgenstunde.*

Im 2.Mose 16 wird uns von dem Israeliten gesagt, daß er jeden Morgen außerhalb des Lagers Manna sammeln mußte, als Speise für sich und sein Haus. Kam er, wenn die Sonne aufgegangen war, so war das Manna fort; denn die Sonne hatte es zerschmolzen; sammelte er mehr als für einen Tag, so wurde es stinkend. Ist dies nicht ein vortreffliches Beispiel für unsere tägliche Erbauung aus Gottes Wort? Bevor die Sonne aufgegangen war, mußte der Israelit sammeln, und bevor des Tages Last und Hitze unser Herz, unsere Sinne und unsere Zeit in Anspruch genommen haben, müssen wir das Manna des göttlichen Wortes sammeln. „Morgenstund' hat Gold im Mund." Suchst du Gold am Morgen bei deinem Gott? Trittst du nie vor das Angesicht der Menschen, bevor du das Angesicht Gottes gesehen hast? Fängst du nie dein Tagewerk an, bevor du deine Hände gestärkt hast in Gott? Trittst du nie in Verhältnisse ein, bevor du sie mit deinem Gott durchgesprochen hast?

Die Morgenstunde ist in der Regel maßgebend für den ganzen Tag, gibt dem ganzen Tag das Gepräge. Unser Geist bewegt sich gewöhnlich in der Bahn fort, in die er am Morgen gebracht wird. Warum so viele Schwachheiten und Niederlagen im Leben der Christen? Sie sammeln nicht am Morgen. Sie springen oder kriechen aus dem Bett und laufen sogleich in die Kinderstube, in die Küche, in den Stall. Allerlei darf ihr Herz einnehmen und erfüllen. Ja, vielleicht haben sie sich schon über dieses und jenes geärgert oder selbst Ärgernis gegeben. Wenn sie dann kommen, so ist das *Herz aufgeregt,* der *Geist eingenommen* und das *Gemüt beschwert.* Man sucht dann und findet nicht, das Manna ist geschmolzen; man kam zu spät. Und so muß man dann hungrig in den Tag hineingehen. Solche müssen sich nicht wundern, wenn sie schwach sind, wenn sie unterliegen, wenn ihnen der Lebensweg zu steil vorkommt; sie haben keine Kraft, weil sie nicht gegessen haben.

O, suche am Morgen dein Manna im Wort und im Gebet! *Weihe das erste Viertelstündchen eines jeden Tages dem Umgang mit deinem Gott im Wort und Gebet!* Laß deine erste Begegnung mit Gott sein, und du wirst allem anderen mit Sieg und Ruhe begegnen können. Suche eine Begegnung mit Gott, und wenn du dir die Zeit dazu am Schlaf abbrechen mußt! John Wesley stand jeden Morgen um 4 Uhr auf und brachte zwei volle Stunden mit Bibellesen und Gebet zu. Der Herr gibt dir mehr Kraft als dein Bett. Sage nicht, du hast einen so schwachen Leib, deine Gesundheit erlaubt es dir nicht. Der Verkehr mit Gott macht nicht schwach und nicht krank. Eine Berührung mit ihm, dem Leben, macht Geist und Seele und auch den Leib überaus frisch. Und wenn du nur eine Viertelstunde Zeit hast, so kannst du in einer Viertelstunde empfangen, was du brauchst. Das Manna liegt ja da, man darf es nur nehmen. Man muß nicht darum ringen und kämpfen. Wenn du in den wenigen Augenblicken, die du hast, etwas empfängst, so wirst du auch am Mittag und am Abend kommen. Du lernst es, aus Jesu Fülle zu nehmen, ihn selbst, das Brot vom Himmel, zu essen. Du nimmst sein Leben auf und kannst darum auch sein Leben leben.

Zu dem verborgenen Leben mit Christus in Gott gehört doch vor allen Dingen ein verborgenes Bibellesen. Jedes Pflänzlein hat ein verborgenes Leben in der Erde; nehmt ihm dies, und das Pflänzlein wird schnell aufhören zu leben. So kann auch ein Christ kein gottgefälliges Leben leben, wenn er nicht in Wort und Gebet ein verborgenes Leben führt. Der Teufel ist ein Dieb. Am meisten hat er es abgesehen auf unsere stillen Augenblicke. Kaum hast du am Morgen die Augen geöffnet, so ist er schon da mit seiner Versuchung und warnt dich vor zu frühem Aufstehen, erinnert dich, daß du gestern abend spät ins Bett gegangen bist, und rät dir: Schlafe noch ein wenig; dein Kopf hat sich noch nicht ausgeruht und deine Beine sind noch zu müde. Wenn er seinen Platz in unserem Hause haben dürfte, so würde er ihn nicht in der Werkstatt, nicht in der Küche, nicht in der Wohnstube, sondern im Kämmerlein einnehmen. Kann er uns hier die stillen Augenblicke rauben, die Begegnung mit Gott verhindern, kann er hier Verwirrungen anrichten, so wird Unordnung und Verwirrung im ganzen Hause sein.

Vor allen Dingen ist uns der Sonntag gegeben als ein Tag der Erbauung, freilich nicht in dem Sinn, daß man sechs Tage leben soll vom Sonntag. Die Jünger nehmen Gnade um Gnade, und die Erlösten schöpfen mit Freuden aus dem Heilsbrunnen. Wir bedürfen jeden Tag etwas Neues, und wir können jeden Tag frisches Brot haben; denn jeden Morgen ist es uns vom Himmel bereitet. Jeder Tag sorgt für das Seine, auch für frisches Brot für den inneren Menschen. Aber unser Gott weiß, daß wir einen stillen Tag brauchen, Stunden der Begegnung mit ihm; darum hat er uns den Sonntag gegeben – nicht um Freundschaften zu pflegen, Visiten zu machen oder Ausflüge vorzunehmen. Der Sonntag ist eine Gnadengabe Gottes, und es ruht heute weniger Segen auf der Heiligung des Sonntags als im Alten Bund, wo die Heiligung des Sabbats wichtig war, aber auch nicht weniger Unsegen auf der Entheiligung desselben. Hast du den Sonntag als eine Gnadengabe Gottes geachtet und gebraucht? O, wieviel Entheiligung des Sonntags auch in den Hütten der Frommen! Man steht am Sonntag später auf, zieht sich nur halb an, bringt die Kinder nicht in Ordnung, räumt die Zimmer nicht auf, macht sogar Arbeiten, die, ohne Geräusch zu verursachen, getan werden können. Oder man verschläft den Vormittag oder geht gar ins Wirtshaus. Damit machst du dem Herzen Jesu Schmerzen und bringst Unsegen über dich und deine Familie. Bist du eine Hausmutter? Könntest du nicht schon am Sonnabendabend deine Kinder waschen und baden und frische Wäsche für dein Haus besorgen? Warum muß das alles am Sonntagmorgen sein? Und warum muß gerade am Sonntag ein so großer Aufwand im Kochen gemacht werden? In den Hütten der Gerechten soll doch gewiß nicht der bessere Mittagstisch den Sonntag ausmachen? Den Sonntag im Haus macht vor allem die Hausfrau.

Andere machen gar Geschäfte am Sonntag, kaufen und verkaufen, verderben ihre Seelen und die Seelen anderer und wollen noch Anspruch machen auf den Namen *„Gläubige“*. Wo ist da Glaube? Noch andere kommen vor lauter Arbeit für den Herrn nicht zu einer stillen Stunde. Da geht man aus der Sonntagsschule in den Verein, aus dem Verein in die Kirche oder zur Versammlung und von dort noch zur Gesangstunde. So bekommt man dann einen vollen Kopf aber ein leeres Herz. Wenn deine Arbeit für den Herrn dir eine Stunde nimmt, darfst du mit gutem Gewissen einen Teil derselben aufgeben.

Das Pflänzlein, das Gott den Heiligen gegeben hat, ist zu seinen Füßen (5.Mose 33,3). Es gibt ein Stillesein *zu* Gott und ein Stillesein *in* Gott; aber diese fängt an mit *dem Stillesein vor* Gott. Gott hat vielmehr *in* uns als *durch* uns zu tun. Wir können soviel für *Ihn* sein, als er *in uns* geworden ist. Laß darum keinen Sonntag vorübergehen, wo du nicht mit der Bibel die Stille aufsuchst! Warum mit der Bibel? Gottes Worte sind Geist und sind Leben. Wenn du dieses *suchst,* findest du es am schnellsten und am sichersten hier. Hier ist des Heiligen Geistes Mund. Erwarte nur, daß er zu dir sprechen soll und er wird es tun.

Wir sollen unsere Bibel lesen:

II. Dem Inhalt nach!

„Weil du von Kind auf die Heilige Schrift weißt“, sagt Paulus dem Timotheus. Die Bibel dem Inhalt nach lesen heißt, dieselbe so lesen, daß man ungefähr weiß, was alles in der Bibel steht. Das war bei Timotheus der Fall; er kannte die heiligen Schriften. Und man sollte von jedem Kind Gottes erwarten können, daß es ungefähr weiß, wovon jedes einzelne Buch der Bibel handelt. Es sollte wissen, daß z. B. das erste Buch Mose die Schöpfungsgeschichte, die Erschaffung und den Fall der ersten Menschen berichtet und die Geschichte der Erzväter Abraham, Isaak, Jakob und Joseph erzählt, daß im zweiten Buch Mose die Geschichte des Volkes Israel beginnt, daß im Buch Josua die Einnahme des Landes Kanaan erzählt wird, daß die Bücher Samuels hauptsächlich von Samuel, Saul und David handeln usw.

Noch besser ist es, wenn man sich aus den bekanntesten und wichtigsten Büchern die Kapitelinhalte der Reihenfolge nach einzuprägen sucht. So kann man mit Leichtigkeit den ungefähren Inhalt eines Evangeliums behalten, wenn man sich aus jedem Kapitel nur eine Begebenheit merkt. Im Evangelium Johannes ist dies z. B. sehr leicht.

Kapitel 1: Die Berufung der Jünger;

Kapitel 2: Die Hochzeit zu Kana;

Kapitel 3: Die Unterredung Jesu mit Nikodemus usw.

Sehr wertvoll ist es weiter, wenn man ganze Kapitel auswendig lernen kann. So wird es z. B. förderlich sein, wenn zwei Freunde eins werden, bei ihrer Zusammenkunft am nächsten Sonntag, sich gegenseitig Jesaja 53 aufzusagen oder sonst ein wichtiges Kapitel, vielleicht die Gebetspsalmen. Für junge Leute ist es auf einem Spaziergang oder auf einem andern weiten Weg eine gute Unterhaltung, wenn jeder der Reihe nach immer wieder einen andern Bibelspruch aufsagen muß. Ich kannte einen teuren Mann Gottes, der die schöne Gewohnheit hatte, jeden Tag einen Spruch aus der Bibel auswendig zu lernen, auch noch als Greis. Wir wissen aus der Bibel selbst, daß wir einer Zeit entgegengehen, wo es Gott zuläßt, daß sie uns genommen wird (Amos 8,11; Offb.10). Dann werden Kinder Gottes nicht mehr zusammenkommen, um eine schöne Predigt zu hören mit möglichst kurzem Text, sondern um sich gegenseitig zu erinnern, was in der Bibel gestanden hat.

Dann ist auch gut, wenn man sich die Reihenfolge der Bücher einprägt. Und da gibt es ein sehr einfaches Mittel. Im Alten Testament merkt man sich einfach, welche Bücher vor den Psalmen und welche nach den Psalmen stehen. Wo die Psalmen stehen, weiß ja jeder, nämlich ungefähr in der Mitte der Bibel. Im Neuen Testament ist ungefähr in der Mitte desselben die Apostelgeschichte. Vor derselben stehen die vier Evangelien und dahinter alle Briefe des Apostels Paulus, denen dann die Briefe der übrigen Apostel folgen, und am Schluß finden wir, wie bekannt, die Offenbarung.

Du fragst: Wie liest man nun aber die Bibel dem Inhalt nach? Ganz einfach, wie man jedes andre Buch auch liest. In einem interessanten Buch liest man ganze Stunden, ja oft halbe und ganze Tage. Warum nicht auch so in der Bibel? Oder noch besser: die Bibel soll man lesen, wie der rechtmäßige Erbe ein Testament liest; denn sie ist Gottes Testament an uns. Wird einer, der ein großes Testament aus Amerika erhält, nur jeden Tag sorgsam einen Satz oder einen Abschnitt lesen? Gewiß nicht! Sondern er wird vor allem einmal das ganze Testament durchlesen und es dann auch genau Satz für Satz studieren. Wer nur sorgsam jeden Tag ein Kapitel liest, wird nie mit ihrem Inhalt vertraut.

Es kann für einen freien Abend oder Nachmittag gewiß keine bessere Lektüre geben, als wenn man aus der Bibel irgendein Buch mit seinen zehn oder zwanzig Kapiteln liest. So lese ich mit Vorliebe in solchen Stunden das Buch Esra, Nehemia, Daniel und besonders die Offenbarung. In zwei Stunden liest man ein solches Buch und gewiß mit einem solchen Segen, wie man ihn in keinem andern Buch sonst gefunden hätte. Georg Müller, dem die Bibel über alles ging, soll dieselbe in seinem Leben 150 mal durchgelesen haben – das Forschen und Erbauen aus derselben ausgenommen.

Wir sollen unsere Bibel lesen

III. Zur Unterweisung!

Paulus sagt weiter zu Timotheus: „*Alle Schrift ist von Gott eingegeben und nütze zur Lehre, zur Überführung, zur Zurechtweisung, zur Unterweisung*" (2.Tim. 3,16). Denjenigen, der die Schrift weiß, kann sie *unterweisen*. Durch sie werden wir eingeführt in alle Wahrheit; alle notwendigen Fragen sind in ihr beantwortet. Durch sie bekommen wir Aufschluß über die Geschichte der Menschheit in ihrer Vergangenheit und Zukunft, ihren Weg hier und ihre Bestimmung dort, über ihren Fall und ihre Rettung, über Sünde und Gnade, über Recht und Unrecht, über des Teufels Vernichtungspläne und Gottes Gnadenabsichten, über unser Herz und Gottes Herz, über Zeit und Ewigkeit, über Seligsein und Verlorensein usw. Die Schrift dient uns vor allem *zur Unterweisung* über Gott, den dreieinigen Gott!

Die Schrift ist ein Denkmal des dreieinigen Gottes, vor dem wir stehenbleiben müssen, um es uns Zug für Zug einzuprägen. Was wüßten wir von Gott, wenn wir die Bibel nicht hätten? Gleich den Heiden würden wir uns allerlei falsche Bilder von Ihm machen. Aber auch Christen, die ihre Bibel nicht lesen mit göttlich erleuchteten Augen, können in diesen Irrtum geraten. Darum sagt Johannes den Kindlein: Hütet euch vor den Abgöttern! Und damit meinte er nicht etwa gemalte Bilder oder Götzen von Stein, sondern *falsche Vorstellungen* von Gott.

Der eine stellt sich Gott vor als einen zürnenden unnahbaren Gott, der von lauter Racheflammen umgeben ist. Wenn er die Bibel liest, so findet er nur immer die Stellen, die Gottes Zorn aussprechen und von Gottes Gericht und Strafe handeln. Er ist ein verzehrend Feuer und eine feurige Glut für die Sünder, aber nicht für die Kinder; sie dürfen rufen durch den Geist: *Abba, Vater!*

Ein andrer denkt sich Gott wie einen gutmütigen Vater, der fünf gerade sein läßt und nicht anders kann, als ein wenig durch die Finger sehen, weil Er ja barmherzig ist. Gott ist aber nicht in dem Sinn barmherzig, daß Er die Sünde übersieht; nein, Gott nimmt es sehr genau mit der Sünde. Er ist in dem Sinn barmherzig, daß Er unsre Sünde nahm und sie auf Seinen eingeborenen Sohn legte, damit Er sie hinwegtragen und abschaffen sollte (Joh. 1,29; Hebr. 9,26). Die Gnade Gottes besteht darin, daß sie die Sünden auf Christus gelegt hat und sie uns so *vergibt* und uns *reinigt* von aller Untugend (1.Joh.1,9).

Noch andere sprechen von Gott als von einem *„höheren Wesen“*, das sich um die kleinen Dinge auf Erden nicht kümmert. Obwohl Gott der Hohe und Erhabene ist, der in der Höhe und im Heiligtum wohnt, so wohnt Er doch auch bei denen, die zerschlagenen und demütigen Geistes sind (Jes. 57), so sieht Er doch auf das Niedrige und richtet den Geringen auf aus dem Staube und den Armen aus dem Kot (Ps. 113) und ist ein Vater der Waisen und ein Richter der Witwen (Ps. 68). So suchte mir einmal ein gescheit sein wollender Mann Gott darzustellen als ein höheres Wesen. Als er ausgeredet hatte, fragte ich ihn: „Haben Sie Kinder? Wie würde es Sie berühren, wenn Ihr Knabe von zehn Jahren, indem er Sie erblickte, zu den übrigen Geschwistern sagen würde: ‚Seht dort das höhere Wesen!‘ Würde Ihnen das gefallen? Er lachte verlegen und bekannte: „Nein, gerade nicht.“ Ich sagte: „Gottlob kenne ich Gott nicht als ein höheres Wesen, sondern als einen Vater über alles, was da Kinder heißt im Himmel und auf Erden“ (Eph. 3,14-15).

Über Christus! Was Kindlein zuerst von Christus erkennen, ist, daß Er für sie am Kreuz gestorben und an diesem Fluchholz für sie Schuld und Strafe, Gericht und Verdammnis getragen hat. Das ist aber nur die eine Seite des Kreuzes. Auch wir sind mit Christus gekreuzigt. Das Neue Testament gebraucht fünf wichtige Ausdrücke in Bezug auf Christus und uns, deren Inhalt wir klar erkennen sollten:

1. *„Christus für uns“* (Röm. 5,1.2.11; 8,34) oder unsre Zusammengehörigkeit mit Ihm.

2. *„Wir mit Christus“* (Röm. 6) oder unsere Einheit mit Ihm – *mit* Ihm gekreuzigt, *mit* ihm gestorben, *mit* Ihm begraben, *mit* Ihm auferweckt, *mit* Ihm versetzt in das himmlische Wesen.

3. *„Wir in Christus“* (Röm 8) oder unser Leben in Ihm. Sein Leben ist unser Leben geworden. Seine Tugenden: Liebe, Demut Sanftmut, Reinheit usw. werden uns durch den Heiligen Geist angeeignet, so daß sie unser innerster Besitz werden.

4. *„Christus in uns“* (Eph. 3) oder wir ein Tempel des lebendigen Gottes. Wir sind ein lebendiges Haus für Gott. Die Spitze in allen Briefen des Apostels Paulus ist: „Christus in euch,“ und Jesu letzte Bitte an Seinen Vater für Seine Jünger war: „Ich in Ihnen“.

5. *„Wir für Christus“* (Kol. 1) oder leben um Seinetwillen. *Er für uns* ist unsers Daseins Grund und der Erlösung Anfang und Fortgang; *wir für Ihn* ist unsres Daseins Zweck und der Erlösung Preis. Er für uns und wir für Ihn, welch eine Seligkeit!

Über den Heiligen Geist! Was der Heilige Geist uns sein will, und was Er tut, ist uns ja in der Bibel und besonders im Neuen Testament sehr klar und unzweideutig gesagt. Die brennende Frage aber bei fast allen Zusammenkünften der Kinder Gottes ist in der Regel die: *Wie können wir den Heiligen Geist bekommen?* Wohl alle Kinder Gottes sind sich darin einig, daß wir ein größeres Maß des Geistes bedürfen, und daß dieser größere Segen uns auch in der Schrift verheißen ist. Aber wie denselben bekommen, das scheint die Schwierigkeit zu sein. Ich glaube, man sollte, wie jemand sehr gut gesagt hat, die Frage einmal umdrehen und fragen: *Wie kann der Heilige Geist uns bekommen?* Gewiß hätte man dann auch schnell die Antwort und auch den Segen, den man sucht. Wir *flehen* um den Heiligen Geist, und zu gleicher Zeit fliehen wir vor demselben (Ps. 139). Laßt uns Ihm einmal vier Wochen stillehalten und Ihm folgen, und wir werden Wunder erfahren.

Über uns selbst! Besonders in den Geschichten des Alten Testaments finden wir oft sehr treffende und beschämende Züge unsres eigenen Wesens. Darum dürfen wir sie nicht als bloße Geschichten ansehen, sondern als Tatsachen, die sich in unserm Leben und in dem Leben andrer täglich wiederholen. Wer z. B. hätte nicht schon in dem

Bild des Jakob sein eigenes Gesicht gesehen und in der Offenbarung der Herzen andrer sein eigenes Herz erkannt? Auch aus diesem Grund genügt es nicht, nur das Neue Testament zu lesen. Wer könnte z. B. in den wenigsten Fällen das Leben der Männer Gottes im Alten Bunde verstehen, wenn wir sonst nichts wüßten als den Bericht, den das Neue Testament von ihnen gibt, weil hier der Heilige Geist ihr Leben darstellt, wie Gott es zuletzt ansieht, nachdem Er ihre Fehler vergeben und ihrer Sünden nicht mehr gedenkt. Wer Abraham nur kennt aus dem Neuen Testament, kennt wohl den *Abraham,* aber nicht den *Abram.*

Über die Erlösung! Daß der Mensch gefallen ist, und daß auch bei dem Wiedergeborenen immer wieder die Natureigenheiten ihre Herrschaft geltend machen wollen, wissen wir nur zu gut. Aber wie wir frei werden können, das ist für uns die wichtige Frage. Und davon spricht die Bibel sehr viel. Sie spricht nicht nur von Befreiung von der Schuld der Sünde, sondern auch von Befreiung von der Macht der Sünde; nicht nur von einem Frieden des Gewissens redet sie, den man durch den Glauben an Christus erlangt, sondern auch von einem Frieden des Herzens, der uns durch Gehorsam gegen Seine Gebote zuteil wird. Sie spricht nicht nur von einer Ruhe im Himmel, sondern auch von einer Sabbatruhe auf Erden, nicht nur von einer Errettung in der Vergangenheit durch das Kreuz Christi, sondern auch von einer Errettung in der Zukunft durch die Wiederkunft Christi, für die man durch die gegenwärtige Errettung bereitet wird, nicht nur von einer Auferstehung am Endgericht, sondern auch von einer ersten Auferstehung usw. Sie sagt uns, daß wir bei der Vergebung der Sünden nicht stehenbleiben dürfen, daß Bekehrung nicht das Ziel, sondern nur der Anfang ist, daß wir nicht durch Werke errettet werden, aber geschaffen sind zu guten Werken. Als Gott daran dachte, Menschen zu schaffen, sprach Er: „Lasset Uns Menschen machen, ein Bild, das Uns gleich sei". Ein Bild, Ihm gleich, das ist Gottes Vorsatz und Ziel mit uns. Und es ist uns nicht erlaubt, uns ein niedrigeres Ziel zu stecken. Viele Versammlungen sind stehengeblieben bei der Rechtfertigung: aber da bleibt Gott nicht stehen, sondern „welche Er gerecht gemacht hat, die hat Er auch herrlich gemacht". Und wie herrlich? Daß sie gleich sein sollen dem Ebenbild Seines Sohnes. Wir sind nicht bekehrt, um ein wenig Vergebung, ein wenig Frieden, ein wenig Hoffnung des ewigen Lebens zu haben, sondern wir sind bekehrt von Gott und für Gott, bekehrt, dem lebendigen und wahren Gott zu dienen und Seinen Sohn aus den Himmeln zu erwarten (1.Thess. 1,10).

Über Sünde! Soviel mir bekannt ist, sagt die Schrift nur an einigen Stellen in einem Begriff, was Sünde ist; hingegen macht sie es uns an unzähligen Beispielen und Geschichten klar, wie man sich an *Gott,* an *sich selbst,* an *seinen Mitmenschen,* an den *Geschöpfen* und an der Schöpfung, ja, sogar an der *Finsternismacht* versündigen kann. Sie zeigt uns, daß die Sünde nicht in einzelnen Vergehungen besteht, sondern daß sie ein Zustand ist, der nur durch Buße und Glauben an den Erlöser durchbrochen werden kann.

Über Versuchung! Jakobus redet in seinem Brief von verschiedenen Arten von Versuchungen, denen Kinder Gottes ausgesetzt sind:

1. Von Versuchungen, die das tägliche Leben, unsere Verhältnisse und unsere Stellung unter den Menschen mit sich bringen (1,2-4).
2. Von Versuchungen, die in der eigenen Lust ihren Ursprung haben (1,13-15).
3. Von Versuchungen, die direkt vom Teufel kommen (4,7).

Außerdem spricht die Schrift auch von Versuchungen von *Seiten Gottes* – freilich nicht zum Bösen, – und auch von Versuchungen von *unserer Seite Gott gegenüber.* Wir sehen hier, daß nicht alle Versuchungen direkt vom Teufel sind, wie man dies oft irrtümlich meint. Die Versuchungen von Seiten des Teufels sind uns in der Schrift sehr klar gezeigt. Sie spricht in Bezug auf dieselben von „*Zeiten* der Versuchung", von „*Tagen* der Versuchung", von „*Stunden* der Versuchung", von „*verschiedenen Arten* der Versuchung" und von „*verschiedenen Gestalten* des Versuchers". Natürlich sagt sie uns auch immer, wie dieselben überwunden werden können.

Über alle notwendigen Fragen! und zwar nicht nur über Fragen in Bezug auf das geistliche und ewige Leben, sondern auch in Bezug auf das äußere und irdische Leben. Freilich möchte ich mit diesen Worten nicht dem *Mißbrauch,* der nach dieser Seite hin mit Gottes Wort getrieben wird, das Wort reden.

In jeder Verlegenheit oder bei jeder Begebenheit oder Unklarheit schnell die Bibel aufschlagen ist kindisch und vorwitzig und gibt in den meisten Fällen nicht nur kein Licht und keine Klarheit, sondern bringt oft nur noch in größere Verlegenheiten. Es gibt Fälle, wo eine Ausnahme ganz am Platz sein mag. Wenn man z. B. genötigt ist, schnell eine Entscheidung zu treffen, oder wenn man sich vor einer eigenen Entscheidung fürchtet und es lieber ausschließlich in Gottes Hand legt, oder wenn man in Zeit großer Bedrängnis ist, da mag sich Gott vielleicht zu einem solchen Weg bekennen.

In den meisten Fällen ist es aber Unruhe oder sogar Neugierde, die nicht auf Gott warten kann, bis Seine Zeit gekommen ist und so Gott gleichsam zu drängen sucht. Weil sich Gott aber nicht drängen läßt, so drängen wir uns eine voreilige Entscheidung auf und bringen uns damit in Bedrängnis, Angst und Täuschung. Diese Kunstgriffe sind ein großes Hindernis, durch innere Stille und Zartheit die *Reife* zu erlangen, die durch *Gottes Geist,* durch Sein *Wort* und Seine *Führungen* Gottes Wege mit uns erkennt. Denn in der Regel leitet uns Gott durch diese drei Dinge. Die Leute sagen oft: *„Ich weiß gar nicht, was ich tun soll!"* Ich sage gewöhnlich: Das ist der sicherste Beweis, daß Sie nichts tun sollen. Denn wenn uns *Gott* einen Weg führen will, so zeigt Er uns denselben nicht nur ganz klar, sondern ebnet ihn auch für uns. „Befiehl Jahwe deinen Weg und vertraue auf Ihn, und *Er wird handeln!"* (Ps. 37,5).

Wir sollen unsre Bibel lesen:

IV. Forschend!

„Suchet in der Schrift", sagt Jesus, *„sie ist es, die von Mir zeugt."*

Damit sagt Jesus, daß man forschen soll und wie man forschen soll. Denn diese Worte können auch heißen: Sucht in der Schrift und seht, was sie von Mir sagt. Man forscht, wenn man sucht, was die Bibel alles über einen Gegenstand sagt. Aber damit wollen wir nicht sagen, daß das Forschen allein darin bestehe. Es gibt ein tieferes Forschen, wo das Auge Wahrheiten erblickt und Linien sieht, worauf man nicht geführt wird durch gleichlautende Stellen oder auch durch eine Handkonkordanz. Hierin läßt sich keine bestimmte Anweisung geben; denn der Heilige Geist selbst muß uns in alle Wahrheit leiten.

Hingegen gibt es ein Forschen, worüber man Anleitung geben kann. So kann man z. B. mit Hilfe der Handkonkordanz *Gleichnamiges* zusammenstellen, um einen Überblick über einen Gegenstand zu bekommen. Wollen wir z. B. nachforschen, was die Bibel alles über unsern *Leib* sagt, so würden wir die Erfahrung machen, daß die Erkenntnis über diesen Gegenstand vorher doch recht mangelhaft war. Viele von den „Kindlein in Christus" wissen nicht, daß wir erst mit der Erlösung des Leibes in das volle Erbe der Kindschaft eintreten. Wir haben den Geist der Kindschaft als Unterpfand des Erbes (Gal. 4; Eph. 1), aber den vollen Besitz des Erbes selbst erlangen wir erst bei der Verklärung unsres Leibes der Niedrigkeit zur Gleichförmigkeit Seines Leibes der Herrlichkeit (Phil. 3). Dies ist noch zukünftig (Röm. 8,25). So spricht die Bibel auch von einer Erlösung des Leibes, nicht nur der Seele. Auch in der Hingabe an Gott nimmt der Leib nicht die letzte, sondern die erste Stelle ein. Die Schrift sagt im Alten und im Neuen Testament, daß unser Leib ein Tempel des Heiligen Geistes sei (Ps. 139 und 1.Kor. 6,19). Wollen wir den Heiligen Geist in uns wohnend haben, so ist das erste die Hingabe unsres Leibes an Ihn als Wohnstätte. Denn wenn ich einen Gast erwarte, sorge ich zuerst für eine Wohnung. Darum stellt Paulus die Hingabe des Leibes in seinen Ermahnungen im Römerbrief auch obenan (Röm. 12).

Oder wenn wir aussuchen wollten, was die Bibel alles über die Seele sagt, so würden wir den Ausdruck *„meine Seele"* z. B. in den Psalmen mehr als hundertmal finden. Mit Recht könnte man die Psalmen das *„Buch von der Seele"* nennen. Und weil jeder Christ sein eigener Seelsorger sein muß, so könnte er hier lernen, wie man mit seiner Seele umzugehen hat.

Oder man könnte forschen und suchen, was uns der *Vater alles gegeben hat in Christus.* Da finden wir im Epheserbrief ungefähr zehn solcher wichtigen Ausdrücke und in dem kleinen Kolosserbrief fast ebensoviel. Ebenso könnten wir darauf achten, was wir alles schon empfangen *haben,* also nicht mehr erwarten müssen. Es ist auch sehr lehrreich zu sehen, was die Schrift sagt über Buße, Glaube, Liebe, Hoffnung usw. Diese Art, die Schrift zu erforschen, ist eine wesentliche Hilfe zum Schriftverständnis.

Das Forschen in der Bibel wird vor allen Dingen sehr erleichtert durch eine *„Handkonkordanz".* Das ist ein Buch, in dem alle Sprüche der Bibel dem Alphabet ihrer Worte nach geordnet sind. Wenn man dann auch nur ein Wort von dem zu suchenden Spruch kennt, so sagt die Konkordanz doch schnell und genau, wie der Spruch heißt, und wo er steht. Wollte ich z. B. den Spruch lesen: „O Land, Land, Land, höre des Herrn Wort!" so würde ich in meiner Konkordanz das Wort „Land" suchen und fände dort zugleich, daß dieser Spruch Jeremia 22,29 steht. Gewöhnlich ist das Hauptwort oder das Eigenschaftswort das maßgebende, das die Handkonkordanz aufgenommen hat.

Will ich z. B. gern wissen, was die Bibel über den „Frieden".sagt, so schlage ich in der Konkordanz einfach das Wort „Friede" auf, und da finde ich alle Sprüche der Bibel, welche von diesem Gegenstand handeln. Ich suche mir dann die wichtigsten heraus und bekomme so schnell einen Überblick.

Jeder Bibelforscher sollte ein solches Hilfsbuch haben. Der Anschaffungspreis ist zwar bedeutend, aber dafür ist es für das ganze Leben vollkommen ausreichend und auch besser ist als andre, weil es sehr einfach und übersichtlich angelegt ist.

Ein weiteres wichtiges Hilfsmittel ist es, wenn man in seiner Bibel die wichtigsten Stellen, die eine Wahrheit darstellen, zusammenschreibt, und zwar in der Weise, daß man zu der ersten die zweite, zu der zweiten die dritte hinschreibt usw. Wollte ich z. B. wissen, was die Bibel über die Versuchungen von Seiten des Teufels sagt, so hätte ich mich nur zu besinnen, wo in der Bibel zum erstenmal von der Versuchung des Teufels die Rede ist – das ist ja jedem bekannt (1.Mose 3) – und so könnte ich in meiner Bibel – nicht in einer andern – in zehn Minuten alle diesbezüglichen, wichtigen Stellen lesen, denn bei der ersten steht die zweite und bei der zweiten die dritte usw. bis zu Offenbarung 20. Ähnlich kann man es mit allen wichtigen Wahrheiten machen.

Es wird niemand leicht im Gedächtnis zu behalten, wo in den Evangelien die sieben Worte Jesu am Kreuz stehen. Nun kann man sich das Aufsuchen aber sehr erleichtern, wenn man zum ersten Wort im Evangelium Matthäus 27,46 – denn im ersten Evangelium muß ich ja das erste Wort finden – das zweite hinzuschreibt, nämlich so:

> *Und um die neunte Stunde schrie Jesus laut und sprach: Eli, Eli, lama sabachthani! Das ist: Mein Gott, Mein Gott, warum hast Du Mich verlassen?* 2 → Lukas 23,34.

Man streicht dieses erste Wort mit einem Strich an und schreibt die Stelle, wo das zweite Wort steht, daneben. Nun schlage ich das zweite Wort auf und schreibe die dritte Stelle daneben, und so mache ich es mit allen sieben Worten. So habe ich alle sieben Worte Jesu besser als im Gedächtnis, denn sie stehen nun geschrieben beieinander. Es könnte mir Mühe machen, die sieben Seligpreisungen in der Offenbarung im Gedächtnis zu behalten. Nun wende ich aber auch hier das gleiche Verfahren an. Ich schreibe zu der ersten in Kapitel 1, 3 die zweite von Kapitel 14,13 zu der zweiten die dritte von Kapitel 16,15 usw. Ähnlich könnte man es mit den Stellen machen, welche von der nächsten Wiederkunft Jesu handeln und mit andern wichtigen Wahrheiten. Freilich muß man sparsam sein mit den Stellen und nur immer die wichtigsten nehmen, und zwar immer bei der Stelle anfangen, welche zum erstenmal von dieser Wahrheit spricht.

Dann ist es auch gut, wenn man zu einer wichtigen Wahrheit da, wo sie zum erstenmal vorkommt, mehrere wichtige Stellen oder Namen hinzuschreibt. Sollte ich z. B. zu einem Abgeirrten sprechen von der *„wiederherstellenden Gnade“,* so dürfte ich in meiner Bibel nur 1.Mose 13,1-3 aufschlagen, denn dort ist von der wiederherstellenden Gnade die Rede, und ich fände da folgende Stellen und Namen: 3.Mose 14,11; Hosea 14; Psalm 68,19; Johannes 8,11; Richter 10,10-16; der verlorene Sohn; Petrus. Wir müssen den Leuten Antwort und besonders Beispiele geben können aus der Bibel. Das ist Nahrung für einfache Leute, die von der Lehre wenig verstehen. Du kannst einem in Sünden- und Todesnot ringenden Menschen lange den Heilsplan nach den wohl richtigen Sätzen deiner gelernten Weisheit auslegen, und er schaut dich, wenn du fertig bist, gerade noch so ängstlich an, als da du angefangen hast; aber erzähle ihm das Beispiel vom *Schächer am Kreuz,* und du wirst sehen, wie es in seiner Seele aufblitzt und in seinen Augen leuchtet. Du mußt immer sagen können: *So steht geschrieben!* Dann hast du und andre Boden unter den Füßen. Weil die Priester es versäumen, das Werk des Herrn auszurichten, müssen es die Leviten tun (2.Chron. 29).

Das Untersteichen der Verse, gar noch mit allerlei farbigen Bleistiften, finde ich höchst verkehrt. Da sieht dann eine solche Bibel aus wie die Landkarte von Thüringen, wo man vor lauter Farben kein Land mehr sieht. Jeden wichtigen Spruch mit drei oder vier dicken

Strichen gekennzeichnet, gehört nicht zum Forschen, sondern zu etwas anderem – ! Man kann sehr wohl mit einem farbigen Bleistift ein Wort unterstreichen, z. B., wie wir vorhin gesagt haben, das Wörtchen *„hat"* im Epheserbrief oder das Wort *„Lamm"* in der Offenbarung, oder wenn ein Wort, ein Satz oder mehrere Sätze den Inhalt eines Kapitels angeben. So habe ich in dem gerade vor mir liegenden Kapitel 4.Mose 12 vier Sätze unterstrichen, welche mir die Einleitung und Erklärung dieses Kapitels geben: „Und Mirjam und Aaron redeten wider Mose" – „Und der Herr hörte es" – „Und der Zorn des Herrn ergrimmte über sie, und Er wandte sich weg" – „Da war Mirjam aussätzig wie Schnee." Wenn ein Spruch wichtig ist, so kann man irgendein Zeichen oder einen Strich an den Rand machen.

Zum Forschen in der Bibel gehört vor allem auch, daß man eine genaue Übersetzung hat – ich rede ja zu solchen, die den Grundtext nicht lesen können – wenigstens sollte man hiervon ein Neues Testament mit Psalmen besitzen.

V. Zur Erleuchtung!

„Die Eröffnung Deines Wortes erleuchtet, gibt Einsicht den Einfältigen", sagt David (Ps. 119,30). Damit, daß wir die Dinge *wissen,* sind sie uns noch nicht *offenbar, besitzen* wir sie noch nicht. *Wissen* ist erst *halber Besitz. Erleuchtung* ist mehr als *Wissen*. Wissen heißt, von etwas Kenntnis haben, Erleuchtung dagegen heißt, davon erfaßt und durchdrungen sein. Es gibt ein Verständnis des Herzens, und das ist viel mehr als das Verständnis mit dem Kopf. Man kann herrliche und tiefe Wahrheiten der Schrift für eine Zeitlang mit seinem Verstand aufnehmen. Ich sage, für eine Zeitlang; denn jede Wahrheit, die wohl mit dem Kopf aufgenommen, aber nicht ausgelebt wird, verliert man bald wieder. Das Herz wird doch nicht geändert und das Leben davon nicht bestimmt. Die Jünger wußten ganz genau, wieviel Körbe voll Brocken sie nach jener Speisung aufhoben; aber sie wußten es nur mit dem Kopf, darum jammerten sie, als sie das Brot vergessen hatten, und Jesus mußte sie schelten: *„Ihr erstarrten Herzen!"* (Mark. 8,10-21) Jakob sah am Morgen seiner Begegnung mit Esau die Heere Gottes. Gott zeigte sie ihm, um ihm damit zu sagen: Fürchte dich nicht; denn derer, die bei dir sind, sind mehr als derer, die bei ihm sind! Aber Jakob war blind mit den Augen seines Her-

zens. Er sah die göttlichen Gnadenbezeugungen, gab ihnen sogar noch einen Namen, konnte sie aber nicht anwenden, wozu sie ihm gegeben waren. Denn als er hörte, daß Esau ihm mit 400 Mann entgegenziehe, fürchtete er sich sehr (1.Mose 32). Es ist ein Unterschied darin, ob wir eine Wahrheit erkennen und Gefallen an ihr haben, oder ob wir dieselbe besitzen und ausleben. Denn mit der Erkenntnis der Schrift hat man nicht auch das wahre Verständnis derselben. Dies kann uns allein der Heilige Geist geben, der die Schrift den heiligen Männern Gottes eingegeben hat. Vor Pfingsten sahen viele Jünger Jesus an als einen Propheten, mächtig in Taten und Worten, nachher predigten sie Ihn als den Christus, der „solches leiden mußte und zu Seiner Herrlichkeit eingehen".

Ich lasse hier jemand reden, der in diesem Punkt mehr Licht und Erfahrung hat als ich. Tersteegen sagt in seinem Buch: *„Der Weg zur Wahrheit"* hierüber ungefähr folgendes: „Zum Verständnis der Heiligen Schrift, wie überhaupt aller geistlichen Wahrheiten sind zwei Dinge erforderlich, nämlich von Seiten Gottes *dessen gnädige Erleuchtung* und von unsrer Seite die *erforderliche Beschaffenheit des Gemüts,* dieser göttlichen Erleuchtung teilhaftig zu werden. Wir können nicht sehen ohne Licht; wir können aber auch nicht sehen ohne geöffnete und zum Licht gekehrte Augen. Beides fehlt uns allen von Natur. Wir sind in Finsternis und Finsternis ist in uns. Gott muß einen hellen Schein in unsre Herzen geben. Er muß uns erleuchtete Augen unsres Verständnisses geben, sonst können wir nicht sehen die Wunder in Seinem Gesetz."

Dann gibt Tersteegen fünf Mittel an, die von unsrer Seite zur wahren Erleuchtung und mithin zum rechten Verständnis der Heiligen Schrift nötig sind.

1. Das demütige Gebet! „Wenn eine Seele ihre eigene Untüchtigkeit und ihre bisher gehabten finstern, unzulänglichen, ungeziemenden Begriffe, Gedanken und Vorurteile von Gott, von dessen Willen und Wege erkennt und mit Ihm wie ein armes Kind Herz und Verstand bloß darlegt mit dem herzlichen Verlangen, daß Er sie mit Seinem Heiligen Geist erleuchten und bei dem Lesen und Hören Seines Wortes ihr dessen Sinn und Kraft ins Herz eindrücken wolle, so gibt ihr Gott so viel Licht und Eindruck, als ihr zu der Zeit nötig und dienlich ist."

2. Das Tun des Wortes! Mit diesem ersten Mittel zum rechten Verständnis der Heiligen Schrift ist genau ein zweites verknüpft, nämlich die treue Ausübung dessen, was man schon versteht und wovon man schon überzeugt ist, nach den ausdrücklichen Worten unsres Heilands: „So jemand will den Willen *tun des,* der Mich gesandt hat der wird *inne werden." Die Ausübung* der Schrift ist die beste Erklärung derselben. Wer das menschliche Elend weder erkannt hat noch erkennt in seinem Herzen, der sieht es auch nicht in der Schrift. Hingegen wer Buße tut, der erkennt immer mehr die Buße; wer sich selbst verleugnet, der erkennt auch immer mehr die Selbstverleugnung; wer betet, glaubt und liebt, der lernt beten, glauben, lieben usw. und erkennt immer mehr, was die Schrift damit meint, und sonst nimmermehr.

So ist auch die Ausübung und Erfahrung einer Wahrheit der Schlüssel zu einer andern (2.Kor. 3,14-18). Wer sich sein Elend von Gott aufdecken läßt, der bekommt ein Gefühl von Buße; wer in die Buße eingeht, der sieht endlich, was Glauben ist; wer sich im Glauben übt, der lernt, was Jesus ist."

3. Selbstverleugnung! „Keinen andern wird Gott lehren als den, der in der Selbstverleugnung steht. Durch die gründliche Selbstverleugnung wird das Herz gereinigt und gestillt. Gereinigt vom Unflat der Welt, der Sünden und unzähliger Verdorbenheiten und Eigenheiten, die dem armen Gemüt wie Kot und Lehm vor den Augen sitzen und die Einsicht in Gottes Geheimnisse durchaus verhindern. Die reines Herzens sind, werden Gott schauen.

Gestillt wird das Herz durch die Verleugnung, da sonst die Gegenstände von außen, meist aber die mancherlei Lüste des Fleisches und der Sinne dem ungestorbenen Gemüt tausenderlei Verwirrungen, Ärger und Unruhe verursachen. Und wie kann die Sonne der göttlichen Klarheit in einem so ungestümen Dreckwasser gesehen werden?

Die wahre Stille ist die Mutter aller Weisheit, sagt darum ein gottseliger Kirchenlehrer. Auf diese Weise kann uns manchmal bei einem innigen stillen Anblick eines Spruches mehr Segen zufließen, als wenn wir zwanzig der berühmtesten Ausleger darüber nachgesehen hätten. Kurz, willst du *ein erleuchteter* Mensch sein, so trachte erst danach, ein *abgestorbener* zu werden, sonst wirst du es nimmer."

4. Die Gegenwart Gottes in uns! „Das vierte Mittel ist die besondere Zukehr zu Gott im Geist durch eine innige Sammlung und Andacht des Herzens zu Ihm oder zu Seiner Gegenwart in uns. Wir müssen die Gemütsaugen und die Andacht von allen andern Gegenständen abwenden und sie zum Licht Gottes hinkehren und offen halten, in demütiger Gelassenheit die Wirkungen des Lichts und der Gnade erwartend. Wir müssen in die abgeschiedene, lautere, göttliche Gemütsverfassung eingehen, in der die Schreiber damals standen, als sie die Bibel schrieben. Wir müssen die Sinne und Gedanken des Herzens vor allem unnötigen Umherschweifen bewahren und sie vor Gottes Angesicht in Andacht halten. Denn wer im Grund des Herzens bei Gott bleibt, der steht im Licht, wovon es heißt: In Deinem Licht sehen wir das Licht."

5. Das liebe Kreuz von außen und von innen! „Anfechtung lehrt aufs Wort merken. Aus allerhand Proben, Versuchungen, Dunkelheiten, Ängsten und Leiden von allen Seiten wird das reinste Licht und die tiefste Einsicht in die Heilige Schrift von Grad zu Grad geboren.

Auch ein Frommer, der noch nicht versucht ist, versteht wenig. Solange uns die Versuchung nicht aus dem Irrtum geholfen hat, hat man oft viel Lehrens; ja, man ist so gelehrt, daß man nicht alles sagen kann. Nach der Probe aber lernt man mit dem lieben Hiob die Hand auf den Mund legen und bekennen sein Elend und seine Blindheit.

Sooft eine gläubige Seele in einer Kreuzesprobe wohl ausgehalten hat, sooft bekommt sie eine reinere und gründlichere Erkenntnis Gottes, ihrer selbst und aller Wahrheit, auch in der Heiligen Schrift. *Wo Kreuz ist, da ist Licht!"*

Wir sollen unsre Bibel lesen

VI. Betend!

„Öffne meine Augen, damit ich Wunder schaue in Deinem Gesetz", sagt David Psalm 119,18. *Betend lies deine Bibel,* das heißt: mache aus jedem Vers ein Gebet. Auf diese Weise nehmen wir das Wort leichter auf. Denn es handelt sich vor allen Dingen darum, daß das Wort in uns lebendig wird, daß es unser Herz erfaßt, unsern Willen bestimmt und unsre Seele sättigt. „Maria bewegte alle diese Worte in ihrem Herzen." Und dies geschieht am besten, wenn man es betend in sich aufnimmt und betend auch vor Gott ausspricht. Eine

Versuchung des Feindes besteht darin, daß er das Wort von den Herzen der Hörenden oder Lesenden fortzunehmen sucht. Und Folge eines leeren Herzens ist: ein zerstreuter Sinn, ein aufgeregtes Wesen, ein neugieriges Ohr und eine geschwätzige Zunge. Wahres Gebet ohne regelmäßigen Gebrauch des Wortes Gottes ist ganz undenkbar. Gebet führt zum Wort, und Gottes Wort wirkt Gebet. Laß dein Herz gefüllt sein mit Gottes Wort und deine Seele gesättigt mit dem Wohlgefallen Gottes, und du hast den Weg zur Ruhe und zum Schweigen gefunden.

Die Bibel muß unser „Gebetbuch" sein, wenn wir ein solches bedürfen. Ein von Menschen gemachtes sollten wir nicht nötig haben. Viele Verse, die deinem Verstand vorkommen wie harte Steine, verwandelt das betende Herz in Brot: ihm quillt aus harten Steinen ein frischer Quell und aus Felsen Honig. Wenn die Alten beteten, waren ihre Worte meist Gottes Worte. An dem Gebet Esras merkt man, daß sein Herz mit Gottes Wort erfüllt war. Sind nicht darum unsre Gebete so arm, weil unser Herz so arm ist an Gottes Wort?

Wir sollen unsre Bibel lesen

VII. Sinnend!

Das heißt, ohne in besondererweise Licht oder Kraft oder Erbauung haben zu wollen, in ruhigem, stillen Nachdenken, mit Bewegung und Ergötzen in dem Herzen, wo man mit Dankbarkeit annimmt, was einem gegeben wird. David sagt im 119. Psalm siebenmal, daß er sinne über Gottes Wort. Er sagt: „Meine Augen sind den Nachtwachen zuvorgekommen, um zu sinnen über Dein Wort" (V. 148). „Deine Zeugnisse sind *mein Sinnen"* (V. 99), und im 63. Psalm sagt er: „Wie von Mark und Fett wird gesättigt werden meine Seele, wenn mit jubelnden Lippen wird loben mein Mund, wenn ich Deiner gedenke auf meinem Lager, über Dich *sinne* in den Nachtwachen" und in Psalm 1: „Tag und Nacht *sinnet* der Gerechte über das Gesetz Jahwes."

Das Sinnen über Gottes Wort nährt die Seele, hält den Geist frisch wie der Wasserbach den an seinen Ufern gepflanzten Baum (Ps. 1).

Das Sinnen gibt uns jubelnde Lippen, einen lobenden Mund und ein anbetendes Herz (Ps. 63); denn Denken führt zum Danken.

Das Sinnen bewahrt vor Sinnlichkeit. Unser Geist muß beständig einen Gegenstand der Betrachtung haben. Ist es nicht Gottes Wort, so ist es etwas andres. „Mein Geist muß forschen“, sagt David Psalm 77. Wenn ein unbekehrter Mann einen Tabaksbeutel, ein Zigarrenetui oder sogar eine Schnapsflasche mit sich herumtragen kann, warum sollte ein bekehrter Mann nicht ein Testament in seiner Tasche tragen können? Bis jener eine Zigarre angezündet hat, hat dieser einen Spruch aus seinem Testament gelesen, und das wird ihm eine bessere Unterhaltung und Kurzweil sein als jenem die Zigarre.

Das Sinnen bringt die Wahrheiten aus dem Kopf in das Herz, wo sie durch Betrachten, Überlegen und Wiederholen unser eigen werden. Das Nachdenken macht die Vernunft kräftig und tätig, hilft uns aus der Sinnlichkeit heraus und macht uns einen Gegenstand klar und verständlich. „Gehe siebenmal hin“, sprach Elia zu seinem Knaben, der ausgegangen war, nach Regen zu schauen, aber keinen entdecken konnte. Erst beim siebten Mal sah er ein Wölkchen aus dem Meer aufsteigen und dann den ganzen Himmel voll Regen. Gehe siebenmal hin zu dem gleichen Wort, das dir zuerst trocken und dürre vorkam, und du wirst überströmenden Segen darin finden.

Schlußwort!

Zum Schluß möchten wir noch Antwort geben auf einige Fragen in Bezug auf die Handhabung der Bibel.

Du fragst: Soll man die Bibel in ihrem Sinn wörtlich auffassen und verstehen? Vieles ist absolut wörtlich aufzufassen, vieles ist auch nur im Bild oder Gleichnis gesprochen, und es handelt sich hier vor allem nicht um die Schale, sondern um den darin liegenden Kern. Gottes Wort lernt man am besten verstehen durch Gottes Wort. Die beste Auslegung ist die Bibel selber. Für eine sogenannte „dunkle“ Schriftstelle sind gewiß immer zwei oder noch mehr deutliche, welche die dunkle auch helle machen. Die sicherste Schriftauslegung ist, die Schrift mit Schrift zu vergleichen und das ganze Wort Gottes darüber zu hören.

Weiter fragst du: Ist das alles, was in der Bibel steht, Gottes Wort, auch die sogenannten „anstößigen Geschichten“, oder enthält die Bibel nur Gottes Wort? Die Bibel *enthält* nicht Gottes Wort, sondern sie *ist* Gottes Wort auf jedem Blatt und in jedem Wort. Dies gilt auch von den sogenannten anstößigen Geschichten. Wir verstehen dies nicht so, als ob jedes Wort aus Gottes Mund gesprochen sei, sondern Gott hat alle diese Worte schreiben lassen, damit wir aus ihnen lernen, wie wir es machen und auch nicht machen sollen. Die Bibel hat die Aufgabe, alles offen zu sagen über alles, was unser zeitliches und ewiges Wohl betrifft, Aufschluß und Licht zu geben, sonst wäre sie ja nicht unsers Fußes Leuchte und ein Licht auf unserm Wege. Die Bibel sagt nicht, wie die meisten Biographen es tun, nur das Gute, sondern auch das Böse. Und dies ist nicht nur ein Zeugnis für ihre Wahrhaftigkeit, sondern auch ein großer Trost für uns. Denn wenn sie nur das Gute sagen würde, was bliebe uns anders übrig als Verzweiflung? Die Bibel ist ein Buch des Lebens fürs Leben, mit seinem Ideal, aber auch mit seiner Wirklichkeit, und kein Wort ist in ihr überflüssig.

Ich fragte einmal einen alten, treuen Christen: „Wie lesen Sie Ihre Bibel?“ „Mit der Erwartung, daß Gott mir jedesmal etwas zu sagen hat“, war seine Antwort.

Lies die Bibel nicht wie eine Schulaufgabe, auch nicht aus Pflicht, sondern mit der tiefen Ehrfurcht, dem innigen Verlangen und der bestimmten Erwartung, daß Gott mit mir redet.

Lies nicht nur die sogenannten „schönen“ Kapitel, sondern auch alles, was in der Bibel steht; denn gewöhnlich hören wir die Wahrheiten, welche uns am nötigsten sind, am unliebsten. Wer nur da und dort immer ein Kapitel liest, wird nie ein Bibelleser und darum auch kein Bibelchrist. Wenn du auch auf diese Weise hie und da an ein sogenanntes *„dunkles“* Kapitel kommst, du hast doch einen Segen, und wenn er nur darin bestehen sollte, daß du siehst, wie dunkel es noch in deinem Herzen sein muß, daß dir Gottes helles Wort so verschlossen ist; denn wir können doch niemals sagen, daß Gottes Wort dunkel sei.

Lies die Bibel nicht für andre; denn das ist Heuchelei. Lies sie aber, damit du auch andern sagen kannst, was in der Bibel steht. Trage große Sorge dafür, daß du mit Ruhe ein Wort Gottes in das Herz eines Unwissenden oder Widerspenstigen legen kannst. Niemals *streite* über Gottes Wort oder *wegen* Gottes Wort. Sobald ein Mensch anfängt zu streiten, schweige und bete.

Heilsgewißheit

Immer wieder ist in der letzten Zeit an uns die Frage herangetreten über die Gewißheit des Heils. Ein Jüngling schrieb: „Der Leiter der Erbauungsstunde bezeugte, daß es einer besonderen Bestätigung des Herrn bedürfe, wenn ein Mensch sich der Vergebung der Sünden erfreuen sollte. Mich hat dies, sobald ich es hörte, ernstlich beschäftigt. Aber eine klare Antwort habe ich noch nicht darüber." Wir wollen versuchen, eine solche zu geben.

Was ist Heilsgewißheit?
Es ist die persönliche Erfahrung unserer Annahme bei Gott; es ist die innere Gewißheit, die *in uns* lebt, nicht weil wir sie in Büchern gelesen, nicht weil sie uns Menschen zugesprochen haben, sondern weil wir sie *erfahren* haben. Heilsgewißheit ist ein Stück Leben, das erlebt sein muß, um es zu verstehen. Und warum so viele unserer Versammlungsleute keine Heilsgewißheit haben, kommt daher: *sie haben keinen Heilsbesitz.* Was uns glücklich macht, ist nicht unser Glaube, sondern der Besitz, welchen unser Glaube uns bringt. Und ist unser Glaube rechter Art, so bringt er uns als erste selige Frucht die Gewißheit des Heils.

Was ist nicht Heilsgewißheit?
Wenn ich *hoffe,* daß ich gerettet werde, wenn ich im *Glauben es festhalten muß,* daß ich *gerettet sei,* das ist nicht Heilsgewißheit. Ein Christ, der Heilsgewißheit hat, muß nicht hoffen, daß er gerettet werde, auch nicht im Glauben festhalten, daß er gerettet sei, sondern **weiß,** daß er gerettet **ist.** Freilich ist das ein Wissen durch den Glauben an das Opfer Christi; denn nur im Glauben an das ein für allemal geschehene Opfer des Leibes Jesu Christi können wir Gewißheit des Heils erlangen. Die Apostel, die in ihren Briefen von Heilsgewißheit sprechen, sagen nicht: *„Wir hoffen",* sondern sie sagen: *„Wir wissen."* Johannes sagt in seiner ersten Epistel in Zusammenhang mit dem Heil nicht weniger als sechsmal: „Wir wissen." „Wir wissen, daß wir aus dem Tode in das Leben hinübergegangen sind" (1.Joh. 3,14). Das ist Heilserfahrung und darum Heilsgewißheit.

Wie erlangt man Heilsgewißheit?

Paulus sagt den Ephesern: „Ihr seid versiegelt worden mit dem Heiligen Geist der Verheißung, da ihr glaubtet an das Evangelium" (Kap. 1,13). Er nennt diese Erfahrung eine *Versiegelung*. Was wird versiegelt? Ein Testament oder ein Kaufbrief. Wir können das Testament machen, aber versiegeln muß es ein anderer, einer, der die Macht dazu besitzt. Und diese Macht hat allein der Heilige Geist. Nur der Heilige Geist kann Heilsgewißheit geben. Wir können den Menschen nicht Heilsgewißheit geben; aber wir können als Mitarbeiter Gottes sie auf den Punkt zu bringen suchen, wo sie das Heil empfangen können. Und dieser Punkt ist immer:

Unbedingte Übergabe an Gott *auf allen Gebieten des Lebens.* Wo das geschehen ist, wird der Heilige Geist nicht mehr verziehen mit dem Zeugnis: Du bist gerettet; du bist Gottes Eigentum! Wo das nicht der Fall ist, sucht man vergeblich nach Heilsgewißheit und ermahnt vergeblich die erweckte Seele: *Glaube es doch und halte es fest!* Es fehlt das göttliche Siegel. Paulus sagt den Ephesern: *Ihr habt geglaubt an das Evangelium, und Gott hat versiegelt.* Wir wollen darum hier hauptsächlich

die Hindernisse

zeigen, welche der Erlangung der Heilsgewißheit im Wege stehen. Wir machen leider die traurige Erfahrung, daß viele von den Leuten, die auf unseren Versammlungsbänken sitzen und die alle mehr oder weniger für gläubig angesehen werden, nicht wirkliche Heilsgewißheit besitzen, Heilsgewißheit, wie sie in dem Wort dargestellt ist: „Der Geist ***selbst zeugt*** mit unserem Geiste, daß wir Kinder Gottes sind" (Röm. 8, 16). Wir finden bei unserer Arbeit an den Seelen *fünf Klassen,* denen die Heilsgewißheit fehlt.

1. ***Der religiöse Christ.*** Dieser glaubt in der Regel nicht an eine Bekehrung und darum auch nicht an eine Gewißheit des Heils. Er glaubt genug zu haben an seinen Religionsübungen, die er von Jugend auf treu geübt hat. Er ist nie erweckt und beunruhigt worden über seine Sünden, darum mußte er nie nach Gewißheit der Vergebung für dieselben suchen. Der religiöse Mensch ist wie der reiche Jüngling immer gut gewesen und hebt darum stolz sein Haupt empor und fragt mit jenem: „Was fehlt mir noch?" Und damit sagte er, daß ihm noch alles fehlt.

2. ***Der Kopfchrist.*** Er ist in seinem Verstand überzeugt von den Heilstatsachen, hat dieselben auch im Glauben angenommen; aber sie haben bei ihm keine Herzenserneuerung zustande gebracht. Seine Bekehrung – oder wie man es nennen will – brachte bei ihm keine Veränderung hervor, nicht einmal in seinen Gefühlen, was ja sonst so leicht ist. Er stimmt allem bei, bleibt aber dabei kalt, leer, gebunden. Er ist ein von Menschen *überredeter,* aber nicht vom Geiste Gottes bekehrter Mensch. Er hat kein Innenleben. Es ist keine Tür in ihm aufgetan für das Wort. Er nimmt die Wahrheiten in seinen Kopf auf und sucht das, was ihm gefällt, durch seine eigene Kraft auszuleben. Und weil ihn dieselbe oft im Stiche läßt, wird er bald müde und schläft ein, oder wird ein Streithahn, oder er verläßt diesen Weg wieder, sobald sein Prediger, durch den er angezogen wurde, an einen anderen Ort umzieht. Das Heil hat sein *Herz* nicht erreicht. Er ist gläubig geworden wie „Simon“ (Apg. 8,13-24), behält aber, wie jener, ein Herz voll Tücke, Bitterkeit und Ungerechtigkeit, und wenn er nicht Buße tut, so hat er, wie Petrus von jenem sagt: weder Teil noch Anrecht an dem Heil.

3. ***Der mißratene Christ.*** Ein solcher lernt überall und immer und kommt doch nicht zum Licht. Er bedarf immer der Unterweisung und Versicherung und wird doch niemals gewiß. Er macht heute einen hoffnungsvollen Anlauf, es ist ihm wie es scheint, diesmal ganz ernst; aber schon nach kurzer Zeit ist er wieder aus dieser Bahn hinausgedrängt. Er ist ein Mensch mit *geteiltem Herzen.* Es geht bei ihm alles nur eine Zeitlang, und er ist nie bis zum letzten Punkt gehorsam. Er ist wie jener Topf auf des Töpfers Scheibe, als er bereits fertig war, bekam er einen Riß und mißriet (Jer. 18). Und wenn er es seinem Gott nicht erlaubt, sein ganzes Christentum zusammenzuklappen, wie der Töpfer den mißratenen Topf zusammenklappt, um noch einmal von vorn anzufangen, so bleibt er ein mißratenes Gefäß. Daß ein solcher keine Heilsgewißheit hat, ist selbstverständlich. Denn wo kein Heil ist, kann auch keine Gewißheit noch Freude über das Heil sein.

4. ***Der erweckte Christ.*** Dieser schwebt in der Regel zwischen *hoffen und glauben und besitzen.* Wenn er aufrichtig ist, ergeht er sich in der Regel in vielen vergeblichen Anstrengungen: er will das Heil erarbeiten, und wenn er unaufrichtig ist, bewegt er sich in falschen

Hoffnungen. Er erhofft Dinge von Gott, die er selber tun sollte. Aber weder die einen noch die anderen finden das Heil oder die Gewißheit des Heils. Bekanntlich stehen dem erweckten Menschen viele Hindernisse im Wege, und dieselben werden immer größer, je länger er in der Erweckung steht. Auch aus diesem Grunde haben die plötzlichen Bekehrungen den Vorzug vor den allmählichen. Eine lange Erweckung ist oft nichts anderes als ein langer Ungehorsam gegen Gott. Man scheut sich vor einem aufrichtigen *Sündenbekenntnis.* Man will nicht bis in den innersten Nerv hinein sich scheiden von seinen Lieblingssünden. Man fürchtet um die Ehre von den Menschen. Man läßt sich von den Sorgen und weltlichen Lüsten das Herz zusammenschnüren. Auch Unwissenheit über den Heilsweg kann Grund zum Aufhalten sein. Dies ist aber heute in den seltensten Fällen das Hindernis, in den meisten Fällen ist es der Ungehorsam. Es ist irgend etwas, das die Seelen nicht aufgeben wollen, und das dem Heiligen Geiste im Wege steht, ihnen das Zeugnis und die Versiegelung zu geben, daß sie Kinder Gottes sind.

Das Heil kommt wie von selbst, wenn man ihm den Weg bahnt. Jesus sagt von Zachäus: „Heute ist das Heil zu diesem Hause gekommen!“ (Luk. 19,9) Warum? Zachäus bahnte dem Heil den Weg durch Bekenntnis seiner Sünden und durch Gutmachen seines Betruges.

Eine Dame suchte viele Jahre und, wie es schien, mit großem Ernst das Heil. Aber sie behielt mit Bewußtsein ein ungöttliches Bündnis aufrecht. Sie hatte die Vergebung der Sünden immer wieder im Glauben angenommen; aber die Vergebung blieb nicht bei ihr. Wir sagten ihr: Alle Ihre Anstrengungen, das Heil zu erfahren, sind vergeblich, solang Sie nicht bereit sind, dieses ungöttliche Bündnis aufzugeben. Sie tat es, obgleich mit schwerem Kampf, und siehe, Friede und frohe Gewißheit zogen in ihre Seele ein, wo sie sich entschloß, Gott auf allen Gebieten Gehorsam zu leisten.

5. ***Der bekehrte Christ.*** Diesem vornehmlich gelten diese Zeilen. Auch eine Anzahl von bekehrten Christen sind ihres Heils nicht völlig gewiß. Sie haben Heilsgewißheit, aber nicht *ununterbrochene.* Sie ist entweder noch nie vollkommen fest gewesen, oder sie ist durch irgend ein Vorkommnis wieder erschüttert worden. Von den verschiedenen Ursachen wollen wir hier einige anführen:

Erste Ursache kann sein, daß er stehen geblieben ist auf dem Heilsweg. Gewißheit, ans Ziel zu kommen, hat man nur, solange man auf dem Weg ist. Viele sind nicht mehr auf dem Weg des Heils, darum können sie auch nicht mehr die Gewißheit des Heils haben. Bunyan sagt in seiner Pilgerreise, daß der Christ sein Zeugnis verloren habe, als er in der Laube der Trägheit und Sattheit abgesessen und eingeschlafen sei. Wenn das Kind nicht mehr gehorcht, hören von selbst die Liebkosungen der Mutter und das Wohlgefallen des Vaters auf.

Zweite Ursache kann sein, daß er von irgend einer Leidenschaft nicht völlig losgelöst ist, und daß durch die hervorgerufenen Niederlagen ihm seine Heilserfahrung überhaupt immer wieder in Frage gestellt wird. Er erfährt nicht, was ein Bekehrter erfahren soll, und das hält ihn in fortgesetzter Ungewißheit. – Oder es kann auch sein, daß er durch einen dazwischen gekommenen Sündenfall die Gewißheit des Heils verloren hat. Denn nach Matthäus 18 kann man die Vergebung nicht nur verlieren, sondern sie kann einem sogar wieder genommen werden und zwar von Gott selber, wenn man unbarmherzig und unversöhnlich ist. Unversöhnlichkeit ist eines der größten Hindernisse, das Heil zu erlangen und ist der sicherste Weg, es wieder zu verlieren (Matthäus 6,15). – Es kann auch sein, daß irgend ein dunkler Punkt in seinem Leben ist, der beim Sündenbekenntnis mit Vorsatz übergangen worden ist, und der bis heute nicht ans Licht gebracht und gerichtet worden ist. In schweren Stunden setzt dann der Feind hier ein und stellt von diesem Punkte aus alles in Frage.

Dritte Ursache kann sein, daß er überhaupt noch nicht ein bankrotter Sünder geworden ist, noch nicht zusammengebrochen ist unter dem Kreuz und so untüchtig ist, die Gnade zu verstehen und zu erfassen. Er braucht das Kreuz wie den neuen Lappen auf das alte Kleid. Das Kreuz soll ersetzen, was er nicht fertig gebracht hat, es soll nachhelfen, wo er zu kurz gekommen ist. So vermischt er Eigenes und Göttliches miteinander und betrübt den Geist. Er ist nicht los von der Kainsart, der eine Opfergabe von den Früchten des Feldes brachte, d. h. seine eigenen Leistungen und Anstrengungen, und damit sagte, daß noch etwas Gutes an ihm sei, das Gott anerkennen müsse. Abel brachte als Opfergabe ein geschlachtetes Lamm und sagte damit, daß er sein Leben gänzlich verwirkt habe und nur noch leben könne, weil das Lamm sein Leben gab an seiner Statt. Er nahm den Platz eines bankrotten Sünders ein, und dieser erhielt den Gnadenanblick Gottes – Kain aber bekam keinen Gnadenanblick von Gott. (1.Mose 4,4) Außer dem Kreuze gibt es keine Gnade und kein Leben; alles ist Tod und Verwesung, es gilt nichts in den Augen Gottes. Nur solange wir auf das Kreuz blicken, ist in uns eine Tür offen für eine gesegnete Wirksamkeit des Geistes; nur wenn wir im Zusammenhang mit dem Kreuze die Heilsgewißheit suchen, werden wir sie erlangen. Denn nur die Heilstat Gottes ist der Grund unserer Heilsgewißheit.

Vierte Ursache kann sein, daß er überhaupt nichts weiteres sucht als Heilsgewißheit, daß er von dem Kreuz nichts weiteres will, als Bedeckung seiner Schuld. Aber das Kreuz will nicht allein unsere Schuld bedecken, sondern es will auch uns selbst bedecken. Das Kreuz will nicht nur unsere Sünden haben, sondern es will vor allem uns selbst haben als Mitgekreuzigte. Und gehen wir in Wahrheit in die Kreuzesgemeinschaft ein, dann ist uns auch Vergebung unserer Schuld etwas Selbstverständliches. Es gibt etwas viel Tieferes als Heilsgewißheit, das ist das Bewußtsein unserer Zusammengehörigkeit mit Christus von Ewigkeit her. Ist einer Seele einmal dafür der Blick geöffnet, daß sie von Ewigkeit her bestimmt ist für den Sohn, daß sie geschaffen worden ist für den *Sohn,* daß sie da ist für Ihn, dann ist ihr Vergebung der Sünden und ihre Rettung und Annahme so etwas Selbstverständliches, und sie denkt so wenig über diese Dinge nach, wie ein Kind darüber nachdenkt, wie es auch mag geboren worden sein. Sie schaut vorwärts und streckt sich aus nach dem, was vor ihr liegt und versteht, daß Heilsgewißheit etwas ist, was zu den Anfängen christlichen Lebens gehört.

Bemerkung

Es gibt auch ängstliche, angefochtene, gemüts- und nervenkranke Kinder Gottes, denen gelten diese Zeilen nicht, sondern vielmehr die Worte Nehemias: „Esset das Gute, trinket das Süße und bekümmert euch nicht, denn die Freude am Herrn ist eure Stärke" (Neh. 8,40).

Friede, ach Friede, ach göttlicher Friede,
Vom Vater durch Christum im Heiligen Geist,
Welcher der Frommen Herz, Sinn und Gemüte
In Christo zum ewigen Leben aufschleust!
Den sollen die gläubigen Seelen erlangen,
Die alles verleugnen und Jesu anhangen.

Wen Er berufet zum Friedensgenossen,
Von solchem begehrt Er auch liebende Treu',
Darum sollst du von dir alles verstoßen,
Was Jesus dir zeiget, was wider ihn sei.
Nimm auf dich das sanfte Joch Christi hienieden,
So findest du Ruhe und göttlichen Frieden.

Liebe und übe, was Jesus dich lehret,
Was Er dir saget, dasselbige tu;
Hasse und lasse, was Sein Wort verwehret,
So findest du Frieden und ewige Ruh'!
Ja selig, die also sich Jesus ergeben
Und gläubig und heilig nach Seinem Wort leben!

Aus dem Nachlaß von G. Steinberger

Brosamen von des Herrn Tisch

Jesus geht als der Erste voran, und als der Letzte deckt er uns, wie die Wolkensäule den wandernden Israeliten den Weg zeigte und die bedrohten Israeliten einschloß und gegen den Feind deckte. Sei ohne Furcht; die Not, die du siehst, das Feuer, das dich umgibt, ist nur eine Decke gegen die Anläufe des Feindes; es gilt nicht dir, es gilt ihm.

Der Weg zur Ruhe ist, daß man ruht. Wie macht's einer, der ruhen will? Er legt seine Last ab und ruht. Laß los, laß fallen, und du kommst zur Ruhe. Du sagst: Wenn ich nur loslassen könnte! Nun, was du nicht loslassen kannst, wenn du noch nicht die Gnade hast, so ertrage es. Jakobus sagt: „Selig ist der Mann, der die Anfechtung erduldet." Es gibt Dinge, die man tragen und erdulden muß, weil man noch nicht die Gnade hat, sie wegzulegen.

Der kleine Junge, der schreiben lernt und den Buchstaben immer eckig macht statt rund, muß seine Ungeschicklichkeit ertragen und erdulden, bis er die Fertigkeit hat, den Buchstaben nach Vorschrift zu machen. Erdulde, bis du die Fertigkeit hast. Auch dies ist eine Station auf dem Weg zur Ruhe. Von Dingen, von denen man sich nicht losreißen kann, muß man sich losleiden.

Du mußt das, was dein Herz bewegt, in deinen Geist nehmen, da wird es rein und ruhig; nimmst du es aber in deine Seele, so regt es dich auf. Das gehört auch zu dem Leben im Geist.

„Ohren hast Du mir bereitet" (Ps. 40,7). Für Gott, um Seine Stimme zu lieben und zu hören. Dein Ohr muß mehr nach innen gerichtet sein – nicht auf alles hören, was man hört.

Würdig genießt man das Abendmahl, wenn wir es in der gleichen Gesinnung nehmen, wie Christus es gegeben hat, d. h. in der Gesinnung, in der Christus Seinen Leib hat brechen und Sein Blut hat fließen lassen.

Wir fragen immer: „In was" ist er gefallen? Gott geht tiefer und fragt: „Wovon" bist du gefallen? Er sagt dem Engel der Gemeinde zu Ephesus: „Bedenke, *wovon* du gefallen bist!"

Abraham fand nicht den verheißenen Samen in Ismael, sondern nur seine eigenen Anstrengungen.

Es braucht viel Gnade und Wahrheit, bis ein Mensch wirklich mit dem Kreuz ausgesöhnt ist und verstanden hat, was das Kreuz will: uns beiseitesetzen.

Das Kreuz Jesu Christi ist das Hinrichtungsmittel des alten Menschen, und in der Auferstehung Jesu Christi liegen die Wurzeln für die Geburt des neuen Menschen, wie Petrus sagt: „Wiedergeboren durch die Auferstehung Jesu Christi von den Toten."

In Johannes 3,16 ist die Liebe Gottes zur Rettung beschrieben; in Römer 5,5 ist die Liebe Gottes zur Verbindung beschrieben. Diese letztere ist eine viel tiefere.

Er hat Seine Liebe in unser Herz gegeben, wie ein Bräutigam seine Liebe in das Herz seiner Braut gibt.

Du fragst, warum es trotz aller Gerichte bei dir nicht zum Siege komme. Einfach, weil noch keine Durchrichtung stattgefunden, und so bleiben die Gerichte immer wieder stecken und kommen nicht bis zu dem Punkt, den sie treffen wollen, und darum kommt es trotz der Gerichte nicht zum Sieg.

Der Glaube ist der Tod des Eigenlebens. Sobald ein Mensch zum Glauben kommt und bekennt: „Ich glaube!" sagt er damit, daß er von diesem Moment an Stellung nimmt gegen sich selbst. So haben es die Alten gehalten und verstanden. Darum sagt David: Ich glaube, darum rede ich – ich werde aber sehr geplagt! Es beginnt ein Todesringen, nicht nur mit dem Eigenen in uns, sondern auch mit dem Eigenen um uns.

Gott glauben ist die größte Demut. Im Glauben kommt die größte Energie zum Ausdruck; da kann sich allein die Energie betätigen.

Was stand hinter dem Glauben Josephs? „Wie sollte ich ein so großes Übel tun und wider Gott sündigen!" Steht das auch hinter deinem Glauben; kannst du aus Liebe zu Gott nicht mehr sündigen?

Gott sprach in der Schöpfungsgeschichte: Es werde – und es ward! Bis Er zum Menschen kam; da hörte Gott auf zu sprechen. Wir lesen dann: Gott nahm, Gott bildete, Gott blies. Nicht durch Sprechen, nicht durch Hören wirst du gebildet, nein, du mußt in Gottes Hand kommen.

Alles, was das Blut ausgelöst hat, will der Geist binden an Jesus; so erlangen und behalten wir die rechte Freiheit.

Solange wir der Kreatur gefallen und anziehend sein wollen, haben wir nichts verstanden von der deckenden Macht des Blutes, haben wir noch nicht geglaubt, daß wir ein Abgrund sind voller Sündengift, daß alles Fleisch in Seinen Augen wie Heu, ein Feuerbrand ist; sonst wollten wir andre nicht mit unserm Gift töten und mit unserm Gestank verpesten. Wer unter der Deckung des Blutes steht und lebt, der ist froh, wenn er still seinen Weg gehen darf. Der sucht nicht Eingang bei Menschen; der sucht nicht ihr Lob, sondern er sucht nur das Wohlgefallen seines Gottes; der ist ängstlich darauf bedacht, daß die Menschen es spüren, daß er unter dem Zeichen des Blutes steht; der ist für seinen Gott da.

Suche keinen Sieg über den Teufel, solange du dich nicht unbegrenzt deinem Gott ausgeliefert hast. Es sind nur Luftstreiche, die du machst.

Auf jede besondere Tat Gottes sucht der Feind eine Antwort. Während Gott oben auf dem Berge Mose die Wohnung zeigt, in der Er unter Seinem Volke wohnen will, treibt der Feind unten das Volk zur Abgötterei und setzt ein goldenes Kalb in ihre Mitte (2.Mose 32).

Das Friedensopfer wurde auf dem Brandopferaltar geopfert. Das will sagen, daß die Bedingung unsres Friedens auf unsrer Seite ist und auf der beständigen Hingabe an Gott beruht.

David sagt: „Siehe, Herr, Deine Feinde müssen umkommen." Seine Feinde waren für ihn Gottes Feinde. Der Neid, der in deiner Brust wohnt, ist ein Feind Jesu, der die Liebe ist. Dein Hochmut, der dir in den Kopf gestiegen, ist ein Feind Jesu. Du darfst zu Ihm kommen und sagen: „Herr, siehe, Deine Feinde müssen umkommen!"

Der Glaube ist ein „Darunterstellen". Er stellte sich nicht nur unter das Gericht, sondern auch unter die Lösung, unter den Sieg, unter das Wort, unter den Geist, und erfuhr so nicht nur Verdammnis, sondern nach der Verdammnis auch Befreiung.

Wie wir getragen haben das Bild des Irdischen, d.h. das Bild unsres Vaters und unsrer Mutter, unser Naturbild, und wie wir unser Wesen und unsre eigene Art offenbar gemacht und in der Welt herumgetragen haben, so laßt uns nun tragen das Bild Christi. Da haben wir alle einen heiligen Dienst und brauchen nicht erst Missionar oder Diakonisse zu werden, um dem Herrn dienen zu können. Da hat jeder auf seinem Plätzlein einen heiligen Dienst, einen Dienst Tag und Nacht für den Herrn.

Die Echtheit Jesu, d.h. daß Er der Sohn Gottes war, erkannten die Jünger an dem Bild des Vaters, das Er vermittelte. Die Echtheit unsres Christseins wird erkannt an dem Bild des Christus, das wir sichtbar machen.

Hesekiel 8. Sie sprechen: „Jahwe hat das Land verlassen!“ Kein Wunder! Sie stehen vor den Gräueln und räuchern denselben. Sie vertrieben mit diesem abscheulichen Götzendienst die Gegenwart des Herrn. Du sagst: „Gott ist ferne von mir; es ist alles tot in mir; ich habe keine Gebetsfreudigkeit.“ Kein Wunder! Du verbrauchst die Kräfte deines Geistes und die Empfindungen deines Gemüts mit deinem abscheulichen Bilderdienst in Geist und Gemüt. Du brauchst die heiligen und reinen Kräfte auf im Dienst der Sünde.

Unglaube und Schrecken, Unglaube und Finsternis, Unglaube und Anfechtungen gehen immer Hand in Hand.

Es scheint, daß der Geist heute Sein Trösteramt am wenigsten ausrichten kann, obwohl Tausende auf den Trost des Heiligen Geistes warten. Warum? Laß es mich durch einige Beispiele zeigen. Wie kann eine Mutter ihren Sohn trösten, wenn er, statt zu arbeiten, spazieren geht? Wie kann eine Mutter ihren Sohn trösten, wenn er sein verdientes Geld auf die Sparbank bringt, statt es für die kleineren Geschwister zu geben? Wie kann eine Mutter ihren Sohn trösten, der ihr nicht gehorcht und durch Ungehorsam in Not und Elend gerät? – Ist nicht der Geist wie eine Mutter? Stehen nicht viele Kinder Gottes so zum Geiste wie der geschilderte Sohn zu seiner Mutter? Die Apostel und ersten Christen hatten deswegen so reichen Trost des Heiligen Geistes, weil sie nicht nur vieles, sondern alles wagten für Jesus und Sein Evangelium.

Der Kampf, den wir heute zu führen haben, ist der Kampf in uns durch den Geist, im Gegensatz zu dem Kampf Gottes für uns am Kreuz. Die Stellung, die wir in diesem Kampf einzunehmen haben, ist nichts anderes, als in jeder Versuchung auf die Seite Gottes zu treten, Partei zu nehmen für Gott, der in uns kämpft durch den Geist.

Stille sein und auf Gott harren, kann eine Zeitlang unser Beruf sein. Der Beruf von Maria in ihrem Hause war stille sein, und so wurde sie ein Segen.

Der größte Irrtum wurde nicht, wie du meinst, im Paradies begangen, sondern am Kreuz, wo die Menschen Christus verwarfen. Auch heute noch wird da der größte Irrtum begangen.

Achan vergriff sich an dem Verbannten und brachte so den Zorn Gottes über Israel, und Gott sprach: „Ich werde nicht mit euch sein, und ihr werdet nicht stehen können vor euren Feinden, wenn ihr den Bann nicht aus eurer Mitte tut“ (Jos. 7). Heute bringen sich die Menschen in besonderer Weise unter den Bann durch Zauberei und Unzuchtssünden: diese zwei Sünden nehmen gegenwärtig furchtbar überhand und sind auch in unsern Gemeinden noch nicht ausgerottet.

Sprich nicht so viel von deinem Sterbensweg, sonst wird er dir ein Verderbensweg. Du wirst statt ein Gebeugter ein stolzer Heiliger, und von denen sagt Gott: „Ich will die stolzen Heiligen von dir tun.“

„Die Unruhe ist das Leben des eigenen Willens.“
„Die Demut ist der Majestät Speise und Stärke.“
„Demut wird nur in der Verbindung mit Jesus geboren.“
„In der Demut und Niedrigkeit liegt die größte Kraft und Tugend samt den Wundern.“

„Was macht einen Pharisäer aus? Das ‚Ich‘ im Gottesdienst.“

Fußstapfen Jesu für solche, die Seinen Spuren folgen wollen

Matthäus 8,17. Herr, Du hast Dich nicht gestoßen an den Schwachheiten anderer, sondern hast dieselben getragen, hast Dich auch nicht gefreut über die Schwachheiten anderer, sondern sahst sie voll Mitleid an, wurdest auch nicht ungeduldig über die Schwachheiten anderer, sondern hast ausgeharrt in Liebe bis ans Ende. O wie oft habe ich, der ich selber so schwach bin, die Schwachheiten anderer gerichtet, Nutzen aus denselben gezogen für meinen Hochmut, bin nur gern unter den Kleinen und Geringen gewesen, nicht um mit ihnen klein zu sein, sondern um unter ihnen der Größte sein zu können. Du hast die Schwachheiten anderer gesucht, um sie zu tragen, um Erlösung zu schaffen. Wo sind Deine Nachfolger darin? Was suchen heute Deine Diener bei den Menschen?

Matthäus 8,20. Du warst arm, um andere reich zu machen. Du lebtest arm und gabest reich. – In der Armut will ich Dir und Deinen Aposteln ähnlich sein; ich will nichts besitzen auf Erden. Aber nicht nur äußerlich – vor allem innerlich arm, geistlich arm, daß ich nicht habe in mir, wo ich mein Haupt hinlege; auf nichts ausruhe, was von mir ist, sondern allein ruhe auf dem, was Du mir gegeben hast durch Deinen Tod und durch Dein Auferstehen. Laß mich von heute an nichts Gutes und Rühmliches mehr von mir erzählen; denn das sagt ja, daß ich reich sei, und ich möchte doch arm sein.

„Ich bin nicht gekommen, Gerechte zu rufen, sondern Sünder!" Matthäus 9,13. Sünder sind verkehrte, verirrte, verstrickte, Mühe machende, Geduld und Opfer verlangende Menschen – und solche suchte Er, Er nahm sich ihrer nicht nur an. Denn diese bedurften am meisten Seines Dienstes und Seiner Liebe. Sie waren wohl Ihm, dem Sündlosen und Vollkommenen, die unsympathischsten Menschen, und so war Sein Dienst an ihnen eine fortwährende Überwindung in Liebe, wie ja jedes Wort, das Er sprach, jeder Blick, jedes Tun Überwindung forderte, weil Sein heiliges Gemüt fortwährend von dem Niedrigen um Ihn her belästigt wurde; aber die Liebe war stärker als dies alles und machte Ihm diesen Dienst zur Speise.

Matthäus 10,25. Wenn sie Ihn als Verworfenen behandelt und von Ihm gesagt haben: Er ist nicht wert, daß Er lebe; wenn sie Ihn als einen Verführer gestempelt, wenn sie Ihn als einen von Sinnen Gekommenen behandeln wollten – was werden sie dir tun? Was kannst du erwarten? Und wer hat Ihn verworfen? Nicht der Pöbel, nein, sondern die Väter, die Ältesten des Volks; die, welche die Gerechtigkeit, die Wahrheit und die Heiligkeit vertraten, die fanden an Ihm, dem Gerechten, Wahrhaften und Heiligen, nicht, was gerecht, was wahr und was heilig ist. Empfinde, wie wehtuend das für Jesus gewesen sein muß, von den Ältesten verworfen zu werden!

Matthäus 10,34. Herr, Du bringst das Schwert in mich hinein bis zur Zerteilung der Seele und des Geistes. Das tut dem Fleisch weh, wenn Seele und Geist geschieden werden; denn das Fleisch will sich immer schmücken mit dem Seelischen. Darum sagt Jeremia 48: „Verflucht..." Dein Schwert ist bestimmt für den alten Menschen, für das eigene Leben.

Der Priester Aaron durfte sich nicht selbst kleiden und auch nicht kleiden, wie er wollte oder wie es Mode war, sondern er wurde gekleidet, d. h. ausgerüstet von Mose, wie Gott es befohlen hatte (3. Mose 8,1-10). Gehe immer in der Rüstung, in der Gott dich haben will, und richte die Botschaft aus, die Gott dir aufgetragen hat.

Matthäus 10,38. Wer nicht sein Kreuz aufnimmt und Mir nachfolgt, ist Meiner nicht wert. Der Herr erkennt Seine Jünger an ihrem Kreuz. Wer nicht sein Kreuz getragen, kann nicht an die Seite des Lammes treten. Nur in Verbindung mit dem Kreuz verliert man das eigene Leben, auf dem der Fluch liegt, und findet das neue Leben, in dem Jesus Mittelpunkt, Quell und Ziel ist.

Herr, verbinde mich tief in Deinen Weg hinein. Da ist Ruhe, weil man nichts mehr zu fürchten hat für sich und nichts mehr suchen muß für sich. In diesen zwei Dingen: Im Suchen für sich und im Fürchten für sich ist die Quelle vieler Unruhen, und da liegen die meisten Fallstricke des Feindes.

Matthäus 11,7. Als neugeborene Kindlein müssen wir auch reden lernen von Ihm und besonders recht reden lernen über andre. Jesus sagt von Johannes: „Er ist mehr!" Wir sagen gern: „Er ist weniger!"

Matthäus 12,15. Es gab Zeiten, in denen unser Herr entwich, und Zeiten, in denen Er stehen blieb und sagte: „Ich bin's! oder: „Da habt ihr Mich!"

Matthäus 12,19. Er machte kein Geschrei von sich und von Seinem Tun – aber dennoch lesen wir in den Psalmen: „Ich will Mir Meinen Mund nicht stopfen lassen", wo es galt, die Gerechtigkeit

Gottes zu verkündigen. „Stille“ ist immer das Kennzeichen eines Geistesmenschen. *Er stritt nicht für sich.* Er hätte vor Pilatus und den Obersten des Volkes Beweise liefern können, daß Er Gottes Sohn ist; aber Er tat es nicht. Sein Weg war der zum Kreuz, und diesen Weg ging Er, ganz unverstanden zu jener Zeit – selbst von den Nächsten.

Matthäus 12,20. Barmherzigkeit ist ein anderes Kennzeichen eines Geistesmenschen. Es gibt Seelen, die muß man tragen, wie man ein offenes Licht trägt, umhüllt mit der Hand, um es vor dem Ausgehen zu schützen.

Matthäus 12,50. „Meine Speise ist die, daß Ich tue den Willen des, der Mich gesandt.“ Sein Wille und Seine Liebe muß zuletzt ein und dasselbe für uns sein. Kinder Gottes sind erlöst, den Willen des Vaters allezeit zu tun.

Nicht nur deine Worte, auch dein Tun und Lassen, dein Benehmen, deine Kleidung, deine Ansprüche, deine Wohnung, alles ist ein Same. Nur wenige Menschen sind selbständig; die meisten leben von den Eindrücken, die sie von anderen empfangen, leben das Leben anderer weiter. Das Vermächtnis, das Jesus Seinen Jüngern hinterließ, war ein Beispiel, von dem Er wünschen konnte, daß es von ihnen Nachahmung finden sollte. – Die Herzen der Kinder sind unbeschriebene Tafeln, da sollst du Linien ziehen, die dort auslaufen vor dem Thron: Die Kinder lernen mit den Augen.

Matthäus 15,36: Er wollte nicht selber alles tun und meinte nicht, was Er nicht getan habe, sei überhaupt nicht recht getan. Die Liebe denkt nicht nur nichts Arges von dem Nächsten, sondern sie denkt größer von ihm als von sich. Er war so demütig, daß er sagen konnte: „Ihr werdet Größeres tun, als Ich getan habe; denn Ich gehe zum Vater.“ Das heißt für uns, daß wir auf unser Gebet für andere erwarten sollen, daß sie Größeres erfahren und tun als wir. Sind wir so selbstlos in unsern Gebeten? So war er! – Gebrochenes und gesegnetes Brot gab Er Seinen Jüngern zum Austeilen. Können wir es ertragen, daß andere das Gute von uns so austeilen, als ob es aus ihrer Hand käme, und daß es die Menschen wie aus ihrer Hand gekommen annehmen?

Matthäus 16,1. Jesus diente dem Vater. Einen anderen Dienst kannte Er nicht. Er ließ sich nicht einnehmen von einem vornehmen Publikum. Er beugte sich nicht vor dem Lehrsystem der Pharisäer und erschrak nicht vor der Wissenschaft der Sadduzäer. Beides nennt Er Sauerteig, vor dem Seine Jünger sich hüten sollen.

Matthäus 16,23. Da war Jesus nicht in erster Linie hart gegen Petrus, sondern gegen sich selbst; weil er nicht erlaubte, daß Petrus in unrichtiger Weise Partei für Ihn ergreifen solle. Alle, die unser Eigenleben stützen, sollten uns sein wie Satan.

Matthäus 18,11. Das, was verloren ist in unsern Brüdern und Schwestern, verloren für Gott, sollen wir mit Ihm dem Vater zurückbringen, bis die verlorene Welt als eine errettete dem Vater zu Füßen gelegt ist. Das Erbe, das Jesus Seinen Jüngern gelassen hat, war die verlorene Welt. Und der Knecht, der sein Pfund vergraben hat, statt es auf Zins anzulegen, ist einer, der mit diesem zurückgelassenen Erbe nicht gewuchert hat, der sich nicht gekümmert hat um das Verlorene um ihn her. 3. Mose 25 lesen wir, daß in Israel ein Bruder für den andern ein Löser sein mußte.

Matthäus 19,14. Jesus hatte Zeit, Liebe, Hochachtung für das Kleine. Er war der Kleinste unter den Kleinen.

Matthäus 20,23. Jesus konnte auch sagen: „Das habe Ich nicht, das kann Ich nicht, das steht nicht in Meiner Macht.“

Matthäus 27,39-40. Es ist fast keine Bosheit, die nicht an Ihm sich rächen wollte. Warum? Weil Er ihr nicht gedient hat: darum ihr Zorn. Die Sünde will geliebt und getan sein. Wer sie nicht tut, den haßt sie wie den größten Übeltäter.

Matthäus 27,62-64. Auch den toten Leib Jesu und das Grab hassen und fürchten sie noch. Haß und Furcht gehen immer nebeneinander her und über das Grab hinaus.

Das Lamm essen! (2.Mose 12)

Gott gebot den Israeliten, das Lamm, dessen Blut ihre Rettung war, in ihrer Hütte zu essen. Durch das Blut des Lammes wollte Gott die Israeliten schützen vor dem Würgeengel, wollte selbst mit ihnen in Gemeinschaft treten, sie annehmen und versiegeln als Sein Volk. Aber durch das Essen des Lammes sollten sie stark werden für den bevorstehenden Auszug.

Es ist nicht genug, die Kraft des Blutes des Lammes zu erfahren. Wir müssen auch das Lamm essen, d. h. Jesus genießen. Was heißt das, das Lamm essen?

Das Lamm essen heißt vor allem, in die

innigste Lebensgemeinschaft mit Jesus

eintreten, wie es in Johannes 15 und Römer 8 beschrieben ist. Es heißt, alles, was Er uns gebracht hat, in Wahrheit genießen. Wir essen das Lamm, wenn wir über Seinen Tod nachdenken, wie Er verwundet, blutend, sterbend am Fluchholz hing und Sünde, Schuld und Strafe trug an unsrer Statt. Hat sich da nicht immer eine wunderbare Ruhe, ein tiefer Friede und eine brennende Liebe in unser Herz gesenkt?

Wir essen das Lamm, wenn wir darüber nachdenken, daß Er ein Mensch war, der in allen Dingen versucht war gleichwie wir, ein Mensch, der jeden Kummer der Seele und jeden Schmerz des Leibes kennt und mit uns fühlt.

Wir essen das Lamm, wenn wir darüber nachsinnen, wie Er schon von Grundlegung der Welt an sich darauf eingestellt hat, für uns alle Verantwortung zu übernehmen, und wenn es mit uns aufs Äußerste kommen sollte und Er das Äußerste für uns tun müßte, Sein eigenes Leben einzusetzen.

War das nicht Genuß, der unsere zagende Seele mit Freude und Anbetung erfüllt? Oder wenn wir im Licht des Wortes unsere Zusammengehörigkeit mit dem Lamm erkennen durften, bestimmt von Ewigkeit her für Ihn, um für alle Ewigkeit an Seiner Seite zu stehen, war das unserm Mund nicht süßer als Honig und Honigseim? Und wenn unser Herz vorauseilt, dem kommenden Bräutigam entgegen, heißt das nicht das Lamm essen?

Das Lamm essen heißt aber auch,

in tiefere Todesgemeinschaft mit Ihm eingehen,

wie dies in Johannes 6, Römer 6 und Philipper 3 beschrieben ist. „Leben in sich selbst“ hat nach dem Zeugnis Jesu nur der, der Sein Fleisch ißt und Sein Blut trinkt. Was heißt das anderes, als Todesgemeinschaft mit Ihm zu haben! Johannes 6 ist wohl nirgends besser illustriert und verständlich gemacht als gerade in 2.Mose 12. Wir wollen noch darauf achten, wie das Lamm gegessen werden sollte.

Gebraten am Feuer!

Darin liegt für uns eine doppelte Wahrheit.

Erstens stellt das am Feuer gebratene Lamm den stellvertretenden Christus dar, wie Er an unsrer Statt den Zorn Gottes trug, das Feuer des Gerichts erduldete, wie Er leidend an unsrer Statt unsere Sünde, unsere Strafe trug. Es muß unserer Seele tief eingeprägt bleiben, daß Er für uns litt – der Gerechte für den Ungerechten, um uns zu Gott zu bringen.

Zweitens bedeutet das am Feuer gebratene Lamm auch, wie Christus versucht worden ist allenthalben, wie Er geprüft und geläutert worden ist, aber in allem vollkommen erfunden worden ist. „Er hat in den Tagen Seines irdischen Lebens Bitten und Flehen mit lautem Schreien und mit Tränen geopfert“ (Hebr. 5,7). Sein Inneres und Sein Äußeres, Seine Gesinnung und Sein Wandel, beides mußte durch die Läuterung gehen.

Denken wir nur an die Versuchungsgeschichte und an Seine Stellung in Seiner Familie, unter Seinen Jüngern und unter dem Volk. Und so wurde Er unser Licht, unser Heil und unsres Lebens Kraft. Weiter lesen wir, sie sollten das Lamm essen

mit ungesäuertem Brot!

Im Alten wie im Neuen Testament stellt der Sauerteig das Böse dar. Paulus sagt den Korinthern: „Denn auch wir haben ein Passahlamm, das ist Christus, der geopfert ist. Darum laßt uns das Fest feiern nicht im *alten* Sauerteig, auch nicht im Sauerteig der Bosheit und Schlechtigkeit, sondern im ungesäuerten Teig der Lauterkeit und Wahrheit“ (1.Kor. 5,7.8). Wir können nicht das Lamm „essen“, wenn wir noch in unserm *alten* Wesen gefangen liegen.

Der natürliche Mensch hat nicht nur keinen Sinn für das Lamm, sondern er stößt sich an der Lammesgestalt, an dem Lammessinn und an dem Lammesweg. Wir können auch nicht das Lamm essen, wenn wir in Bosheit und Schlechtigkeit und Bitterkeit unsern Brüdern gegenüberstehen. *Unrichtige Stellung zu den Brüdern ist gleichbedeutend mit unrichtiger Stellung zu Christus, dessen Glieder sie sind.* Wir können niemals diese innige Vereinigung mit Christus finden, wenn wir in Uneinigkeit mit einem Seiner Glieder sind.

Der Israelit sollte nicht nur mit ungesäuertem Brot das Lamm essen, sondern mußte allen Sauerteig aus seiner Grenze schaffen. Ist aller Sauerteig aus deiner Grenze?

Wir können auch nicht das *Lamm* essen, wenn wir Dinge in unserm Gedanken-, Gefühls- und Geistesleben dulden, die mit der Heiligkeit Seiner Gegenwart in Widerspruch stehen. Gott kann das Böse niemals dulden. Ein einziger unreiner, ungöttlicher Gedanke unterbricht schon die Gemeinschaft der Seele mit ihrem Gott. Wenn wir uns nicht sogleich bücken und diesen Sauerteig wegschaffen, kann die Gemeinschaft unmöglich wieder hergestellt werden. Viele können sich darum auch nicht des Blutes des Lammes erfreuen, weil sie den Sauerteig nicht aus ihrem Hause entfernen. Wie kann ich an die Versöhnung in Christus glauben, wenn ich selbst unversöhnlich bin?

Ich kannte einen Mann, der neun Jahre nicht an die Versöhnung in Christus glauben und keinen Frieden finden konnte, obwohl viele Jahre in seinem Hause Versammlungen waren. Was war der Grund? Er lebte unversöhnlich! Es ist unmöglich, sich der Errettung durch das Blut des Lammes und der Gemeinschaft mit Christus zu erfreuen, solange wir in Gedanken, Worten oder Werken im Bösen beharren. Bei vielen ist das Blut an die Türpfosten gestrichen, d. h. sie haben sich unter den Schutz des Blutes gestellt, aber der Sauerteig in ihren Häusern läßt sie nicht zur Gewißheit, zum Frieden und zum Genuß kommen. Darum schaffe den Sauerteig aus deiner Grenze!

Ein weiterer Punkt ist der, sie sollten das Lamm *essen*

mit bitteren Kräutern!

Das mag einen doppelten Sinn haben. *Erstens:* Wir können nicht an Seinen Tod denken, ohne daran erinnert zu werden, was diesen Tod notwendig machte, nämlich unsere Sünden.

Bei dem Betrachten Seiner Leiden steigt doch immer wieder die ernste Frage auf: Wie groß müssen meine Sünden sein, wenn Sie den Tod des Sohnes Gottes notwendig machten, dazu noch einen *solchen Tod,* wie Er ihn starb! Sich sagen müssen:

Ich, ich und meine Sünden,
die sich wie Körnlein finden
des Sandes an dem Meer,
die haben dir erreget
das Elend, das dich schläget,
und das betrübte Marterheer!

das sind bittere Kräuter, aber sie sind gut. Sie vergällen die Sündenliebe.

Zweitens bedeuten auch die bitteren Kräuter das „Mitgekreuzigtsein." Wir sind mit Christus gekreuzigt. Dieses schließt vieles ein, was „bitter" für die Natur ist. Die Verbindung mit dem Lamm, der Gehorsam gegen Ihn und der Weg Ihm nach wird dir allerlei Bitteres bringen. Doch sind nicht die bitteren Kräuter die Hauptsache, sondern das Lamm; sie sind nur eine Beigabe und nur für unsere Natur bitter. Für sie sind sie eigentlich bestimmt, damit sie daran sterbe. Predige das Lamm, und es wird dir allerlei Bitterkeit entgegengebracht werden. Folge dem Lamm, und du mußt dich auf allerlei Bitteres gefaßt machen.

Du hast bis jetzt vielleicht ein sehr schönes Familienleben gehabt, aber bekehre dich heute, und schon morgen wird man dich in deiner Familie wie einen Fremden behandeln.

Die bitteren Kräuter sind es, warum heute so viele das Lamm verschmähen. Sie möchten gern das Lamm essen, sich Seines Todes freuen, mit Seinem Blut sich schützen, Seines Verdienstes sich trösten; aber die bitteren Kräuter fürchten sie, und doch kann man es ohne diese nicht haben.

Den Israeliten wurde gesagt,

sie sollten das Lamm ganz essen!

Nichts sollte davon übrigbleiben bis zum Auszug. Der Weg dem Lamme nach ist ein Auszug aus unserm bisherigen Wesen und Leben, ein Ausziehen aus dem, was uns bisher Lust und Gewinn, Genuß und Freude war.

Nur wer das Lamm gegessen hat, kann dem Lamm folgen. Wer geschmeckt hat die Kräfte der zukünftigen Herrlichkeit, kann diese Welt mit ihrer Herrlichkeit drangeben. Wer den Schönsten unter den Menschenkindern gesehen hat, kann die Schönheit und das Bezaubernde dieser Welt vergessen. Aber nicht alle sehen Schönheit in Seiner Gestalt; nur solche wie Johannes vermögen in der Niedrigkeit Herrlichkeit zu sehen. Sie suchen Herrlichkeiten und Seligkeiten nicht, wie der fleischliche Sinn sich diese vorstellt, sondern Seinem Sinn und Seinem Wesen gemäß.

Wir stehen vor einem Auszug in dem Sinne, daß wir dem kommenden Heiland entgegengehen. Wer kann Ihm entgegenkommen?

Wer das Lamm gegessen hat, wer es *ganz* gegessen hat und so ganz in des Lammes Bild umgestaltet worden ist.

Was heißt das, das Lamm ganz essen?

Doch gewiß nichts andres, als den ganzen Christus, wie Er uns von Gott gegeben ist zur Weisheit, zur Gerechtigkeit, zur Heiligung und zur Erlösung, ganz angenommen zu haben und auch Ihm ganz *gehorsam, hingegeben* und *ausgeliefert* zu sein!

Die Schrift braucht fünf Ausdrücke für unsre Zusammengehörigkeit mit Christus. In jedem Ausdruck liegt eine weitere und tiefere Wahrheit, die stufenmäßig im praktischen Leben erfahren werden muß.

Christus ist nicht nur *für uns* gekreuzigt, sondern wir sind auch *mit Ihm* gekreuzigt. Die Schrift spricht nicht nur von dem, was wir haben *in* Christus, sondern sagt uns auch von dem, was Christus *uns* sein will; sie sagt nicht nur, daß Er für uns war, sondern sagt auch, daß „wir für Ihn" sein sollen.

Was das heißt, das Lamm ganz essen, kann uns allein der Heilige Geist aufschließen, das lernen wir allein zu Jesu Füßen und in der Nachfolge, wie Jesus den Juden gesagt hat: „So jemand will des Willen tun, der wird inne werden ..." *Der Weg zum Verstehen ist das Tun.*

Was das heißt, das Lamm essen, hätte man dem Apostel Paulus, den Märtyrern und überhaupt den ersten Christen nicht erklären müssen. Sie haben es verstanden, was es heißt:

Das Lamm ganz essen!

Aber auch wir lernen und verstehen es, wenn wir Ihm folgen. Den Israeliten wurde noch geboten, sie sollen

das Lamm mit Eile essen

oder wie die Lutherbibel sagt: „als die hinwegeilen." Wer hält das Reich Gottes auf? Wer hält das Kommen Jesu auf? Nicht die unbekehrte Welt um uns her, auch nicht die unbekehrten Heidenvölker, sondern Gottes Volk, das versäumt hat, das Lamm zu essen, es ganz zu essen. Der Herr wartet nicht unbedingt auf die Bekehrung aller Völker. Das ist Sache des Tausendjährigen Reiches, dort werden die Völker bekehrt. Der Herr wartet auf Sein Volk, das Er sich erkauft hat aus den Völkern, damit sie als Könige und Priester vor Seinem Vater stehen sollten, stehen an Seiner Seite – ein Geschlecht, mit dem Er neu anfangen kann auf der Erde, wenn der Anbruch Seines Reiches gekommen ist.

Wir leben jetzt noch in „der Haushaltung des Heiligen Geistes." Aber nicht mehr lange, dann bricht das „Reich des Sohnes" oder „das Tausendjährige Reich" an. Doch auch dieses ist nicht das vollkommene, sondern nur eine Anbahnung für das „Reich des Vaters", für das uns Jesus im „Vaterunser" beten gelehrt hat – das ist das ewig bleibende und vollkommene, weil es das „Vaterhaus" ist.

Gott gibt nicht auf, sondern fängt immer wieder neu an, wie wir es in der Geschichte des einzelnen und in der Geschichte Seines Reiches auf Erden vielfach sehen.

Jesus begann mit zwölf Männern, und diese zwölf Männer brauchte der Heilige Geist, für den Namen und für das Reich des Sohnes ein Volk zuzurichten, das Ihn kennt, versteht und Ihm folgt. Mit diesem Volk wird der Herr im Tausendjährigen Reich die Völker gewinnen für das „Reich des Vaters."

Zum Schluß ist noch gesagt:

In welcher Kleidung sie essen sollten!

Also sollt ihr es essen: Eure Lenden gegürtet, eure Schuhe an euren Füßen und euren Stab in eurer Hand. Soll das nicht heißen, daß man uns auch in unserm Äußern als ein abgesondertes, wartendes Volk erkennen soll? Als ein Volk, das in seiner gegenwärtigen Stellung mit seiner zukünftigen Bestimmung im Einklang steht? Als ein

Volk, das bereit ist, Ihm entgegenzueilen? Als ein Volk, das ergriffen ist von dem, was es noch nicht ergriffen hat, wie Paulus in Philipper 3 sagt? Sollte man uns nicht kennen als ein Volk, das erlöst ist von dem, was andern ihr Leben ist, abgesondert für den Dienst Gottes, pilgernd einer bessern Heimat zu, wartend auf die Zukunft des Menschensohnes? Nichts würde die Welt von der Echtheit des Christentums so überzeugen, als ein solches Leben!

Das Lamm in der Mitte des Thrones - drei Blicke (Offb. 5)

In der Elberfelder Bibel ist dieses Kapitel in drei Abschnitte eingeteilt, und am Anfang eines jeden Abschnittes steht das Sätzlein: *„Und ich sah!"* Johannes beginnt:

„Und ich sah in der rechten Hand dessen, der auf dem Throne saß, ein Buch, beschrieben innen und außen, versiegelt mit sieben Siegeln. Und ich weinte sehr, weil niemand für würdig befunden wurde, das Buch aufzutun und hineinzusehen." Was ist das für ein Buch, bei dessen Anblick die Augen des Johannes sich mit Tränen füllten? Es ist die verdorbene Geschichte der Menschheit; es ist deine und meine verdorbene Lebensgeschichte. Es ist ein Buch voll Ach und Weh, beschrieben innen und außen. Gott zählt nicht nur die Dinge, die sich in unserm äußeren Leben abspielen, nein, auch alles, was in unserm Innern, in unsern Gedanken, Gefühlen und Empfindungen vor sich geht. Bekanntlich hat unser Innenleben viel mehr Vorgänge aufzuweisen als unser Leben nach außen. Das alles ist in der Rechten Gottes wie ein beschriebenes Buch. Da stehen nicht nur Begehungen, sondern auch Unterlassungen, nicht nur Taten, sondern auch Gedanken. Denn Finsternis scheint vor Ihm wie der Tag.

Gott kann uns Dinge schauen lassen, die unser Herz erzittern machen und unsere Augen mit bitteren Tränen füllen, so daß wir kraftlos vor Ihm zusammenbrechen. Das ist der erste tiefere Blick, den der Heilige Geist einer Seele gibt, die nicht mehr vor Ihm flieht (Ps. 139,7). Nur der Heilige Geist kann uns zeigen, was Unglaube ist, was ein Leben in Selbstsucht, Eitelkeit, Neid und Unaufrichtigkeit in Gottes Augen zu bedeuten hat. Es kann sein, daß wir diesen Blick erst erhalten, nachdem wir schon zehn Jahre bekehrt sind und schon fünf Jahre im Dienst des Herrn stehen, nachdem wir, wie der verlorene Sohn, unsere Vergebungsgnade verjubelt haben in Selbstsucht und

Selbstherrlichkeit und dastehen am Trebertrog unseres großgezogenen „Ichs." Da heißt es dann in Wahrheit: „Da kam er zu sich selbst!"

Bekanntlich ist der „verlorene Sohn", besser gesagt der „verschwenderische Sohn", nicht ein unbekehrter Mensch, sondern ein Sohn des Hauses, der aber auf einem anderen Weg Freiheit und Herrlichkeit suchte als in den Wegen, die sein Vater mit ihm gehen wollte. So hat er seine Gnade verzehrt, statt vermehrt, hat versäumt, weitere und tiefere Gnade zu empfangen, und ist darum in Teuerung, d. h. innere Leere und Dürre hineingekommen.

Kürzlich sagte eine Diakonisse: „Ich habe meine Gesundheit ruiniert durch Nachtwachen, nur weil ich frömmer scheinen wollte als die übrigen Schwestern und im Mutterhaus als eine treue Schwester angesehen sein wollte. Mein Leben ist eine Kette von Unaufrichtigkeiten; nicht Gott, sondern mir selbst habe ich gedient mit jeder Faser meines Wesens."

Jemand anders bekannte: „Ich wußte bis jetzt nicht, daß man sein Leben aufopfern kann im Dienste der Selbstsucht. Nun sehe ich es ein; denn ich selbst habe es getan!"

Was fromm ist in den Augen der Menschen, ist nicht auch fromm in den Augen Gottes. Vieles, was von den Menschen als heilig bewundert wird, wird im Heiligtum nicht anerkannt. So kann es sein, daß eine Seele nach Jahren ebensosehr erschrickt und in Not gerät beim Anblick ihres frommen Selbstlebens, als sie vor Jahren in Not und Schrecken kam beim Anblick ihres Sündenlebens. Beides ist nicht das gleiche. Auch geht die Erkenntnis beider nicht immer Hand in Hand mit unserer Selbsthingabe.

Aber der Heilige Geist läßt uns nicht stehen bei diesem ersten Blick. Er führt weiter und zeigt uns

das Lamm.

Wer dem Geist folgt, wird nicht schwermütig. Der Geist Gottes verdammt nicht, sondern richtet nur, und Sein Gericht führt zur Lösung und Erlösung. Sein Richten bedeutet soviel wie „zurechtrichten", wie der Steinhauer einen Stein zurechtrichtet, damit er in die Mauer eingefügt werden kann.

Der Heilige Geist führt dahin, daß wir an uns selbst verzweifeln, aber nicht an Gott und an Seiner Gnade. Leute, die immer an der Gnade verzweifeln wollen, sind nie an sich selbst verzweifelt. Daß wir immer wieder in neue Bankrotte hineingeführt werden, ist kein Beweis dafür, daß wir nicht Kinder des Lichts sind. Im Gegenteil, es ist ein sicheres Kennzeichen, daß wir im Licht wandeln. Freilich ist es auch ein Beweis dafür, daß noch ein Überrest vom eigenen Leben vorhanden ist, sonst müßten ja solche Zusammenbrüche nicht stattfinden. Denn der Heilige Geist wird niemals ruhen, bis alles, was Fleisch an uns und in uns ist, vollständig entfernt und niedergeworfen ist. So führt der Herr durch Gericht zum Sieg. „Aber die Töchter Judas frohlocken wegen Deiner Gerichte, Jahwe", sagt der Psalmist im 97. Psalm. Sie wissen, daß es nur durch Gericht zum Siege geht, sowohl bei ihnen als auch bei andern. So wird die Seele zubereitet für den zweiten tieferen Blick:

Den Blick für das Lamm.

Johannes fährt fort: „*Und ich sah* mitten zwischen dem Thron und den vier Gestalten und mitten unter den Ältesten ein Lamm stehen ..., und es kam und nahm das Buch aus der rechten Hand dessen, der auf dem Thron saß." Der Blick für das Lamm ist mehr, als Vergebung der Sünden zu haben. Johannes sah, wie das Lamm das Buch aus der Rechten Gottes empfing. Das Lamm hat unsre verdorbene Lebensgeschichte wie die verdorbene Lebensgeschichte der ganzen Menschheit in Seine Hand genommen. Ja, alle Dinge sind Ihm vom Vater übergeben. In Seine Hand hat Gott unser Leben gelegt. Das will sagen, daß Gott Erlösung geben wollte in dem Lamm, daß es keine Erlösung gibt außer dem Lamm, daß wir dem Lamm gehören. Gott hat alles, was unser war, unsere Vergangenheit und unsere Zukunft, unsere ganze Geschichte mit ihren dunklen und hellen Seiten in des Lammes Hand gelegt. In dem Lamm sind alle Fragen der Sündennot und des Sündenelends gelöst. Das Lamm allein kann unsre Tränen stillen, unser Herz befriedigen und unser Gewissen beruhigen.

Was wäre aus dir und mir geworden, was wäre aus der Menschheit überhaupt geworden, wenn nicht hinter all unserm Elend das Lamm gestanden hätte? Was bliebe uns anderes übrig als Tränen und Verzweiflung? Gleich dem Johannes hätten wir nur bittere Tränen im Blick auf unser Leben. Aber wie seine Tränen gestillt wurden, als ihm das Lamm gezeigt wurde, so auch die unsern, denn Er hat unser Leben in Seine Hand genommen, und wir dürfen von Ihm sagen, wie Naemi zu Ruth von Boas: „Warte nun ab, meine Tochter, der Mann wird nicht ruhen, er bringe es denn heute zu Ende“ (Ruth 3,18). Warte ab, Er kann aus Ruinen Denkmale Seiner Gnade machen! Warte ab, Sein Blut macht den tiefsten Schaden gut! Warte ab, Er kann aus Gebundenen solche machen, die in Freiheit leben, aus Kindern der Finsternis und der Lüge solche, die in Licht und Wahrheit einhergehen, aus Selbstsüchtigen solche, die Ihm dienen in Heiligkeit und Gerechtigkeit! Warte ab, Er wird keine Mühe sparen, bis Er uns zum Ziel gebracht hat.

Weil das Lamm unsere Geschichte in Seine Hand genommen, gibt uns das die Garantie, daß wir zum Ziel gebracht werden. Wir haben viele trauernde und zagende Gotteskinder. Und warum? O sie haben nur den einen Blick! Sie haben nur sich selbst gesehen, aber nicht auch das Lamm. Was machte Paulus so freudig, Petrus so gewiß, Johannes so fest im Glauben?

Sie haben das Lamm gesehen

Noch eines Blickes wird Johannes gewürdigt; er fährt fort im dritten Abschnitt:

„*Und ich sah ...*“ Er sah das Lamm in der Mitte des Thrones, d. h. Seine Stellung, die Ihm von Gott dem Vater gegeben ist. Er sah das Lamm inmitten der lebendigen Wesen und der Ältesten und hörte, wie alle Kreaturen im Himmel und auf der Erde und unter der Erde und im Meer Ihm huldigten, Ihn anbeteten, Ihm dankten. Er merkte: Das Lamm ist der Mittelpunkt und Anziehungspunkt der ganzen Schöpfung, alles steht in Beziehung zu Ihm, alles hofft und wartet auf Ihn; alles ist durch Ihn und zu Ihm und für Ihn geschaffen; Jesus ist vor allem, und es besteht alles in Ihm. Johannes sah das Lamm in Seiner Liebe. Es kam und nahm das Buch in Seine Hand. Er sah das Lamm in Seinem Sieg; sieben Augen hatte es, das sind die sieben Geister Gottes, die gesandt sind in alle Lande; d.h. Sein Geist, Sein Sinn, Seine Art wird siegen in allen Landen.

Dem Lamm gehört die Zukunft. Die Sanftmütigen werden das Erdreich besitzen, und von diesen ist Er der Erste. Das heißt auch, daß wir nur durch das Lamm den Geist Gottes haben, und dieser kann nur da sein, wo man auf die Seite des Lammes getreten ist.

Er sah das Lamm in Seiner *Macht*; sieben Hörner hatte es auf Seinem Haupt, d. h. die vollkommene und bleibende Macht hat allein das Lamm.

Er sah das Lamm in Seiner *Herrlichkeit*; eine siebenfache Krone wurde Ihm gegeben: Macht, Reichtum, Weisheit, Stärke, Ehre, Herrlichkeit und Segnung. Er sah, wie Sein Erscheinen in der Mitte des Thrones alles in freudige Bewegung bringt. Auch die Kreaturen unter der Erde und im Meer beten an; denn sie dürfen sich nun sagen: In dem Lamm Gottes gibt es auch für uns noch Heil und Rettung! Johannes sah, was *Anbetung* ist. Er hörte die Engel sprechen: Würdig ist das Lamm, das geschlachtet worden ist zu „empfangen"! Und die vier lebendigen Wesen hörte er sprechen: „Amen!" Und die Ältesten sah er niederfallen.

Wann beten wir an im Geist und in der Wahrheit? Wenn wir Gott „geben", was Gottes ist, wie es die Engel taten; wenn wir „Amen" sagen auf alles, was Gott tut wie die lebendigen Wesen; wenn wir wie die Ältesten, bewegt durch Seine Güte und Majestät, vor Ihm niederfallen. Wenn alle Kreatur im Himmel und auf Erden und unter der Erde und im Meer sich vor dem Lamme beugt; was sollen denn wir tun? Wenn die lebendigen Wesen sprechen: „Amen!", was sollen dann wir sagen? Wenn die Engel, die nicht teilhaben an der Erlösung durch Sein Blut, sprechen: „Würdig ist das Lamm, das geschlachtet worden ist!", was sollen dann wir sprechen, die wir teilhaben an der Erlösung durch Sein Blut? Wir wollen uns auch beugen vor Ihm; auch wir wollen sprechen, laut und freudig sprechen: „Amen!" Auch wir wollen anbeten wie die Engel! Können wir das? Können auch wir dem Lamme *„Macht"* geben? Ihr werdet sagen: Nein! Und doch können wir Ihm Macht geben, Macht über unsere Zeit, Macht über unsre Fähigkeiten, Macht über unsern Besitz, Macht über Geist, Seele und Leib. O wenn das Lamm die Macht hätte über die, die sich zu Seinem bluterkauften Eigentum zählen, welche Macht könnte es in den Himmeln und auf Erden entfalten!

Können wir dem Lamm *Reichtum* geben? Gewiß! Auf welche Weise? Vornehmlich durch unsere Armut und durch unsere Verlegenheiten. Wieviel Reichtum würde das Lamm empfangen, wenn Gotteskinder ihre Verlegenheiten für Christus sein ließen: Seinen Namen zu verherrlichen! Wie viel Reichtum hat Georg Müller dem Lamm gegeben durch seine armen Waisen! Wieviel Reichtum hat Hudson Taylor dem Lamm gegeben, daß er seine Missionare ohne ein bestimmtes Gehalt aussandte!

Können wir dem Lamm *„Weisheit"* geben? O ja! Wie denn? Wenn wir alles, was wir sind und haben, in Seine Hände legen; denn so bezeugen wir, daß niemand so weise und verständig und unsers Vertrauens so würdig ist wie Er. Wir geben dem Lamm Weisheit, wenn wir uns genau an Sein Wort halten, genau in Seine hinterlassenen Fußstapfen treten; es glauben, daß in unsern Händen vieles verdirbt (5.Mose 10,1.2), in Seinen Händen aber alles glückt (Jes. 53,10).

Können wir dem Lamm *„Stärke"* geben? Ganz sicher! Wie macht man das? Laßt uns auf die Fußspuren derer schauen, die vor uns dem Lamm gefolgt sind (Hohel. 1,8). Wie hat Daniel, wie hat Paulus, wie hat Maria dem Lamm Stärke gegeben? Durch ihre Schwachheit! Seine Kraft wird in unsrer Schwachheit vollendet. Wo wir um Seinetwillen unterliegen, da kann Er mit Seiner Macht eintreten.

Können wir dem Lamm *„Ehre"* geben? Das ist uns klar. Wie wir Ihm Unehre bereiten können, so können wir Ihm auch Ehre geben.

Können wir dem Lamm *„Herrlichkeit"* geben? Ihr sagt: Das können wir nicht! Doch, auch das können wir. Wir selbst sind Seine Herrlichkeit (1.Kor. 11,7), der Reichtum der Herrlichkeit Seines Erbes (Eph.1,18), die Fülle dessen, der alles in allem erfüllt (Eph.1,23).

Können wir dem Lamm *„Segnung"* geben? O ja! Wenn wir dahin gebracht werden, daß uns nur das Segen ist, was Segen für Ihn ist, wenn wir aufgehört haben zu fragen: Was kommt für mich dabei heraus? sondern fragen: Was kommt für Jesus heraus? Der Herr lehre es uns!

Weg und Segen völliger Übergabe an Gott

„Darum will ich ihm die Vielen zur Beute geben, und er soll die Starken zum Raube haben, dafür daß er sein Leben in den Tod gegeben hat und den Übeltätern gleichgerechnet ist und er die Sünde der Vielen getragen hat und für die Übeltäter gebeten" (Jesaja 53,12).

Der Weg und der Segen völliger Übergabe an Gott ist uns gezeigt in diesem Vers.

Der Weg

Von dem Lamm lesen wir: „Er hat Sein Leben in den Tod gegeben." Das ist die rechte Weise, sein Leben zu übergeben. Die Übergabe ist eine Übergabe in den Tod. Wir übergeben unser Leben, um es zu verlieren. Diese Übergabe wird vom Heiligen Geist versiegelt.

Da bedarf es dann keiner Wiederholung mehr. Wenn wir unser Leben immer wieder zurücknehmen können, nachdem wir es doch übergeben hatten, ist das ein Beweis dafür, daß unsere Übergabe nie eine völlige war und darum nicht vom Heiligen Geist versiegelt worden ist. Eine Übergabe, die vom Geist versiegelt ist, kann nicht so leicht gebrochen werden. Es kann auf dem Wege Abbiegungen geben; aber darüber straft der Geist so tief, daß die betreffende Seele lieber sterben möchte, als noch einmal einen solchen Ungehorsam zu begehen und eine solche Züchtigung zu erfahren. Sie spürt, sie würde darunter zusammenbrechen; denn je näher eine Seele in der Hingabe an Gott steht, desto „eifersüchtiger" ist der Geist um sie. Der „eifersüchtige Gott" ist vor allem der Heilige Geist, wie Jakobus es in Kapitel 4,5 sagt. Er nennt Liebäugeln mit der Welt Ehebruch gegenüber Gott.

„Ich habe mich ganz dem Herrn übergeben und habe doch keinen Frieden", sagte mir eine Christin. Wenn wir für unsre Übergabe etwas anderes erwarten, als daß Gott unser Leben in Seine Hand nimmt und darüber verfügt, wie Er will, so war unsre Übergabe keine Übergabe in den Tod. Ob Er uns dann braucht oder in die Ecke stellt, ob wir für unsern Dienst Anerkennung oder Verkennung finden, ob wir im Lichte gehen dürfen oder dunkle Wege gehen müssen, das alles nehmen wir aus Seiner guten Hand.

Es ist uns genug, zu wissen, daß Er unser Leben in Seine Hand genommen hat und wir nun Seine Gebundenen sein dürfen; sonst wäre unsere Übergabe nichts andres als ein Lotteriespiel. Wir haben ja gerade deswegen unser Leben in Seine Hand gelegt, weil wir es in unsern Händen nicht verlieren konnten; denn wir haben es immer wieder schnell gerettet, wenn es zum Verlieren kommen sollte. Aber in der Hand Gottes können wir unser Leben verlieren für Gott, und das heißt, es finden. Da wollen wir nicht mehr siegen über uns, sondern da lassen wir den Herrn über uns siegen. Da bindet uns jeder Lichtstrahl von oben fester auf den Altar völliger Hingabe an Gott. Da dient uns als Gottliebenden alles zum Besten.

Der Segen der völligen Übergabe an Gott.

Am Kreuz sah der Weg und das Leben des Lammes aus wie eine große Täuschung; aber über dem Kreuz stand Gott und war mit heiliger Sorgfalt darauf bedacht, daß von dem Leben, das in den Tod gegeben war, nichts verloren ging. Daß Er sein vollkommenes Leben in den Tod gab, das schaffte Erlösung. Und so wurde Seine Übergabe in den Tod eine Quelle für den Heiligen Geist, aus der Er schöpfen und eine verschmachtete Menschheit sättigen konnte.

Schon in Seinem Leben war nichts, das als unbrauchbar beiseitegesetzt werden mußte. Der Geist konnte Schritt für Schritt dieses Leben gebrauchen zum Aufbau des Reiches Gottes. Darum mußt du es als Erbarmung Gottes ansehen, wie es Paulus in Römer 12 sagt, daß du dein Leben auf den Altar legen darfst. Solange du dein Leben in deiner Hand hattest, hast du es vergeudet; aber nun darfst du es auf den Altar legen, damit Ewigkeitsinhalt in dein Leben hineinkommt, damit dein Leben noch ein Material wird, das der Geist zum Aufbau des Reiches Gottes gebrauchen kann.

Auch dein Leben sollte eine Quelle werden, aus der Er schöpfen kann für andere, das Er gebrauchen kann als Muster und Ansporn für andere; wie Er das Leben eines Abraham, eines Paulus, eines Georg Müller gebrauchte. Darin besteht der Segen der völligen Übergabe an Gott. Es kommt etwas in unser Leben hinein, das nicht untergeht, sondern das der Geist aufbewahrt und zum Segen für andere gebrauchen kann.

Der Sieg im Kreuz oder Umgekommene Feinde

(2.Mose 14; Röm. 6)

Wie Israel seinen Feinden, den Ägyptern, außerhalb des Roten Meeres nicht hätte begegnen können mit Sieg, so können auch wir außerhalb des Kreuzes nicht an einen Sieg denken über die Sünde. Der Ort des Sieges über die Feinde Israels, denen sie Knechte sein mußten, war im Roten Meer. Diesen Platz hatte Gott erwählt als den Schauplatz Seiner Machtoffenbarung an Seinen Feinden. Denn unsere Feinde sind immer auch Gottes Feinde. Darum sagt David: „Herr, Deine Feinde werden umkommen“ (Ps. 92,10). Er sah seine Feinde als die Feinde Gottes an.

Aus 1.Korinther 10 wissen wir, daß das Rote Meer ein Sinnbild für das Kreuz ist. Im Kreuz hat Gott uns den Sieg gegeben über die Sünde. Darum suche nicht außerhalb des Kreuzes den Sieg und die Befreiung von der Sünde. Wage nicht außerhalb des Kreuzes deinen Feinden zu begegnen. Deine Niederlage wäre so sicher, wie die der Israeliten gewesen wäre, wenn sie außerhalb des Roten Meeres dem

Pharao und seinen eisernen Wagen hätten begegnen wollen. Hier im Roten Meer war der Schauplatz, an dem Gott gegen ihre Feinde stritt. Ihr Kampf bestand allein darin, auf der Seite ihres Gottes zu sein. Nicht durch ihre Hand kamen ihre Feinde um, sondern durch die Hand Gottes. Er stritt für sie aus der Wolken- und Feuersäule. Unsre Feinde sind umgekommen durch die Hand Gottes am Kreuz. Wir dürfen nun leben in dem Sieg, den Er für uns erstritt.

Du hast schon ein „Unmöglich" gesetzt hinter eine deiner Sünden. Lösch es wieder aus; denn hinter deinem „Unmöglich" steht Gott. Paulus sagt in Römer 8: „Was dem Gesetz unmöglich war" – es konnte keine Befreiung geben – das tat Gott und richtete die Sünde im Fleisch Seines Sohnes. Gott selbst begegnete der Sünde im Kreuz und richtete sie, wie Er selbst den Feinden Israels im Roten Meer begegnete und sie vernichtete. Und wie Israel von den Ufern des Roten Meeres auf seine Feinde als auf umgekommene Feinde schauen durfte, so dürfen wir vom Kreuze aus auf unsre Feinde als auf umgekommene Feinde schauen – nicht durch unsere Hand, auch nicht durch unsern Glauben, sondern durch Gott, der die Sünde am Leibe Seines Sohnes richtet. Wir nehmen nur Stellung im Glauben zu dieser Gottestat und wollen nicht selber eine Tat vollbringen, die uns Erlösung bringen soll; dadurch würden wir Gott betrüben. Nehmen wir aber im Glauben Stellung zu dieser geschehenen Erlösungstat Gottes am Kreuz, so sind wir auf einen Boden gestellt, auf dem der Geist in uns eine Befreiung schaffen kann, wie sie Römer 8,2 beschrieben ist; denn der Geist tut nichts von sich selber, auch nicht in der Befreiung von der Macht der Sünde, sondern verwirklicht nur die Gottestat, die am Kreuz für uns geschehen ist.

Wenn wir einmal vor dem Thron Gottes stehen, befreit und rein wie die Engel, dann ist das gar nichts anderes als die Verwirklichung der am Kreuz geschehenen Erlösung. Die Grundlage, auf der die Wirksamkeit des Geistes ruht, ist das Kreuz. Wenn der Geist nicht gegeben werden konnte, solange Jesus nicht gekreuzigt war (Joh. 7,38.39), so kann Er auch da Seine segnende Macht nicht offenbaren, wo das Kreuz wissentlich oder unwissentlich beiseite gesetzt worden ist. Paulus sagt in Römer 5,20: „Wo aber die Sünde mächtig geworden ist, da ist doch die Gnade noch viel mächtiger geworden." O wenn Kinder Gottes doch nur einmal mit der Macht der Gnade ebenso rechnen würden, wie sie mit der Macht der Sünde rechnen!

Für andere ist die Frage: Wie bleib' ich frei von der Herrschaft der Sünde? Wenn ich das freigemachte Leben für Gott lebe. Das Kreuz hat ein Doppeltes getan: Es hat das, was dem Tode angehörte, dem Tode übergeben und das, was Gott angehört, freigemacht für Gott. Viele haben die erste Erfahrung gemacht, indem sie im Glauben dazu Stellung genommen haben, haben dann aber ihre freigemachten Glieder nicht Gott zur Verfügung gestellt und sind auf diese Weise wieder unter die Herrschaft der Sünde gekommen.

„Aus der Tiefe"

rufe ich, Herr, zu Dir! sagt David im 130. Psalm. Gott muß uns immer wieder in Tiefen führen, bis alles, was von uns stammt, untergegangen ist. Wir müssen immer wieder durch den Bankrott hindurch, bis alles Eigene zerbrochen ist. Israel mußte bei seinem Auszug aus Ägypten durch die Tiefen des Roten Meeres; und bevor es in das Land Kanaan einziehen konnte, mußte es durch die Tiefen des Jordan. Kaum hatte es den Boden des Heiligen Landes betreten, mußte es haltmachen und sich unter die scharfen Messer stellen, damit der letzte Rest, der sie der Welt gleichstellte, hinweggetan werde. Der Tod muß immer ein völligerer werden, je größer die Verheißungen sind, deren wir teilhaftig werden sollen.

Viele fürchten sich vor den Tiefen. Sie sind einmal durch die Tiefe der Gewissensnot gegangen und meinen, nun sei es genug. Aber Gott hat weitere Tiefen für uns. Ja, gerade die Seele, die sich einmal hat in die Tiefe führen lassen, die möchte Gott in weitere führen. Sagt das nicht Jesus in dem Wort: „Jede Rebe an Mir, die Frucht bringt, die reinigt Er, daß sie mehr Frucht bringe." Nicht die unfruchtbare Rebe reinigt Er, sondern die, die Frucht bringt. Auf diese richtet Er Sein prüfendes Auge. Da setzt Er Sein reinigendes Messer an. Da duldet Er auch nicht das geringste Schadhafte und Hindernde.

Fürchte dich nicht, in die Tiefe zu steigen; denn in der Tiefe ist Gott, da begegnet dir Gott, wie Er sagt: „Ich wohne bei denen, die zerschlagenen und demütigen Geistes sind, auf daß Ich erquicke ..." (Jes. 57,15). Viele haben aus dem Grund keine Begegnung mit Gott, können Gott auch nicht finden, weil sie nicht dahin wollen, wo Gott für sie ist und wo Gott auf sie wartet: in der Tiefe.

Eine junge Frau, die viele Monate Vergebung für ihre Sünden und Heilung für ihren kranken Leib suchte, konnte sie nicht finden, weil sie nicht dahin wollte, wo Gott mit diesem Segen auf sie wartete: in die Tiefe. Sie hatte sich fest vorgenommen, einen dunklen Punkt in ihrem Leben nie aufzudecken. Als sie es dann doch tat und sich demütigte, fand sie beides, Ruhe für ihr Gewissen und Heilung für ihren Leib.

Fürchte dich nicht, in die Tiefe zu steigen; denn in der Tiefe ist Herrlichkeit. Aus den Tiefen brachte David seine herrlichen, unvergänglichen Psalmen. Aus der Tiefe brachte Jesus Seine Herrlichkeit, wie wir in Philipper 2 lesen: „Er erniedrigte sich selbst ... Darum hat Ihn auch Gott erhöht." Wir werden nur so weit erhöht werden können, soweit wir uns hier erniedrigt haben. Hier ist eine heilige Balance; nur soweit die Waagschale auf der einen Seite hinuntergeht, geht sie auf der anderen Seite hinauf.

Viele, die weiter geführt sein möchten, verstehen nicht, daß weitergehen nichts anderes bedeutet als tiefergehen. Daniel mußte in den Löwengraben, um seinen Gott kennenzulernen, wie er Ihn bis jetzt nicht gekannt hatte; und seine Freunde mußten in den Feuerofen, um den „Menschensohn" kennenzulernen, der mit in den Feuerofen geht und im Feuer nichts verbrennen läßt als unsre Fesseln. In der Tiefe sahen sie Herrlichkeit, die sie bis jetzt nicht gesehen hatten. In der Tiefe machten sie Erfahrungen, die sie niemals auf dem gewöhnlichen Weg hätten machen können. So macht Gott es auch mit uns. Er nimmt uns plötzlich das Gefühl und den Wert unsrer bisherigen Erfahrungen weg. Es ist, als ob alles nichts gewesen wäre und nichts in Seinen Augen gelte. Warum? Gott will uns weiter führen, in einen neuen Lebenskreis bringen. Damit wir uns nach dem Neuen ausstrecken, nimmt Er uns das Alte weg, wie Jesus in Johannes 6 den Jüngern ihre bisherigen Erfahrungen sozusagen durchstreicht mit den Worten: „Wahrlich, wahrlich, Ich sage euch: Wenn ihr nicht das Fleisch des Menschensohnes eßt und Sein Blut trinkt, so habt ihr kein Leben in euch" (Joh. 6,53). Die Jünger standen in Gefahr, stehenzubleiben, von dem Erlebten zu leben. Viele verstehen dieses Führen des Herrn nicht und kehren zurück zu den früheren Erfahrungen. Aber der Geist führt nicht zurück zu dem, was wir vor Jahren erfahren haben, sondern der Geist führt uns weiter. Wir sollen nicht noch einmal das Alte erfahren, sondern wir sollen Neues erfahren.

Vielen kann Gott gar nicht mehr anders begegnen als in der Tiefe. Nur noch hier ist eine Begegnung mit Gott möglich. Woanders ist Er für sie nicht mehr zu finden. David konnte sich nur so aus der Hand des Todes winden, daß er hinunterstieg und sagte: „Ich habe gesündigt!" (2.Sam. 12,13).

Tiefere Reinigung

„Jede Rebe an Mir, die keine Frucht bringt, wird Er wegnehmen; und eine jede, die Frucht bringt, wird er reinigen, daß sie mehr Frucht bringe" (Joh. 15,2).

Der Herr hat uns hier ein Thema gegeben, das weniger geeignet ist zum Predigen, wohl aber zum Stillwerden. Wir suchen nicht allein einen tieferen Einblick, sondern vor allem eine tiefere Stellung. Für beides wird der Weg gebahnt durch tiefere Reinigung. Der Herr will einen tieferen Schnitt, einen heilenden Schnitt in unser Wesen tun. Er will uns nicht nur reinigen vom Ungöttlichen, sondern auch vom Unnützen. Paulus wollte nicht nur frei sein von dem, was schadet, sondern auch von dem, was nicht frommt, was nicht für die Ewigkeit nützt. Und das ist doch vor allem gemeint, wenn der Herr hier sagt: „Jede Rebe an Mir, die Frucht bringt, wird Er reinigen, daß sie mehr Frucht bringe."

In der tieferen Reinigung handelt es sich nicht um Bekehrung, nicht um Scheidung von bewußten Sünden, nicht um Beseitigung von Dingen, die den Menschen um uns her anstößig sind; sondern es handelt sich um Dinge, die nur der Eingeweihte als schädlich erkennt, die das Fruchtbringen nicht unmöglich machen, aber doch ein Hindernis sind, um mehr Frucht zu bringen. Das können Dinge sein, die in unsern Augen und in den Augen anderer durchaus nicht als ein Hindernis angesehen werden, sondern eher als ein Vorzug gelten. Aber in den Augen des Weingärtners sind sie nicht ein Vorzug, sondern ein Hindernis, von dem wir gereinigt werden müssen. Darum ist tiefere Reinigung ein Werk Gottes, wie Jesus sagt: „Die reinigt Er."

Es ist ein Werk, das Gott tut, wie David im 139. Psalm bekennt: „Herr, du erforschest mich und kennst mich!" Wir kennen uns selbst nicht. Wir kommen zu einer tieferen Selbsterkenntnis auch nicht durch tieferes Nachdenken über uns selbst. Gott muß uns unser Leben aufschließen. In Seinem Licht sehen wir das Licht. Darum müssen wir in Seine Hand kommen. Tiefere Reinigung ist nicht ein Werk, wo der Mensch wirkt und handelt, sondern wo er das Handeln Gottes dulden und den Willen Gottes erleiden muß.

Wo Gott einsetzt bei dieser tieferen Reinigung, ahnen wir wohl alle. Sein Messer trifft vor allem unser Ichleben, das verborgene Ich, das vornehme Ich, das fromme Ich. Es gibt auch ein frommes Ich, das sich als göttliche Anmut produziert. Aber wenn der Wind des Herrn dreinfährt, ist es nur Gras, das verdorrt, und eine Blume, die abfällt (Jes. 40,6-8), es ist nur Anmut des Fleisches, die untergehen muß. Hier will Gott eine tiefere Auslösung schaffen, so daß wir nicht mehr unsere seelischen Gemütsbewegungen für Bewegungen des Geistes ausgeben. Wir müssen es Gott erlauben, daß Er auf unser Beten, auf unser Zeugnis aus der Seele schreibt: „Unbrauchbar!" und es als solches abschneidet und wegwirft, damit unsere Umgebung das, was Gott durch uns geben will, rein bekommt und nicht mehr getrübt durch unsere seelischen Gemütsbewegungen.

Das Entgegengesetzte von dem seelischen Leben – aber ebenso hinderlich – ist die Energie, die aus der Natur stammt, die Gott immer vorauseilt, die Gott immer nachhelfen will, die immer für Gott wirken möchte und doch bei ihrem Wirken Gott ausschließt, ohne daß sie es weiß. Die alles tun will mit dem Segen Gottes, statt Gott das Wollen und das Vollbringen wirken zu lassen, wie es Ihm gefällt.

Abraham wollte Gott nachhelfen und die Erfüllung der Verheißung erleichtern, als er Hagar zur Frau nahm und sie ihm den Ismael gebar. Gott war dadurch nicht erfreut, im Gegenteil, Gott zog sich von ihm 13 Jahre zurück.

Ein dritter Zug des frommen Ichs ist das Glänzenwollen für Gott. Nur wenige übergeben ihr Leben, um es zu verlieren. Nur wenige haben wie Paulus bei ihrer Bekehrung als erste Frage: „Herr, was willst Du?" Die meisten sagen, was sie wollen, und was der Herr tun soll. Sie wollen schwelgen in geistlichen Empfindungen und glänzen für Gott. Weil Gott dieser frommen Selbstsucht auf jedem Schritt widersteht, fallen sie in Umdunklungen und Entmutigungen und verzehren ihre Kräfte durch unnütze Kämpfe, bis sie gelernt haben, daß Gott unsere Natur nicht nährt, sondern in den Tod führt.

Tiefere Reinigung bedürfen wir, um tiefere Segnungen empfangen zu können. Immer, wenn Gott Seinem Volk einen besonderen

Segen geben oder dadurch ihm ein besonderes Werk tun wollte, mußte es zuvor auf eine tiefere Reinigung eingehen. Bevor Israel das Gesetz empfangen konnte, mußte es sich reinigen und heiligen lassen. Bevor Mose all die Herrlichkeit der Stiftshütte und der Opfer aufnehmen konnte, mußte er sechs Tage still in der Wolke des Sinai warten (2.Mose 24).

Und er mißriet!*

„Und der Topf, den er aus dem Ton machte, mißriet ihm unter den Händen. Da machte er einen andern Topf daraus, wie es ihm gefiel" (Jer. 18,4).

Warum mißriet der Topf unter des Töpfers Hand? Eins fehlte ihm. Als der Töpfer ihn hinauf formte und fast fertig war, kam er plötzlich auf einen harten Gegenstand, vielleicht auf ein kleines Steinchen, das nicht zermahlen war, und dieses machte einen Riß in den Topf, zerschnitt ihn. Vergeblich war die ganze Arbeit.

Was hat die Arbeit Gottes bei uns so lange vergeblich gemacht? Vielleicht nur eines. Es war etwas Hartes, Ungebrochenes, Unerlöstes in unserm Wesen zurückgeblieben. Wie das heißt, weißt du gut genug, und vielleicht gebraucht der Heilige Geist in dieser Stunde dieses Wort, um noch einmal Seinen Finger auf dieses eine zu legen. Es wäre furchtbar, denken zu müssen, daß du um dieses einen willen ein mißratenes, unbrauchbares Gefäß werden müßtest für deinen Gott.

Zur Begründung des Gesagten möchte ich einige Beispiele aus der Schrift zeigen.

Du kennst Simson, diese schöne Gestalt. Er war ein Gesalbter Gottes. Ein hoffnungsvolles Gefäß bildete sich da unter der Hand des Töpfers; aber plötzlich mißriet es. Was war die Ursache? Wir lesen zweimal in seiner Geschichte: „Und Simson sah eine Frau." Und was Simson sah, das mußte er haben. Das war das Unerlöste, das dieses schöne Gefäß verdarb und zu einem Scherben machte, den Gott nicht mehr gebrauchen konnte, sondern den Philistern gab.

Eine ebenso schöne Gestalt war Saul. Was für ein feiner, demüti-

* Für den wahrhaft „aus Gott geborenen" gilt Phil. 1,6. ... weil ich davon überzeugt bin, daß der, welcher in euch ein gutes Werk angefangen hat, es auch vollenden wird bis auf den Tag Jesu Christi.

ger Mann war er! Da hoffte jedermann, selbst ein Samuel, etwas Großes. Aber auch er mißriet. Warum denn? Wir lesen es in 1.Samuel 15, wo Samuel, ihm seine Sünde vorhält und sagt: Eigenwille ist wie Abgötterei und Zauberei. Eigenwille war der harte Stein, der dieses Gefäß zu einem Scherben machte vor seinem Volk und vor seinen Feinden.

Wie denkst du von deinem Eigenwillen? Meinst du, es ist etwas in deinem Temperament, in deinem Blut, das man entschuldigen müsse? Denke, wie die Schrift denkt: Es ist Abgötterei und Zauberei!

Eine noch schönere Gestalt war Salomo, ein Gefäß so ideal und schön, wie wir nur wenige in der Schrift finden. Auch er mißriet. Auch dieses Gefäß bekam einen Riß. Warum denn? Wir lesen: „Und seine Frauen neigten sein Herz!“ Wohin denn? Zu den ausländischen Göttern, daß er ihnen außerhalb der Stadt Altäre baute.

O welch eine Demütigung, nicht nur für ihn, auch für uns, daß der, der den Tempel baute, die Stätte der Anbetung des lebendigen Gottes, den Götzendienst einführte.

Wenn wir nun gefühlt haben, was es heißt: „Wer da meint, er stehe, der mag wohl zusehen, daß er nicht falle“, dann legt es sich hier mit einem Ewigkeitsgewicht auf uns. Keine Erfahrung und keine Stellung, was du auch für Gott gewesen sein magst, schließt dich von dieser Gefahr aus, ein mißratenes Gefäß zu werden, zuletzt noch einen Riß zu bekommen. Ja gerade deine geförderte Stellung bringt dich in Gefahr, dein Innerstes zu offenbaren.

Vielleicht hat der Topf nicht zu Anfang einen Riß bekommen, sondern erst, als er bereits fast fertig war. Es gibt Dinge in unserm Innenleben, die weit hinten liegen, und erst offenbar werden, wenn vielleicht unsere Stellung eine verantwortliche oder gesicherte ist.

Laßt uns noch einen Schritt weiter zurückgehen. Die Friedlosigkeit so vieler Kinder Gottes – liegt sie bei den meisten nicht nur in einem Punkt, in dem sie sich nicht erlösen ließen? Wäre dieser eine gelöst, so gäbe es einen Durchbruch auf der ganzen Linie.

Bei vielen heißt es wie bei Amazja, von dem wir lesen: „Er tat, was dem Herrn wohlgefiel – aber nicht von ganzem Herzen“ (2.Chron. 25,2). O diese „Aber“ in der Bibel hinter der Lebensbeschreibung so vieler! Es muß ein Leben möglich sein ohne „Aber.“

Noch einen Schritt rückwärts. Glaubt ihr nicht, daß wir viele in der Hölle antreffen würden, und wenn wir sie fragen würden: Was hat dich hierher gebracht? „Nur eines!“ Wenn wir die erste Tür zum Abgrund aufmachen, wen finden wir da? Einen Demas! Und wenn wir bis zum untersten Kerker gehen, wen finden wir da? Einen Judas! Was hat sie dahin gebracht? Nur eines!

Und wenn ich euch zu den Toren des Himmels führen würde, und ihr zusehen könntet, wie Unzählige hart abgewiesen werden, so würdet ihr finden: „Nur eines hat ihnen gefehlt!“

Dieses eine war schuld, daß sie verlorengingen.

Welches war Abrahams eigentliche Aufgabe?

In seiner schweren Krankheit beschäftigte sich Georg Steinberger immer wieder mit Fragen des Reiches Gottes.

Sein Geist mußte trotz großer Leibesnot forschen. Dann und wann, wenn es ihm möglich war, schrieb er mit zitternden Händen auf ein Stück Papier seine Gedanken nieder. Daraus sehen wir, was ihn fast bis zum Heimgang beschäftigt hat, nämlich die Frage: Wie können wir einen fruchtbaren Dienst tun? Sein tiefster Schmerz war fast bis zuletzt, daß er mit seinem persönlichen Leben nicht ganz für seinen Herrn hingegeben gewesen ist.

Nachstehende Zeilen sind die letzte Niederschrift des heimgegangenen Bruders.

Welches war Abrahams eigentliche Aufgabe? Im Lande der Verheißung Same der Verheißung zu sein. Das sollte die eigentliche Frucht seines Lebens sein. Dazu bedurfte es der fortgesetzten Übergabe an den Herrn, und all der schweren Glaubensprüfungen.

Abraham eilte Gott voraus in der Zeugung des Ismael. Die meisten eilen Gott voraus und haben im Fleisch Frucht gewirkt. Darum haben wir heute trotz des vielen Dienstes verhältnismäßig wenig eigentliche Geistesfrucht. Unser Dienst, unser Zeugnis war nicht Inspiration von oben, was es doch unbedingt sein sollte, sondern etwas nach menschlicher Weisheit Zurechtgelegtes und von uns sowie den Menschen als gut Anerkanntes, aber nicht etwas von Gott.

„Ach, daß er vor Dir leben sollte“, sagte Abraham. Ismael bekam ja auch einen Segen, aber nicht den Segen der Verheißung. Gewiß ist auch in dem Dienst und der Aufopferung vieler ein gewisser Segen, aber nicht der Segen ...

Wer das verstanden hat, wird nicht an ein Werk gebunden, der glaubt sich nicht unentbehrlich; der kann auch vom Schauplatz abtreten.

Übergabe und Frucht – damit betrat Abraham einen Weg, von dem er vorher keine Ahnung gehabt hat. Er hatte eine am schwersten erscheinende Lektion zu lernen. Leben aus dem Tod, Frucht aus Sterben.

Frucht für Gott ist dasjenige, das von Ihm in unser Leben hineingekommen ist, das der Heilige Geist zum Aufbau des Reiches Gottes brauchen kann, wie Jakob die beiden Söhne der Asnath, die sie von Joseph gehabt hat, nahm und sie in die Reihe der Erzväter als ewige Grundsteine des Reiches Gottes stellte (Offb. 7,6.8).

Im Leben unseres Herrn war alles brauchbar für den Geist. Da war nichts, das verloren war, von dem Herzen der Kindlein auf Seinem Schoß bis zum Todesgang ans Kreuz, alles konnte der Geist zum Aufbau des Reiches Gottes brauchen.

Freilich, am Kreuz sah Sein Leben wie verloren aus, wie ein großer Fehlgriff; denn es war in den Tod gegeben (Jes. 53,11). Das verstanden Seine Zeitgenossen und selbst Seine Jünger nicht. Aber über dem Kreuz stand der Heilige Geist und wachte darüber, daß von diesem in den Tod gegebenen Leben nichts verloren ging.

Dieses in den Tod gegebene Leben ist für den Heiligen Geist eine Quelle geworden, aus der Er schöpfen konnte Gnade um Gnade, Leben um Leben, bis eine durch Sünde ruinierte Menschheit wieder für Gott hergestellt ist.

Das ist auch das Ziel des Geistes mit der Gemeinde.

Das war das Ziel der Apostel in ihrer Arbeit an den einzelnen. Paulus sagte den Galatern: „... die ich abermals unter Wehen gebäre" (Kap. 4,19).

Aber nicht nur die Apostel hatten das als Ziel, nein, schon den Heiligen im Alten Bunde stand als höchstes Ziel vor Augen, was David im 17. Psalm sagt: „Ich will satt werden, wenn ich erwache, an Deinem Bilde."

Die Fruchtbarkeit fängt an in dem Augenblick, wo wir in allen Dingen nur noch die Verherrlichung Gottes im Auge haben, auf nichts und niemand mehr Rücksicht nehmen als auf unsern Gott.

So stand unser Herr; darum konnte Er uns ein Vaterunser geben.

Die verschiedenen Gebetsbitten im Vaterunser sind unterschiedliche Zustände im Gebets- und Geistesleben, und in der letzten heißt es: „Dein ist die Herrlichkeit von nun an bis in Ewigkeit!"

Das muß unser Werk und das Siegel unseres Lebens sein: „Dein ist die Herrlichkeit." Gott allein die Ehre, nicht mir und keiner Kreatur.

Wir müssen solche sein, die das Vaterunser bis zu Ende beten: „Dein ist die Herrlichkeit von nun an bis in Ewigkeit!"

Da gibt's kein Schwanken mehr, da gibt's kein Besinnen und kein Bereuen mehr betreffs der Übergabe an Gott.

Dann werden wir eine Schar, an der sich etwas entscheidet, und das Wort wird wahr: „Den einen ein Geruch des Lebens zum Leben, und den andern ein Geruch des Todes zum Tode" (2.Kor. 2,16).

Übergabe und Gemeinschaft

Wir übergeben uns Gott, und Gott gibt sich uns, und da fängt die eigentliche Gemeinschaft mit Gott an. Wir haben mit Gott etwas gemeinschaftlich. Bis dahin war unser Leben mit Gott ein bloßer Verkehr mit Ihm, nun aber wird es zur Gemeinschaft mit Ihm.

Paulus wußte, daß ihm das Evangelium anvertraut war. In diesem Bewußtsein liegt die Kraft und die Autorität, die gesalbte Knechte Gottes haben.

Nachstehende Verse waren Georg Steinbergers Lieblingslied. Es redet die Sprache seines Herzens, das sich so leidenschaftlich nach seinem Ursprung zurücksehnte. Nun ist sein Sehnen und Dürsten gestillt.

Fraget doch nicht, was mir fehle,
forschet nicht nach meinem Schmerz!
Durst nach Gott füllt meine Seele,
Drang zu Gott bewegt mein Herz.
Gebt mir alles, und ich bleibe
ohne Gott doch arm und leer,
unbefriedigt, dürstend treibe
in der Welt ich mich umher.

Ach, wann werd' ich dahin kommen,
daß ich Gottes Antlitz schau!
Aller Eitelkeit entnommen
nur auf Ihn allein vertrau!
Ach, wann werd' ich so Ihn haben,
daß mir nichts mehr Ihn entreißt,
so mit allen Seinen Gaben,
wie sein Wort Ihn mir verheißt!

Ach, ich weiß, die angefachte
Sehnsucht bleibt nicht ewge Qual;
der die Seele dürstend machte,
stillet ihren Durst einmal.
Wenn die Wüste sich vertauschen
darf mit Edens Lustgefild,
wo die Lebensströme rauschen,
o, da wird mein Durst gestillt!

(Philipp Spitta, 1801-1859)

Steinbergers Leben und Wirken

In den Spuren Jesu

In einem kleinen Dorf der bayerischen Hochalpen, wo die Bauern in dauerndem Kampf mit den Mächten der Natur ihr kümmerliches Dasein fristen, wurde am 3. Dezember 1865 Georg Steinberger geboren. Seine Mutter war als Näherin bei den Bauern tätig und deswegen selten daheim. Nur herzlich wenig konnte sie sich um den Jungen kümmern. Schon früh mußte Georg bei den Arbeiten in Haus und Hof helfen, um zusätzlich ein Stück Brot für den immer knurrenden Magen zu bekommen.

Die Jahre vergingen, und die Schulzeit nahte. Aus dem kleinen zarten Buben war ein frischer, aufgeweckter Junge geworden. Die Schularbeiten machten ihm viel Freude, besonders bei seinem „interessanten" Lehrer. Dieser Mann nämlich schwärmte für die Heidenmission und nahm jede sich bietende Gelegenheit wahr, davon zu erzählen. In Steinberger fand er einen besonders aufmerksamen Zuhörer, der sich an den Schilderungen begeisterte und auch außerhalb des Unterrichts alles über die fernen Länder, die Eingeborenen und ihr Leben wissen wollte. Das Interesse ging so weit, daß Lehrer und Schüler den Beschluß faßten, bei einer sich ergebenden Möglichkeit Missionare zu werden und das Evangelium zu verkünden.

Aber diesen Plänen setzte die rauhe Wirklichkeit ein Ende. Georg Steinberger war jetzt 14 Jahre alt und mußte in die Fremde, um das Handwerk eines Schuhmachers zu erlernen. Hart genug war die Arbeit, die dem Lehrling zugewiesen wurde: neben Botengängen und dem täglichen Aufräumen der Werkstatt verlangte die Meisterin Hilfe im Haushalt. Auf den Feierabend nahm keiner Rücksicht, und ein paar Stunden tiefen erschöpften Schlafs mußten genügen. Da war auch für Geselligkeit und Bekanntschaft mit älteren, erfahrenen Menschen für den Lehrjungen, der im Entwicklungsalter Fragen und Gedanken auf sich zukommen sah, keinerlei Möglichkeit.

1883 war es endlich soweit, daß Georg Steinberger sein Bündel schnallen und dem alten Brauch entsprechend auf die Wanderschaft gehen konnte. Doch in seinem Inneren sah es trostlos aus. Die Frage nach Gott, nach dem Weg der Erlösung und das Bewußtsein menschlicher Unfähigkeit, ja, alle Probleme des christusfernen Wesens bedrückten ihn sehr. Der Wanderbursche zog rastlos von Ort zu Ort, und die Welt erschien kümmerlich, ohne jeden Reiz. Das fiel ihm so recht auf, als er auf seinen Wegen in die Schweiz kam, in Zürich die große Landesausstellung sah und den krassen Unterschied zwischen sich und den fröhlichen Menschen seiner Umgebung erlebte. Er mußte inmitten des Festtrubels ununterbrochen an das Bibelwort denken, mit dem er nicht fertig werden konnte: „Die Welt vergeht mit ihrer Lust; wer aber den Willen Gottes tut, der bleibt in Ewigkeit!"

Mit der Einberufung zum Militär allerdings fand dieses ruhelose Umherirren sein Ende. Der Dienst, war er mitunter auch noch so anstrengend, machte dem Bauernbuben keine Schwierigkeiten. Der Rekrut Steinberger lebte anspruchslos und bescheiden, sogar den einfachen Vergnügen seiner Kameraden stand er ablehnend gegenüber. Sie bedeuteten ihm nichts. Lieber sparte er von seinem nicht gerade üppigen Sold eine kleine Summe für spätere Zeit.

Wie im Flug vergingen die zwei Jahre, und es galt, das ruhelose Wanderleben wieder aufzunehmen. Aber nun lenkte mehr als nur der blinde Zufall Steinberger nach Ludwigshafen am Rhein. Der dort tätige Stadtmissionar, der es mit der Betreuung Zugereister sehr ernst nahm, fand bald heraus, daß der Schustergeselle innerlich unzufrieden und zerrüttet war. Aus langjähriger Praxis wußte er, daß in diesen Fällen eigentlich nur die Begegnung mit gläubigen Christen helfen kann. Deswegen gab er Georg Steinberger die Aufgabe, neben der täglichen Arbeit noch Besuche bei Einsamen, Notleidenden und Kranken zu machen. Der junge Mann erlebte eine Fülle menschlicher Schicksale.

Was er dabei erkannte, hat er später einmal niedergeschrieben: „Der Wert und die Bedeutung meines Lebens begann mit dem Zug des Vaters zum Sohne hin. Bis dahin war mein Leben so inhaltsleer, arm und bedeutungslos, wie es nur irgendeins sein konnte. In der Heiligen Schrift beginnt das neue Leben einiger Menschen schon mit ihrer zartesten Kindheit; schon da hat der Geist eine Geschichte mit ihnen gehabt und in frommen Eltern ein geistliches Kapitel für sie niedergelegt. Bei anderen wird dieses alles übergangen, und ihre Geschichte beginnt erst da, wo sie zu Gott gebracht wurden und für Gott eintraten.

Auch meine Geschichte kann erst da beginnen, wo Gott mit mir anfing und mich zog. Freilich reichte dieses Ziehen Gottes zurück bis in mein 9. und 17. Lebensjahr, aber ich wußte doch bei alledem nicht, was es war und worum es sich handelte. Und weil ich gar keine Gelegenheit und keine Anleitung zu einer Bekehrung hatte, blieb das alles in meiner Seele stecken, und es kam nicht zu einer Geburt aus dem Geist, obwohl ein lebendiges Wort Gottes in mich gelegt war, das diese hätte wirken können. Bis zu meinem 22. Lebensjahr hatte ich nie das Glück, einen bekehrten, betenden Menschen kennenzulernen. Weder in unserem Haus noch in den Häusern, wo ich sonst war, hatte ich einmal einer Hausandacht beigewohnt oder ein Herzensgebet zu Gott gehört.

Als ich im 22. Jahr zum dritten Mal den Zug des himmlischen Vaters in meinem Innern verspüren durfte, wohnte ich in einem Wirtshaus, aber ich betrat niemals die Wirtsstube, da ich etwas anderes suchte. Ich hatte Durst nach Gott, und um diesen Hunger zu stillen, suchte ich mir den Brunnen. Einer von diesen Brunnen hieß ‚Gesetz', und der andere hieß ‚Barmherzigkeit'. Weil mir das Wort immer wieder in Erinnerung kam: ‚Der Mensch muß Rechenschaft geben von jedem unnützen Wort, das er geredet hat', machte ich es mir zum Gesetz, nur das wirklich Notwendige zu sprechen. Weil ich dadurch aber nicht glücklicher, sondern immer unglücklicher und düsterer wurde, suchte ich ein anderes Wasser, das dieses bittere versüßen sollte. Dies hieß ‚Barmherzigkeit' und von nun an trieb mich das Wort: ‚Wer Barmherzigkeit tut, der wird Barmherzigkeit erlangen'. Fast all mein verdientes Geld gab ich einer Witwe, die mit ihren sieben Kindern in großer Armut lebte. Aber Frieden fand ich dadurch nicht."

Trotzdem tat Steinberger weiterhin seinen Helferdienst in der Stadtmission zu Ludwigshafen. Unter den vielen Besuchen, die er dort machte, ist ihm einer besonders fest in der Erinnerung geblieben, und er berichtet davon: „Auf meinen Gängen kam ich zu einer alten bekehrten Christin, deren Mann kürzlich selig heimgegangen war. Diese mußte wohl gesehen haben, daß mir trotz meines Eifers noch die eigentlichen Erfahrungen im Christenleben fehlten, daß sich in mir noch kein fester Punkt gestaltet hatte, an den sich Weiteres hätte anschließen können; darum sprach sie fast immer mit mir von Wiedergeburt, was ich wohl gern hörte, aber nicht verstand. Eines

Tages erzählte sie mir vom Sterben ihres Mannes, was dann mit die Ursache zu meiner ersten bestimmten Erfahrung auf dem Heilsweg wurde. Sie sagte ungefähr: Fünf Minuten vor dem Heimgang meines lieben Mannes fragte ich ihn noch leise ins Ohr: ‚Wie ist dir zumute, Papa?' Kaum hatte ich das gesagt, richtete er sich noch einmal auf in seinem Bett, hob Augen und Hände zum Himmel empor und sagte mit verklärtem Angesicht:

‚Bald ist es überwunden
nur durch des Lammes Blut,
das in den schwersten Stunden
die größten Wunder tut.'

Dann sank er zurück und war daheim. – Dieses Bekenntnis eines Sterbenden ging mir durch Mark und Bein. Immer stand es vor mir: des Lammes Blut, das in den schwersten Stunden die größten Wunder tut! Zwar hatte auch ich viele schwere Stunden durchlebt, aber was war es um des Lammes Blut? Heute kenne ich es! Anbetung sei dem Lamm, und sein Blut soll das Thema meines Lebens werden."

So erkannte der junge Mann die Richtung zum rechten Dienst in Gottes Weinberg. Steinberger wußte nun das, was er immer wieder verzweifelt gesucht hatte: den Weg zu Gott, dem himmlischen Vater. Doch ganz befriedigt war er noch nicht, denn sein Gebetsleben brachte ihn immer wieder in schwere innere Kämpfe.

Später hat er bezeugt, wie er die erste Gebetserhörung hatte und die Heilsgewißheit über ihn kam: „An meine erste Gebetserhörung knüpft sich nicht nur eine Kette von gesegneten Erfahrungen, sondern durch sie gewann ich vor allem einen festen Punkt in meinem Suchen nach lebendiger Gemeinschaft mit Gott. Mit überwältigender Klarheit legte es sich auf mich: ‚Gott ist! Gott erhört! Gott erhört dich!' Ich hatte ja bis dahin keine direkte Gebetserhörung erlebt. Ich betete wohl viel in meinen schweren Stunden aus einem Gebetsbüchlein, aber die Gebete dort waren nicht so, daß ich zum Warten auf eine Erhörung veranlaßt worden wäre.

In jener Zeit nämlich, in der ich mir durch Barmherzigkeit-Tun die Barmherzigkeit Gottes sichern wollte, kam ich wieder beim Blätterverteilen zu einer armen Witwe, die ihre Kinder mühsam durchfütterte. Diese Witwe aber hatte auch eine große Hausmietschuld zu tragen. Weil keine Aussicht für sie bestand, die Schuld bezahlen zu können, drohte ihr der Hausherr, sie müsse in nächster Zeit die Wohnung räumen. Außerdem drohte die Stadtverwaltung, sie würde mit den Kindern in ihr heimatliches Dorf ausgewiesen. Als ich diese Not gesehen und gehört hatte, konnte ich sie nicht mehr loswerden. Denn gerade Not war ja das, was ich von Jugend auf am besten kennengelernt hatte. Immer wieder hieß es in mir ‚Der rechtschaffene Gottesdienst ist der, die Witwen und Waisen in ihrer Trübsal besuchen und sich von der Welt unbefleckt erhaltene'. Dazu las ich auch in jener Zeit die Lebensbeschreibung des Waisenvaters Georg Müller in Bristol, und so entschloß ich mich schließlich, der Frau die Hausmieteschuld zu bezahlen. Und damit es überhaupt keine solche mehr geben sollte, bezahlte ich diese jeden Monat für sie.

Dies tat ich über ein Jahr in aller Stille, bis es die Frau erfuhr, bei der ich logierte. Diese sagte nun einmal nach dem Mittagessen: ‚Sie sind der dümmste Mensch, den es gibt. Sie arbeiten die ganze Woche von morgens 7 bis abends 8 Uhr, trinken kein Glas Bier und hängen Ihr sauer verdientes Geld solchen Leuten an. Sparen Sie doch Ihr Geld! Sie werden ja auch einmal alt; und wenn Sie krank werden, was wollen Sie dann machen? So dumm wie Sie ist niemand!'

Ich weiß nicht mehr, was ich darauf antwortete; aber es hat mich viel beschäftigt, und obwohl ich nicht am Gelde hing, schien es mir doch, als ob die Frau recht vernünftig sei und ich dumm. Endlich nach langem Kampf wurde mir klar, daß ich die Sache Gott entscheiden lassen sollte, der, wie ich meinte, mich dazu angetrieben hatte, dies zu tun.

Weil ich fast jeden Abend über die Zeit arbeitete und allein in dem großen Fabrikraum war, kroch ich hinter einen Stoß Bretter, welche der Länge nach an der Wand aufgestellt waren, kniete nieder und betete ungefähr folgendes Gebet: ‚Lieber Gott, wenn Du willst, daß ich der Witwe noch weiter die Hausmiete zahlen soll, so gib mir für den Monat, der gerade jetzt fällig ist, das Geld. Daraus will ich erkennen, daß ich noch weiter für sie sorgen soll'. – So betete ich, und am nächsten Morgen sagte ich dieselben einfachen Worte. Und siehe, schon am gleichen Tage nach dem Mittagessen kam ein Freund aus dem Jünglingsverein zu mir und sagte: ‚Ich habe gehört, daß du die Witwe N. unterstützt. Hier will ich dir etwas geben für sie!' Ich war sehr überrascht, denn so schnell hatte ich mir die Erhörung nicht gedacht. Überhaupt hatte ich mir gar keine Gedanken gemacht, wie das nun gehen sollte, wenn man Gott gesagt hat: ‚Gib mir Geld!'

Am Abend des gleichen Tages trieb es mich trotz verlängerter Arbeitszeit noch in die Bibelstunde. Und siehe, am Schluß der Bibelstunde kam eine Dame auf mich zu und sagte mir: ‚Da haben Sie etwas für Ihre Armen.' – Als ich dann nachsah, was es war? Genau die fehlende Summe, die ich noch brauchte zu dem am Mittag Empfangenen. So hatte mich Gott schnell und deutlich erhört; denn es war kein Pfennig mehr und kein Pfennig weniger, als gerade die fällige Hausmiete. Dies machte einen tiefen Eindruck auf mich. Denn ich wußte durch dieses sichtbare Eingreifen Gottes nicht nur deutlich, was ich zu tun hatte, sondern in mir wurde etwas aufgeweckt, ein Vertrauen zu Gott, das ich bisher nicht kannte. Es bestand nun eine persönliche Gottesoffenbarung in meinem Leben, an die sich im Laufe der Zeit unzählige und viel größere angeschlossen haben. Diese Erhörung ist der Anfang geworden zu Hunderten in dieser Richtung. Denn in nichts ist es Gott so leicht zu erhören, wie in äußeren Dingen und besonders um Geld, wenn man es nicht für sich will."

Die Wochen und Monate gingen dahin. Steinberger war fleißig bemüht, neben seiner beruflichen Tätigkeit, die ihm den Lebensunterhalt sicherte, auch weiterhin Helferdienste zu leisten. Der Stadtmissionar verfolgte mit Freude und Interesse den Eifer seines Schützlings, der ja auf dem besten Weg war, ein rechter Diener Gottes zu werden. Leider mangelte es an einer gründlichen Zurüstung und Ausbildung, die auch bei der Reichsgottesarbeit nicht fehlen darf. Sicher, Bibelschulen und Seminare gibt es vielerorts; aber Georg Steinberger brachten diese Erwägungen in ein seelisches Dilemma: mit allen Fasern seines Herzens wollte er sich ganz der Mitarbeit in Gottes Weinberg hingeben. Auf der anderen Seite aber standen Bedenken, denn er war ja nur ein schlichter Bauernsohn, der allzu wenig Schulbildung hatte und immer wieder schmerzlich viele Lücken in seinem Wissen entdecken mußte. Schließlich wagte er es aber doch, dem Drängen seiner Freunde nachzugeben und nach St. Chrischona zu schreiben, das damals schon weit über die Grenzen der Schweiz hinaus bekannt war und wo Evangelisten, Prediger und Diakone zum Dienst vorbereitet wurden. Unerwartet schnell kam die Antwort, der

Bruder möge kommen. Verständlich, daß Steinberger nun keine Zeit verlieren wollte. Schnell waren die wenigen Habseligkeiten zusammengepackt, und mit klopfendem Herzen ging es den Rhein hinauf in die Schweiz.

Die Lernzeit in der Bibelschule war nicht einfach. Immer wieder machte es sich bemerkbar, daß die Mitbrüder über bessere Voraussetzungen verfügten und mehr wußten. Aber Steinberger ließ sich dadurch nicht entmutigen, sondern lernte mit eiserner Energie und bienenhaftem Fleiß. Nicht lange, und er hatte seine Studienkollegen überholt.

Besonders wertvoll wurde für ihn das intensive Bibelstudium, das gemeinsame Gebet und die Aussprachen mit Gleichgesinnten. Allerdings mußten noch oft genug heiße Seelenkämpfe durchgerungen werden, aber Christus stand zur Seite und half ihm. Immer stärker wurde der Drang, vorwärts zu schreiten in der Nachfolge Jesu, sich ganz der Verkündigung der Botschaft des allmächtigen Gottes hinzugeben.

1895 kam die große und lang ersehnte Stunde. Im August wurde Steinberger zum Dienst eingesegnet, verließ St. Chrischona und begann seine Arbeit. Durch Bruder Stamm, den er in Chrischona kennengelernt hatte, erhielt er den ersten Auftrag im Kanton Schaffhausen. Zwar waren dort nur kleinere Dörfer mit wenig Einwohnern, aber die seelsorgerliche Tätigkeit machte sich deutlich bemerkbar, und oft genug waren an den Sonntagen Scharen von Menschen jeden Alters unterwegs, um den neuen Evangelisten zu hören.

Steinberger lebte unter einfachsten Verhältnissen und war ständig bemüht, Menschen zu Gott zu führen oder sie zu einem neuen Leben mit Christus zu bewegen. Jede sich bietende Gelegenheit benutzte er, das Anliegen der Heiligen Schrift zu verkündigen.

Ein für ihn typisches Beispiel, das aus der Fülle herausgegriffen ist, zeigt das deutlich: Steinberger wollte zu einer Evangelisation in einem entfernten Ort. Er mußte die Eisenbahn benutzen und traf in seinem Abteil eine Frau, die kummervoll auf ihrem Platz saß. Gefragt nach dem Grund ihrer Traurigkeit gab die Frau an, ihre Fahrkarte verloren zu haben. Damit aber nicht genug, ihre Geldbörse war leer, und es bestand keine Möglichkeit, einen neuen Fahrschein zu lösen. Unser Bruder hatte zwar auch nicht viel bei sich, aber im Vertrauen auf den Vater im Himmel, der immer weiter hilft, gab er der Frau das notwendige Geld und benutzte den Anlaß, über jene Fahrt zu sprechen, die auch vorbereitet sein will, nämlich die in die Ewigkeit.

Mit den Bauern, die Steinberger im Schaffhausener Land zu betreuen hatte, bahnte sich ein besonders herzliches und inniges Verhältnis an. War er doch selbst unter Landwirten aufgewachsen und kannte die Schwierigkeiten der Feldbestellung. So sprang er in der Zeit der Heuernte ein und nahm selbst Sense und Rechen zur Hand. Die Menschen merkten, daß er nicht nur reden konnte, sondern auch ihre Arbeit beherrschte. Dabei gab es vielerlei Anlaß zu seelsorgerlichen Gesprächen, die gerade die Abseitsstehenden und Fremden erfaßten. Auch die ersten schriftstellerischen Versuche unseres Bruders fallen in diese Zeit, denn mancher Zuhörer wollte das, was er eben gehört hatte, noch im Herzen bewegen oder im stillen Kämmerlein verarbeiten. So entstand manches Traktat, das Steinberger auch über die Grenzen seines eigentlichen Wirkungsfeldes hinaus bekannt machte.

1898 kam ein neuer Auftrag. Durch Vermittlung eines Bruders, der Steinberger in Büttenhardt gehört hatte, rief man den jungen Gottesstreiter nach Thüringen. Er sollte nach Gotha kommen, der dortigen Jugendarbeit wieder Auftrieb geben und außerdem bei der Errichtung eines neuen größeren Versammlungsraumes helfen. Steinberger sah darin einen Ruf Gottes und folgte. Er veranstaltete Evangelisationen, stand den Hilflosen und Verzweifelten zur Seite oder hätte gern – wie er später einmal sagte – ganz Thüringen durch sein Gebet mit der Botschaft des Evangeliums erfüllt. Besonders die „Stiefkinder des Glücks“ lagen ihm am Herzen, und jener später verwirklichte Herzenswunsch begann zu keimen, ein Heim zu errichten für solche, die Ruhe und Erholung suchten.

Schon ein Jahr später beendete diese Planungs- und Förderungsarbeit ein anderer Ruf. Im Asyl Rämismühle, das so freundlich zwischen Winterthur und Rapperswil gelegen ist, brauchte man dringend Hilfe. Die Geschwister, die dort arbeiteten, wurden mit der Vielzahl der Aufgaben nicht mehr fertig und suchten die Mithilfe Steinbergers zu gewinnen. Georg Steinberger war sich der drängenden Verpflichtungen bewußt und folgte dem Ruf. Zusammen mit Bruder

Wäckerling und Schwester Elise konnte er fünf Jahre hindurch dieses Werk der Barmherzigkeit tun und sah darin bald den eigentlichen Inhalt seines Lebens. Er hielt Hausandachten, nahm die „Sorgen der ringenden, gequälten Seelen“ in sein Gebet und zeigte sich immer bereit, auch an anderen Orten das Evangelium zu verkünden. Von morgens bis abends war er im Dienst und fand trotzdem noch Zeit, kleine Schriften zur Bibelauslegung zu verfassen.

Auch in der Rämismühle wollte seine Aktivität das Haus erweitert sehen, um noch mehr hilfsbedürftige Menschen aufnehmen zu können. Der Plan zum Bau des Hauses „Zion“ reifte, und am 3. Oktober 1903 war es Steinberger möglich, den Grundstein dafür zu legen. Eine kleine Feier, die zu diesem Anlaß stattfand, wird von ihm selbst geschildert: „Heute um 9 Uhr wurde der erste Stein für Zion gelegt. Dem Herrn und seinem Segen sei der ganze Bau befohlen! Von Segen spricht ja auch das heutige Losungswort, doch auch Anfechtungen, wie im Lehrtext gesagt, bleiben nicht aus. Wir werden es hier bei diesem Bau erfahren, daß kein Segen ohne Anfechtung empfangen werden kann.“ Tag für Tag war er fortan auf der Baustelle, helfend und betend, daß mit Gottes Hilfe das Haus bald erstehen möge.

Aber nicht lange danach kamen schwere Anfechtungen. Steinberger, der unermüdlich Tätige, wurde von einer heimtückischen Krankheit heimgesucht, die ihn in der Arbeit stark behinderte. Er wußte bald, daß seine Erdentage gezählt waren und Gott ihn heimrief. Gegen den Rat der Ärzte setzte er auch weiterhin Bibelstunden an fernen Orten fest und traf Vorbereitungen, die Gegend des Jura zu evangelisieren und dem Herrn zuzuführen.

Einer seiner letzten Briefe – auf der Reise geschrieben – zeigt so recht seine Fürsorge und umsichtige Planung: „Ihr Lieben, der treue Herr hat schon angefangen, mein Losungswort für das neue Jahr zu machen. Seine Barmherzigkeit war mit mir auf dem Weg bis zu diesem Augenblick. Mein Weg hierher (nach Bern) war von seiner guten Hand geordnet, und die Begegnungen, die ich gestern und heute mit Bruder Stockmayer und Bruder Vetter hatte, sind von Ewigkeitsbedeutung für mich und andere. – Alles Nähere dann mündlich. Ich kann nur anbeten und mein Ohr weit offen halten für das, was der Herr zu mir redet. Ich kann heute nicht mehr sagen wie vor acht Tagen: ‚Ich stehe an einem Wendepunkte.‘ Nein, heute hat sich die

Wendung bereits vollzogen, und der neue Weg liegt vor mir klar und lichtvoll, und ich bin bereit, denselben zu gehen. Wie heißt der neue Weg? Es ist der Weg, den mir der Herr in der Silvesternacht aus 1.Mose 35 gezeigt hat: ‚Alles, was der Verwesung angehört, in den Tod zu geben; nicht nur, was der Sünde angehört, sondern überhaupt alles, was der Verwesung angehört.‘ – Dann erfüllt sich auch an mir, was sich an Jakob erfüllt hat von Vers 5 an: Gott hat bereits damit angefangen, das zu tun, was in Vers 9-14 geschrieben steht. Dankt mit mir! – Bruder Vetter wurde gestern in Zürich aufgehalten, so daß ich mit Bruder Stockmayer allein hierher fuhr. Es war ein gesegneter Weg. Heute morgen hatten wir drei eine kleine Konferenz, wo wir wichtige Reichsgottesdienste miteinander besprechen durften, besonders im Blick auf unsere ‚stillen Tage‘ und deren Ausdehnung ... Es war dabei alles so freundlich vom Herrn geordnet. Mit meiner Gesundheit geht es langsam aufwärts; konnte die letzte Nacht nur wenig schlafen, aber sehr gut ruhen. Morgen, Montag, trete ich nun meinen Weg in den Jura an. Es ist mir ein bißchen bang; aber ich blicke auf Ihn, der mich diesen Weg geführt hat. Er wird mich decken und rüsten. Doch bedarf ich eurer Gebete sehr für meinen schwachen Leib und für meinen Dienst. Ich weiß, daß ihr darin treuer seid als ich. Habt innigen Dank und des Herrn Segen!“

Leider täuschten die gelegentlichen Besserungen im Befinden des Kranken. Zwar gibt es Lichtblicke, die das Krankheitsbild gemildert erscheinen ließen, aber trotz aller Pflege und Fürsorge war der Zusammenbruch nicht aufzuhalten, und Steinberger mußte das Bett hüten. Trauer herrschte in der Umgebung, und Georg Steinberger selbst rüstete sich zum baldigen Abschied. Er studierte weiterhin die Bibel in der Hoffnung, aus gelegentlichen Notizen Anregungen für seine Bibelstunden bewahren zu können. Außerdem versuchte er, die begonnene Arbeit im Asyl für seinen Nachfolger richtungweisend festzulegen. Doch auch dazu war er bald zu schwach. Nur noch die innere Verbindung mit Gott suchte er und überdachte sein so vielfältiges, wunderbar geführtes Leben.

Herzenswünsche und Gelübde

An einem Karfreitag schrieb Georg Steinberger folgende Worte nieder: Herr Jesus! Ich übergebe mich mit Geist, Seele und Leib, mit allem, was ich habe und besitze, Dir! Nimm mich hin und laß mich sein einzig, völlig, ewig Dein! Ich will in dieser Welt sein, wie Du in dieser Welt warst – mein Leben verlierend; mich scheiden bis in den innersten Nerv hinein von allem, was Sünde und eigenes Leben heißt; mich bis in die äußerste Grenze des äußern Lebens einrichten nach Deinem Sinn der Niedrigkeit und Armut.

Jesus! Du hast mich berufen von der Finsternis, um Deine Tugenden zu verkündigen; aber Du mußt mich vorher aller Deiner Tugenden teilhaftig machen. Mein Lebensmotto soll sein:

Nichts für mich!
Und mein Genuß auf Erden:
Deinen Willen zu tun!
Mein Schmuck soll sein:
Deine Armut und Demut!
Mein Lebensziel soll sein:
Dir, dem Lamme, ähnlich zu werden,
Meine Hoffnung soll sein:
Deine Wiederkunft!

Steinberger hatte nämlich einen Bund mit Gott geschlossen, nie auf der Erde etwas zu besitzen. Er trug die tiefe Sehnsucht in sich, die Armut Jesu auszuleben.

Gottes Wort ging ihm über alles. In seinem Zimmer waren außer der Bibel nicht viele Bücher zu sehen. Solche, die er sich in den früheren Jahren angeschafft hatte, waren im Schrank eingeschlossen. Er freute sich aber, wenn ihm ein Buch in die Hand kam, das aus Gottes Wort allein geschöpft war. Sein Sehnen war, in innige Gemeinschaft mit Gott zu kommen.

Es war ihm ein großes Anliegen, das Wort in der mündlichen Verkündigung wie auch in seinen Schriften durch die Inspiration des Heiligen Geistes zu bekommen.

Zu einem lieben Freund sagte er in den Tagen seiner Krankheit: „Wenn der Herr mich noch länger auf Erden läßt, werde ich nur noch schreiben, was ich von Ihm und durch Inspiration des Geistes empfange.“

Am Ostermorgen des Jahres 1904 schloß Steinberger seine Augen für immer. Die Beerdigung ging vor sich, wie er es bestimmt hatte: „In der Kapelle bitte ich keine Ansprache zu halten, sondern nur das Lied ‚Wie wird mir sein' zu singen. Darauf bitte ich, meinen Lieblingspsalm (Psalm 84) zu lesen und zu beten. Auf dem Gottesacker soll dann gesungen werden ‚Ich bete an die Macht der Liebe', die Stelle Offenbarung 7,13-17 gelesen und zum Schluß der Vers ‚Preis sei dem hohen Jesusnamen' angestimmt werden."

Alles vollzog sich nach dem letzten Willen des Entschlafenen. Er war kein Freund großer Worte, und so ist auch sein Werk trotz allen Umfangs und allen Segens, den es gebracht hat, nicht mit Lobeshymnen darzulegen. Inspektor Rappard sagte in seiner Begräbnisansprache: „,... Es ist nun ein Stück Rämismühle am Thron Gottes" ... und hat damit vielleicht das Schönste über Wirken und Wandeln Georg Steinbergers zum Ausdruck gebracht.

Steinbergers Schriften werden noch heute viel gelesen. Sie sind dem Suchenden ein Wegweiser und dem Erretteten eine Stärkung. Gar manches Traktat anderer Verfasser ist bereits in Vergessenheit geraten, warum nicht auch Steinbergers Schriften? Sie haben dem Menschen von heute noch etwas zu sagen.

Einst traf eine Postkarte ein, die an „Herrn Steinberger" gerichtet war. Darin bat der Absender, der schon mehrere Steinberger-Schriften gelesen hatte, ihm doch die Möglichkeit einer Begegnung mit ihm einzuräumen, da er innerlich ein hilflos Suchender sei.

Steinberger kannte diese Menschen, denn er berichtet: „Viele Kinder Gottes geben sich alle Mühe, innerlich wachsen zu können; aber das echte Wachstum wird nur durch den Aufblick auf Jesus gefördert, so wie auch die Pflanzenwelt am besten gedeiht, wenn sie von der Sonne bestrahlt wird." Erst wenn der Boden so vorbereitet ist, soll das Zeugnis des Seelsorgers folgen: „Wir müssen den Menschen die frohe Botschaft verkündigen und allen zur Ruhe verhelfen. Die Kirche predigt Moral. Sie spricht ‚Du sollst so oder so sein', ‚dieses oder jenes tun'; aber der Mensch muß erst zur wirklichen Ruhe kommen von seinen toten Werken unter dem Kreuz des Herrn."

Allerdings setzt das eine große persönliche Heilserfahrung voraus, wie sie Steinberger an seinem Teil erlebte: „Ehre sei dem Lamme! Ich selbst wundere mich nicht, daß das Lamm und sein Blut das

Thema meines Lebens und meines Dienstes geworden sind." Unter diesem Gesichtspunkt entstand das kleine Heft „Dem Lamme nach", das in eindrücklicher Weise zur Nachfolge auf dem Lammes-Weg ruft.

Besonders ernst war es Steinberger mit seinem Auftrag der Verkündigung. Einfach unvorbereitet drauf los zu reden, lehnte er ab; dazu war die Bibel zu ernst. So bereitete er sich selbst sehr sorgfältig vor und sagte dazu: „Ich bewege oft viele Wochen ein Wort Gottes im Herzen, bevor ich einschlafe oder wenn ich nicht einschlafen kann. So bekomme ich Licht in das Wort und bin zum Reden vorbereitet." Schließlich wollte Steinberger immer beachtet wissen, wie und für wen der Dienst geschah: „Wenn man mich fragen würde, welches Wort der Bibel ich am häufigsten und deutlichsten erfahren hätte, würde ich sagen: ‚Gebet, so wird euch gegeben' – Die besten Bankscheine sind die ‚Vergelt's Gott' der Armen. Wohl dem, der viele solcher besitzt."

Es vereinten sich hier also das große persönliche Gotteserlebnis mit Fürsorge und Drang zur Evangelisation zu einer untrennbaren Einheit. Das eine wurde fruchtbar für das andere, und darin liegt wohl das Geheimnis des „siegreichen Lebens" Steinbergers.

Axel Nordmann